강화도 史

역사를 품은 땅
강화 역사스토리텔링

강화도 史

이경수 지음

강화에서 띄우는 편지

삼십 년쯤 전이었대요. 경상도에서 태어나 살던 한 남자가 강화도가 좋다고 무작정 이사 왔습니다. 어느 날 구멍가게에 들어갔는데 주인이 없는 거예요. 주인 나오길 기다리는데 등 뒤에서 웬 아저씨가 "개새꺄" 욕을 합니다. 이사 온 지 얼마 안 된 경상도 사내, 그래 내가 참는다, 못 들은 척했다네요. 그런데 이번엔 더 큰 소리로 또 "개새꺄" 하는 겁니다.

맞붙을까 말까 망설이다 그냥 나왔답니다. 한 달쯤 지나서야 경상도 사내는 "계시꺄"를 "개새꺄"로 잘못 들었음을 알았습니다. "계십니까?", "계세요?"의 강화 사투리, "계시꺄?" 욕한 게 아니었지요. 물건 사러 들어온 아저씨가 가게 주인을 부르는 소리였습니다. 경상도 남자는 저에게 옛이야기를 해주고, 그때 안 싸운 게 정말 다행이었다며 껄껄 웃더이다.

강화 사투리는 좀 투박하고 거친 느낌이 듭니다. 실제, 사람들도 그리 상냥해 보이지 않습니다. 식당에 들어가도 나긋하고 친절하게 맞아주는 곳이 별로 없어요. 그래도 잔머리 굴리지 않고 순박하게 사는 사람들이 대부분입니다. 퉁명스러워 보여도 속정 깊은 사람들입니다. 사귀는 게 좀 더 딜지 몰라도 한 번 사귀면 피붙이처럼 지내게 돼요.

저도 강화도 사람 중 하나입니다. 여기서 나고 자라 삽니다. 퉁명스러워요. 그런데 잔머리도 좀 굴리고 순박하지도 못하고 그러네요. 어디 사람이 다 같을 수 있나요. 그래도 사투리는 제법 합니다.

"독자 여러분, 안녕하시꺄? 이 책 한 번 읽어봐 주시겨. 인사 미리 허이다. 고맙시다."

강화에는 구석구석 문화재가 참 많습니다. 몇 걸음 산책에도 바로 문화재를 만납니다. 출퇴근길, 장 보러 가는 길, 친구 보러 가는 길, 어디서든 만나게 되는 것이 역사 유적입니다. 그래서 저는 강화도를 '역사의 섬'이라고 부릅니다. 휴일이나 방학이면 전국에서 학생들이 몰려와 역사와의 만남을 즐깁니다. 평일에는 단체로 체험학습을 오더군요. 어디 아이들뿐인가요. 어른들에게도 강화도는 양질의 여행지입니다.

수천 년 한국사는 우리 민족의 끈질긴 생명력과 저항정신을 보여줍니다. 오랜 세월 수많은 나라가 명멸해온 세계사 속에서 영욕을 겪으며, 갖은 고난을 이겨내고 지금에 이른 한국의 역사는 우리의 소중한 자산이자 긍지입니다. 강화도는 이러한 선조들의 생명력이 고스란히 배어 있는 곳입니다. 나라를 지키는 마지막 보루가 되어 기쁨의 눈물과 비탄의 눈물이 함께 고인 강화도는, 그래서 살아있는 '교훈의 섬'이기도 합니다.

십여 년 전에 이곳의 문화재를 소개하는 답사안내서를 낸 적이 있습니다. 『역사의 섬 강화도』입니다. 성인 독자를 대상으로 썼지만, 중학생도 편하게 소화할 수 있도록 '곱게 갈아서' 글을 썼습니다. 세월이 훌쩍 지나갔습니다.

이제 여러분께 『강화도史』를 선보입니다. 이 책은 강화의 문화재 자체보다 그 문화재에 얽힌 우리 역사를 풀어가는 데 중점을 두었습니다.

'강화도를 중심으로 훑어보는 한국사' 정도가 되는 셈이지요. 한 지역문화재만으로 우리 역사 전반을 다룰 수 있는 곳이 전국적으로 강화도 만한 곳도 없습니다. 선사시대부터 근대시대까지 다양한 문화유적이 있는 강화도는, 성글긴 해도 나름의 한국사 서술이 가능한 곳입니다.

그래서 용기를 내봤습니다. 글 눈높이를 조금 올렸습니다. 범위를 좁히고 대신 깊이를 더했습니다. 너무 곱게 갈려고 하지 않았습니다. 그게 낫겠다 싶은 데는 그냥 거칠게 두기도 했습니다. 흥미보다는 충실한 설명을 담으려고 노력했습니다. 그동안 잘못 알려진 사실들도 가능한 바로 잡으려고 했고요. 그래도 너무 지루하지는 않게 쓰려고 노력했는데, 정말 그럴지는 모르겠습니다.

'마니산'을 '마리산'으로 표기했습니다. '강화산성'은 '강화부성(강화산성)'으로 적었습니다. 임금은 재위 기간을, 그 밖의 인물은 생몰년을 썼습니다. 날짜를 표기하는 부분에서는 음력을 썼고, 필요할 땐 양력 날짜를 함께 적었습니다. 선사시대부터 강화도조약까지 시대순으로 정리하는 것을 원칙으로 했습니다. 주註에도 나름의 정성을 기울였습니다.

그동안 강화도의 역사를 고증하는 좋은 논문과 책들이 많이 나왔습니다. 그분들의 치열한 연구가 있었기에, 이에 의지해서, 이 책을 시작하고 마무리할 수 있었습니다. 선행 연구자들에게 감사와 미안한 마음을 전합니다. 특히 국사편찬위원회의 '한국사데이터베이스' 등 사료를 번역해 놓은 인터넷 사이트들은, 한문만 만나면 기가 죽는 필자에게 천군만마 같은 존재가 되었습니다.

또한 강화역사문화연구소에서의 배움이 제게 큰 힘이 되었습니다. 한결같은 의지처 김형우 소장과 전동광, 이정미 선생님의 도움이 컸습니다.

강화문학관 양태부 선생님, 강화문화관광해설사, (사)강화나들길 여러분에게도 많이 배웠습니다. 제 아내 안수자가 '보통 아줌마'의 시각으로 원고를 읽으며 어렵다, 쉽다, 이야기해주어서 눈높이를 맞추는 데 적잖은 보탬이 되었습니다.

이번에도 역사공간 출판사 주혜숙 대표에게 또 신세를 집니다. 선뜻 두툼한 원고를 받아주고, 고운 책을 만들어주시니 그 고마움을 어찌 표현해야 할지 모르겠습니다. 책 제목 한 글자까지 머리 맞대고 고민해주던 역사공간 식구들의 열정을 기억합니다.

『강화도史』로 저와 인연 맺어주신 독자 여러분 고맙습니다. 독자들이 이 책을 보시면서 강화도와 한국사에 대한 관심과 애정을 더 키워가게 된다면, 참 좋겠습니다. 영국 시인 바이런이 이런 말을 했다네요.

"가장 뛰어난 예언자는 과거다."

2016년 5월
고려궁지 아랫마을에서 **이경수**

차례

강화에서 띄우는 편지 • 4

1장 역사 열리다

동막해변을 거닐며 • 12
삼거리에서 고인돌을 만나다 • 18
기울어서 더 굳건한 강화 부근리 지석묘 • 25
마리산 참성단에 올라 • 33
웅녀가 행방불명된 사연 • 46
봉천산에 봉수가 오르면 • 51
고려산은 알고 있으리 • 64
보문사에서 비는 당신의 소원 • 79

2장 끝내 꺾이지 않다

연미정에나 갈까요 • 92
불은면 은행나무와 하점면 오층석탑 • 103
고려궁지에서 고려를 느끼다 • 114
선원사의 위치는 어디였을까 • 125
팔만대장경과 상정고금예문 • 134
석릉으로 가는 길 • 148
강화향교와 교동향교 • 156
아늑한 절집, 정수사 • 176

3장 **새롭게 태어나다**　유배의 섬 • 188
연산의 눈물, 광해의 핏물 • 199
황형·김천일·오종도 • 219
권필 유허비에 스치는 바람 • 236
김상용 순의비각 앞에 서서 • 250
돈대의 섬, 강화도 • 269
고려궁지에서 조선을 보다 • 281
강화동종, 아침을 열다 • 290

4장 **거울 앞에 서다**　참공부란 무엇인가 • 300
조선왕조실록을 지키다 • 312
용흥궁에서 철종을 그리며 • 329
프랑스, 조선을 침략하다 • 348
잘못하면 이건창을 보내리라! • 370
정족산성의 꽃, 전등사 • 385
신미양요 최후의 전투지, 광성보 • 402
운요호사건과 강화도조약 • 420

에필로그 • 442 / 미주 • 445 / 도움 받은 자료 • 474

1

역사 열리다

동막해변을 거닐며

휴일이면 동막해변에 주차할 공간이 없다. 시나브로 유명 관광지가 되었기 때문이다. 물이 밀려오면 해수욕장, 물이 빠져나가면 광활한 갯벌, 거기다 강화도에서는 쉽게 만날 수 없는 모래사장까지 있다. 풍취를 더해주는 소나무 숲은 덤. 그래서 동막해변은 매력적인 곳이다. 많은 이들이 이곳을 찾아 삶의 활력을 되찾고 갔으면 좋겠다.

우리나라 지자체 중에서 갯벌 면적이 가장 넓은 곳이 강화군이다. 그 면적이 340km²에 달한다. 특히 여기 화도면 동막 주변은 썰물 때 해안에서부터 약 10km에 달하는 넓은 갯벌이 펼쳐진다.[1] 직선거리 20리가 훨씬 넘는 곳까지 갯벌이라면 얼마나 넓은지, 보지 않아도 짐작이 된다. 세계 5대 갯벌의 하나로 얘기될 만하다.

예전 동막해변은 한적한 시골 마을이었다. 편의시설이 전혀 없어 텐트 치고 하룻밤 자기에도 모든 게 불편했다. 지금은 말 그대로 상전벽해다. 안타까운 건 이곳이 너무 빨리 '개발'되고 있다는 점이다. 해변 품은 뒷산이 어떤 산인가. 나무 한 그루, 바윗덩이 하나마저 신성한 마리산이다. 거길 저렇게 높은 곳까지 파헤치고 건물을 지은 걸 보면 마음이 아프다.

동막해변은 강화도의 대표적인 신석기 유적지다. 주변에서 구석기시대 유물인 뗀석기도 출토됐다. 한반도에 사람이 살기 시작한 것은 구석기

물이 빠져나간 강화도 갯벌의 모습

시대, 약 70만 년 전부터라고 한다. 구석기인들은 뗀석기로 사냥과 채집을 해서 먹을거리를 구했고, 이동생활을 주로 했으며, 토기는 사용하지 않았다. 구석기시대에는 토기가 굳이 필요하지 않았다. 이동 중에 깨지기 쉬운 토기를 힘들게 구워낼 필요가 없었다. 그들도 흙을 구우면 단단해진다는 걸 알고 있었다. 몰라서 못 만든 것이 아니라 굳이 필요하지 않았기 때문에 안 만든 것이라고 보는 것이 적절하다.

송해면 장정리에서 쌍날찍개가 발견됐고, 화도면 동막리에서 주먹도끼, 양사면 교산리에서 주먹찌르개가 나왔다. 뗀석기 유물이 발견된 것으로 보아 구석기시대에도 강화도에 사람들이 살았음을 알 수 있다. 하지만 아직은 사례가 제한적이다. 앞으로 본격적인 발굴 조사 과정에서 구석기시대의 생활상이 좀 더 구체적으로 드러나게 될 것이다.

기원전 8000년 무렵, 대략 1만 년 전부터 한반도에 신석기시대가 열렸다. 여기 화도면 동막해변에서 빗살무늬토기가 나왔고 화도면 여차리와 사기리, 양도면 도장리와 건평리 그리고 강화의 또 다른 섬인 삼산면 석모도, 서도면 주문도 등지에서도 신석기 유물이 대거 출토되었다.

돌그물추와 각종 간석기류 그리고 조개더미 등이 발견됐는데, 역시 가장 많은 것은 빗살무늬토기다. 신석기시대에 정착생활이 시작되면서 먹을거리 저장과 조리를 위해 그릇 같은 게 필요하게 되었고 그래서 토기를 굽게 된 것이다. 동막해변과 화도면 여차리, 양도면 도장리 등에서는 빗살무늬토기뿐 아니라 청동기시대의 대표적인 토기인 민무늬토기도 출토되었다. 그래서 신석기시대부터 청동기시대까지 오래도록 사람들이 살아왔음을 짐작하게 한다.

강화에서 신석기 유물이 출토된 마을들의 공통점은 대개 해안가에 위치하고 있다는 것이다. 지금 해안가에서 떨어진 마을도 그 당시에는 바다였던 곳이다. 신석기시대부터 농경이 시작됐다고는 하지만, 대부분 지역에서 사람들의 먹을거리는 여전히 채집·어로·수렵을 통해 얻어졌다. 구석기시대처럼 말이다. 농경을 정말 중시하게 되는 것은 청동기시대부터라고 보는 것이 적절하다.

우리나라에서는 신석기시대의 시작을 토기가 출현한 때부터로 본다. 제주 고산리 유적에서 토기가 발견된 것이 대략 1만 년 전이다.[2] 농경은 그 이후에 시작된 것으로 여긴다. 강화의 신석기인들은 바다에서 조개류를 채취하고 물고기를 잡아먹고 때로 산에 올라 사냥도 하면서 살아갔을 것이다. 주거지가 해안가에 몰려 있는 이유다. 물론 일부 지역에서는 농사도 지었다.

빗살무늬토기는 신석기시대의 상징이다. 빗살무늬라는 특정 무늬가 있는 것은 아니다. 머리 빗는 빗의 빗살처럼 생긴 무늬새기개로 토기 표면을 살짝 눌러 점을 찍거나 긁어서 각종 무늬를 만들었기에 빗살무늬토기로 부르게 된 것이다. 토기에 무늬를 새긴 것은 뭔가 그들의 염원을 담은 종교적 상징 행위일 수 있다. 현실적으로 토기의 강도를 높이기 위해서도 무늬가 필요했다. 윤적법輪積法(토기를 빚을 때 둥근 흙테를 똬리 모양으로 쌓아올려 가면서 만드는 방법)으로 만드는 토기의 이은 자리가 떨어져 나가기 쉬운데 무늬를 넣어 굽게 되면 이음새가 트지 않는, 온전한 토기를 얻게 되는 것이다.[3]

빗살무늬토기는 밑이 뾰족하다. '꼬깔콘'이라는 과자 생김새와 비슷하다. 하지만 빗살무늬토기가 모두 그렇게 생긴 것은 아니다. 주로 서해안 지역에서 출토되는 토기가 밑이 뾰족하고 동해안 지역에서 나오는 빗살무늬토기는 밑바닥이 납작하다.

빗살무늬토기에 구멍이 뚫린 게 있다. 무슨 구멍일까, 왜 뚫었을까? 이런저런 생각을 해봤다. 근거는 없지만, 두 가지를 추정했다. 하나는 절인 배추의 물이 빠지게 올려놓을 때 사용하는 '채'와 같은 용도로 쓰기 위함이 아닐까? 예를 들어 고깃덩이나 생선 같은 걸 넣고 구멍으로 피가 빠지도록 한다든가, 뭐 그런 쓰임새. 두 번째는 떡을 찔 때 쓰는 '시루' 같은 용도가 아니었을까? 곡식을 수확해도 도정 기술이 발달하지 않아서 온전한 알갱이를 얻기 어려웠을 것이고, 으깨진 곡식 가루를 식량으로 쓰려면 떡을 하듯 쪄서 먹을 수밖에 없고, 그러면 시루가 필요했을 것이다. 그래서 결국 토기에 구멍을 뚫어 시루로 쓴 것이 아닐까. 궁금해서 전문가에게 문의했다. 빗살무늬토기에 구멍이 뚫린 이유가 뭐냐고. 분화새칭 담당자가 다음과 같은 친절한 답변을 메일로 보내주었다.

모든 빗살무늬토기에 구멍이 남아 있지는 않으며, … 먼저 토기가 깨지거나 금이 간 부분을 수리하기 위한 구멍이 있습니다. 수리를 위한 구멍은 대부분 양방향으로 뚫게 되는데 짝수로 구멍을 만들어 2~4개 정도의 구멍이 생깁니다. … 다음으로 시루로 사용하기 위해 다수의 구멍을 뚫는 예가 있습니다. 양양 오산리 C지구, 안산 신길유적 출토 유물이 여기에 해당됩니다.

'채'로 사용했을 것 같다는 내 생각은 여전히 근거 없는 추정에 불과하지만, 시루로 썼다는 얘기는 사실로 입증된 셈이다. '수리용' 구멍은 생각지도 못했다. 어릴 때 외할머니께서 금이 간 바가지를 실로 꿰매 썼듯 신석기인들도 토기에 금이 가면 구멍을 뚫어 꿰매 썼던 모양이다.

동막해변을 찾는 이들에게 들러보라고 권하고 싶은 곳이 있다. 해변 동쪽 끄트머리에, 산이라고 하기엔 이제 좀 그렇고, 적당히 높은 구릉이 있다. 거기 올라가면 빙 둘러 돌담 같은 게 있는데, 조선 숙종 때 쌓은 '분오리돈대'다. 돈대에서 내려다보는 전망이 멋지다. 해 떨어질 시각이라면 기막힌 낙조도 볼 수 있다.

"청천 하늘엔 별도 많고, 이내 가슴에 수심도 많다. 저 산에 지는 해는 지고 싶어 지나. 날 버리고 가시는 임은 가고 싶어 가나. 아리랑 아리랑 아라리요, 아리랑 고개를 넘어간다." 해는 바다 고개를 넘어가고, 나그네 마음은 아리랑 고개를 넘어간다.

조선 숙종 때 쌓은 분오리돈대

삼거리에서 고인돌을 만나다

강화역사박물관 앞 고인돌공원에 있는 고인돌은 일찌감치 사적 제137호로 지정됐다(1964). 그만큼 가치를 인정받은 것이다. 2011년에 '강화지석묘'에서 '강화 부근리 지석묘'로 공식 명칭이 변경됐다. 강화 부근리 지석묘는 분명 강화의 자랑이다. 2000년, 고창과 화순의 고인돌과 함께 강화 고인돌이 유네스코 세계문화유산으로 등재된 데도 강화 부근리 지석묘가 결정적인 역할을 했다.

그런데 이 고인돌에 관심이 집중되는 바람에 다른 중요한 고인돌들이 오히려 홀대받는 감이 없지 않다. 달이 너무 밝으면 주변의 아름다운 별들이 빛을 발하지 못한다. 달빛에 가려버린 별 같은 고인돌 가운데 한 곳이 여기 하점면 삼거리 고인돌군이다.

고려산 북쪽 기슭, 천촌 마을 뒤 오솔길 따라 오르면 나무 숲 사이로 부끄럼을 타는 새악시 마냥 고인돌들이 살포시 모습을 드러낸다. 고인돌과 나무를 곱게 품은 숲의 자태가 아름다운 곳이다. 이런 모양 저런 모양, 이런 크기 저런 크기 다양한 모습의 고인돌 여럿이 길옆으로 줄지어 있고 고인돌 만들 돌을 떼어냈을 법한 커다란 바윗덩이도 있다. 올라가다 낮은 능선에 이르면 커다란 탁자식 고인돌을 만나게 된다. '세계유산 41'이라는 이름표를 단 이 고인돌은 옆으로 비스듬히 누워 있다. 덮개돌, 받침돌 외에

'세계유산 41'호 탁자식 고인돌

고려산 서쪽 아래에 위치한 오상리 고인돌군

막음돌(마구리돌)도 하나 남아 있어 이채롭다. 41호 고인돌 옆 너른 공터에도 몇 기의 고인돌이 모여 있다.

산 아래 삼거리 천촌 마을에도 고인돌이 꽤 남아 있다. 고인돌 사이에서 자란 몇백 살 된 느티나무가 어린 아기처럼 느껴진다. 고인돌 만들던 그때 사람들은 고인돌 무리 가까이에 마을을 이루고 살았다. 이 마을은 고인돌의 분포와 입지조건으로 볼 때, 당시 강화에서 가장 크고 번성했을 곳으로 보인다.[4] 옛날에는 마을 입구까지가 바다였다. 삼거리는 바다에서 먹을거리를 구할 수 있고 밭에서 농작물을 수확할 수 있으며 산에서 사냥감을 얻을 수 있는 위치였기에 상대적으로 넉넉한 생활이 가능했던 곳이다. 더구나 고려산에서 흘러내리는 물까지 있어서 사는 게 상대적으로 편했을 것이다.

삼거리 '세계유산 41'호 고인돌을 지나 고려산 안쪽으로 더 올라가면 꼭대기쯤 능선에서 내가면 고천리 고인돌 무리를 만난다. 적석사 뒤 능선에서 동쪽으로 20분 정도 가도 만나볼 수 있다. 참 드문 경우다. 해발 250~350m의 고지대에 고인돌이라니. 전남 지역 고인돌의 평균 해발고도가 50~60m라고 하니[5] 강화 고지대의 고인돌 무리는 뭔가 각별한 사연이 있을 법도 하다. 이렇게 높은 지역에 고인돌을 만들었다는 것은 주변에 채석장이 있었음을 짐작하게 한다. 저 아래에서 돌을 끌어올리기는 어려웠을 테니까. 적석사 뒤편 커다란 바위에서 채석의 흔적을 찾을 수 있다.

내가면 오상리 고인돌군과 양사면 교산리 고인돌군도 아름다운 별임이 틀림없다. 오상리 고인돌 무리는 고려산 서쪽 아래 아담한 구릉에 모여 있다. 발굴이 이루어졌고 복원의 손길도 살짝 닿아 정갈한 모습이다. 고인돌에서는 출토되는 게 별로 없는 편인데, 오상리 고인돌군에서는 관옥管玉, 각종 토기 조각, 화살촉, 반달돌칼 등 다양한 유물이 나왔다. 10여 기가 오순도순 모여 앉아 답사객을 기다린다. 나는 이곳에서 만나는 봄을 좋아한다. 진달래꽃의 화사함과 짐짓 엄숙한 고인돌의 만남은 어울리지 않는 듯하면서도 제법 조화를 이룬다.

양사면 교산리 고인돌은 강화도에서 제일 북쪽에 있는데 능선 주변으로 20여 기가 있다. 개석식과 탁자식으로 함께 어우러져 있는데, 덮개돌 내려앉은 탁자식 고인돌에서 보이듯 세월의 흔적을 고스란히 간직한 모습이 보기 좋다. 승용차 주차장에서 고인돌까지 10여 분을 걸어가는 길은 아무런 꾸밈도 가꿈도 없는 자연 그대로의 오솔길이다.

청동기시대 당시 강화도에는 지금 남아 있는 것보다 훨씬 많은 고인돌이 있었을 것이다. 현재 남아 있는 고인돌이 몇 기나 되는지도 명확하지 않다. 연구자들이 논문 등으로 발표한 현존 고인돌은 122기, 127기, 145기, 156기, 157기, 165기로 다양하다. 앞으로 더 늘어날 개연성이 있다. 개석식 고인돌의 경우 고인돌인지 그냥 넓적한 돌덩이인지 쉽게 구별이 되지 않는 경우가 많기에 연구자들의 손길이 닿을수록 더 발견될 것이다.

고인돌은 강화도의 북쪽, 특히 고려산을 중심으로 그 주변에 집중된 것으로 알려졌다. 강화도 남쪽에서도 청동기시대 사람들이 살았는데 왜 고인돌이 없단 말인가? 이런저런 이유로 훼손됐겠지만, 아직 발견되지 않은 고인돌들도 꽤 될 것이다.

강화도 남쪽에도 새로 발견된 양도면 도장리 어두마을 고인돌군이 있다. 석릉 입구 오른쪽에 몇 기의 고인돌이 보이는데, 여기가 어두마을 고인돌군이다.[6] 풀섶을 헤집고 돌아보니 석릉 입구 왼편 기슭에도 고인돌로 추정되는 돌덩이들이 여럿이다. 강화도 제일 남쪽인 화도면 동막리에도 고인돌이 있었음을 알려주는 연구 결과가 있다.

화도면 마리산 능선에도 고인돌로 추정되는 커다란 돌덩이가 있다.

마리산 능선의 고인돌로 추정되는 돌

달걀 모양의 거대한 덮개돌을 작은 받침돌 몇 개가 받치고 있는, 전형적인 바둑판식 고인돌로 보인다. 마리산 단군로를 따라 오르면 바다가 보이는 능선에 이르는데, 그곳에서 참성단 쪽으로 조금 가면 등산로 바로 옆에 이 고인돌(추정)이 있다. 오래 전 '고인돌사랑회' 연구진들을 모시고 답사했는데, 그분들 역시 고인돌일 가능성이 매우 높다고 말했다. 최근에는 강화군청 관계자와 전문학자들을 모시고 마리산 고인돌 조사 작업을 진행했다. 현재 강화도에는 바둑판식 고인돌이 한 기도 없다. 아니, 없는 것으로 알려져 있다. 그런데 마리산 고인돌이 공인되면 강화도의 유일한 바둑판식 고인돌이자, 강화도 최남단의 고인돌로 매우 유의미한 문화재가 될 것이 틀림없다.

　이제 고인돌의 명칭에 대해 생각해보자. 나는 '고인돌'이라는 이름이 좋은데, 공식 명칭으로는 '지석묘支石墓'가 주로 쓰인다. 맞고 틀림이 없으니 무엇을 써도 상관없기에 이 글에서는 고인돌로 쓰기로 하겠다. 다만 사적 제137호 '강화 부근리 지석묘'는 공식 이름대로 지석묘로 쓰겠다.

고인돌에 대한 기록일 것이다. 고려시대 인물 이규보는 『동국이상국집』 「남행월일기南行月日記」에 이렇게 적었다.

> 다음날 금마군으로 향하려 할 때 이른바 '지석支石'이란 것을 구경하였다. 지석이란 것은 세속에서 전하기를, 옛날 성인聖人이 고여 놓은 것이라고 하는데, 과연 기적奇迹으로서 이상한 것이 있었다.

여기서 지석은 고인돌을 말하는 것 같다. 도저히 사람이 쌓은 것 같지 않다는 놀라움을 표현했다. 우리가 지금 지석묘라고 부르는 이유는 지석, 즉 받침돌이 덮개돌을 지탱하고 있는 무덤이라서다. 그런데 지석묘로 통칭하기가 불편한 것은 지석이 없는 고인돌이 많기 때문이다. 지석(받침돌)이 없는 고인돌, 그게 바로 개석식蓋石式 고인돌이다. 고인돌은 생긴 모양에 따라 여러 가지 이름으로 나뉘어 불린다. 학자마다 부르는 명칭이 조금씩 다르다. 여기서는 탁자식 고인돌, 바둑판식 고인돌, 개석식 고인돌로 쓴다.

탁자식은 받침돌이 덮개돌을 떠받친 모습이 탁자 같다고 해서 붙여진 이름이다. 한강 이북에 주로 분포하기 때문에 '북방식'으로도 쓴다. 그런데 한강 이남 경기 지역은 물론 충청도, 전라도에도 더러 존재하기 때문에 '북방식'이라는 이름은 좀 어색하다.

바둑판식은 둥글넓적한 덮개돌을 키 작은 받침돌들이 받치고 있는데 그 모양이 바둑판과 같아서 붙여진 이름이다. 한자로 바둑 기碁자를 써서 기반식碁盤式이라 하고 주로 한강 이남에 분포하기에 '남방식'이라고도 한다.

개석식은 받침돌이 아예 없이 덮개돌만 보이는 고인돌이다. 덮을 개蓋 자를 쓴 개석蓋石은 덮개돌이라는 뜻이다. 지석이 없다는 의미로 '무지석식無支石式'으로 부르기도 한다. 연구자에 따라 개석식 고인돌을 '남방식' 고인돌에 포함시키기도 한다.

탁자식 고인돌은 네 면의 받침돌 안이 그대로 무덤방이 된다. 덮개돌은 지붕이 되는 셈이고. 그래서 시신은 무덤방 안, 땅 위에 모셔진다. 반면 바둑판식과 개석식은 시신을 땅속에 묻는다.

우리나라 고인돌 가운데 제일 많은 것이 개석식인데, 강화에는 개석식보다 탁자식 고인돌이 조금 더 많다. 강화 고인돌을 총 156기로 봤을 때, 탁자식 76기(48.7%), 개석식 69기(44.2%), 형식불명 11기(7.1%)[7]로 분석한 연구가 있는데 절대적인 것은 아니다. 학자에 따라 다르게 볼 수도 있으니 말이다. 156기 중 탁자식 77기, 개석식 65기, 형식불명 14기로 분류한 연구도 있다.[8]

기울어서 더 굳건한
강화 부근리 지석묘

이제 너른 고인돌공원 안에 홀로 있는 그래서 두드러지지만, 외로워 보이기도 하는 사적 제137호 '강화 부근리 지석묘'로 가보자. 전국에 고인돌이 있다. 심지어 제주도의 작은 섬 우도에서도 고인돌을 봤다. 북한 것까지 포함하면 4만여 기가 된다고 한다. 가장 많은 지역은 전남 지방인데 2만여 기가 몰려 있다.[9]

그 많은 고인돌 가운데 유독 유명한 게 지금부터 소개할 강화 부근리 지석묘다. 남한에 있는 탁자식 고인돌 가운데 제일 크고 웅장하다. 초등학교 다닐 때 여기로 소풍 왔었다. 여러 명의 친구들과 함께 덮개돌 위로 올라가 단체사진을 찍었다. 올라서 보니 덮개돌이 참 넓어서 뛰기도 했다. 그땐 문화재가 뭔지, 올라가면 왜 안 되는지, 아무것도 모르던 시절이었다.

길이×너비×두께가 덮개돌 650×520×12cm, 북쪽 받침돌 464×150×80cm, 남쪽 받침돌 550×140×60cm다. 고인돌 최대 높이는 260cm이다.[10] 두 받침돌 사이 내부 폭은 앞쪽이 140cm, 뒤쪽은 130cm 정도다. 암질은 흑운모편마암이다.

문자와 달리 숫자는 과학적이고 정확할 거라는 느낌을 준다. 하지만 숫자에도 오류가 존재하기 마련이다. 고인돌의 크기 역시 측정하는 과정에서 다른 결과가 나온다. 특히 무게는 천차만별이다. 그럴 수밖에 없다.

고인돌의 무게는 가로, 세로, 두께를 측정해서 부피를 정한 후 거기에 돌의 성질에 따라 다른 비중(밀도)을 곱해서 계산해 낸다. 덮개돌이 가로세로 반듯하다면 부피 계산이 쉽지만, 울퉁불퉁 자유분방하게 생겼다면 어렵다. 그래서 추정하는 무게가 다르게 나온다. '강화 부근리 지석묘' 덮개돌의 무게는 79.1톤과 108.2톤으로 알려졌다. 그런데 몇 년 전 정밀조사에서는 53톤이라는 결과가 나왔다.[11] 누군가가 굳이 덮개돌의 무게를 묻는다면, 50톤 정도라고 말하는 것이 무난할 것 같다.

어디선가 고인돌 재현 실험을 해보니 돌 1톤을 옮기는 데 10명 정도가 필요했다고 한다.[12] 대략 추정해보자. 53톤의 돌을 옮기려면 530명이 필요하다. 한 집에서 1명씩 동원됐다고 치고 한 집에 5명의 가족이 산다고 가정하면 2,650명이 그 지역에 사는 셈이다. 그런데 덮개돌 옮기는 데만 인력이 필요한 게 아니다. 받침돌도 옮겨야 하고 운반에 사용될 나무들도 준비해야 한다. 다양한 작업 인력이 더 필요하다. 실험고고학적으로 연구한 결과 한 사람이 하루에 1.5톤쯤 채석할 수 있는 것으로 밝혀졌다[13]고 하니까 채석 인원도 만만치 않았을 것이다.

따라서 '강화 부근리 지석묘'를 세우기 위해 530명보다 훨씬 더 많은 사람이 동원됐을 것이고, 주변 지역의 인구수도 2,650명보다 훨씬 더 많았을 것이다. 이 고인돌에 모셔진 인물은 권력자일 수밖에 없다. 그래서 규모가 큰 고인돌의 존재는 곧 청동기시대가 계급사회였음을 알려주는 근거가 된다. 참고로 이 고인돌이 있는 강화군 하점면의 전체 인구가 2015년 9월 기준으로 4,007명이다.

중국의 랴오닝遼寧과 지린吉林 지역 그리고 북한에 남아 있는 탁자식 고인돌 가운데 좌우 받침돌을 안으로 약간 기울여서 세운 게 있다고 한다. 받침돌과 받침돌 사이 내부 공간이 아래는 넓고 위는 좁은 형태인데 이를

강화 부근리 지석묘

'안기울임' 방식이라고 한다. 고인돌의 안정감을 위한 조치로 보이는데, "고인돌의 축조 방법에서 가장 훌륭한 기술의 한 가지로 당시 사람들은 역학의 원리를 터득하여 이것을 건축의 한 과정으로 활용한 것"[14]이라는 평가를 받는다.

강화 부근리 지석묘는 '안기울임' 방법으로 세워진 고인돌보다 몇 수 위로 보인다. 한쪽으로 나란히 기울어진 받침돌은 그 자체가 신비롭고 예술이다. 쓰러질 듯 쓰러지지 않으며 수천 년을 버텨온 균형의 힘이 언제 가 보아도 늘 새롭다.

수맥水脈 여부로 고인돌 상태를 분석한 연구가 있다. "토질은 암석이 박환剝換된 비석비토非石非土 형태였으며 아주 단단하고 입자가 치밀하였다. 또한 수맥을 측정한 결과 전혀 수맥이 없는 안정된 지반이었다"[15]는 것이다. 한마디로 '강화 부근리 지석묘' 주변의 토질이 다른 곳에 비해 매우 단단하고 수맥도 없어서 무너지지 않고 안정감을 유지했다는 말이다. 반면 강화 부근리 지석묘에서 멀지 않은 곳에 있는 '부근리 점골 고인돌'은 동쪽으로 기울어 무너졌는데, 수맥이 받침돌 동쪽 가까이 있어서 붕괴했을 것이라고 한다. 부근리 점골 고인돌은 2009년에 해체된 후 복원되었다.

'강화 부근리 지석묘'는 옆으로 기운 받침돌만 대단한 것이 아니다. 정면에서 보면 기운 받침돌만 보이지만, 옆에서 보면 덮개돌이 '비정상적'으로 앞으로 튀어나온 것을 알 수 있다. 금방이라도 앞으로 뚝 떨어질 것 같은 덮개돌의 균형감도 신비롭기는 마찬가지다. 고려 대몽항쟁기에 이규보李奎報(1168~1241)는 강화에 있었다. 한때 지금의 하점면에서도 살았다. 그는 이 고인돌을 보았을까. 그랬다면 어떤 놀람을 경험했을지.

이 고인돌이 정말 무덤인가? 확실한가? 의문을 갖는 이들이 점점 늘어난다. 일반적으로 고인돌은 무덤이 맞다. 전국 곳곳의 고인돌에서 사람의 뼈가 출토되고 있다. 그런데 전문가들에 의하면 무덤 외에 다른 용도로도 세워졌다고 한다. 의식 행사를 치르는 제단이나 무언가 의미를 담은 상징물로 보기도 한다. 묘역임을 알려주는 묘표석墓標石으로 보기도 하고 마을과 마을의 경계를 구분하는 경계석으로 세워졌다고도 한다.

여기 '강화 부근리 지석묘'도 무덤이 아니라 어떤 상징물로 보는 견해가 설득력을 얻고 있다. 마을 사람들이 회의, 축제, 제사 등의 행사를 치르기 위해 세운 것이라는 추정이다. 한 마디로 신성한 공간의 상징물이 되는 셈이다. "이렇게 큰 무덤이 당시에 필요했을지 의문이고, 껴묻거리가 발견되지도 않았으며, 평원의 약간 높은 지형에 위치하는 것은 어떤 상징적인 성격이 강한 것으로 보인다"는 것이 무덤으로 볼 수 없는 근거로 제시되기도 했다.

왠지 근거가 부실하다는 생각이 든다. 커다란 무덤은 여기뿐 아니라 다른 지역에도 존재하며 지배층의 권위 유지를 위해서도 필요성이 인정된다. 껴묻거리, 그러니까 부장품이 발견되지 않은 것은 무덤방이 지상에 노출되는 구조이기에 오래전에 유실 또는 도굴됐다고 보는 것이 사리에 맞을 것 같다. 그리고 평원의 약간 높은 지형에 있기 때문에 무덤이 아닐 것이라는 추정도, 글쎄, 좀 미흡하지 않은지.

어떤 목적에서건 무덤 아닌 다른 용도의 상징물을 세워야 했다면 무덤과 똑같은 모양의 고인돌을 세울 필요가 있었을까. 거대한 고인돌 건설 과정에 스며있는, 현대인의 생각을 뛰어넘는, 당대인들의 창의력으로 볼 때 얼마든지 다른 모습의 상징물을 만들 수 있지 않았을까. 그래서 나는 지금도 '강화 부근리 지석묘'가 지배자의 무덤으로 세워졌다고 믿는다. 단, 세월이 흐르면서 자연스럽게 종교적 권위가 부여된 신성한 공간이라는 의미가 덧붙여졌고 제단 등의 역할이 추가됐을 수는 있다고 본다.

강화역사박물관 앞 넓은 공원 안에 고인돌이 하나뿐인 것 같지만, 처음부터 하나는 아니었다. 그 주변으로 여러 기의 고인돌이 존재했었고 지금도 일부가 남아 있다. 온전한 모습은 아니나 아주 큰 받침돌 하나(세계유산 15)도 고인돌 가까이에 당당하게 서 있다. 가로세로 길이가 330×230cm 정도, 돌 두께는 46cm 정도인데 동쪽으로 약간 기울었다. '강화 부근리 지석묘' 받침돌보다 키가 80cm 정도나 더 크다. 원래의 모습을 유지하고 있다면, '강화 부근리 지석묘'보다 훨씬 웅대한 모습이었을 것이다.

박물관 주변은 아주 훌륭한 답사 코스다. 특히 아이들에게 권하고 싶다. 강화역사박물관과 거대한 고인돌이 버티고 선 고인돌공원, 역사박물관 바로 뒤편에는 2015년에 문을 연 자연사박물관이 있다. 자연의 역사와 인간의 역사가 잘 어울리는 조합이다.

강화역사박물관 앞 공원의 '세계유산 15'호 고인돌

그런데 '강화 부근리 지석묘'는 왜 받침돌이 둘뿐인가. 원래는 네 개였을 것이다. 동서남북 네 방향에 벽처럼 돌을 세워 무덤방을 만들었다. 덮개돌은 지붕이 되는 것이고. 그런데 이 고인돌은 덮개돌을 받치는 진짜 받침돌이 좌우 두 개다. 덮개돌의 무게를 지탱하기 위해 땅 깊이 파고 받침돌을 묻고 그 위에 덮개돌을 올렸다. 시신을 모신 후 앞뒤에는 막음돌(마구리돌)로 막았다.

받침돌처럼 깊이 묻지 않고 포도주 코르크 마개 끼우듯 막음돌로 막은 것은 고인돌을 완전히 폐쇄하지 않겠다는 의미로 보인다. 즉 필요시에 다시 막음돌을 열겠다는 것이다. 나중에 죽은 이의 시신을 이곳에 추가로 모실 의도가 아니었을까 싶기도 하다. 실제로 한 고인돌 안에 시차를 두고 여러 번에 걸쳐 시신을 모신 사례가 다른 지역에서 발견되었다.[16]

● 세계유산 강화고인돌[17]

명칭	문화재 지정 현황	고인돌 기수	위치
강화 부근리 지석묘	사적 제137호	1	하점면 부근리
강화 부근리 고인돌군	인천광역시 기념물 제44호	13	하점면 부근리 송해면 상도리
강화 삼거리 고인돌군	인천광역시 기념물 제45호	9	하점면 삼거리
강화 고천리 고인돌군	인천광역시 기념물 제46호	20	내가면 고천리
내가지석묘 (강화 오상리 고인돌)	인천광역시 기념물 제16호	1	내가면 오상리
강화 오상리 고인돌군	인천광역시 기념물 제47호	11	내가면 오상리
강화 교산리 고인돌군	인천광역시 기념물 제48호	13	양사면 교산리
강화 대산리 고인돌	인천광역시 기념물 제31호	1	강화읍 대산리
강화 부근리 점골 고인돌	인천광역시 기념물 제32호	1	하점면 부근리
		70	

    강화의 모든 고인돌은 2000년에 전라북도 고창군, 전라남도 화순군의 고인돌과 함께 유네스코 세계유산으로 등재되었다. 강화의 고인돌 중에 160기 정도가 알려져 있는데 이 모두가 세계유산은 아니다. 이 가운데 세계유산으로 등재된 고인돌은 70기라고 한다.

    '강화 부근리 지석묘'가 세워진 시기는 알 수 없다. 고인돌 축조 시대를 추정하는 방법은 주로 출토 유물에 대한 과학적 분석의 결과로 제시되는데, 이 고인돌에서는 출토된 것이 알려지지 않았다. 그래도 전문가들의 연구에 기대어 세워진 시기를 짐작해 볼 수는 있다. 고인돌이 신석기시대 중후반부터 축조됐다는 학설이 등장하고 있지만, 주로 청동기시대에 만들어진다. 고인돌은 청동기시대의 대표적인 무덤 형태임이 틀림없다.

    문제는 우리나라에서 언제부터 청동기시대[18]가 시작됐느냐다. 기원전

10세기였다. 그렇게 배웠고 가르쳤다. 지금은 아니다. 고등학교 교과서에 "기원전 2000년에서 1500년 무렵에는 만주, 한반도 일대에서도 청동기 문화가 시작되었다"(2015)라고 나온다. 한마디로 기원전 2000년쯤부터 청동기시대가 열렸다는 소리다.

새롭게 발견된 유적과 유물의 연대 측정 결과로 청동기시대 시작 시기가 많이 올라갔다. 예를 들면, 경기도 양평 양수리 고인돌은 3900±200 B.P.에 만들어진 것이라고 한다. 3900±200 B.P.의 보정 연대는 기원전 2090~1880년이다. 강원도 강릉시 교동 주거지는 3390±60 B.P.에 청동기시대 사람들이 살던 곳이다. 보정 연대는 기원전 1743~1610년이다.[19]

양수리 고인돌이 제작된 시기가 신석기시대다. 측정 오류일 것이라는 주장도 있지만, 청동기시대의 고인돌로 보는 것이 일반적이다. 이 양수리 고인돌을 예외로 하면, 우리나라 고인돌은 대체로 기원전 1200년대 전후부터 기원전 200년 정도까지 약 1천 년 동안 세워졌고 가장 성행한 시기는 기원전 900년에서 기원전 400년 사이라고 한다.[20]

강화의 고인돌들은 대략 기원전 10세기쯤부터 세웠을 것이라고 한다.[21] '강화 부근리 지석묘'에서 가까운 삼거리 소동부락 등에서 출토된 유물에 대한 연대 측정 결과다. 그런데 내가면 오상리 고인돌들의 축조 시기를 기원전 1500년~기원전 1000년으로 추정한 연구도 있다.[22] 누가 나에게 '강화 부근리 지석묘'가 언제 세워진 거냐고 물으면 뭐라고 답해야 할까.

"기원전 10세기쯤일 거래. 좀 더 올라가면 기원전 1500년쯤 될 수도 있고"라고 자신 없이 대답할 수밖에 없다. 물어보지 않았으면 좋겠다.

마리산 참성단에 올라

바다가 보고프면 산으로 간다. 오늘은 마리산^{摩利山}이다. 이곳에서 보는 바다는 슬프도록 아름답다. 단군이 하늘에 제를 올렸다는 참성단이 있는 곳, 그래서 유독 신성시되어 온 곳이다. 고려시대에도 조선시대에도 나라의 중요한 제사를 여기에서 올렸다. 지금도 다음과 같은 일이 흔하다.

> 건설업 불황이 장기화하면서 건설사들이 전국 유명산을 찾아 공사를 많이 수주하게 해달라는 고사를 지내고 있다. 건설사들이 가장 많이 찾는 곳은 단군왕검이 하늘에 제사를 지냈다는 강화도 마니산. 동부건설, 한양 등이 올 초 마니산에서 수주 풍년을 기원했다. 대림산업 플랜트사업본부도 수십 년 동안 마니산에 올랐다.[23]

미신이니 아니니, 그런 걸 떠나서 한국인들이 마리산을 어떻게 인식하고 있는지 보여주는 사례다. 이 회사들 소원대로 사업이 잘 풀려가기를 바란다. 그런데 나는 지금 '마리산'이라고 쓰고 있는데 신문에는 '마니산'이라고 되어 있다. 공식적인 명칭은 마니산^{摩尼山}이 맞다. 그렇지만 마리산이 더 자연스럽다고 생각한다. 강화 사람들은 대개 '마리산'이라고 발음한다. 나에게 '마니산'은 여전히 불편하고 어색하다. 마리산을 마니산으로 부르게 된 사연은 대략 이런 내용으로 전한다.

마리산의 마리는 머리[頭]라는 뜻이니 마리산은 으뜸산, 최고의 산이라는 의미다. 우리 조상들은 대대로 마리산이라고 했다. 그런데 일제시대에 일본 사람들이 으뜸의 의미를 죽여 우리 민족의 자부심을 꺾으려고 마니산으로 부르게 한 것이다.

마리산의 마리가 머리, 즉 으뜸, 최상의 의미인 것으로 해석하는 것은 적절하다. 그러나 일제강점기에 처음으로 마니산이라는 이름이 등장한 것은 아니다. 이미 그 전부터 마니산이라는 호칭이 쓰이고 있었다. 오랜 옛날 사람들은 마리산으로 불렀다. 머리산이라고도 했을 것이다. 이를 한자로 음역한 것이 마리산摩利山이며 고려시대 역사 기록에도 동일하게 표기되어 있다.

그런데 고려 말인 14세기 후반부터 마니산摩尼山이란 표현이 등장하기 시작한다. 이때부터 조선초기까지 摩利山과 摩尼山이 함께 쓰이게 된다. 그러다가 16세기 후반쯤 되면 摩利山이 거의 사라지고 摩尼山이 정착된다. 조선시대 중·후반에 상당 기간 마니산이라는 용어가 쓰인 것이다. 일본 사람들이 강화에서도 못된 짓 많이 했지만, '마리산'을 죽인 건 그들이 아니다.

마리산의 '마리'가 머리 두頭의 의미라면 마니摩尼는 무슨 뜻일까. 마니교라는 종교와 관련이 있을 것으로 생각하기 쉽지만, 마니교와 마니산은 관련이 없다. 나는 조선후기 실학자 정약용의 해석을 따르고 싶다. 정약용은 『여유당전서』에서 '摩尼'는 '頭'를 가리킨다고 했다.[24] '摩尼'가 '頭'라면, 결국 '摩尼'와 '摩利'는 같은 의미가 된다.

정수사 쪽에서 올라가는 마리산 등산로

　그러면 마니산인가, 마리산인가. 둘 다 맞다고 하는 게 적절하다. 이와 관련해서 공감이 가는 주장이 있다. 摩利山만 마리산으로 읽을 것이 아니라, 摩尼山도 마리산으로 읽자는 것이다.[25] 강화도 옆 동네 김포시 대곶면에 오리산리라는 마을이 있다. 이곳 주민들은 '오리산'을 한자로 오니산吾尼山이라고 쓴다. 오니산으로 쓰고 오리산으로 읽는다. 한자로 쓸 때는 摩利山도 좋고 摩尼山도 좋지만, 한글로 쓰거나 읽을 때는 '마리산'으로 통일하는 것이 어떨까.

　강화에서 제일 높은 472.1m, 오르기에 버거운 높이는 아니나 경사가 급해서 숨차다. 산으로 드는 길이 여럿이지만 대개 세 곳이 이용된다. 하나, 계단으로 오르는 길로 가장 빠르게 정상으로 가는 길이다. 돌계단이 정상 부근까지 이어져 있어서 흙 밟을 기회가 별로 없다. 둘, 단군로는 숲을 지나 능선을 타고 간다. 계단길보다 시간이 더 걸리는데, 입구에서 정상까지 1시간 30분 안팎이다. 누군가 손잡아 끌어줬으면 싶을 때, 영락없이 나무가 거기 서서 손잡아 준다. 얼마나 많은 사람의 손이 닿았기에 그렇게 매끈매끈 윤이 흐르는지. 셋, 정수사나 함허동천에서 가는 길은 거대한 바위들이 연속되는 험한 길이다. 아슬아슬 위험한 데가 곳곳에 있다. 산에 들 때는 늘 그래야 하지만, 여기는 특히 겸허한 마음으로 한 발 한 발 내디뎌야 한다. 위험한 만큼 등산의 맛이 있는 아름다운 코스로 바위와 소나무가 절경이다.

어느 길로 가든 울창한 숲이 좋다. 조선시대에도 그랬을 것이다. 조선시대 강화의 산들은 대개 민둥산이었다. 양사면 강화평화전망대에서 보는 북한의 산들처럼 말이다. 땔감을 나무에 의존하던 때이니 산에 나무가 남아날 리 없었다. 조선 조정은 신령한 마리산에서 만큼은 나무를 해하지 못하도록 했다. 나뭇가지 하나 꺾어도 안 됐다. 조정의 명령이 그대로 지켜지지는 않았지만, 그래도 마리산은 울창함을 유지할 수 있었다.

나는 능선을 타고 쉬엄쉬엄 가는 단군로가 마음에 든다. 이 길로 가다 보면 아주 큰 바둑판식 고인돌을 만난다. 아직은 공인받지 못했으나 볼수록 고인돌이 맞다는 생각이 든다. 청동기시대에 성립된 고조선, 고조선을 배경으로 하는 참성단, 뭔가 그림이 그려질 것도 같다. 환웅이 곰과 호랑이에게 먹으라고 준 것이 쑥과 마늘이다. 강화 쑥이 우리나라에서 제일인 것은 다 아는 얘기고, 마늘도 아는 사람은 안다.

이윽고 정상. 단군께서 하늘에 제사를 올렸다는, 참성단이 거기 있다. "엄마! 저거 쌓은 사람들, 얼마나 힘들었을까?" 꼬마의 갸륵한 궁금증. 참성단을 이룬 크고 작은 돌 하나하나에 선조의 꿈이 담겼다. 그분들에게 제단 쌓기는 단순한 노동이 아니었을 것이다. 또 다른 기도요, 수행이었을 터. 하여, 돌을 나르고 다듬어 쌓는 그 고통을 고통으로만 여기지는 않았을 것 같다.

> 강화부에 있는 마리산의 참성대塹城臺가 종소리처럼 울어 소리가 10여 리 밖에 들리더니, 얼마 후에 큰 돌이 무너졌다.[26]

『세종실록』에 등장하는 참성단 붕괴 기록이다. 걸리는 단어가 '참성대'다. 참성단을 참성대라고 하니까 경주의 첨성대와 헷갈리기도 한다. 세종 때는 참성대라고도 했던 모양인지, 아니면 기록자가 실수로 참성단을 참성대로 쓴 것인지, 알기 어렵다.

아무튼 지금 '참성단'이라는 이름에는 이견이 없다. 그런데 그 한자 표기를 주의해서 볼 필요가 있다. 옛 사서에서 참성단을 塹城壇, 塹星壇, 參星壇 등으로 썼다. 지금 우리는 '塹城壇'을 주로 쓴다. 참塹은 참호를 의미하고, 성城은 방어시설인 성, 단壇은 제단이다. '참호를 파고 성을 쌓은 곳에 있는 제단'[27]으로 풀이한다.

그렇다면 참성塹城은 어디일까. 명확하지가 않다. 마리산 산성이라는 설이 있고, 제단 아래로 둥그렇게 담을 두른 참성단의 구조 자체를 참성으로 보는 설도 있다. 또 마리산이 원래 고가도라는 별도의 섬이었다는 점에 주목해서 고가도 사방의 바다를 천연의 해자, 즉 참성으로 보는 설도 있다. 塹城壇으로 쓰지만, 별 성星자를 쓴 塹星壇과 參星壇을 틀렸다고 할 수 없다. 별에 올리는 제사, 초제醮祭를 이곳에서 지낸 것은 분명한 사실이니까.

참성단의 윗부분은 네모난 제단이다. 높이는 6m 정도, 사방 길이는 각각 6~7m 정도다. 계단으로 이어진 아래 낮은 쪽은 제를 올리는 공간으로 둥글게 담을 쌓았다. 담의 높이는 1.6m 정도 된다. 위는 네모지고 아래가 둥글기에 상방하원上方下圓의 구조라고 말한다. 네모는 땅을 상징하고, 둥근 모양은 하늘을 상징한다. 옛사람들은 지구가 둥근 것이 아니라 네모나게 생겼다고 여겼다.

마리산 정상의 참성단

땅은 높게, 하늘은 낮게! 하늘과 땅의 높이를 뒤꿔버린 파격이 참성단에 있다. 하늘의 양기는 위로 올라가고 땅의 음기는 아래로 내려가는 성질이기에 하늘과 땅의 위치를 바꿔버린 것은 참성단에 좋은 기를 모으려는 의도였다는 해석[28]이 눈에 띤다. 하긴 마리산 자체가 전국에서 제일 기가 왕성한 생기처生氣處라고 하니 참성단의 기운은 각별할 것이다.

　참성단 안에 나무가 한 그루 있어 신비한 분위기를 더욱 돋워준다. 그 나무를 보고 있으면 단군신화에 나오는 신단수를 떠올리게 된다. 나무의 이름은 소사나무. 소사나무는 해안의 산지에서 잘 자라는데 분재로도 많이 만들어진다. 나이는 300살 정도, 키가 3m가 넘는다.[29] 그런데 이 나무를 뽑아버려야 한다는 학자들이 있었다. 나무의 뿌리가 뻗어 가면서 서서히 제단을 붕괴시킬 위험이 크다는 이유에서다. 땅속에서 뿌리가 퍼지면서 제단 쌓은 돌들이 흩어질 수 있다는 것이다. 실제로, 불은면 오두돈대 아래 강화전성江華塼城이 무너져 내린 원인 가운데 하나가 나무뿌리다. 소사나무를 뽑아버려 참성단을 보호하자는 주장이 일리 있지만, 이제는 주장으로 끝날 수밖에 없을 것이다. 참성단 소사나무가 2009년에 천연기념물 제502호로 지정됐기 때문이다.

　전국적으로 단군 또는 고조선과 연관 있는 유적이 꽤 있다. 그렇지만 옛 사서에 명기된 곳은 강화도가 유일한데 단군의 세 아들이 쌓았다고 하는 삼랑성(정족산성)과 단군이 하늘에 제사를 올렸다고 하는 마리산 참성단이다. 『고려사』 지리지에 다음과 같은 부분이 있다.

> 마리산은 부의 남쪽에 있으며 산 정상에 참성단이 있다. 세상에 전하기를 단군이 하늘에 제사하던 제단이라고 한다.
> 전등산은 일명 삼랑성인데 세상에 전하기를 단군이 세 아들을 시켜 쌓은

것이라고 한다.[30]

『세종실록지리지』에도 비슷한 내용이 실렸다. 비록 '세상에 전하기를 [世傳]'이라는 단서를 달았으나 참성단의 공신력을 확인하는 데는 부족함이 없다.

고려 원종이 마리산에 친히 올라 참성단에서 초제를 지냈고,[31] 우왕도 사람을 보내 마리산에서 초제를 지내게 했다.[32] 우왕 이전에 충숙왕도 참성단 초제를 지시했는데, 충숙왕의 명을 따라 초제를 올린 인물이 우대언右代言 벼슬을 하던 경사만이다. 이와 관련해 『고려사』는 기이한 사실을 적었다.

한 번은 명을 받고 마리산 참성에서 초제를 올리는 도중 공중에서 "경대언은 불행하게도 일찍 죽을 것이다!"라고 두 번 외치는 소리를 들었다. 돌아와서 친구들에게, "나는 오래 살지 못할 것이다"라고 하더니 과연 얼마 뒤에 죽었다.[33]

경사만의 관직이 우대언이라 성을 따서 경대언이라고 부른 것인데, 사실 여부를 떠나 마리산 참성단의 기묘한 기운을 느끼게 된다.

조선시대에도 나라 차원의 제사가 참성단에서 베풀어졌다. 매년 봄, 가을에 나라의 안녕과 평안을 비는 제사가 정기적으로 올려졌고, 나라에 어려운 일이 발생하거나 가뭄이 극히 심할 때도 이곳에서 하늘에 소원을 빌었다. 제사는 깊은 밤 또는 새벽에 지냈는데 하늘의 별들에 올리는 초제였다. 초제는 도교적 성격의 제사다. 참성단은 제사 기능뿐 아니라 별을 관측하는 천문대 역할을 수행하기도 했다.[34]

그러나 어쩔 수 없는 세월 앞에서 참성단이 무너지곤 했다. 1717년(숙종 43), 강화유수 최석항(1654~1724)이 마리산에 올랐다. 강화유수로서 강화의 이모저모를 파악하고 해야 할 일들을 점검하기 위해서 순회하는 중이었다. 최석항은 참성단이 심하게 훼손된 것을 보고 안타까움을 느껴 중수重修하도록 했고, 그 과정을 비에 새겼다. 이를 참성단 중수비라고 한다. 참성단 중수비는 참성단 아래 멀지 않은 곳에 있다. 길쭉한 자연 돌벽에 대략 높이 100cm, 너비 50cm 크기의 테두리를 음각하고 그 안에 250자 정도를 새겼다. 비의 내용을 통해 조선시대 사람들의 참성단에 대한 인식을 짐작할 수 있다. 번역문 일부를 옮기면 다음과 같다.

우리나라 국토 수천 리를 통틀어 강화는 나라의 안전을 보장하는 중요한 곳이며, 강화 수백 리에서도 마리산[摩尼]은 나라에서 제사를 드리는 명산이다. 이 산 서쪽 제일 높은 곳에 돌을 쌓아 대를 만든 곳이 있으니 이곳이 참성단이다. 세상에 전하기를 단군이 돌을 쌓아 제단을 만들어 하늘에 제사하던 곳이라 한다. 돌이켜 보면 연대가 오래되어 비바람에 씻기고 깎여 서쪽과 북쪽 양면이 반쯤 무너졌으며, 동편 계단도 또한 많이 기울어져 이 고을 여러 어른이 서로 더불어 개탄한 지 오래되었다. 부족한 내가 이곳의 유수로 와 이 고을을 지키게 되어 올봄에 두루 살피는 일을 하면서 시험 삼아 한 번 올라가 보았는데, 분연히 이곳을 중수할 뜻이 생겨 선두포 별장 김덕하, 전등사 총섭 신묵에게 그 일을 주관하게 하여 다시 쌓게 하니 열흘이 채 아니 되어 공역을 다 마쳤다 …. 수천 년이 지나도록 후손들이 우러러보며 공경할 곳이니 고쳐서 완전하게 하는 일을 어찌 하시 잃을 수 있겠는가?[35]

최석항은 1680년(숙종 6)에 별시문과에 급제한 후 예문관검열이 되었다. 내외의 요직을 두루 거쳤는데 할아버지가 인조 때 영의정이었던 최명길이다. 1716년(숙종 42) 8월에 강화유수로 부임해 이듬해인 1717년(숙종 43) 5월에 참성단 중수비를 세웠다. 몇 개월 뒤, 10월에 강화유수직을 마치고 병조판서가 된다.

그런데 최석항이 쓴 참성단 중수비 내용 안에 '참성단 중수비'라는 제목이 없다. '참성단을 중수한 내용을 담은 비'라는 의미로 후대에 붙여진 이름이다. 비碑는 사람이 다듬은 돌에 글을 새겨 세우는 것인데, 참성단 중수비는 자연 돌벽에 새긴 것이기에 '비'라고 하기에 적절하지 않다는 지적이 있다. 최석항의 문집에 참성단 중수비의 내용이 실려 있는데, 문집에 있는 글의 제목은 '참성단 개축기塹城壇改築記'다.[36]

조선 숙종 임금 때 최석항이 참성단을 고쳐 쌓은 것은 분명한데, 처음 쌓은 시기는 제대로 알기 어렵다. 1264년(원종 5)에 임금이 참성단에서 초제를 지냈다는 『고려사』 기록에 따라, 13세기 이전 어느 땐가 쌓았을 것이라는 막연한 추정이 정설처럼 받아들여지고 있다.[37] 그런데 고려 말 참성단으로 제사를 올리러 왔던 목은 이색(1328~1396)은 "이 단이 천연적으로 된 것이 아니라면, 모르겠네, 정녕 누가 쌓은 것이냐"라고 했고, 이암(1333~1368)은 "돌로 쌓은 영단靈壇은 태고 전의 일일세"라고 했다.[38] 유학은 물론 역사에 대한 안목도 깊었던 고려 말 학자들이 참성단을 누가 쌓은 것인지 모르고, 아주 오랜 옛날[太古]에 쌓았다고 했다. 이로 보아 고려시대 이전에 쌓았을 가능성을 생각해 볼 수 있다.

권근(1352~1409)의 『양촌집』에 참성단 제문이 실려 있다. 제문 가운데 "가만히 생각하건대 마리산은 단군을 제사하는 곳이라, 성조聖祖로부터 백성을 위하여 법을 세우사 옛 예절을 이어 아름다움을 드리우게 하였고, 후왕後王에 미쳐서는 오랑캐를 피하여 도읍을 옮기사 또한 이를 힘입어 나라를 보전하였습니다"라는 부분이 있어 눈길을 끈다.

'성조'는 고려 태조 왕건을 가리킨다. 간접적인 표현이기는 하나 고려 초기에 이미 참성단에서 제사를 지내왔고 그 제사의 대상이 단군이라는 의미로 해석할 수 있다.[39] 이에 따르면, 고려 대몽항쟁기 강화도 정부 시절에 민족의 자존감과 단결력을 높이기 위해 마리산 참성단 제사를 시작했을 것이라는 통설이 잘못된 것임을 짐작하게 된다.

참성단이 정말 고려 이전에 쌓은 것이라면 시기는 언제일까. 삼국시대에 쌓았을 수도 있고 고조선시대라고 해도 가능성이 없다고 할 수는 없다. 고조선과 고인돌의 관련성을 고려할 때 강화도가 어느 한 시기 고조선의 영역이었을 가능성은 여전히 열려있다. 안정복은 『동사강목』「단군강역고」에서 다음과 같이 말했다.

> 단군의 강역은 상고할 수 없지만, …『고려사』 지리지에, "마니산의 참성단은 세속에서 '단군이 하늘에 제사 지내던 단이다' 하고, 전등산은 일명 삼랑성인데, 세속에서 '단군이 세 아들을 시켜서 쌓은 것이다'라고 전한다" 하였다. 그렇다면 그 남쪽은 또한 한수漢水로 한계를 해야 할 것이다.

안정복은 고조선 영역의 남쪽 경계를 한강과 강화도로 인식한 것이다. 혹시, 참성단이 신라진흥왕순수비처럼, "여기까지 우리나라 영토다!"라고 선언하는 경계비의 성격을 더해 세워진 것은 아니었을까 하는 엉뚱한 생각을 해본다.

『한단고기』에 의히면, 기원전 2283년(단군 51)에 참성단을 쌓았고, 이때 삼랑성도 쌓았다고 한다. 『규원사화』 등에도 고조선시대에 단군이 참성단을 쌓았다는 기록이 있다. 하지만 이들 책이 여전히 위서僞書 논란에서 자유롭지 못하기에 쉽게 따르기 어렵다.

『한단고기』 등에 대해 생각이 다른 사람들이 서로 국수주의자다, 친일 사학자다라고 감정적으로 대응하기보다 상대의 존재 가치를 인정하고 학문적인 논쟁과 연구를 해주었으면 좋겠다. 그런데『한단고기』의 진위여부를 떠나서 옛 고조선의 영광을 지나치게 강조하는 것도 바람직하지 않다. 왕년의 웅대함이 지금 우리의 자존감을 높여 줄 수도 있지만, 경우에 따라 열등감의 발로로 인식될 수도 있다. 역사 공부의 목적은 앞으로 나아가기 위함이다. 뒤로 돌아가거나 현재에 묶여 있으려고 공부하는 것이 아니다.

> 조선에서 어린이들이 꼭 지켜야 할 일은 조선 사람들이 처음 생겨난 날 즉 개천절開天節(시방으로부터 대략 4360년 전 10월 3일)을 지킬 것. 이날은 조선 사람들이 가장 기뻐해야 할 날인데 정말 지킬 것도 지키지 못하는 것이 가탄가탄입니다.

일제강점기 한 신문은 「어린이들에게 보내는 말」[40]을 실었다. 각계 인사들이 한 가지씩 어린이들에게 당부한 것은 '개천절을 지킬 것, 정직하라, 제 일은 제 힘으로, 시간을 지킬 것, 부모 말씀을 잘 들을 것, 위생에 주의'하라는 것이었다. 맨 처음 강조한 것이 앞에서 인용한 '개천절을 지킬 것'이었다.

개천開天의 의미는 '새로운 시대의 시작'[41]이다. 개천절 기념식이 시작된 것은 1909년 음력 10월 3일이다. 독립운동가이자 대종교 창시자인 나철羅喆(1863~1916)이 중심이 되어 치러진 민족적 행사였다. 1945년 10월 3일(양력 11월 7일) 서울에서 수만 명이 모인 가운데 개천절 경축식이 열렸다. 대한민국이 정식으로 수립된 해인 1948년 개천절은 국가 행사로 성대하게 치러졌다. 강화 마리산 참성단에서도 국회의장과 약 30명의 국회의원 등이 참석해 개천절 행사를 했다.

　　1949년에 정부는 개천절을 음력 10월 3일에서 양력 10월 3일로 바꿔 법으로 공포했다. 아울러 기념식 장소를 서울이 아닌 강화 마리산 참성단으로 정하고 국무총리, 내무부장관, 문교부장관 등이 참석하도록 결정했다.[42] 그런데 6·25전쟁 이후 마리산 참성단 경축식은 흐지부지되었고 지금은 강화군의 행사로 축소되었다. 강화군은 매년 양력 10월 3일을 전후로 '개천開天축제'를 연다. 한편 1955년부터 전국체육대회 성화를 이곳 참성단에서 채화하고 있다.

　　왜 10월 3일을 개천절로 정했는지 명확하지 않다. 다만, 설득력 있는 추정은 가능하다. "시월에 추수감사제, 종교의식[始祖神], 호국의식 등의 성격을 띤 천신제를 열고 하늘에 제사를 지냈던 우리민족의 오랜 전통을 고려하여 이때를 단군조선의 개국일이 있는 달로 삼은 것에 기인한다."[43] 실제로 고구려의 동맹, 동예의 무천, 삼한의 시월제가 모두 음력 10월에 행해졌다. 부여의 영고만 12월에 열렸다. 그럼 왜 3일인가.

　　"3일을 채택한 것은 그것이 예로부터 신성한 수로 여겨져 왔으며, 달이 생기 충만한 초생 상태를 보이는 날이기 때문으로 추측된다. 실제로 『삼국유사』에 소개된 단군신화에는 '환인·환웅·단군', '천부인 세 개', '무리 3천 명', '풍백·우사·운사', '삼칠일' 등 수치 3이 여러 번 등장한다."[44] 이리하여 10월 3일이 개천절이 되었다는 것이다. 그렇다면 지금과 같은 양력 10월 3일보다는 음력 10월 3일이 개천절의 의미를 제대로 담고 있었다고 할 수 있다.

웅녀가 행방불명된 사연

신화에 대한 해석은 다채롭다. 환인의 아들 환웅이 하늘에서 땅으로 내려왔다는 단군신화의 도입부를 이렇게 해석한 글이 있다.

> 우리 민족이 하늘과 땅과 사람, 즉 천지인天地人의 관계를 이해함에 있어서 어떤 자세를 갖고 있는지 보여준다. 하늘, 땅, 사람 중 사람이 으뜸이라는 것을 드러내고자 할 때 하늘신마저 사람으로 살기를 소망해 땅으로 내려왔다고 하는 것보다 더 좋은 표현은 없을 것이다.[45]

사람의 소중함을 강조했다는 해석이다. 하긴, 호랑이도 곰도 사람이 되고 싶어 했다. 그래서 환웅을 찾아와 부탁했다. 인간이 되고 싶다는 호랑이와 곰을 그 자리에서 바로 인간으로 만들어주면 싱겁다. 통과의례랄까, 힘든 숙제가 필요하다. 환웅은 호랑이와 곰이 얼마나 사람이 되고 싶은지 진정성을 확인하고 싶었다. 그래서 쑥과 마늘만 먹고 햇빛도 보지 말고 동굴에서 100일간 견뎌보라는 숙제를 줬다. 호랑이는 며칠을 견디지 못하고 포기했다. 그러자 환웅은 불과 삼칠일(21일) 만에 곰을 동굴에서 나오게 한다. 100일 되려면 아직도 멀었는데 말이다. 곰은 여인이 되었다.

호랑이는 인간이 될 진정성이 부족해서 중간에 포기한 걸까. 아니면 도저히 견딜 수가 없어서 포기한 것일까. 호랑이가 동굴을 뛰쳐나온 것은 이 '게임'이 애당초 공정하지 않았음을 알았기 때문이 아닐까? 곰은 채식하며 살 수 있다. 쑥만 먹어도 별문제 없다. 호랑이는 육식이다. 쑥만 먹으라는 건 죽으라는 거다. 햇빛이 없는 깊은 동굴, 곰은 겨울잠을 자면 되지만, 호랑이는 겨울잠도 못 잔다. 환웅은 처음부터 호랑이를 내 칠 마음이 없었는지도 모른다.

그런데 우리가 아는 단군신화 말고 낯선 단군신화도 있다. 우선 묘향산 지역에서 구전되는 단군신화의 일부를 살펴보자.

> 환인의 아들 환웅이 태백산의 신단 아래로 내려와서 살았다. 환웅이 어느 날 백호白虎와 교통하여 아들을 낳으니 이분이 단군이시며, 우리 동방에 나라를 세운 군장이 되시어 요임금과 같은 해에 나라를 다스리셨다.[46]

아이들 말대로 정말 "헐"이다. 동굴에서 삼칠일 견뎌낸 곰은 어디 가고 흰 호랑이, 백호란 말인가. 또 있다. 『신증동국여지승람』에는 환웅이 곰에게 영약靈藥을 주었고, 그 신비한 약을 먹은 곰이 여인이 되었다고 나온다. 일연의 『삼국유사』와 비슷한 시기에 나온 이승휴의 『제왕운기』(1287, 충렬왕 13)에는 이런 이야기가 나온다. 환웅이 "손녀로 하여금 약을 먹고 사람이 되게 하여 단수신檀樹神과 결혼시켜 아들을 낳았다. 이름을 단군檀君이라 하고, 조선의 땅을 차지하여 왕이 되었다"[47]는 것이다. 단군이 환웅의 아들이 아니라 환웅 손녀의 아들이란다.

어떤 것이 진짜인지 헷갈린다. 하지만 신화의 진위를 따지는 것은 별 의미가 없다. 그 까마득한 옛이야기가 후대로 전해지면서 또 여러 지역으로 퍼져가면서 빠지고 더해지는 것이 오히려 자연스러운 일이다. 우리가

『삼국유사』의 기록을 중심으로 고조선을 이야기하기에 쑥과 마늘로 견디던 웅녀 이야기가 단일한 건국신화처럼 여겨졌을 뿐이다. 단군신화 이야기가 다양한 형태로 소개되는 것은 그만큼 신화의 역사가 길다는 반증이다. 단군신화가 고려 말 원 간섭기에 만들어진 것이라는 견해는 그래서 동의하기 어렵다.

신화는 역사인가. 신화가 곧 역사적 사실은 아니다. 그러나 허황되다 하여 무시하는 것도 역시 바른 공부 자세는 아니다. 신화는 역사의 공백을 채워주는 또 다른 역사다. 내칠 것이 아니라 소중히 여기며 신화 속에서 숨은 역사를 찾아내려는 노력이 필요하다. 청동기를 소유한 이주세력인 환웅 부족이 곰을 섬기는 토착세력과 일종의 결혼동맹을 통해 나라를 세웠을 것이라는 논리적 추정 자체는 단군신화가 있었기에 가능한 일이다. 단군의 고조선은 신화일 뿐 역사가 아니라는 생각은 편협하다.

고조선은 기원전 2333년에 세워졌다고 한다. 어떻게 해서 2333년이라는 연대가 나오게 되었는지 대략적이나마 살펴볼 필요가 있다. 우선 『삼국유사』부터 보자. 일연은 『위서魏書』와 『고기古記』의 기록을 소개했다. 먼저 인용한 『위서』에는 단군왕검이 고조선을 개창한 것이 "요임금과 같은 시대다"라고 되어 있다. 요임금이 즉위하던 해에 고조선이 건국됐다는 의미로 읽힌다.

그런데 바로 뒤에 인용한 『고기』에는 '요임금이 즉위한 지 50년 되던 경인년'에 고조선이 세워졌다고 적혀 있다. 일연은 『위서』의 기록을 신뢰한 것 같다. 요임금 50년 되던 해에 고조선이 건국됐다는 『고기』의 기록에 의문을 제기했다. "요堯임금 즉위 원년은 무진戊辰인즉 50년은 정사丁巳요 경인이 아니다"라고 오류를 지적하면서 사실로 믿기 어렵다는 자신의 생각을 덧붙여 적은 것이다.

이후 단군왕검이 고조선을 건국한 해를 무진년으로 보는 것이 거의 일반화된 것 같다. 『세종실록지리지』에 "당요(唐堯) 무진년에 신인(神人)이 박달나무 아래에 내려오니, 나라 사람들이 (그를) 세워 임금을 삼아 평양에 도읍하고, 이름을 단군이라 하였으니, 이것이 전조선(前朝鮮)"이라는 기록이 보이고, 조선후기 실학자인 홍대용의 문집 『담헌서』에도 "동방에 처음 군장이 없더니 신인(神人)이 태백산 단목(檀木) 아래에 내리니 추대하여 임금을 삼고 호하여 단군이라 하니 그 원년은 곧 당요 무진년이다"라고 썼다. 무진년은 기원전 2333년이다.[48]

고조선이 정말 기원전 2333년에 세워졌다고 단언하기는 어렵다. 다만 "기원전 2333년은 신석기시대인데, 어떻게 나라가 세워질 수 있는가!"라는 반론은 잘못된 것이다. 기원전 24세기 고조선이 세워졌던 지역은 청동기시대였다. 한반도에서도 양수리 고인돌처럼 근접한 시기의 유물이 나오고 있지 않은가. 한반도에서 청동기시대가 기원전 10세기에 시작됐다는 '정설'은 이제 용도가 폐기됐다.

고조선 건국 연대를 기원전 30세기 초라고 주장하는 북한 학자의 논문[49]을 본 적이 있다. 나름의 과학적 연대 측정법과 함께 고문헌의 고조선 관련 기록을 분석하여 내린 결론이다. 북한 학자의 연구를 진정한 연구라고 할 수 있나, 기원전 30세기라니 허풍이 너무 심하네, 이렇게 무턱대고 배척하기보다는 경청이 필요하다고 생각한다. 일단 들어보아야, 옳고 그름을 따져볼 수 있고 그 과정에서 새로운 학문성과도 기대할 수 있기 때문이다.

마지막으로 『삼국사기』를 얘기해 보겠다. 『삼국유사』와 달리 『삼국사기』에는 고조선 관련 기록이 없다. 그런데 사실은 단군왕검을 말함으로써 간접적일망정 고조선시대를 언급한 부분이 있다.

21년(247) 봄 2월에 왕이 환도성으로 전란을 겪고 다시 도읍으로 삼을 수 없다고 하여, 평양성을 쌓고 백성과 종묘와 사직을 옮겼다. 평양은 본래 선인仙人 왕검王儉의 땅이다. 다른 기록에는 "왕이 되어 왕험王險에 도읍하였다"고 하였다.[50]

단군왕검을 선인仙人이라 칭했는데, 고구려 시조 주몽과 겨루던 비류왕 송양 역시 "나는 본디 선인의 자손"[51]이라고 주몽에게 자신을 소개했다. 송양이 말한 선인도 단군을 의미하는 것일지 모르겠다.

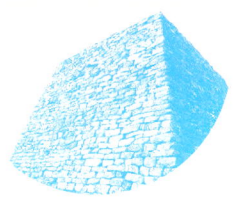

봉천산에 봉수가 오르면

『삼국사기』에 의하면, 기원전 57년에 신라가 세워졌다. 고구려는 기원전 37년, 백제는 기원전 18년에 건국됐다. 대략 20년 간격으로 신라·고구려·백제가 등장한 것이다. 나라의 틀을 단단하게 갖추고 먼저 성장해간 나라는 고구려다. 한반도 북부는 물론이고 만주 너머까지 영토를 크게 넓혔던 고구려는 삼국 가운데 가장 군사력이 강했다고 할 수 있다.

하지만 항상 그랬던 것이 아니다. 시기에 따라, 국내외 사정에 따라 한반도의 주도권을 장악하는 나라가 바뀌었다. 마지막 승리는 신라였다. 신라에 의해 삼국이 통일됐다. 삼국이 서로 수없이 많은 전투를 치른 것이 안타깝지만, 오히려 치열한 경쟁을 통해 정치·군사·경제·문화를 아우르는 국력이 더 강해졌다고 볼 수도 있겠다.

4세기 중엽 뚜렷한 성장세를 보인 나라가 백제였다. 근초고왕(346~375)이 활동하던 시대다. 이때는 고구려도 백제에 완전히 눌렸다. 대신 4세기 말, 5세기가 되면서 고구려의 참모습을 보게 된다. 바로 광개토왕(391~413)과 장수왕(413~491)의 시대다. 신라는 6세기, 진흥왕(540~576) 시대에 최강의 전력을 과시하게 된다. 7세기 한때 신라는 위기를 맞았으나 결국은 660년에 백제를 멸망시켰고 668년에 고구려까지 멸망시켰다. 676년에는 신라를 돕는 척, 삼국을 먹어치우려던 당나라 군대까지 물리치고 통일을 완수했다.

그런데 7세기 신라의 통일에 앞서 눈여겨 보아야 할 나라가 고구려다. 수백 년간 분열됐던 중국(위진남북조시대)을 수나라가 통일했는데, 무려 100만의 병사를 동원하여 고구려를 침공한 것이다. 고구려는 그들의 공격을 거듭 막아냈고 수나라는 전쟁 패배의 여파로 멸망한다. 이어 등장한 당나라 역시 고구려를 침공하지만, 망신만 당하고 쫓겨 갔다.

고구려를 위해 죽어간 거룩한 백성들의 이름을 알 수 없지만, 대신 수나라를 물리친 을지문덕 그리고 당나라에 승리한 연개소문과 양만춘을 우리는 기억하게 되었다. 고구려는 나라를 지키기 위해 당시 세계 최강국 수와 당의 침략군과 싸웠지만, 결과적으로 백제와 신라를 온전히 보호해 준 나라가 되었다. 고구려가 수나 당에게 쉽게 무너졌다면, 백제와 신라의 운명 역시 장담하기 어려웠을 것이다.

삼국이 치열하게 다툰 곳 가운데 하나가 한강 하류 주변 지역이다. 여기에 강화도도 포함된다. 이 지역을 장악한 나라가 삼국 항쟁의 주도권을 잡았다. 대체로 보아 4세기까지 강화도는 백제 땅이었고 4세기 말 또는 5세기에 고구려 땅이 되었고 6세기에는 신라 땅이 된다. 아버지의 나라와 아들의 나라가, 그들의 의사와 상관없이, 달라지는 일이 강화도에서도 벌어진 셈이다.

고구려 광개토왕이 북쪽으로 영토를 넓혔고, 장수왕은 남진南進정책을 펼쳤다고 배웠다. 만주 벌판 말달리는 광개토왕이 자연스럽게 그려진다. 그런데 광개토왕은 남쪽으로도 영역을 넓히려 애썼던 임금이다.

광개토왕의 남진으로 백제와의 충돌이 거듭됐고, 치열한 전투가 벌어졌다. 가장 치열했던 곳이 관미성이다. 관미성은 지키려는 백제에도, 빼앗으려는 고구려에도 포기할 수 없는 전략적 요충지였다. 관미성을 치려고 개성 서북방 지역을 먼저 공격하여 점령한 광개토왕은 백제의 처절한 방어망을 뚫고 이곳을 차지하게 된다.

> 가을 8월에 왕이 진무에게 "관미성은 우리나라 북쪽 변경의 요새다. 그 땅이 지금은 고구려의 소유로 되어 있다. 이것을 과인은 애통해 하니, 그대는 응당 이 점에 마음을 기울여, 이 땅을 빼앗긴 치욕을 갚아야 할 것이다"라고 말했다. 왕은 마침내 1만 명의 군사를 동원하여 고구려의 남쪽 변경을 칠 것을 계획하였다. 진무는 병졸보다 앞장서서 화살과 돌을 무릅쓰고 석현 등의 다섯 성을 회복하기 위하여 먼저 관미성을 포위했는데, 고구려 사람들이 성을 둘러싸고 굳게 방어하였다. 진무는 군량의 수송로를 확보하지 못하여 군사를 이끌고 돌아왔다.[52]

백제 아신왕은 고구려에 관미성 빼앗긴 것을 뼈아파하며 진무에게 되찾을 것을 당부했지만, 실패하고 말았다. 백제에게 관미성은 이렇게 간절한 곳이었다. 그런데 관미성이 지금 어디를 말하는지 명확하지 않다. 그동안 학자들은 관미성을 강화 본도, 강화 하점면 봉천산성, 강화 교동도 화개산성, 파주 오두산성, 예성강 하구, 개성 주변, 개풍군 백마산성 등으로 보았다. 관미성으로 추정되는 지역들은 강화도를 중심으로 부챗살처럼 펴져 있다. 이 가운데 어느 곳이 관미성인지 알 수 없지만, 아마도 강화 지역에서 답을 찾아야 하지 않을까 싶다.

"겨울 10월에 백제 관미성關彌城을 공격하여 함락시켰다. 그 성은 사면이 가파른 절벽으로 바닷물이 둘러싸고 있어 왕이 군사를 일곱 길로 나누어 20일을 공격하여 함락시켰다"[53]는 『삼국사기』「고구려본기」 기록이 주목된다. 광개토왕이 즉위한 해인 391년에 백제 관미성을 공격해 함락했다는

내용이다.[54]

'사면이 가파른 절벽으로 바닷물이 둘러싸고' 있다는 표현은 관미성이 섬이거나 섬과 거의 같은 지형임을 말해준다. 강화 어느 곳인가가 관미성일 가능성을 보여주는 것이다. 강화도 북쪽 봉천산 지역(봉천산성)이 관미성 '후보지'의 하나다. 봉천산은 강화도 북쪽 해안과 서쪽 해안을 모두 관측할 수 있는 최적의 위치로 신속한 작전 수행이 가능하고 지형 조건도 방어에 유리하다.[55] 봉천산 남북의 너른 들판이 당시에는 바다였기에 거의 독립된 섬과 같은 형세였다. 봉천산성이 관미성이었을 가능성을 부인할 수 없다.

교동도 화개산성도 마찬가지다. 교동도는 지금 하나의 섬으로 간척됐지만, 당시에는 화개산(259.6m), 율두산, 수정산이 각각 솟은 세 개의 섬으로 나뉘어 있었다.[56] 이 중에서 화개산이 있는 섬이 제일 넓었다. 화개산성은 예성강 하구와 한강이 만나 서해로 흘러들어오는 길목일 뿐 아니라 서해에서 경기만 일대까지 통제할 수 있는 곳이다. 한강 하류 봉쇄는 물론 백제와 중국과의 교류를 막을 수 있는 거점이 될 수 있다.[57] 관미성을 빼앗긴 백제 아신왕이 가장 걱정했던 것도 이 점이었다.

천하의 광개토왕이 군사를 일곱 길로 나눠 스무날이나 공격해서야 관미성을 차지했다면 하나의 산성 개념이 아니라 강화 본도 전체를 관미성으로 볼 수도 있겠다. 국어학계 쪽에서는 관미성을 백제시대 강화도의 지명으로 설명하기도 한다. 강화도의 옛 이름 '갑비고차'까지 관미와 연결 짓고 있다.

'관미關彌'의 '관'은 '빗장, 잠그다, 관계하다'와 같은 의미를 가진다. 그 의미는 '세관'이나 '해관海關'과 같은 의미의 '관關'일 것이다. '미彌'가 바다를 뜻하는 것이라면, '관미'가 의미하는 것은 곧 '해관'과 같은 의미다. '관미'는 그 어형에 있어서도 kapi와 비교될 만하다.[58]

강화가 정말 관미성인지, 그렇다면 어디가 관미성인지 명확하지 않지만, 학자들의 연구에 기대서 봉천산성(하음산성), 교동 화개산성, 강화 본섬을 가능 지역으로 짚어봤다.

소나무 향 그윽한 봉천산奉天山. 산에 가고 싶어도 체력 부담 때문에 꺼리게 되는 분에게도 봉천산은 권할 만하다. 봉천산의 원래 이름은 봉두산鳳頭山이었다. 하음현에 있기에 하음산河陰山, 하음성산河陰城山이라고도 했다.

강화도의 역사 지리를 밝힌 이형상의 『강도지』(1696), 김노진의 『강화부지』(1783), 규장각 소장 『강화부지』(1871년경) 모두 봉두산으로 표기했다. 『심도기행』(1906)[59]에도 봉두산으로 나온다. 지금 우리가 쓰는 봉천산이라는 이름은 1932년에 간행된 『속수증보강도지』에서 처음 보인다.[60]

강화의 옛지도에 봉천산을 어떻게 표기했는지 확인해봤다. 대개 봉두산으로 썼는데 '강화부전도'(1872), '강도부지도'(1875~1894년경), '강화지도'(1884)는 봉천산으로 썼다. 하지만 받들 봉奉자를 쓰지 않고 봉황 봉鳳자를 써서 세 지도 모두 鳳天山이라고 표기했다. 결국 '奉天山'으로 쓴 유일한 사료가 일제강점기에 간행된 『속수증보강도지』뿐이라는 얘기인데, 그 연유가 궁금하다. 나는 개인적으로 옛 이름 봉두산鳳頭山이 좋다. 봉황의 머리라는 의미가 멋지지 않은가.

봉천산(291m) 정상에 봉천대奉天臺가 있다. 높이 5.5m, 하단 8.7×8.4m, 상단 6.2×5.6m 규모로 위로 올라갈수록 폭이 좁아지는 사각형 모양 구조물이다. 작은 돌을 35단 내외로 쌓았다.[61] 봉천대라는 이름으로

봉천산 정상의 봉천대

보아 하늘에 제사를 올리던 제단이었을 것으로 짐작된다. 조선시대 한때 봉수대로도 사용됐다고 하지만, 지금의 형태로만 보면 봉수와 관련이 없어 보인다. 봉수대는 봉천대 바로 북쪽 너른 공터에 조성되어 있었을 것이다.

우리에게 익숙한 봉천대라는 이름도 옛 역사 속에서는 낯설다. 유일하게 『속수증보강도지』에만 그 이름이 나온다. '봉천산'이라는 '새로운' 이름처럼 말이다. 제천행사를 하던 곳이라면 강화의 역사를 상세히 밝힌 『강도지』 등에 언급될 법도 한데 전혀 없다. 다만 『강화부지』(1783)에 '방대석축方臺石築', 『심도기행』(1906)에 '방장대석方丈坮石'이라는 표현이 보일 뿐이다. 참고로 '奉天臺'라는 것이 강화에만 있는 것이 아니다. 『신증동국여지승람』에서만도 전국 여러 곳에 봉천대가 있었음을 확인할 수 있다.

봉천산 봉수대 얘기가 나왔으니, 내친김에 여기서 봉수제도까지 살펴보도록 하자.

중국에 첫 나라 하夏나라가 있었다. 하나라를 이은 나라가 상商이다. 흔히 은殷이라고 부른다. 은나라는 갑골문자로 유명하다. 주周나라는 은을 멸망시키고 중국의 새 주인이 된다. 주나라의 앞 시기를 서주(기원전 1046~기원전 770)라 하고 뒤 시기를 동주라고 하는데, 동주시대가 곧 춘추전국시대(기원전 770~기원전 221)다.

유왕은 서주의 마지막 임금이다. 포사라는 후궁을 몹시도 사랑했던 모양이다. 포사는 눈부신 미인이었으나 늘 그늘진 얼굴이었다. 도무지 웃을 줄을 몰랐다. 유왕은 환하게 웃는 포사의 얼굴이 보고 싶었다. 그래서 별별 노력을 다했지만, 웃기지 못했다.

어느 날 외적의 침략을 알리는 봉화가 올랐다. 각지에서 장수들이 군사를 모아 도읍으로 달려왔다. 적의 침략으로부터 도읍과 임금을 지키기 위함이었다. 그런데 봉화는 실수로 올려진 것이었다. 적의 침략은 없었다. 허탈해하는 장수들의 모습을 본 포사가 갑자기 웃기 시작했다. 웃는 포사를 처음 본 유왕은 넋이 나가버렸다. 너무나도 예뻤다. 그때부터 유왕은 수시로 거짓 봉화를 올리게 했고, 그때마다 장수들이 달려왔고, 이에 보답하듯 포사가 웃는 일이 반복되었다. 드디어, 이번엔 진짜로 외적이 쳐들어왔다. 그 사실을 알리는 봉화가 다급하게 올랐지만, 어떤 장수도 왕을 구하기 위해 달려오지 않았다. 결국, 유왕은 살해되었고 서주는 멸망했다.

위 이야기에서 봉화가 등장하는 것으로 보아 늦어도 서주시대에 봉수제도가 시행되고 있었음을 짐작할 수 있다. 봉수烽燧는 횃불과 연기로 긴

급한 소식을 중앙으로 전하던 통신 수단이었다. 주로 국경지방에서 적의 침입이 있을 때, 이를 알리는 군사 목적으로 쓰였다. 드문 경우이기는 하지만, 고려시대에 외국 사신의 길 안내를 위해 봉수를 올리기도 했다.

봉烽은 횃불이라는 의미이고, 수燧는 연기라는 뜻이다. 낮에는 불이 잘 안 보이기 때문에 연기를 피워서 신호를 보내고, 밤에는 횃불로 연락을 취했기 때문에 봉수라고 한다. 우리나라에서는 삼국시대에 이미 봉수가 시행된 것 같다. 체계적으로 정비되기 시작한 것은 고려 의종 때인 1149년(의종 3)이다. 이때는 봉수를 1~4개 올렸다. 평상시 아무 일 없을 때는 횃불이나 연기를 한 개 올리고 상황의 급박함 정도에 따라 네 개까지 올렸다.

조선시대에는 봉수를 1~5개 올렸다. 평상시에는 "이상 무!"의 의미로 정해진 시간에 1개를 올린다. 국경에서 적이 나타나면 2개, 적이 국경에 접근하면 3개, 국경을 침범하면 4개, 전투가 벌어지면 5개를 올리도록 했다. 해안을 끼고 설치된 봉수의 경우, 평상시 봉수 1개, 적선이 바다에 나타나면 2개, 해안에 가까이 접근하면 3개, 우리 병선과 전투가 벌어지면 4개, 적병이 뭍에 상륙하면 5개를 올리게 했다.

불이나 연기를 피우기 위해서는 봉수대를 설치해야 한다. 전망이 좋은 산 정상 부분에 봉수대를 세우는데 너무 높은 산은 피했다. 주로 200m 안팎 높이의 산에 설치했다. 전후로 연결되는 봉수대와 쉽게 확인할 수 있는 위치여야 하고, 또 인근 지역에 마을이 있어 봉수군들의 교대 근무가 편리하도록 배려하는 차원에서 높지 않은 산들이 선택된 것이다. 너무 높은 산은 구름에 가리는 경우가 많아 봉수 전달이 어려운 문제도 있었다.

횃불과 달리 연기는 약한 바람에도 흩어진다. 연기가 흩어져 버리면 2개를 올린 것인지, 3개를 올린 것인지 파악하기 어렵다. 그래서 연기가 곧게 올라갈 수 있도록 말똥과 소똥을 왕겨나 솔잎 등과 섞어서 연기를

강화의 봉수대 가운데 어느 정도 형태를 유지하고 있는 망산봉수

피웠다. 연기가 흩어지지 않게 하는 데는 이리똥과 여우똥이 최고라고 한다.[62] 하지만 쉽게 구할 수가 없어서 말과 소의 똥을 사용했던 것이다. 불을 피우는 재료로 싸리나무, 마른 풀, 볏짚 등이 쓰였다.

1475년(성종 6)에 연기를 제대로 올리는 방안이 조정에서 정해지는데, "낮에 알리는 것은 반드시 연기로 하는데, 바람이 불면 연기가 곧바로 올라가지 못하므로 후망候望하기 어려우니, 이제 봉수가 있는 곳에는 모두 연통을 만들어 두게 하라"[63]는 임금의 명령이 그것이다. 연통을 설치하면 연기가 섞이는 것을 어느 정도 막을 수 있었을 것이다.

조선시대 봉수길은 크게 다섯 가지로 구분돼 있었다. 『증보문헌비고』에 따르면, ① 경흥慶興, ② 동래東來, ③ 강계江界, ④ 의주義州, ⑤ 순천順天에서 서울 목멱산 봉수에 도착하게 되어 있었다. 경흥·강계·의주는 주로

교동면 고구리의 화개산 봉수대

여진족의 침략을 대비하기 위함이요, 동래·순천은 주로 왜군의 침략에 대비하기 위함이었다. 강화의 봉수는 전라남도 순천에서 올라오는 봉수길에 속했다.

각 지방의 봉수는 대략 10~20리 내외로 설치되어 서울 남산의 목멱산봉수까지 이어진다. 비바람이 몰아치거나 해서 봉수를 올릴 수 없을 때는 봉수군이 다음 봉수대까지 달려가서 소식을 전했다고 하는데 쉽지 않았을 것이다. 봉수제도는 당시에 가장 신속한 연락 방법이지만, 봉수군의 근무 태도나 날씨에 따라서 연락이 끊기는 일이 잦았다. 비상상황에서 봉수를 올리지 않을 경우 봉수군과 해당 고을의 수령까지 처벌받았다.

강화부 유수 이의필이 장계하기를, "이달 7일 본부의 남산 봉대烽臺에서 봉화를 올리지 않았는데 조사해 보니 봉직烽直이 술에 취하여 실수하였다고 하였습니다. 제대로 단속하고 경계하지 못한 잘못이니 황공하여 처벌을 기다립니다" 하였다. 비변사가 해당 유수를 파직하도록 계청하자, 그대로 따랐다.[64]

이의필이 강화유수로 부임한 지 두 달도 안돼서 봉수가 끊어진 죄로 파직당한 것이다. 시기에 따라 처벌 규정이 조금씩 달라진다. 1532년(중종 27) 당시의 규정에 의하면, 적이 출현했을 때 봉수를 올리지 않으면 봉수군은 장杖(곤장) 80대, 수령은 70대를 맞아야 했다. 적이 국경에 이르렀는데 봉수를 올리지 않으면 봉수군은 장 100대, 수령은 장 100대에 파직이다. 적과 접전이 벌어졌는데도 올리지 않으면, 봉수군과 수령 모두 참형에 처한다.[65]

이와 같은 원칙이 있었는데도 도망하는 이들이 적지 않았다. 그만큼 봉수군 생활이 고통스러웠기 때문이다. 아무 일도 하지 않고 저쪽 산을 바라보며 봉수가 오르나, 안 오르나 확인하고 있는 것만도 보통 일이 아니다. 한겨울 추위라면 더 끔찍하다. 봉수군들은 봉수대 관리, 무기 정비, 땔감 확보, 여기에 더해서 군사훈련까지 받아야 했다. 적이 봉수대를 노리고 공격해 올 수도 있으니까 도망자가 나올 수밖에 없는 상황이었다.

그러면 남북 국경 지방에서 서울까지 봉수가 도착하는 시간은 대략 얼마나 걸렸을까? 12시간 정도가 걸렸다고 한다.[66] 그러나 이는 평상시의 경우일 뿐이다. 정해진 시간에 매일 똑같이 올리는 봉수이기에 비교적 신속한 게 당연하다. 불시에 발생하는 실제 상황에서는 5~6일이 걸렸던 것 같다. "국초에 봉수가 경계를 늦출까 염려하여 남몰래 변방으로 하여금 시험 삼아 봉화를 들게 하자 5~6일 만에 서울에 이르렀었는데"[67]라는 실록의 기록을 통해 알 수 있다.

● 강화의 봉수

문헌	봉수 전달 순서(좌→우)					
세종실록지리지 (1454)	대모산 봉수	진강산 봉수	망산봉수 (덕산봉수)	별립산 봉수	송악산봉수 (북산)	
신증동국여지승람 (1530)	대모산 봉수	진강산 봉수	망산봉수 (덕산봉수)	화개산 봉수	하음산봉수 (봉천산)	송악산봉수 (북산)
이형상 강도지 (1696)	대모산 봉수	진강산 봉수	망산봉수 (덕산봉수)	화개산 봉수	하음산봉수 (봉천산)	남산봉수
김노진 강화부지 (1783)	대모산 봉수	진강산 봉수	망산봉수 (덕산봉수)	화개산 봉수	하음산봉수 (봉천산)	남산봉수

우리나라의 봉수는 평소에도 이미 허술하였는데 변이 일어난 처음에는 완전히 끊어졌고 근일에는 더욱 심하다. 아무리 급박한 경보가 있어도 알 수 있는 도리가 없으니 이 또한 우려스럽다.[68]

임금이 직접 봉수의 끊어짐을 걱정하는 말이다. 이 임금은 선조다. 때는 1594년(선조 27) 임진왜란 중이다. 전쟁 중에 봉수가 제 구실을 하지 못한 것이다. 나라의 기강이 무너졌을 때임을 고려해도 매우 심각한 수준이다. 선조는 1597년(선조 30)에 변방의 긴급 사항을 말을 달려 문서로 전달하는 파발擺撥제도를 도입했다. 17세기 숙종 대에 봉수제가 다시 정비되어 파발제와 함께 조선의 군사통신 기능을 수행했다. 그러다가 1894년 갑오개혁 때 폐지되었다.[69]

강화의 봉수는 김포 남쪽 지역에서 대모산봉수로 이어져 북산(또는 남산)에서 김포 북쪽을 거쳐 서울로 전달되는 체제다. 대모산봉수는 대모성산봉수로, 하음산봉수는 하음성산봉수로도 불렸다. 망산봉수는 『속수증보강도지』에서만 덕산봉수라고 썼다.

강화읍 남산 봉수와 북산 봉수가 동시에 운영된 것은 아니다. 이형상의 『강도지』에 따르면, 1677년(숙종 3)에 북산 봉수(송악산 봉수)를 남산으로 옮겼다. 1677년 이전에는 북산 봉수대가 운영된 것이고, 그 이후에는 남산 봉수대만 쓰인 것이다. 가까운 거리로 보아 남산과 북산의 봉수를 동시에 쓸 이유가 없다. 지금 강화의 봉수대 가운데 그 모습을 어느 정도 유지하고 있는 곳은 망산봉수(덕산봉수) 정도이고 교동도 화개산에서도 봉수대 연대를 볼 수 있다.

고려산은 알고 있으리

가야, 고구려, 고려, 백제, 신라, 조선의 공통점은? 대학교 이름이다. 이렇게 옛 나라 이름을 딴 대학교는 여럿이다. 그런데 산 이름에 국명國名이 붙은 곳은 드물다. 고려산高麗山이라니. 이름에서부터 만만치 않은 격조가 느껴진다. 원래 이름은 오련산五蓮山이었다. 대몽항쟁 시절 고려 조정이 강화도로 도읍을 옮기면서부터 고려산으로 불리게 된 것으로 말해지는데, 그렇지 않을 가능성이 더 커 보인다.

사료에 '고려산'이 등장하는 것은 조선시대 중기다. 『신증동국여지승람』(1530)에 고려산에 대한 간단한 설명이 실렸다. 실록에서는 1668년(현종 9) 기사에 처음 고려산이라는 이름이 나온다. 『전등본말사지傳燈本末寺誌』(1934)의 다음 기록도 눈길을 끈다. "山名도 五蓮山이라 稱하엿는대 後世에 至하야 音相近의 誤解로 高麗山이라 變稱되엿다 한다." 오련산과 고려산의 발음이 서로 비슷하여 언젠가부터 오련산이 고려산으로 불리게 됐다는 것이다. 오련산, 오련산 하다가 오려산이 되고 오려산이 고려산이 됐을 것이라는 말이다. 그렇게 됐다는 '후세後世'가 정확히 언제쯤인지 모르겠다.

'장엄'이라는 말이 흔히 쓰이지만, 나는 웬만해서 이 말을 못 쓰겠다. '장엄'이라는 단어의 아우라에 눌려서 말이다. 그러나 여기서는 쓸 수 있겠다. 고려산 진달래, 꽃의 바다. 진달래꽃이 이렇게 사람을 놀라게 할 수도

고려산의 진달래

있구나. 처음 보았을 때의 감탄이 여전히 생생하다. 두 번, 세 번, 해마다 철이면 고려산에 꽃구경 하러 갔지만, 첫인상만큼 강렬하지는 않았다. 그래도 여전히 아름답다.

    고려산 등줄기 따라 해 떨어지는 쪽으로 걷다보면 적석사積石寺를 만난다. 낙조 아름답지 않은 곳이 있으랴마는, 여기 적석사 낙조대 난간에 기대서서 바라보는 낙조는 일품이다. 절 입구에 비각이 있고 비각 안에 '고려산 적석사비'가 모셔져 있다. 300여 년 전인 1714년(숙종 40)에 세운 비다. 비문의 일부를 살펴보자.

    산 서쪽에 적석사가 있는데, 높은 바위에 걸쳐서 바다에 접근해 있다. 뛰어난 경치를 다 갖추고 있으니 진실로 신령스런 선인이 살 만한 곳이다. 옛날

사찰의 창건 설화가 쓰여진 적석사비

천축조사가 일찍이 이 산에 주석하면서 절을 창건하고 부처를 받들어 모셨다고 한다. … 여러 승려가 또 말하기를 "옛날 조사가 주석하던 때에, 다섯 가지 색의 연꽃을 던져 오 방의 산기슭에 떨어지니 바로 다섯 연꽃의 땅이었다. 그곳에 모두 절을 짓고 연꽃 색깔에 따라 절 이름을 지었기 때문에 이 산도 오련산이라 일컫고, 이 절도 적련赤蓮이라 이름 했다"고 한다.

역사가 오래된 사찰은 저마다의 창건 설화를 갖고 있다. 그런데 고려산 기슭 다섯 개의 절은 창건 설화를 공유한다. 옛날에 천축조사라는 분이 고려산에 올라 한 연못에 피어난 다섯 색깔 연꽃을 따서 하늘 높이 날렸다. 파란 연꽃 떨어진 곳에 청련사, 빨강 연꽃 떨어진 곳에 적련사, 하얀 연꽃 떨어진 자리에 백련사, 검은 연꽃 떨어진 곳에 흑련사, 노란 연꽃 떨어진 곳에 황련사를 지었다.[70] 적련사는 나중에 이름을 바꿔 적석사積石寺가 되었다. 지금 고려산 동쪽 기슭에 청련사가 있고 북쪽에 백련사가 있다.

'고려산 적석사비'에는 또 "동방이 장차 길하고 경사스런 일이 있으려면 서기가 감돌고, 장차 재앙이 있으려면 샘물이 마르니 진실로 이상한 일이다"라고 쓰여 있다. 감로정甘露井이라는 약수 얘기다. 『강화부지』(1783)도 '국가의 재앙이나 상서로운 일이 있을 때 우물물이 언다고 전해진다'[71] 라며 감로정의 신비함을 전한다. 1910년 경술국치 때는 갑자기 물이 말라 버렸고, 1950년 6·25전쟁 때는 탁하게 흐려져서 먹을 수가 없었다고 한다.

6·25전쟁 직후인 1954년, 전국의 결핵 중환자가 50만 명에 이르렀다. 결핵으로 하루 평균 300명이 사망하는 것으로 추산됐다. 1965년 대한결핵협회는 서울시민의 6.2%가 결핵에 걸렸다고 발표했다. 서울 초등학생 가운데도 결핵환자가 아주 많았다.[72] 이 무렵 적석사 주위에 움막을 짓고 기거하는 이들이 꽤 있었다고 한다. 적석사 약수가 결핵에 효험이 있다는 소문에 모여든 환자들이었다.

　병자호란 때 정명공주(1603~1685)는 적석사에 머문 덕에 화를 피했다.[73] 정명공주는 인조의 딸이 아니라 선조의 딸이며 영창대군의 누나다. 광해군이 영창대군을 역모죄로 사사하고 인목대비를 폐출시켜 서궁에 감금할 때 정명공주도 폐서인廢庶人 되어 함께 감금되었는데, 반정反正으로 인조가 즉위하면서 공주로 복권되었다.

　병자호란 때 저 남쪽 마리산까지 헤집고 다니며 몹쓸 짓을 자행하던 청군이 적석사에는 들이닥치지 않았을까. 오기는 왔던 모양이다. "오랑캐가 절에 이르러 또한 머리 숙여 예배하고 또 스님을 위하여 목패木牌를 만들어 병란을 모면했다"고 '고려산 적석사비'에 쓰여 있으니까.

　지금 적석사 대웅전은 독특한 2층 구조다. 아래층은 관음굴觀音窟이고 위층이 대웅전이다. 새 건물이라서 그런지 좀 어렵게 느껴진다. 예전 적석사 법당은 정겨웠다. 낡은 법당 앞에 서면 예수님 믿는 이도 문 열고 들어가 "부처님 할아버지!" 어리광부리고 싶을 만큼 포근한 모습이었다. 그래도 주변 풍광은 예나 지금이나 변함없이 곱다. 부처님은 봄이면 진달래로, 가을이면 바람 되어 흐르는 억새로 현신하여, 우리네 중생의 마음을 씻어 주신다.

　어느 해 가을날, 적석사 뒷산을 홀로 돌다가 내 또래의 사내를 만났다. 괜스레 울적해져서 몇 자 끼적끼적.

적석사 낙조대에서 본 낙조

적석사에서 울다

잎들이 붉게 타고 있었다.
바람에 몸 내준 억새는 울고 있었다.
황토색 승복 입은 중년의 사내
바위그늘에 묻혀 있었다.

중이면서 아직은 중이 아닌 중간 중
흔들리는 뒷모습이 낙엽이었다.
어쩌다가 늘그막에 머리 깎았느냐고
속으로도 묻지 않았다.

인연의 무게에 눌려
쪼그린 어깨 펴지 못한 채
가득한 가슴 씻어내지 못하고
담배 연기 속에 눈물만 묻는다.
사방에서 억새 울음 우는 소리
해탈하는 노을 소리
해 떨어지는 소리
속세의 끈 끊어내는 소리

적석사(적련사)를 포함해 다섯 사찰이 세워진 시기는 416년(장수왕 4)이다. 이때 천축조사天竺祖師가 고려산에 올라 절터를 물색하다가 산 정상에서 오련지五蓮池를 발견하고 다섯 색깔 연꽃을 날려 떨어진 곳에 다섯 개의 절을 세웠다고 한다. 강화도 사찰의 창건 연대는 대개 『전등본말사지』의 기록을 따른 것이다.

『전등본말사지』는 1934년 불교학자 안진호가 본사인 전등사와 그 말사인 적석사·정수사·보문사 등의 역사와 유물을 종합하여 기록한 책이다.[74] 이 책 외에는 강화 지역 사찰의 창건 시기를 알려주는 사료가 아직은 없다. 한편 『강화부지』는 천축조사를 스님의 이름으로 보지 않고, 천축국 즉 인도의 이승[天竺異僧]으로 기록했다. 『속수증보강도지』 역시 '천축이승天竺異僧'으로 표기했다. '고려산 적석사비'는 천축조사라고 쓰기는 했는데 한자가 다르다. '天竺祖師'가 아닌 '天筑祖師'이다. 통상 천축조사로 불리는 그 스님은 중국 동진에서 왔다고도 하고, 인도에서 직접 왔다고도 한다.

고려산 서쪽 끝자락에 적석사, 동쪽 끝자락은 청련사다. 청련사는 언제 가 봐도 도시 '발전'이 없다. 남들은 절을 넓히고 새 건물 세우기 바쁜데, 청련사는 늘 그대로다. 법당에는 '큰 법당'이라고 쓴 한글 현판을 걸었다. 따듯하고 편안하다. 여기는 가을이 제 맛이다. 푹 익은 가을날 청련사에 가서 고운 숲에 안겨보라. 정말이지 내려오기 싫다.

2012년 청련사 불상이 보물(제1787호)로 지정됐다. 정식 명칭은 '강화 청련사 목조아미타여래좌상'이다. 13세기 강화도읍기에 제작된 것으로 보인다. "이 불상은 고려 불교미술이 주구했던 우아하고 세련된 아름다움을 선명하게 보여줄 뿐만 아니라 조형적·예술적·종교적으로도 성숙한 완성도를 보여주는 수준 높은 작품"[75]이라는 평가를 받았다.

청련사 숲길(위)과 백련사(아래)

고려산 북쪽 깊이 자리 잡은 백련사는 고즈넉한 산사였다. 그런데 고려산 진달래가 유명해지면서 덩달아 유명해졌다. 사람들이 꽃 보러 오르는 길 중 제일 많이 오가는 길에 백련사가 있기 때문이다. 어쩔 수 없이 부산스러워지는 봄, 백련사 스님들 수행에 어려움도 있겠다는 생각이 든다.

일반적인 법당 건물과 달리 백련사 법당은 기역(ㄱ)자 구조다. '대웅전'이 아니고, '극락전極樂殿'이다. 극락전은 극락정토의 주재자인 아미타불을 주불로 모신다. 백련사에는 철로 만들어 금을 입힌 아주 귀한 불상이 있었다. 14세기 후반에서 15세기 초에 제작된 것으로 보물 제994호로 지정되었다. '강화 백련사 철조아미타여래좌상'이다. 그런데 누군가 훔쳐갔고 아직 찾지 못했다. 이 불상이 보물로 지정된 것이 1989년 4월 10일, 도난 당한 것이 1989년 12월 10일이다. 보물로 지정되고 몇 개월 만에 사라진 불상은 지금 어디에 있을까. 이 불상을 몰래 감추고 있는 이, 마음 편할 리 없으리. 욕심을 버리고 원래의 자리로 다시 모시게 한다면, 부처님도 그 죄를 용서해 주실 텐데…. 언젠가는 백련사로 돌아오리라 믿어본다.

고려산 하면 떠오르는 인물은 연개소문이다. 황산벌에서 계백과 김유신의 만남은 극적이었다. 연개소문과 김춘추의 만남도 이에 못지 않다. 연개소문과 김춘추 둘 다 어려운 처지였지만, 절박함은 김춘추가 더했다. 대야성을 비롯한 수십 개의 성을 백제에 빼앗긴 신라는 비상이 걸렸다. 대야성은 경남 합천에 있던 성으로 경주와 멀지 않은 요충지였다. 김춘추의 세력 기반으로도 중요한 지역이었던 것 같다. 대야성 성주 품석은 김춘추의 사위다. 품석은 아내와 함께 죽었다. 김춘추는 딸과 사위까지 잃은 것이다.[76] 나라가 결딴날 지경이다. 죽음을 각오하고 고구려로 날려산 김춘추는 연개소문에게 고구려와 신라가 손을 잡고 백제를 치자고 제의한다. 연개소문은 죽령 이북(한강 유역) 땅을 돌려주면 그리하겠다고 했다. 신라가 쉽게 줄 리 없는 땅이다. 회담은 깨졌고 김춘추는 겨우 신라로 돌아왔다.

　그러나 연개소문도 느긋해 할 처지가 아니었다. 642년(영류왕 25) 1월, 왕과 대신들이 연개소문 죽일 계획을 세웠고, 이를 알게 된 연개소문이 그해 10월에 정변을 일으켜 정권을 잡고 조정 단속에 정신없을 때 불쑥 김춘추가 나타났던 것이다. 당의 침공도 예상되는 어수선한 시기였다. 김춘추의 요청을 거절하면 그가 당나라로 갈 수도 있음을 짐작했을 텐데 강경하게 대응한 것은 왜일까. 우선 연개소문은 신라를, 김춘추를 믿지 않았다. 『삼국사기』 연개소문 열전의 다음 내용이 참고된다.

　644년, 당 사신이 고구려에 왔다. 당 사신은 연개소문에게 신라 침공을 중지하라고 요구했다. 그러나 연개소문은 거부했다. "지난날 수나라 사람들이 우리를 침략하였을 때, 신라가 이를 틈타 우리 성읍城邑 500리를 빼앗아 갔다. 이로부터 원한이 생기고 사이가 멀어진 것이 이미 오래되었다. 만약 우리를 침략해서 빼앗아 간 땅을 돌려주지 않는다면, 전쟁을 멈출 수가 없다"라며 신라에 대한 반감을 드러냈다.

　외교를 믿음만으로 하는 것은 아닌데? 그렇다. 연개소문은 과거의 감정을 일단 묻어두고 김춘추에게 요청했다. 백제에 대한 사사로운 원한을 버리고, 고구려·신라·백제가 힘을 합쳐 당나라를 치자고. 그러나 백제에 대한 복수가 절박했던 김춘추는 거절했다. 연개소문은 기분이 상했다. 여기에 더 극적인 요소가 있었다. 신채호의 『조선상고사』에 의하면 김춘추가 연개소문을 만나고 있을 때, 백제의 성충도 고구려에 와 있었다. 백제와 고구려 간에 동맹을 맺으러 온 것인데, 신라의 김춘추도 고구려와 동맹을 맺으러 왔다. 그러나 결국 성충이 연개소문 설득에 성공했다. 김춘추가 실패한 것이다. 성충이 편지를 보내 연개소문의 마음을 잡았는데, 대략 이런 내용이다.

고구려가 신라와 손을 잡으면 우리 백제는 당과 손을 잡게 될 것이다. 그러면 당나라 군대가 요동 쪽으로 쳐내려옴과 동시에 수군을 동원해 백제 땅에서도 고구려를 공격하게 될 것이다. 고구려는 남과 북의 협공을 막아내야 하는 어려움에 부닥친다. 하지만 고구려가 백제와 손을 잡고 신라가 당나라와 동맹을 맺는다면 그럴 위험이 없다. 위치상 신라에는 당나라 수군이 가기 어렵다. 잘 생각하시라. 더구나 신라는 믿을 수 없는 나라 아닌가?

김춘추는 연개소문과의 협상에 실패하자 647년에 일본에 갔다가[77] 648년에 당나라로 가서 백제를 함께 치자고 제의하게 된다. 이제 나·당 연합군이 결성되는 것이다.

고구려 왕과 대신들은 왜 연개소문을 죽이려고 했나. 광개토왕, 장수왕 시기 왕권은 강력했다. 그들의 통치능력이 뛰어나기도 했지만, 전쟁을 통한 긴장감 조성이 대내적 결속력을 다지는 데 보탬이 되기도 했다. 그런데 후반기로 가면서 귀족들 간의 권력 싸움과 왕위 쟁탈전과 같은 혼란까지 벌어지면서 고구려는 귀족연립정권의 성격을 취했고 왕권은 미약해질 수밖에 없었다.

귀족연립정권의 우두머리가 대대로다. 그 다음이 태대형인데, 태대형을 막리지라고도 했다. 대대로는 여러 명의 막리지 중에서 합의로 선출한다.[78] 합의 조정이 실패할 경우 대대로 자리를 자지하기 위해 무역 충돌이 벌어지기도 했는데 이 과정에서 왕은 아무런 역할도 하지 못했다. 한편, 대대로와 막리지를 같은 관직으로 보기도 한다. 이 경우는 대대로를 막리

지들 가운데 최고의 막지리로 해석하면 될 것 같다.

　연개소문 집안은 힘센 귀족 집안이었다. 할아버지, 아버지 모두 막리지를 지내고 병권兵權마저 장악했다. 연개소문이 아버지를 잇게 되자 권력 독주를 예상한 영류왕(618~642)과 귀족들이 견제에 나섰다. 그들은 연개소문을 천리장성 축조 책임자로 내보내고 살해 계획을 세웠다. 그랬다가 연개소문의 반격으로 영류왕을 비롯해 대신 100여 명이 살해되는 피바람이 불었다. 연개소문은 보장왕(642~668)을 새로 세우고 자신은 태대로, 태막리지 등 새로운 관직을 만들어 그 자리에 앉았다.

　연개소문의 독재적 통치는 귀족연립의 전통을 무너트린 것이다. 거의 연개소문 1인의 카리스마에 의존해 나라가 운영되던 20여 년, 귀족들의 잠재적 불만이 누적되어 왔을 것이다. 연개소문이 죽고 불과 2년 뒤 고구려가 멸망하는데, "봐라, 연개소문이 죽으니까, 나라가 망했다. 그만큼 연개소문이 통치를 잘한 것이다"라고 말하는 것은 적합하지 않은 것 같다. 그가 죽은 이후에도 아들들이, 귀족들이 내분 없이 나라를 이끌어갈 수 있는 체계를 만들어 놨어야, 연개소문이 통치를 정말 잘한 것이라고 평가할 수 있는 것이다.

　그래도 그는 장수로서 위대했다. 당시 세계 최강국인 당나라의 수차례에 걸친 침략을, 당나라에서 가장 강력한 군주로 일컬어지는 태종이 직접 이끈 침략군을, 물리쳤다는 점에서 그러하다. 그런데 『삼국사기』 등 사료에서 연개소문의 활약상이 구체적으로 드러나는 부분이 별로 없다. 그래도 우리가 짐작하는 것 이상으로 그의 군사적 활약이 탁월했을 개연성이 높다.

　당나라에 무리하게 맞설 필요가 있었나. 좀 유연하게 대처하며 적절히 숙여 주면서 전쟁을 피할 수도 있지 않았을까. 연개소문의 강경 대응에 문제는 없는 것일까. 연개소문의 대당 정책은 문제없어 보인다.[79] 연개소문이 유화적·평화적 대당 외교를 펼쳤다 해도 당나라는 고구려 침공을 감행했을 것이다. 뒷덜미를 잡을 것 같아 늘 두려운 적이 고구려였다. 수나라를 멸망에 이르게 한 것도 고구려였고 당나라의 자존심을 위해서도 고구려는 그냥 둘 수 없는 나라였다.

당나라는 고구려 침공 이전부터 연개소문이 범상치 않은 인물임을 알고 있었다. 당 태종은 연개소문의 정변 소식을 듣고, 그 혼란을 틈타 고구려를 치려고 했다. 그런데 장손무기長孫無忌가 말렸다. "(연개)소문은 스스로 큰 죄를 저지른 줄 알고 있으니, 대국大國의 토벌을 두려워하여 그 나라에 수비를 세워두었을 것입니다. 폐하께서 잠시 마음을 감추고 참으십시오." 태종은 이 말을 듣고 주저앉았다.[80] 섣불리 공격했다가 연개소문에게 당할 수 있다고 걱정한 것이다. 이때가 643년, 당군의 침략이 시작되는 것은 645년(보장왕 4)이다.

고려시대에도 조선시대에도 중국에서는 연개소문이 '살아있는 역사'였다. 신비함이 더해져 전설이 되고, 이야기가 되고, 고전이 되었다. 현재도 중국에서 공연되는 경극 등에서 연개소문이 주요 인물로 등장한다고 한다.[81] 중국 송의 황제 신종이 유명한 개혁가인 왕안석에게 물었다. "당 태종은 고구려를 정벌하고자 하였는데, 어찌하여 이기지 못했는가?" 왕안석은 대답했다. "개소문은 범상치 않은 인물이었습니다."[82] 연개소문 때문에 당 태종이 실패했다는 의미의 답변이다.

조선후기에 사신으로 청나라에 다녀온 이들이 쓴 사행 기록들에서도 중국 측에 여전히 남아 있는 연개소문 관련 내용을 보게 된다. 안시성 주변에 "돌이 움푹한 곳에 거인의 흔적이 있는데 세간에서 개소문의 발자국[履跡]이라고 전한다",[83] "내가 온 것을 보더니 작은 종이에다 글을 써 보여주기를, '개소문 전좌蓋蘇門殿坐가 이 안에 있습니다' 하였다. 연개소문은 바로 우리나라 사람이기 때문에 아마도 그것을 나에게 알려 주려는 것 같았다"[84]와 같은 기록들이다.

조선 인조에게 홍서봉이 아뢰기를, "고구려의 역사에서 연개소문이라고 일컫는 자는 비록 찬역簒逆한 도적이기는 하지만 그래도 적수가 없는 효웅梟雄(용맹스러운 영웅)입니다. 당나라 태종이 군신群臣들과 당세의 웅걸雄傑을 논하였는데 연개소문이 7인 가운데에 끼었으니, 그 인물이 어떠한지 상상이 됩니다" 하니, 상이 이르기를, "연개소문의 재주는 조조에 뒤지지 않을 듯하다"[85]하는 데서도 연개소문에 대한 당시 인식을 읽을 수 있다.

연개소문(?~666) 생애 초반부에 대해서는 알려진 바가 없다. 태어난 해가 언제인지도 모른다. 다만 634년에 맏아들 남생을 낳은 것으로 보아 610년 전후에 태어났을 것으로 짐작할 뿐이다. 심지어 성도 다르게 알려졌다. 『삼국사기』에는 연개소문淵蓋蘇文의 성姓을 천씨泉氏라고 소개했다. 천개소문泉蓋蘇文이 되는 것이다. 그러나 이는 중국 사서에서 당 고조의 이름인 연淵을 피해 천泉으로 쓴 것을 김부식이 『삼국사기』에 그대로 인용한 결과로 보는 것[86]이 일반적이다.

언제부터인지 알 수 없으나 강화에는 연개소문이 이곳에서 태어났다는 전설이 전한다. 고려산에 연개소문이 살던 집터, 말 달리며 훈련하던 치마대馳馬臺, 말에게 물 먹이던 음마천飮馬泉 등이 있었다고 한다. 연개소문의 어린 시절 이야기는 이러하다.

연개소문은 늦둥이로 태어났다. 아버지 나이 오십이 돼서야 세상에 나온 것이다. 그래서 '갓쉰동'이라 불렸다. 일곱 살 때, 영명한 도사가 연개소문의 얼굴을 보더니 단명할 아이라고 했다. 낙담한 부모에게 알려주기를, 15년 동안 아이를 멀리 보내 서로 얼굴을 보지 않아야만 흉액을 면할 수 있다고 했다. 연개소문의 아버지는 아들을 멀리 떠나보낸다. 어린 연개소문은 신분을 속이고 중국 땅을 비롯해 여기저기 떠돌며 갖은 고생 다 하고, 그 과정에서 스스로 배우고 익히며 성장했다. 물론 이후에 극적인 부자 상봉이 이루어진다.[87]

그런데 강화의 전설을 모은 책에 실려 있는 '갓쉰동' 이야기는 신채호의 『조선상고사』를 거의 그대로 옮긴 것이다. 일제강점기에 쓰인 『조선상고사』의 이야기를 그대로 따왔으니, 강화와 연개소문의 관련성은 일제강점기부터 알려진 것인가? 아니다. 이미 조선후기에도 연개소문과 고려산이 관련된 이야기가 널리 알려져 있었다. 이건창(1852~1898)의 『명미당집』 「고차잡절古次雜絕」에 "고려산 정상에 연개소문이 말에게 물 먹이던 우물이 있다"라는 기록이 이를 입증해준다.

연개소문이 태어나 활동하던 시기 강화도는 신라 땅이었을 것이다. 강화에서 태어났다는 이야기는 말 그대로 이야기에 불과할 것 같다. 사실이 아닐 것이다. 다만 전설에 소개된 바처럼 청년 시절 연개소문은 한곳에서 곱게 큰 것이 아니라 여러 지역을 거치며 컸던 것 같다. 그 과정에서 일정 기간 강화도 고려산 지역에 머물며 무예를 단련했을 가능성이 있다.

강화역사문화연구소 공부 모임에서 이형상의 『강도지』를 읽을 때 눈길을 끄는 대목이 나왔다. 고려산에 문무정文武井이 있는데 "전해지는 말로는 임진년에 당나라 장수가 철정鐵釘을 박아서 승기勝氣를 억압했다"는 것이다. 임진년은 692년쯤일 것이다. '일본만 그런 짓 한 게 아니네.' 생각하고 있는데 함께 글을 읽던 연구소 총무간사가 "어, 이거 연개소문과 관련되는 거 아녜요?" 묻는다. 하필 당나라 장수가, 강화의 많은 산 중에 고려산을 택해 쇠말뚝을 박았다! 연개소문 같은 인물이 다시는 나오지 못하게 하려고, 고려산 정기를 끊으려 했던 것으로 해석될 수도 있겠다.

하점면 강화역사박물관 입구에 연개소문 유적비가 섰다. 정식 이름은 '고구려 대막리지 연개소문 유적비'다. 1993년 처음 세울 때는 북쪽 고려산을 향해 있어서 유적비와 고려산이 서로 마주 보는 모습이었다. 자연스러웠다. 그런데 주변 지역 공사 과정에서 비의 방향이 동쪽 고인돌 공원 쪽으로 바뀌었다. 아쉽다. 아무튼, 이 비로 인해 강화를 찾는 답사객들이 연개소문과 강화도의 관계를 더 많이 알게 되기를 바란다.

연개소문 유적비

보문사에서 비는 당신의 소원

강화국민학교 5학년 때였나, 석모도 보문사로 소풍을 갔다. 그때는 내가면 외포리에서 배를 타고 제법 오래가서 지금 삼산면사무소 앞쪽의 석모리 선착장에 내렸다. 보문사 반대쪽이다. 헐떡이며 해명산을 넘어가야 절을 볼 수 있었다.

이후 외포리에서 마주 보이는 석포리로 선착장이 옮겨지면서 배 타는 시간이 10분 정도로 짧아졌다. 갈매기가 명물이 되었다. 전국에서 새우깡이 제일 많이 팔리는 곳이 외포리 선착장 근처 가게들이라는 소문이 돌았다. 엄지와 검지로 잡고 있는 새우깡을 날쌔게 채가는 녀석들의 모습을 어른들도 재미있어 했다. 평일 아침 배에는 갈매기들이 몰려들지 않는다고 한다. 왜 그런가 했더니, 아침 배에는 관광객이 아니라 직장으로 출근하는 사람들이 탄다. 그들이 새우깡을 뿌려줄 리 없다. 갈매기들은 그래서 아침 배를 보고도 오거나 말거나 무시했던 것이다. 영악한 녀석들.

머지않아 새우깡 받아먹는 갈매기도 추억이 될 게다. 지금 한창 다리 공사 중이라 그냥 차를 몰고 석모도 들어갈 날이 얼마 남지 않았다. 갈매기가 불쌍한가? 걱정하지 마시라. 사실 그 녀석들의 삶은 정상적인 것이 아니었다. 갇히지 않았을 뿐 새장 속의 새 같은 삶을 살았다. 이제 새우깡 같은 인공의 과자가 아니라 자연의 식량을 야생의 힘으로 찾아 먹으며 정

석모도로 가는 배

상적인 삶을 살게 될 터이니.

보문사에서 제일 마음에 드는 곳은 자연 석굴 안에 조성된 '보문사 석실'이다. 예술적·문화적 가치는 경주 석굴암이 더 높다고 해야겠지만, 종교적·대중친화적 가치는 보문사 석실이 더 높다. 석굴암은 중생의 접근을 차단하고 있지만, 보문사 석실은 비가 오나 눈이 오나 언제나 중생을 위해 열려 있다. 오늘도 절실한 소망을 품은 우리네 보통 사람들이 보문사 석실 안에서 무릎 꿇고 소망을 빈다.

옛날 보문사 아랫동네 어부들이 물고기를 잡는데, 그물에 사람 형상 비슷한 돌덩이들이 올라왔더란다. 실망하며 돌덩이들을 버렸다. 자리를 옮겨 그물을 던졌는데 올라온 것은 아까 버렸던 돌덩이들. 그날 밤 어부들 꿈에 노승이 나타나 천축국에서 온 불상을 함부로 버리면 어쩌느냐며 잘 모셔주면 복받을 거라고 말했다. 날이 밝아 어부들이 바다에 나가 그물을 던졌더니 어제 그 돌덩이가 다시 올라왔다. 모두 22개였다고 한다.

돌불상을 모시고 낙가산洛迦山에 오르는데 석실 앞에서 갑자기 무거워져 내려놓았다. 다시 들 수 없었다. 어부들은 그 자리가 명당이라고 여겼다. 그래서 돌들을 석실 안에 모시게 되었다고 한다. 천축국에서 온 불상을 모셨다는 이 전설은 서해를 통한 불교의 전래를 암시한다고 볼 수 있겠다.

실제로 백제 불교를 열었다고 하는 마라난타는 바닷길을 통해 들어온 것으로 보인다. 강화도 또는 전라도 영광 법성포로 상륙해 서울로 갔을 것으로 말해진다. 마라난타가 중국 동진의 불교를 백제에 전했을 것으로 보지만, 동진은 경유지였을 뿐, 인도의 불교를 직접 백제에 전했을 가능성도 있다.[88]

지금 석실 안에는 23개 감실龕室(불상 등을 모시려고 벽에 파놓은 공간)이 있다. 감실에 모셔진 불상은 석가모니부처님·미륵보살·제화갈라보살·송자관음보살 그리고 따로 조성한 관세음보살, 18나한상이라고 한다.[89] 크기는 모두 30cm 안팎이다. 나한을 주로 모셨기에 석실을 나한전羅漢殿이라고 부른다.

석가모니가 현재의 부처님, 미륵보살이 미래의 부처님이라면, 제화갈라보살은 과거의 부처님이다. 제화갈라보살·석가모니불·미륵보살을 삼세불三世佛이라고 한다. 송자관음보살은 관음의 여러 모습 가운데 하나로 자식을 낳게 해주는 부처님이다. 나한은 아라한阿羅漢의 줄임말이다. 석가모니는 제자들을 깨달음의 수준에 따라 여덟 단계로 나누는데, 최고 경지에 오른 이들이 바로 아라한이다. 석가모니 부처님은 아라한 중에서도 신통력이 탁월한 열여섯 분에게, 열반하지 말고 이 세상에 남아 불교를 보호하고 어려움에 처한 중생들을 도와주라고 했다. 이 16나한이 중국 불교와 섞이면서 18나한으로 정착되었다고 한다.[90]

보문사 석실에 나한상을 모신 어부들은 복을 받았을까. 물론 받았을 것이다. 그런데 꿈속에서 노스님이 어부들에게 당부하길, "복을 함부로 쓰지 말고 교만하거나 자만심을 갖지 마라. 삿된 마음을 먹게 되면 곧 복을 거두어 갈 것이다"라고 했다.

보문사 석실

종교라는 게 그렇다. 기독교, 천주교는 천당 가는 통로이고 불교는 깨달음을 목표로 한다. 누구나 깨달음을 얻으면 부처가 될 수 있다고 한다. 그런데 신도들은 천당이나 극락왕생 그리고 깨달음보다도 현생의 복을 더 갈구하는 것 같다. 출산, 건강, 성공, 대학합격, 취업 등 현실적으로 더 절실한 바람을 품고 사원을 찾는다. 세상에는 이상과 현실의 차이가 늘 존재하는 법, 종교도 마찬가지인가 보다.

우리나라에는 전국적으로 유명한 3대 관음 성지가 있다. 강화 석모도 낙가산 보문사, 강원도 양양 낙산사 홍련암, 경상남도 남해군 보리암이다. 인도 남쪽 해안 보타낙가산에 관세음보살이 계시다고 한다. 그래서인지 관세음보살을 모신 유명 사찰은 바닷가 가까이 있다. 보문사는 서해, 홍련암은 동해, 보리암은 남해다. '3대 해상 관음기도 도량'으로도 불리는 게 당연하다. 그리고 보니 보문사를 품은 산 이름 낙가산도 깊은 의미가 있다. 관세음보살이 계시다는 인도의 산이 낙가산이라니까 거기서 이름을 따온 모양이다.

관음성지에서 소원을 빌면 잘 이루어진다는 믿음이 전한다. 아미타불은 극락왕생을 이끌어주시는 부처님이고, 관세음보살은 현재의 복을 주시는 부처님이라고 하니, 여기 보문사를 찾아 기도하는 이들은 대개 내세의 행복보다 현세의 행복을 염원하리라는 생각이 든다.

보문사 대웅전은 중창하면서 극락보전極樂寶殿으로 현판이 바뀌었다. 극락보전이면 주불로 아미타불을 모셨을까? 그렇다. 아미타불 옆에 관음보살이 함께 모셔지기는 했다. 그럼 3대 관음 성지와 안 어울리는 것 같지만 꼭 그렇지는 않다. 극락보전 옆 층계를 통해 한 20분 정도 올라가면 저 꼭대기에 아주 커다란 절벽이 있다. '눈썹바위'라고 부른다.

눈썹바위 절벽에 '보문사 마애관음보살상'이 있다. '마애磨崖'는 돌벽

눈썹바위 절벽에 새겨진 보문사 마애관음보살상

보문사 마애관음보살상

에 새겼다는 뜻이다. 마애관음보살상은 높이 9.2m, 폭 3.3m로 규모가 대단하다. 이 불상이 조성된 것은 일제강점기인 1928년, 뜻밖에 오래되지 않았다. 역사가 짧다고 아쉬워할 것 없다. 절하는 마음의 간절함이 중요한 것이다. 여기야말로 관음 성지 보문사의 중심이다. 이곳에 와보지 않았다면 보문사에 왔어도 온 것이 아니다.

최근 보문사의 모습이 많이 변했다. 석실 서쪽으로 와불전이 들어섰다. 운주사 와불과 달리 보문사 와불은 전각 안에 누워있다. 신장 10m의 대불이다. 와불전 바깥에 오백 나한상도 조성했다. 나한들의 표정이 참으로 다채롭다. 석실 안 나한에 석실 밖 나한까지! 고달픈 우리네 중생의 삶에 힘이 되어 주시길.

보문사 와불(위)과 오백나한(아래)

● 강화도 사찰 창건 시기

사찰	창건 시기	창건자
전등사	고구려 소수림왕 11년(381)	아도화상
보문사	신라 선덕여왕 4년(635)	회정대사
정수사	신라 선덕여왕 8년(639)	회정대사
백련사	고구려 장수왕 4년(416)	천축조사

보문사 창건 시기는 신라 선덕여왕 4년(635), 회정대사懷正大師가 세웠다고 한다. 회정대사는 4년 뒤에 정수사도 세웠다는 스님이다.

전등사의 창건 시기 '고구려 소수림왕 11년(381)'이 사실이라면 우리나라에서 가장 오래된 사찰이다. 하지만 사실로 받아들이기 어려운 점이 있다. 4세기 말 강화는 고구려가 아니라 백제 땅으로 보아야 적절하다. 자세한 내용은 뒤에 전등사를 이야기하면서 다루기로 하자.

보문사와 정수사를 창건한 시기는 역사적으로 모순점이 없다. 신라 선덕여왕 때인 7세기 강화는 신라 영토가 맞을 것이다. 그런데 절을 창건했다는 삼국시대의 회정대사에 대해서는 알려진 게 없다. 다만 고려시대에 금강산 보덕굴에서 수행하다가 관세음보살을 직접 뵈었다고 전해지는 회정대사가 있다. 12세기에 생존했던 스님이다. "총지사에 행차하여 주지 회정懷正을 불러 임정林亭을 노닐며 구경하고 기복시祈福詩를 지었다(『고려사절요』 의종 11년 8월)"고 하는 데서 회정대사의 실재를 알 수 있다.

누가 보문사를 창건한 것인지 두 가지 추측이 가능하다. 첫째, 고려의 회정대사와 동명이인이지만 알려지지 않은 신라의 회정대사가 보문사를 세웠다. 둘째, 신라 선덕여왕 무렵에 석실에 불상을 모시게 되면서 절의 역사가 시작되었다. 고려 때 회정대사가 여기에 와서 관음전을 추가로

● 삼국의 불교 수용

삼국	공인 시기	전파국	전파자	비고
고구려	소수림왕 2년(372)	전진	순도	2년 뒤에 동진에서 아도화상을 고구려에 보냄. 동진의 전진에 대한 견제로 보임.
백제	침류왕 1년(384)	동진	마라난타	마라난타는 인도 승려임.
신라	법흥왕 14년(527)	고구려	묵호자	묵호자를 아도화상으로 보기도 함. 눌지왕(417~458) 때 전래되었다고 함.

세우는 등 사찰을 정비하고 낙가산 보문사로 이름 지었다.[91] 아무래도 두 번째 추측이 사실에 가까울 것 같다.

고려시대에는 보문사에 팔만대장경 인쇄본 세 질이 모셔져 있었다. 그 중 두 질은 팔만대장경이 완성된 초기에 임금과 신하들이 함께 봉안한 것이다.[92] 군신君臣이 함께 이곳에 대장경 인쇄본을 모셨다는 것은 당시 보문사의 위상이 높았음을 짐작하게 한다. 강화 본섬보다 더 안전한 산사山寺라는 점도 고려되었을 것이다.

그러면 우리나라에 불교가 들어온 것은 언제인가. 그 전래과정부터 살펴보자. 불교를 세상에 있게 한 석가모니가 태어난 것이 언제인지 정확하지 않다. 기원전 624년 설, 기원전 565년 설, 기원전 484년 설 등 다양한데,[93] 대체로 기원전 6세기 정도로 말해진다. 인도 마우리아 왕조 아소카 왕(기원전 273~232년경) 때 개인의 해탈을 중시하는 상좌부불교(소승불교)가 나왔고, 쿠샨왕조 카니슈카 왕(2세기 중엽) 때 중생 구제를 목표로 하는 대승불교가 등장했다.

불교가 인도에서 중국으로 전해진 것은 후한(25~220) 왕조 때인 1세기경이고, 중국에 제대로 뿌리내리게 되는 것은 5호16국시대(304~439)다.[94] 이때 우리나라에 불교가 전해져 널리 퍼지게 되었다. 고구려에 불교를 전한

전진前秦은 5호16국 중 한 나라이고, 백제에 불교를 전한 동진東晉은 강남에 있던 한족 왕조다. 해당 연대는 나라에서 불교를 공식적으로 인정한 해다. 따라서 그 이전에 이미 불교가 전래되었음을 짐작할 수 있다.

평소 궁금해하다 잠시 잊고 살았던 궁금증이 다시 인다. 그 많은 탑은 다 어디 갔을까. 왜 강화의 사찰에는 옛 탑이 없을까. 서 있는 것은 하점면 오층석탑뿐이다. 다른 지방에 답사 가면 폐사지에도 석탑이 당당하게 서 있곤 하던데, 여기 강화는 왜 없을까. 목탑 위주로 세워서 불타버렸나? 아니, 그건 아닌 것 같다.

삼국시대, 고려시대, 조선시대 그리도 많던 사찰들, 거기엔 대개 석탑이 있었을 것이다. 아마도 언젠가 인위적인 훼손을 당했거나, 분해되어 다른 곳으로 옮겨지지 않았을까. 1812년(순조 12)에 홍봉장이 지은 『보문사권선문』에는 그 당시에 보문사 경내에 석탑이 있었음을 전한다.[95] 조선후기까지 잘 견디던 보문사 석탑은 어떻게 된 것일까.

이제 보문사에 전해지는 전설 가운데 하나만 더 소개하고 마친다.

추운 동짓날 캄캄한 새벽, 스님은 팥죽을 쑤려고 서둘러 일어났다. 부엌에 갔는데 이런, 불씨가 꺼졌다. 불을 피울 수 없으니 부처님께 팥죽을 올릴 수 없다. 급한 마음에 어쩔 줄 모르고 허둥대는데, 저쪽 아궁이에서 장작이 활활 타고 있어 다른 생각할 겨를도 없이 팥죽을 쑤어 무사히 부처님께 올렸다. 날 밝아 마을에 내려갔더니, 동네 사람 하는 말이, 새벽에 보문사 동자승이 불씨를 얻으러 내려왔다가 팥죽 한 그릇 줬더니 맛있게 먹고 갔다고 한다. '우리 절에는 동자승이 없는데?' 스님은 혹시나 싶어 석실 안에 들어가 나한상을 살폈다. 한 나한의 입가에 팥죽이 묻어 있었다.

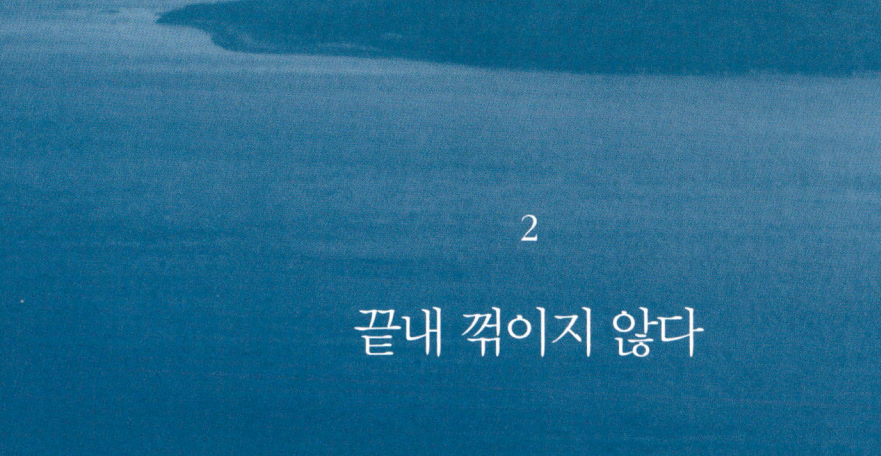

2

끝내 꺾이지 않다

연미정에나 갈까요

제비 꼬리를 닮은 정자라고 해서, '저 지붕이 제비 꼬리를 닮았다는 소린가?' 싶었던 적이 있었다. 아니더라. 정자 모양과 연미정燕尾亭이라는 이름은 관련이 없다. 정자 바깥으로 흐르는 물길이 제비 꼬리를 닮았다고 해서 붙여진 이름이다.

김노진은 『강화부지』(1783)에서 "한강이 이곳 남쪽에서 갑곶나루로 흘러들어 가고, 서쪽으로는 승천포로 흘러들어 가니 나뉘어 흘러가는 것은 두 갈래가 된다. 제비 꼬리라고 하는 그 이름은 물줄기가 나뉘어 흐르는 형세와 비슷하기 때문이다"라고 설명했다. 임진강과 만난 한강이 바다로 나오는 첫 관문, 거기에 연미정이 있다. 여기서 예성강 물도 만난다.

연미정에 서면 북한 땅이 훤히 보인다. 너무 가까워서 진짜 북한 땅이 맞느냐고 묻는 이도 있다. 그러니 배 한 척 다니지 않는 곳! 어디서 왔니? 한강, 어디서 왔니? 예성강, 어디서 왔니? 임진강. 바다에서 만난 강물들의 속삭임뿐, 연미정 주변은 늘 고즈넉하다.

고려, 조선 때는 안 그랬다. 연미정 주변이 상당히 번화했다. 각종 물건을 싣고 남녘에서 올라온 배들이 예성강 타고 개성으로 가기 위해, 한강 타고 한양으로 가기 위해, 연미정 앞까지 와서 물때를 기다리며 정박했다. 북녘에서 내려오는 배들도 마찬가지였다. 세금 실은 조운선도 있을 것이고,

고려시대에 세워진 정자, 연미정

팔 물건 가득 실은 상선도 있었을 것이다. 그들이 물때를 기다리며 먹고, 마시고, 쉬고, 잠잘 공간들이 연미정 주변에 많았을 것이다. 그 왁자한 분위기가 그려진다. 김노진은 강화도 구석구석 돌아보며 풍광이 특히 아름다운 10곳을 선정해 그의 『강화부지』에 소개했다. 그중 하나가 '연미정의 조운선 풍경'이다. 그는 연미정에 애정이 많았던 듯하다.

정자가 오래되어 퇴락하자 영조 갑자년(1744)에 나의 종조(조부의 형제) 매곡공(김시혁)께서 강화부에 재직하면서 연미정에 올라 보시고 탄식하여 "이런 곳에 정자가 없어서는 안 되다" 하였다. 곧 무너진 터에 집을 중건했다. 그 뒤 40년이 지나서 내가 유수의 직을 제수 받고 나서 김공께서 이미 앞서 중수한 것을 살피고, 수리한 것을 따라서 단청을 입히고 승평의 시대에 답하는 뜻을 담았다.

1744년(영조 20)에 강화유수 김시혁[1]이 연미정을 다시 세웠고, 40년 뒤에 그의 후손 김노진이 단청을 입혔다는 것이다. 김노진金魯鎭(1735~1788)이 강화유수로 근무한 것은 1782년(정조 6)~1783년(정조 7)이다. 따라서 그가 연미정에 단청을 입힌 해는 1783년(정조 7)일 것이다. 이후 1891년(고종 28)에 유수 조동면이 중수하고, 1931년에는 유군성이 사재로 보수했다고 한다.[2] 그런데 19세기 후반에 제작된 '강화도 지도'(서울대학교 박물관)에 들어있는 연미정 그림을 보면 정면 기둥이 5개로 네 칸 건물이다. 돈사墩舍로 추정되는 건물도 있다. 지금 연미정은 정면 기둥이 4개인 세 칸 건물로 줄었다. 물론 돈사도 없다.

연미정은 정확한 시기를 알 수 없으나 고려시대에 처음 세워진 정자다. 이형상의 『강도지』에는 "고려 고종이 시랑 이종주에게 명하여 이곳(연미정)에 구재九齋의 생도를 모이게 하여 여름공부를 하게 했는데 55명의 명단이 있다"라는 설명이 있다. 『강화부지』는 연미정에서 여름공부를 통해 55인을 추려냈다고 하면서, 그 시기를 1244년(고종 31)이라고 밝혔다. 이는 고려 고종 이전에 이미 연미정이 있었음을 알려준다. 연미정을 감싸 안은 돌성은 담장으로 쌓은 것이 아니다. 조선시대 후기에 해안 방어를 위해 쌓은 50여 개 돈대 가운데 하나다. 이름은 월곶돈대다.

고려 고종이 연미정에서 학생들을 공부시키던 그때, 강화는 강도江都로 불렸다. 개성을 송도松都로 부른 것처럼 강도도 도읍지를 의미한다. 강화江華라는 지금의 이름도 고려시대에 붙여진 것이다. 이제 강도라는 지명이 나올 때까지 옛사람들은 강화를 어떻게 불렀는지 살펴보자.

『삼국사기』에 의하면, 고려전기 강화의 명칭은 강화현江華縣이고 이에 딸린 영현領縣으로 하음현河陰縣, 교동현喬桐縣, 진강현鎭江縣이 있었다. 강화현은 고구려 때 혈구현穴口縣으로 불렸는데 통일신라 경덕왕 때 해구군海口郡

월곶돈대

월곶돈대에서 바라본 북한

으로 이름을 바꿨고 고려 초에 강화현이 된 것이다.

하음현은 고구려 때 동음내현冬音奈縣, 경덕왕 때부터는 호음현沍陰縣, 고려 초에 하음현이 됐는데, 대략 지금의 하점면 지역이다. 교동현은 고구려 고목근현高木根縣이었는데 역시 통일신라 경덕왕이 교동현으로 이름을 바꾼 후 그대로 이 지명을 쓰고 있다. 진강현은 고구려 수지현首知縣이었는데 경덕왕 때 수진현守鎭縣으로 고쳤다가 고려 초부터 진강현으로 부르게 되었다. 대략 지금의 양도면 지역이다.

강화의 지명 변화과정에서 신라 경덕왕이 자주 등장한다. 경덕왕 어느 해에 강화에 해구군 등의 지명을 붙였는지, 명확하지 않다. 9주의 이름을 고치고 각 주에 전국 군현을 소속시키는 지방행정조직 정비가 이루어진 757년(경덕왕 16)쯤이 아닐까 싶다.

『고려사』 지리지의 강화 연혁도 『삼국사기』 내용과 기본적으로 같다. 다만 일부 지역의 다른 이름들이 추가로 소개되었다. 강화현이 고구려 때 혈구군인데, 갑비고차甲比古次라고도 한다고 썼다. 고구려 때 동음내현으로 부르던 하음현을 아음현芽音縣이라고도 했고, 지금의 교동도인 고목근현은 대운도戴雲島, 고림高林, 달음참達乙斬으로도 불렸다고 적었다.

갑비고차는 군이나 현이라는 명칭이 붙지 않은 것으로 보아 강화의 가장 오래된 이름으로 보인다. "고구려 때 혈구군인데, 갑비고차라고도 한다"라는 『고려사』 기록은 문맥으로 보아 '갑비고차'도 고구려 때의 지명일 수 있음을 말한다. 그런데 '갑비고차'라는 지명을 처음 쓴 것은 백제 때부터로 보인다. 김정호는 『대동지지』(1864)에서 갑비고차가 백제 때의 강화도 이름이라고 했다. 한편 『연려실기술』에 "고구려 때 여혈군麗穴郡 혹은 갑비고차甲比古次라고도 한다"는 내용이 나온다. 혈구군을 '여혈군'으로 적었다. '고구려[麗]의 혈穴'이라는 의미로 보인다.

어원을 따져가며 '갑비고차'와 '혈구'가 같은 의미임을 말한 연구도 있다. 이에 의하면, '갑비甲比'는 '구멍'의 의미로 '나루'를 가리키는 것이며 '갑비고차'는 '나루 입구'라는 뜻이다. 혈구의 '구口'에 대응하는 한자 표기가 고차古次라고 한다. 그래서 갑비고차가 혈구穴口와 같은 의미라는 것이다.³

『고려사』 지리지에는 또 대몽항쟁기인 1232년(고종 19)에 강화로 도읍을 옮기면서 강화현을 강화군으로 승격시키고 강도江都로 불렀다는 사실, 그리고 1377년(우왕 3년)에 강화군을 강화부江華府로 승격시켰다는 사실이 포함되어 있다.

『신증동국여지승람』, 『연려실기술』 등에는 강화의 또 다른 지명으로 심주沁州가 등장한다. 『여지도서』에는 심도沁都라고 했다. '심주'·'심도'는 조선시대에 강화도의 별칭으로 널리 사용됐다. 정확히 언제부터 사용된 것인지 알 수 없는데, 995년(고려 성종 14)부터 강화를 심주로 불렀을 것으로 추정한 연구가 있다.⁴ 이때 전국의 군郡 단위 행정 구역을 없애고 대신 주州와 현縣을 설치한 적이 있었기 때문이다.

고려 성종(981~997) 앞뒤 임금 대에 벼슬하던 위수여라는 사람이 있었다. 강화 사람이다. "위수여는 심주의 강화현 사람으로 행동이 단아하고 성실했으며 법도를 잘 지켰다"라는 『고려사』 위수여 열전을 보면 지금의 강화도를 심주로 불렀음을 알 수 있다. 아마도 고려전기에 심주라는 이름이 생겼고 이에 따라 대몽항쟁기부터 심도로도 불리면서 조선시대에도 그대로 사용된 것이 아닐까 싶다.

혈구현, 혈구군 이상으로 자주 언급되는 것이 혈구진이다. 『삼국사기』에는 844년(문성왕 6)에 혈구진穴口鎭을 설치했다고 나온다. 문성왕이 혈구진을 설치하고 아찬 계홍啓弘을 진두鎭頭로 삼았다는 것이다. 그런데 『신

강화도의 지명 변천

근거	고구려	통일신라	고려	비고
삼국사기	혈구현 - 동음내현 - 고목근현 - 수지현	해구군 - 호음현 - 교동현 - 수진현	강화현 - 하음현 - 교동현 - 진강현	• 신라의 행정구역 명칭 변경은 경덕왕 (742~765) 때이다. • 강화현이 강화군, 강도로 불리게 된 것은 1232년(고종 19)이다. • 강화부로 불리게 된 것은 1377년(우왕 3)이다.
고려사	혈구군, 갑비고차	해구군	강화현 → 강화군(강도) → 강화부	

증동국여지승람』, 『강도지』, 『속수증보강도지』 등에는 그 이전인 원성왕 (785~799)때 이미 혈구진을 설치했다고 나온다. 정확한 고증이 필요하다.

일단 『삼국사기』를 따라 844년(문성왕 6)에 혈구진을 설치한 것으로 보자. 강화의 명칭이 혈구현(고구려) – 해구군(통일신라) – 혈구진(통일신라) 로 변경된 것으로 보는 게 일반적이다. 해구군이 행정적 성격의 지명이라 면, 혈구진은 군사적 성격이 강하다. 해안 경비, 해적으로부터의 교역활동 보호, 대중국 교통로의 안전 확보 등의 목적으로 설치된 것 같다.[5] 『동사 강목』은 강화가 "서북해의 요긴한 길목이 되기 때문"에 혈구진을 두었다 고 간단하게 설치 이유를 적었다.

지금 혈구산 남녘 불은면 삼성리 일대에 혈구진이 있었다고 한다. 『속수증보강도지』에 불은면 습진평習陣坪이 '혈구군' 터라고 기록한 걸 기 초로 추정한 것이다. 불은면 지역에 지금도 '동문고개', '서문동' 같은 지 명이 남아 있다. 그런데 최근 이 지역이 혈구진터가 아니라는 연구들이 나 왔다. 혈구진터가 아니라 말을 기르던 목장터[6]였음을 주장한 연구도 있다. 남아 있는 혈구진성의 흔적을 보면, 외부의 침입을 막기 위한 성이 아니라

성 안에서 바깥으로 나가는 것을 막으려는 울타리 성격이 강하다는 것이다.[7] 이들은 『속수증보강도지』의 내용을 무비판적으로 수용했기 때문에 불은면 삼성리 일대를 혈구진터로 보는 오류를 범해왔다고 지적했다.

그런데 『속수증보강도지』는 '혈구군'터라고 했지, '혈구진'터라고 하지 않았다. '혈구군' 즉 해구군이 바로 혈구진이라는 전제로 연구를 진행한 것이다. 혈구진을 해구군 어디엔가 설치된 군진으로 보면, 생각의 여유를 얻을 수 있다. 지금 불은면 삼성리 지역이 혈구현과 해구군의 치소가 있던 곳으로 보고, 혈구진은 다른 해안가에 설치됐던 것으로 보면 안 될까?[8]

사실 지금의 불은면 삼성리 지역은 수군이 신속한 작전을 펼치기가 어려운 지역이다. 간척 이전에도 마찬가지였을 것이다. 밀물·썰물 시간에 따라 배를 움직일 수 있는 시간이 매우 제한적이었다. 고려시대까지도 강화에 배를 댈만한 곳이 갑곶과 승천포 정도였다는 사실도 기억해야 한다. 아무튼, 혈구군과 혈구진을 별개로 보는 것이 어떨까 하는 것이 나의 생각이다.

그렇다면 혈구진은 어디에 있었을까. 갑곶 주변이나 북쪽 해안 승천포 주변에 있지 않았을까. 막연히 생각해보다가 이 문제를 다룬 논문을 발견했다. 상시적 사용이 가능한 수로가 확보된 곳이 외포리 포구일 것이라는 추정이다.[9] 내가면 외포리는 과거에 정포井浦로 불리던 곳으로 조선시대까지 군사적으로 중요시되던 곳이다. 강화도의 서쪽과 남쪽 바다로 쉽게 나갈 수 있는 위치. 생각해 볼 가치가 충분한 추론이다.

강화를 '江華'로 부르게 된 것이 고려시대부터라고 했다. 왜 강화라는 지명을 붙였을까. 강 강江에 빛날 화華, 강을 빛낸다? 빛나는 강? 깅화리는 지명 속의 '강'은 강화해협(염하)일까, 아닐까? 도무지 알 수 없는 숙제 같은데 강화의 의미를 풀어낸, 강화의 지명을 추론한 연구들이 있다.

강화 바다로 흘러드는 강은 한강, 임진강, 예성강이다. 고려시대에는 개성으로 이어지는 예성강이 중요했다. 강화도는 예성강으로 들어가는 길목이며 예성강을 지켜주는 전초 기지다. 그래서 '예성강을 빛나게 해준 곳이라는 의미'에서 강화로 부르게 되었을 것이다.[10]

그렇다면 차라리 멀리서도 쉽게 예성강을 찾아가도록 빛나는 곳, 즉 등대의 기능을 담아 강화江華로 호칭하게 됐다고 해석하는 것은 어떨지 모르겠다. 또 다른 해석도 있다.

'강화江華'의 '화華'와 같이 '나루'와 근접한 뜻을 가지는 '곶串'이 동음이의어인 '곶[花]'으로 해석되어, 그것이 '화華'로 적히게 된 것이다. ('華'도 '꽃'이라는 새김을 가지고 있다) '강화'의 '강'은 '강江'을 적은 것이 아니다. '강화'는 강에 있는 섬이 아니라, 바다 가운데 있는 섬이기 때문이다. '강화'의 /kang/은 '갑甲'의 후대형으로 … '강江'과 같은 민간어원에 의한 표기로 정착된 것이라고 할 수 있다.[11]

갑비고차, 혈구, 강화가 모두 같은 의미로 해석될 수 있다는 주장이다. 경청해 볼 필요가 있다고 생각한다.

다시 연미정이다. 연미정이라는 이름에도 유념해야 할 부분이 있다. 옛 기록에 등장하는 '연미정'을 무조건 하나의 정자로만 볼 수 없다. 문맥에 따라 정자로 봐야 하는 경우도 있지만, 연미정 주변 마을을 가리키는 일종의 지명으로 봐야 자연스러운 경우도 있다. 조선시대 삼포왜란을 진압한 강화 출신 명장 황형(1459~1520)의 "시골집이 강화도 연미정에 있었다"는 『연려실기술』의 기록, 월곶진이 곧 연미정이라는 『숙종실록』의 기록 등이 그러하다.

생각해 볼 부분이 또 있다. '정묘호란 당시 후금과 화약을 맺은 곳이 정말 연미정인가' 하는 문제다. 후금의 사신과 조선 신하들이 사전 만남을 가졌던 곳은 연미정이 맞다. 그러나 최종 화약을 맺은 곳이 이곳은 아닌 것 같다. 실록에 실린, 조선과 후금이 최종 화의를 맺는 장면이다.

이날 밤 상이 대청에 나가 향을 피우고 하늘에 고하는 예를 몸소 행하였다. 대신과 훈신은 동쪽 계단 위에 서고 호차胡差(후금의 사신) 등은 서쪽 계단 위에 섰으며, … 도승지 홍서봉洪瑞鳳은 상을 인도하여 나오고 … 상이 향을 피웠다. 좌부승지 이명한이 맹세문을 읽었다. 그 글에 이르기를, "조선 국왕은 지금 정묘년 모월 모일에 금국金國과 더불어 맹약을 한다. 우리 두 나라가 이미 화친을 결정하였으니 이후로는 서로 맹약을 준수하여 각각 자기 나라를 지키도록 하고 … 천지 산천의 신명은 이 맹약을 살펴 들으소서" 하였다. 다 읽고 나서 서쪽 계단의 탁자 위에서 불태웠다. 예를 마치고 상은 환궁하고 ….12

처음 인조가 대청에 향을 피우고 하늘에 고한 곳은 행궁으로 보인다.13 그리고 어디론가 이동했다. 예를 마치고 인조가 환궁했다고 했으니, 장소가 궁(행궁)은 아니다. '계단'이 나오는 것으로 봐서 연미정이라고 하기도 어렵다. 사관은 야속하게 장소를 명기하지 않았다. 하지만 김노진은 『강화부지』 사실 편에 이렇게 썼다. "3월에 여러 재신이 오랑캐의 사신과 만나 진해루鎭海樓 위에서 화의和議하였다." 진해루를 화의 장소로 명기한 것이다. 『인조실록』에 따르면, 인조는 후금의 국서를 받을 장소로 진해루가 딱 좋다고 했다(1627. 1. 29). 조선의 관리가 후금의 사신에게 술자리를 베풀어 준 곳 또한 진해루다(1627. 2. 3). 이로 보아 조선과 후금이 화의를 맺은 장소는 김노진의 기록대로 진해루로 보는 것이 적절한 것 같다.

　귀한 사람이 강화에 와서 딱 한 곳만 어디 역사 유적을 보고 싶다고 하면, 나는 연미정으로 갈 것이다. 접근의 편리성, 정자와 어우러진 주변 풍광의 아름다움, 눈앞에 고스란히 드러나는 북한 땅, 두드러진 역사적 가치 이런 면에서 연미정은 참 고마운 답사지다. 이곳은 민간인 통제구역이라 들어갈 수 없었는데 몇 년 전에 풀렸다.

불은면 은행나무와 하점면 오층석탑

한때 고려의 수도이기도 했던 강화도이건만, 눈으로 직접 보고 느껴볼 당시의 뭔가가 드물다. 몽골에 항복한 후 철저히 파괴된 것이 중요한 이유일 것이다. 그 시대를 당대인들과 함께 견디며 지금껏 살아온 천 년 은행나무를 만나러 불은면 고능리로 간다. 꼬불꼬불 시골길 돌아 일부러 숨긴 듯 마을 깊은 곳에 자리 잡은 고목을 만난다.

처음 이 나무를 보러 간 계절은 겨울이었다. 수령 천 년이면, 더는 나무만은 아니다. 뭐랄까, 신령神靈이 깃들었다고 해야 할 것 같다. 천세라는 나이, 천 년의 세월을 살아온 나무 자체의 웅장함. 높이 20m 쯤, 둘레가 무려 7.4m, 나는 모자를 벗고 머리를 숙였다.

가을이 되어 틈날 때마다 가보던 어느 날 드디어 노랗게 물든 은행나무를 볼 수 있었다. 역광에서 노랑은 더욱 빛났다. 나무에 슬쩍 등을 기대 보고, 안아도 보고, 무슨 소리가 들릴까 귀도 대보며 그렇게 천 년의 세월을 되돌아본다.

대략 기원 1000년, 나라 세운 지 얼마 안 된 호기로운 고려였다. 고려의 기쁨과 슬픔, 강화의 기쁨, 슬픔을 함께 겪고 보며 살아온 은행나무. 대몽항쟁기에는 은행나무 주변에 자은사라는 절이 있었다고 한다. 그래서인지 지금도 법당곡法堂谷이라는 지명이 남아 있다.[14] 자은사는 고려 태조

고려시대부터 천 년을 살아온 불은면 은행나무

2년인 919년에 개경에 세워진 절이다. 강화로 천도하면서 다른 개경의 절들처럼 강화로 옮겨온 것인지, 같은 이름의 다른 절이 원래부터 강화에 있었던 것인지 확실하지 않다. 지금 이 지역은 행정구역상 불은면佛恩面인데, 그 명칭이 불교佛敎 그리고 자은사慈恩寺와 관련이 있어 보인다.

1270년(원종 11) 5월 7일, "자은사의 연못물이 피같이 붉게 변했다"라고 『고려사』에 적혀 있다.[15] 그리고 한 달이 채 안된 6월 1일, 배중손에 의해 삼별초가 봉기하는 사건이 벌어졌다. 곧 몰아칠 회오리를 예고했던 것일까. 진실이 무엇인지는 천여 년의 세월을 견뎌온 은행나무만 알고 있다.

예로부터 지역 주민들은 이 나무에 무릎 꿇고 소원을 빌었다. 마을 전체의 평안을 염원하며 주민들이 함께 모여 공동 의식도 거행해왔다. 일종의 고사이자 굿이다. 어려운 시절, 서로 격려하고 위로하며 마음을 하나로

강화에서 볼 수 있는 유일한 고려시대 오층석탑

모으는 잔치이기도 했다. 일제강점기 일본인들은 마을 공동체 행사를 금지했다. 그리고 이 은행나무를 베게 했는데 나무를 베려던 일본 사람이 벼락을 맞았다고 전한다. 지금도 톱 자국이 남아 있다고 하는데,[16] 다시 가서 찾아봐야겠다.

이제 하점면 오층석탑으로 간다. 다른 지역에서는 고려시대 석탑 정도는 흔하게 볼 수 있다. 그 이전의 탑들도 많다. 그러나 강화에서 볼 수 있는 사실상 유일한 고려시대 탑, 정식 명칭은 '강화 장정리 오층석탑'(보물 제10호)이다. 호칭에 드러나듯 강화군 하점면 장정리 봉천산 기슭에 있다.

가서 보면 참 볼품없다. 온전한 모습도 아니나. 도굴꾼들이 그랬을 테데, 탑이 무너져 흩어져 있다. 1960년에 수습하여 다시 세웠다.[17] 원래의 자리가 맞는지 의심이 들 정도로 기단부 밑부분이 어설프고 3, 4층은 몸돌이 없고 5층은 몸돌과 지붕돌(옥개석) 모두 없다. 당연히 상륜부도 없다. 그런데 가만히 보고 있으면, 오히려 곱다. 너무 매끈하지 않아서 정이 간다. 묘한 매력이 있는 석탑이다. 복원한다고 새 돌 깎아 다듬어 모양 갖추지 않은 것이 다행이다.

 탑이 있으니 절도 있었을 것이다. 탑 주변으로 건물터가 있고 축대도 있다. 전해지기를 봉은사터라고 한다. 이제부터 봉은사 이야기를 하려고 하는데 그 전에 고려 건국 전후의 모습, 그 속의 강화도부터 살펴보는 것이 좋겠다. 한적한 폐사지는 옹기종기 모여 앉아 역사 이야기 나누기 딱 좋은 곳이니까.

 신라는 천 년 역사를 가진 나라다. 고려 사람들은 신라 역사를 세 시대로 시기 구분하여 설명했다. 김부식은 『삼국사기』에서 신라를 상대·중대·하대로 구분했고, 일연은 『삼국유사』에서 상고·중고·하고로 나눴다.

 김부식이 말한 신라 상대는 시조 혁거세왕부터 28대 진덕여왕까지(기원전 57~654)이고 중대는 29대 태종 무열왕부터 36대 혜공왕까지(654~780)다. 하대는 37대 선덕왕부터 신라 마지막 왕인 56대 경순왕까지(780~935)다. 일연은 김부식이 말한 상대를 둘로 나누고 상고와 중고라고 했다. 그리고 김부식의 중대·하대를 한 시기로 묶어 하고라 했다. 두 책 모두 진덕여왕까지의 역사와 그 이후의 역사를 뚜렷하게 구분하고 있는 것을 알 수 있다. 진덕여왕까지가 성골 신분의 왕이고 이후 태종 무열왕 김춘추부터는 진골 출신이 왕이 되는 시기다.

 지금 사람들은 대개 김부식의 『삼국사기』를 따라 상대·중대·하대를 구분한다. '신라 중대의 왕권 강화'나 '하대 사회의 동요' 같은 용어는 여기서 나온 것이다. 신라 중대는 삼국통일이 완수되고 왕권이 안정된 시기였다. 하대는 선덕왕(780~785)부터인데, 혜공왕을 죽이고 왕이 된 상대등

● 『삼국사기』와 『삼국유사』의 신라 시대 구분

시기	혁거세왕~지증왕	법흥왕~진덕여왕	무열왕~혜공왕	선덕왕~경순왕
삼국사기	상대	상대	중대	하대
삼국유사	상고	중고	하고	하고

김양상이 선덕왕이다.

신라 하대는 왕위 계승 원칙이 깨져 새로운 왕이 즉위할 때마다 혼란스러웠다. 왕위 찬탈이 잦아 오랫동안 안정적으로 왕위를 지킨 이가 드물었다. 신라 상대 임금의 평균 재위 기간이 약 25년, 중대가 약 16년, 그런데 하대는 8년 정도에 불과했다. 대체로 보아 신라 하대는 정치적으로 불안정한 시기였다. 왕권은 미약했고 백성의 삶도 고단했다. 중앙정부의 지방통제력도 형편없이 무너져 갔다. 지방에서는 호족이라 불리는 세력이 성장하고 있었다.

신라 하대 후반, 호족들에 의해 나라가 다시 나뉘기 시작했다. 후삼국 시대가 시작되는 것이다. 진성여왕 때 원종과 애노의 난을 시작으로 반란이 속출하게 된다. 그 반란 세력의 하나인 견훤이 892년(진성여왕 6)에 스스로 왕을 칭하고, 900년(효공왕 4)에 정식으로 후백제를 열었다. 이미 서해안 지역까지 차지한 궁예도 901년(효공왕 5년)에 후고구려를 세운다. 대외적 상황으로 인해 규모가 아주 작아진 신라와 함께 후삼국시대가 시작된 것이다.

후고구려는 이후 나라 이름을 마진摩震(904)으로 바꾸고 다시 태봉泰封(911)으로 고친다. 918년에 태봉의 궁예가 추방되고 왕건王建(877~943, 재위: 918~943)이 왕위에 오른다. 왕건은 고려를 세운 뒤 신라와 후백제를 통합하여 통일(936)을 이룬다. 처음 궁예의 영토 확장은 볼 만했다. 동에서 서로 영토를 넓혀오는데 거칠 것이 없었다. 개성을 기반으로 한 호족 세력인 왕건의 집안도 궁예 밑으로 들어갔다(896). 왕건은 궁예의 부하가 되었고 후백제와 싸우며 세력을 키웠다.

왕건은 지금의 경기도 광주, 충주, 청주, 괴산 등을 평정하기도 했지만, 바다에서 특히 역량을 발휘했다. 그의 직함이 해군대장군海軍大將軍, 백선장군百船將軍이었던 것을 보아도 이를 알 수 있다. 서해로 내려가 지금의 전라남도 일부 지역을 장악함으로써 후백제를 곤경에 빠트렸다. 이 무렵 강화도는 왕건 집안의 영향력 아래 있었고, 특히 혈구진은 왕건의 중요한 군사기지 역할을 했던 것 같다.[18] 『삼국사기』에 궁예가 897년에 혈구穴口(강화) 등의 성을 공격하여 깨뜨렸다는 기록이 있다. 다음 해인 898년[19]에 궁예는 송악을 도읍지로 삼는다. 궁예가 혈구를 공격했던 것은 송악의 왕건 집안에 대한 압박으로 짐작된다. 또는 강화가 왕건가의 영향력 아래 있기는 했으나 궁예에게 귀부歸附하는 것을 거부했기 때문에 공격을 받았을 수도 있겠다.

강화도가 왕건 가문의 직·간접적인 영향력 아래 놓이게 된 것은 꽤 오래전일 수 있다. 왕건의 할아버지 작제건을 말하는 『고려사』 기록 중에 강화가 등장한다. 백주 호족으로 보이는 유상희 등이, 작제건이 서해의 용녀를 아내로 삼고 돌아온 것을 축하하며, 영안성永安城(현재 개성시 예성강 상류)을 쌓아 주었는데 이때 축성 공사에 동원된 이들이 개주開州(현재 개성시), 정주貞州(현재 개풍군), 염주鹽州(현재 황해남도 연안군), 백주白洲(현재 황해남도 배천군) 그리고 강화현, 교동현, 하음현 백성들이었다.[20]

왕건의 할아버지 대에 이미 인연을 맺고 있던 강화도는 왕건이 궁예 밑에서 위상을 떨치고 마침내는 후삼국을 통일하도록 하는 데 기여한 군사기지이기도 했던 셈이다. 그 결과 고려 조정으로 진출한 강화 출신 인물

봉우 탄생설화가 전해지는 연못, 봉가지

들이 꽤 있었을 것이다. 당시 활약했던 인물들에 대한 기록은 찾을 수가 없으나 그 후손으로 현달한 이가 알려졌다. 강화현 출신으로 벼슬이 문하시중에 오른 위수여^{韋壽餘}(?~1012)다. 위수여는 나말여초 혈구진 지역의 해상세력을 기반으로 성장한 강화 위씨^{江華韋氏}다.[21]

잠깐, 여기가 어디였더라? 봉은사터로 전해지는 곳이라고 했다. 이제 봉은사와 관련 있는 인물을 만나보자. 고려시대 강화 하음현 출신인 봉우^{奉佑}가 그 주인공이다. 봉우는 하음 봉씨^{河陰奉氏}의 시조로 독특한 탄생설화가 전해진다.

고려 문효왕(예종) 원년(1106) 3월 7일 하음산 아래에 사는 한 할머니[老嫗]가 큰 연못가에서 물을 긷고 있다가 바라보니, 붉은 구름이 하늘에서 땅까지 드리워지고 물결 소리가 우레와 같았다. 조금 있으니 석함 하나가 물 위로 떠올랐다. 할머니가 석함을 열어보니 속에 사내아이 하나가 들어 있는데 맵시가 단정하고 아름다웠다. 할머니가 그 아이를 임금에게 바치니 임금이 기특하게 여기어 궁중에서 기르면서 봉우라고 성과 이름을 내렸다. 인조 대에 갑과로 합격하여 벼슬이 위위소경에서 정당문학 좌복야에 이르고 하음백에 봉해졌다.

이 기록은 1775년(영조 51)에 봉씨 후손들이 세운 봉우유적비奉佑遺蹟碑의 일부다. 꽤 오래전부터 전해 내려오는 이야기임을 알 수 있다. 비문의 하음산은 지금의 봉천산이고, 연못은 지금 봉가지奉哥池라고 불리는 곳이다. 봉우유적비는 봉가지 옆에 있다. 봉우 탄생설화는 예부터 우리나라에 널리 퍼진, 물과 관련된 천수신앙泉水信仰의 일종이다. 후손들이 이를 차용하여 시조의 신성성을 강조한 것으로 여겨진다. 신라 김알지도 상자 안에서 나왔고, 석탈해 또한 그러하다. 『삼국유사』에 실려 있는 석탈해의 탄생 과정을 보자.

당시 포구의 해변에 한 할멈이 있었으니 이름은 아진의선이라 하였는데, 이가 바로 혁거세왕 때의 고기잡이[海尺]의 모母였다. (아진의선이) 배를 바라보며 말하기를 "본시 이 바다 가운데에 바위가 없는데 어찌해서 까치가 모여서 울고 있는가?" 하고 배를 끌어당겨 살펴보니 까치가 배 위로 모여들고 배 안에 상자 하나가 있었다. 길이는 20자이고 넓이는 13자였다. 그 배를 끌어다가 나무 숲 밑에 매어 두고 이것이 흉한 일인지 길한 일인지를 몰라 하늘을 향해 고하였다. 잠시 후 궤를 열어보니 단정히 생긴 사내아이가 있고….

이야기 구조가 봉우의 탄생 과정과 유사함을 알 수 있다. 그런데 봉우 유적비에는 할머니가 임금에게 아기를 바쳤고 임금이 아기를 궁궐에서 길렀으며 이름을 봉우라고 지어 주었다고 했다. 사실 여부를 확인하기 어렵지만, 봉우가 정말 궁궐에서 자랐을 가능성이 있다. 고려 인종 당시 지수주사知水州事였던 봉우가 처벌 받을 일이 있었다.

이전에 이자겸이 권력을 장악하였을 때에 산승山僧 선서善諝의 말을 들어 홍경원을 보수하였다. 승정僧正 자부資富와 지수주사知水州事 봉우奉佑가 그 일을 담당하였는데, 주현의 장정을 징발하여 해로움이 되는 것이 매우 컸다. 이자겸이 망하자 자부는 연좌되어 섬으로 유배되었으나 오직 봉우는 본디부터 환관들과 결탁하였기에 요행히도 복직되었다.[22]

봉우가 본래부터 환관(내시)들과 친했다는 것은 어린 시절 그들과 함께 궁에서 지냈을 개연성을 보여준다.

원 간섭기인 충숙왕~충목왕 대에 우부대언, 밀직부사, 지밀직사사를 역임한 고위 관료 봉천우奉天祐 역시 하음 봉씨다. 봉천우는 1327년(충숙왕 14)에 일등공신으로 책봉되기도 했다. 봉천우의 나고 죽은 해는 알 수 없다. 그는 시조 봉우를 임금에게 바친 할머니에게 보은하는 의미로 봉천산 기슭에 봉은사奉恩寺를 지었다고 전한다. 우리가 하점면 오층석탑이라고 부르는 봉천탑도 세웠다고 한다.[23] 그래서 이 탑이 있는 절터를 봉은사터라고 한다. 이 절터가 정말 봉은사터인가는 좀 더 연구가 필요하다.

그런데 이 봉은사가 대몽항쟁기 강화도 정부 시절에 임금이 자주 행차하던 그 봉은사로 알려졌다. 이는 잘못이다. 대몽항쟁기에 임금이 다녀가던 봉은사는 지금의 강화읍내 어딘가에 있었다. 강화 천도 이전 개경의 봉은사는 고려의 대표적인 사찰이었다. 951년(광종 2)에 태조 왕건의 원찰로 창건됐다. 강화로 천도할 때 봉은사도 옮겨 왔으며 이곳에서 대규모 불교 행사인 연등회를 주관했다.

> 연등회 참석차 왕이 봉은사에 갔다. 전 참지정사 차척의 집을 봉은사로 고치면서 민가를 헐어 진입로를 확장했다. 당시 도읍을 옮긴 지 얼마 되지 않았으나, 격구장과 궁전과 절의 이름을 모두 개경의 원이름대로 붙였다.[24]

강화 천도 직후에 임금이 바로 연등회에 참석할 만큼 중요한 의미의 사찰이라는 점, 사망한 전직 관료의 집을 고쳐 봉은사로 만들었다는 사실, 주변 민가를 헐어 길을 냈다는 점 등이 궁궐에서 멀리 떨어진 봉천산 봉은사와 어울리지 않음을 알 수 있다. 고종은 봉은사에 33차례 행차했고, 원종도 13번 다녀갔다. 강화 도읍기 동안 임금이 40여 차례 행차한 것이다.[25] 이는 궁궐에서 가까운 곳임을 암시한다.

결정적으로, 시기가 맞지 않는다. 봉천우가 활동하던 시기는 대몽항쟁이 끝나고 개경으로 환도한 원 간섭기다. 충숙왕~충목왕 대 인물임을 이미 말했다. 결국, 봉천산에 있던 절이 봉은사가 맞다고 해도 고종이 행차하던 그 봉은사와는 이름만 같은 다른 절이다. 한편 봉천산에 수월사(水月寺)와 미륵사(彌勒寺)가 있었다는 옛 기록[26]도 참고할 필요가 있다. 두 사찰 가운데 하나가 봉은사터라고 말해지는 곳이 이곳에 있지 않았을까 하는 생각도 하게 된다.

그러면 봉은사는 강화읍내 어디쯤 있었을까. 개경의 경우 대궐 밖 남쪽 국자감 근처에 있었다. 강화 도읍지 조성을 개경의 구조와 유사하게 한 점으로 보아 국자감이 들어선 강화도 남산(화산) 기슭에 봉은사가 자리 잡앉을 것으로 추정한 연구가 있다. 하지만 남산에 국자감을 세운 것은 봉은사 창건 10여 년 뒤인 1251년(고종 38)쯤[27]의 일이기에 시기적으로 앞뒤가 맞지 않는다. 봉은사는 궁궐에서 가까운 어딘가에 있었을 것이라고 말할 수밖에 없다.

　이제 하점면 오층석탑에 안녕을 고한다. 모습은 보이지 않고 소리로만 산새들이 인사를 받는다. 마음이 따듯해지는 돌계단을 한 칸 한 칸 내려온다. 몇 발 걷다 돌아보니 저 멀리 작아진 오층석탑이 나를 내려다보고 있다. 또 오라는 눈빛이 느껴진다.

고려궁지에서 고려를 느끼다

고려궁지高麗宮址는 고려가 몽골과 항쟁하던 강도江都 시절 고려궁궐이 있던 터다. 고려궁지의 지址는 터라는 뜻이다. 그런데 고려궁궐이 여기가 아니라 견자산 주변에 있었다는 주장도 있다. 견자산 주변에도 별개의 궁이 있었던 것은 사실이다. 하지만 임금이 정사를 보던 중심 궁궐, 고려궁궐은 이 자리에 있던 것이 맞을 것이다.

지금 고려궁지 안 건물들은 고려궁궐과 관련이 없다. 그럼에도 고려궁궐 건물의 일부로 오해하는 경우가 있다. 담장으로 둘러싼 궁궐터 역시 너무 좁게 잡혔다. 북쪽 담장 뒤 빈터부터 저 아래 용흥궁공원 끝자락까지를 고려 궁궐터로 보는 것이 적절하다. 지금의 천주교 강화읍성당, 강화초등학교, 강화문학관, 용흥궁공원 모두 당시에는 궁궐이었던 셈이다. 궁궐의 동·서 경계는 둔덕 위에 들어선 성공회성당과 성광교회였을 것으로 추정한다.

비록 터로 존재할 뿐이지만, 이곳은 대몽항쟁의 상징이자 구심점이었다. 고종(1213~1259), 최우崔瑀(?~1249),[28] 이규보李奎報(1168~1241)와 같은 사람들이 몽골군 침략에 대비코자 분주했을 모습이 그려진다. 역사상 세계 최강의 군대 몽골을 맞아 꿋꿋하게 싸워 낸 사람들의 나라, 고려를 보자.

고려궁지 승평문

　도전과 응전이라고 해야 할까. 고려는 건국부터 멸망에 이르기까지 강력한 외부의 적과 맞서야 했다. 10세기와 11세기에 거듭된 거란의 침략을 막아냈고, 12세기에는 여진과 싸워야 했으며, 13세기는 몽골과의 항쟁 기간이었다. 14세기에는 홍건적[29]과 왜구의 침탈에 시달렸다. 그 와중에도 줏대 있게 나라를 키우고 중심을 잡아 흔들리지 않았다. 문화적 역량도 높이 쌓았다.

　우리나라 후삼국시대인 916년에 야율아보기^{耶律阿保機}가 거란을 세웠다. 왕건이 고려 태조가 되었으나 아직 통일을 이루지 못했던 926년(태조 9), 거란은 발해를 멸망시켰다. 이후 나라 이름을 요^遼로 고쳤다. 993년(성종 12) 요의 소손녕이 고려를 침입하면서 고려와 요(거란)의 전쟁이 시작되었다. 서희가 나서 외교 담판을 통해 물러가게 했고, 나중에는 강감찬이 귀주에서 거란군을 크게 무찔렀다.

윤관은 별무반을 이끌고 여진을 정벌하고 그 땅에 동북 9성을 쌓았다. 하지만 고려 조정은 고민 끝에 그 땅을 여진에게 돌려주었다. 이후 여진의 기세가 왕성해져 1115년(예종 10) 완안 아구다[完顏阿骨打]가 여진 왕조 금金을 건국하고 1125년(인종 3)에 요나라를 멸망시켰다. 급기야 1127년(인종 5)에는 송宋(북송)까지 무너트렸다.

그러나 금은 1211년(희종 7)부터 몽골의 본격적인 침공을 받게 되었고, 1234년(고종 21)에는 몽골에 멸망하고 만다. 거란(요)은 여진(금)에게 망하고 여진(금)은 몽골에게 망한 것이다. 금나라가 무너진 1234년은 고려 조정이 강화도로 천도하여 대몽항쟁을 펼치던 때다. 13세기 몽골과의 전쟁이 끝난 후 고려는 몽골의 강요에 따라 방어 시설을 파괴해야 했다. 이때 방어 시설 역할을 했던 강화가 심하게 망가졌다. 군사력 또한 약해질 수밖에 없었다. 설상가상으로 14세기에 홍건적과 왜구의 노략질이 극심했지만, 결국은 그들을 격퇴하면서 최영崔瑩(1316~1388)과 이성계李成桂(1335~1408, 재위: 1392~1398)가 주목받게 되었다.

몽골의 고려 침략이 시작된 것은 1231년(고종 18)이다. 몽골 침략 다음 해인 1232년(고종 19)에 고려 조정은 개경에서 강화도로 도읍을 옮기고 대몽항쟁을 공포한다. 고려가 몽골과의 전쟁을 끝내고 화의를 맺게 되는 것은 1259년(고종 46)이며, 강화도 조정을 개경으로 다시 옮긴 것은 1270년(원종 11)이다.

몽골에 대한 항전 기간은 1231년부터 1259년까지 29년간이었고, 강화도 정부가 지속된 시기는 1232년부터 1270년까지 39년간이었다. 개경 환도가 이루어진 1270년까지 항쟁이 계속된 것으로 보게 되면, 그 기간은 1231년부터 1270년까지 40년이 된다. 여기에 삼별초 항쟁을 포함하면 대몽항쟁기는 더 늘어난다. 세계적으로 드문 장기 항쟁은 고려라는 나라가 유지될 수 있는 바탕이 되었다.

1189년(명종 19) 몽골 테무친이 부족을 통합하여 칸에 추대되었다. 1206년(희종 2)부터 테무친은 칭기즈칸으로 불리게 되었다. 칭기즈칸은 서쪽의 이슬람 국가인 호레즘을 정복하고 서하도 멸망시켰다. 그리고 고려 침공 4년 전인 1227년(고종 14)에 사망했다. 하지만 몽골의 고려 침공은 칭기즈칸 때부터 계획되어 있었던 것으로 보인다. 또 칭기즈칸이 보낸 몽골군이 고려로 진입한 사건도 있었다.

칭기즈칸이 보낸 몽골군은 왜 고려 국경을 넘었는가? 사연은 이러하다. 몽골이 일어나면서 고려 북방, 만주 지역이 혼돈 속으로 빠져들게 된다. 몽골이 금나라를 공격하자 금의 지배를 받던 여러 민족이 반란을 일으킨 것이다. 금에게 멸망한 요나라 유민인 거란족도 야율유가耶律留哥의 지휘 아래 반란을 일으켰다. 이때가 1211년(희종 7)이다.

금나라는 거란의 반란을 진압하려고 포선만노浦鮮萬奴 장군을 파견했다. 그러나 포선만노는 야율유가에게 패배한다. 포선만노의 다음 선택은 배신이었다. 제 나라 금을 배반하고 무리를 모아 대진국을 세웠지만, 몽골과 거란 세력의 공격을 받고 동쪽으로 달아나 간도 지방에 다시 동하東夏라는 나라를 열었다(1217). 동하가 곧 동진국東眞國이다. 동진국은 몽골의 꼭두각시 노릇을 하다가 몽골에 망하게 된다.

한편 야율유가는 내부 분쟁으로 힘을 잃고 칭기즈칸 밑으로 들어갔다. 남은 거란의 잔당들이 세력을 모아 지금의 랴오둥 반도 해역에 대요수국大遼收國이라는 나라를 세웠다. 그러더니 1216년(고종 3) 8월에 수만 명의 병력으로 고려에 쳐들어왔다. 몽골 등에 쫓겨 온 것이나. 거란군은 춘천과 원주를 함락하는 등 기세를 떨쳤으나 김취려 장군에게 박달현 등에서 대패했다.

1218년(고종 5) 12월, 몽골 장수 합진哈眞과 살례탑撒禮塔(살리타이)이 군사 1만 명으로 고려에 들어왔다. 동진국 군대 2만 명을 징발해 함께 왔으니 모두 3만 명이었다. 고려를 괴롭히는 거란 잔당을 토벌한다는 명분이었다. 그렇지 않아도 고려 힘으로 쇠약해진 거란 무리를 무너트릴 수 있었을 텐데 말이다.

그 무렵 거란군은 강동성(현재 평양시 강동군)으로 들어가 버티고 있었다. 떨떠름하지만, 고려 조정은 몽골과 연합 작전을 펴기로 한다. 1219년(고종 6) 1월, 조충과 김취려가 지휘하는 고려군은 몽골과 동진국 군대와 함께 강동성을 포위했고 손쉽게 승리했다. 이때 몽골과 고려는 형제관계라는 일종의 동맹을 맺었다.

1219년 2월, 몽골군이 물러갔다. 생각보다 빨리 간 것은 금나라의 침략에 대비하기 위해서였다. 몽골 장수 합진 등이 돌아가면서 동진국의 관리와 시종 41명을 고려 땅에 그대로 남겨 두고 가면서 "너희들은 고려말을 익히면서 내가 다시 올 때를 기다리도록 하라"[30]고 했다. 이후 1231년(고종 18) 몽골의 침공이 시작된 것이다. 수십 년 전쟁, 고려는 결국 백기를 들 수밖에 없었으나, 나라는 지켜냈다.

언제부턴가 학계에서 대몽항쟁기 강화도 천도를 부정적으로 평가하는 분위기가 강해졌다. 최우가 무신정권의 보전을 위해 몽골군과의 싸움을 회피하고 천도했다는 것이다. "지방 반민叛民들의 반정부적 활동으로부터 그들의 안전 및 정권의 보전을 도모"하려는 의도로 천도한 것이라는 주장도 제기됐다. 몽골군이 물을 두려워해서 강화도를 치지 못했다는 기존의 견해가 부정되고, 대신 몽골군이 안 쳐들어온 것이지 못 쳐들어온 게 아니라는 평가가 힘을 얻었다.

어느 시대 어느 지배집단이든 부정적인 면이 있으면 긍정적인 면도

몽골항쟁 시 방어막 역할을 했던 유빙이 가득한 염하

있기 마련이다. 최우의 정권 유지라는 목표가 강화도 천도의 한 가지 이유가 될 수 있을지 몰라도 그게 전부일 수는 없다. 몽골에 대한 효율적 항쟁의 방법으로 천도를 택했다는 것이 진실에 더 가깝다고 생각한다.

몽골군이 강화도를 점령할 능력이 있음에도 일부러 안 쳐들어온 것이라는 주장은 설득력이 부족하다. 기동력을 바탕으로 세계 제국을 건설해 갔던 막강한 몽골군이지만, 여전히 수전水戰을 버거워했고 산성 전투에서 취약성을 드러내기도 했다. 칸 자리를 놓고 벌이는 지배세력의 분열도 지속적인 전투를 수행하기 어려운 그들의 약점이었다. 가을에 쳐들어왔다가 봄이면 철군하는 침략 사이클 역시 고려에 유리하게 작용했다.

천도지 강화도는 주변 물길이 사나워 배를 쉽게 띄우기 어렵고 바다도 현재보다 훨씬 넓었다. 염하(강화해협)의 폭이 지금의 2~3배에 달했다. 강화도의 들판이 고려 당시에는 대개 바다였던 것이다. 지금의 모습은 고려 말부터 조선을 거쳐 이루어진 간척의 결과다. 드넓은 갯벌 또한 몽골군의 상륙을 막는 천혜의 방어막이었다. 갯벌은 몽골군에게 물 이상의 부담이 되었을 것이다. 강화해협은 겨울에 유빙遊氷으로 뱃길이 막힌다. 몽골군이 전투를 벌이는 최적의 계절인 겨울에 거대한 얼음덩이로 뒤덮인 강화 바다는 말 그대로 철옹성이 되어주었다.[31]

이러한 강화도의 자연조건 위에 고려 조정은 내성, 중성, 외성을 겹겹이 쌓고 삼별초 등 강력한 군사력으로 수비에 임했다. 해안가에 말뚝을 박아 적선의 접근을 막았다. 해전을 대비해서 전선을 갖추고 바다에서 훈련하면서 만약을 대비했다. 몽골군은 물 건너 김포 땅에서 거짓 위엄만 과시할 뿐, 강화도를 한 번도 공격하지 못했다. 그렇게 강화도 조정이 안정적으로 유지되면서 장기 항쟁이 가능했다.

그런데 강화도가 다가 아니다. 강화도 조정이 유지될 수 있었던 진정한 힘은 육지에 있었던 백성에게서 나왔다. 백성들은 몽골군에 맞서 처절하게 싸워 믿기지 않는 승리를 거두곤 했다. 하층민들은 평소 거들먹거리던 지배층 모두 도망간 성 안에 남아 몽골군을 격퇴하기도 했다. 이에 고무된 강화도 조정은 고려 특유의 외교력을 발휘하여 몽골군을 철수하게 하곤 했다. 대몽항쟁기 막판에 강화도 조정에 등을 돌리는 백성들이 늘어나면서 고려는 항복에 이르게 되는 것이다.

한국인치고 을지문덕, 강감찬이라는 이름을 들어보지 못한 이 별로 없다. 그런데 이에 뒤지지 않는 박서, 김경손 등은 낯설다. 처인성 전투의 주인공 김윤후만 살짝 알려졌을 뿐 또 다른 대몽항쟁의 주역들은 주목받지 못했다. 그들도 우리 역사를 빛낸 인물로 기려질 자격이 있다. 박서와 김경손의 활약이 『고려사』 열전에 실려 있다. 1231년(고종 18), 귀주성(현재 평안북도 구성시) 전투의 일부를 소개한다.

몽고가 누거楼車와 거대한 평상을 만들어 쇠가죽으로 겉을 싼 뒤, 그 속에 군사를 감추고 성 아래로 접근하여 굴을 뚫기 시작했다. 박서가 성벽에 구멍을 파 쇳물을 부어서 누거를 불태우자, 땅도 꺼져버려 몽고군 30여 명이 압사했다. 그리고 썩은 이엉을 태워서 나무 평상을 불사르자 몽고군이 놀라 우왕좌왕하다가 흩어졌다. 몽고가 다시 대포차大砲車(투석기) 15문으로 성의 남쪽을 공격해 상황이 매우 급박해지자 박서는 다시 성 위에 언덕을 쌓아올리고 포차로 돌을 날려 적군을 물리쳤다.

몽고가 섶에다 사람의 기름을 적시어 잔뜩 쌓아놓고 거기다 불을 질러 성을 공격했는데, 박서가 물을 뿌리니 불이 더욱 세차게 타올랐다. 이에 진흙을 가져오게 하여 그것을 물에 섞어 던지니 비로소 불이 꺼졌다. … 몽고는 30일 동안 성을 포위한 채 온갖 방법으로 공격하였으나 박서가 그때마다 적절히 대응하여 성을 굳게 방어하자 몽고가 견디지 못하고 퇴각했다.

몽골군은 누거, 평상, 대포차 등 각종 공성기구를 동원하고 화공법까지 사용했지만, 귀주성을 함락시키지 못하고 물러가야만 했다. "이렇게 작은 성이 대군을 맞아 싸우는 것을 보니, 하늘이 돕는 것이지 사람의 힘이 아니다." 퇴각하는 몽골군의 감탄이다. 70세쯤 된 몽골 장수는 이런 말을 남겼다. "내가 성인이 되어 종군하면서 천하의 성에서 전투하는 모습을 두루 보았지만 이처럼 공격을 당하면서도 끝내 항복하지 않은 경우는 보지 못했다. 성 안에 있는 장수들은 훗날 반드시 모두 장군이나 재상이 될 것이다."

귀주성을 지켜내는 데는 병마사 박서朴犀와 함께 분도장군(병마사 보좌역) 김경손金慶孫의 공도 컸다. 김경손은 북을 치며 병사들을 독려하다가 팔에 화살을 맞았다. 피가 그치지 않고 흘렀지만, 김경손의 북소리도 그치지 않았다. 커다란 돌덩이가 날아와 김경손 바로 뒤에 있던 병사의 몸을 부쉈을 때, 주변에 있던 이들이 안전한 곳으로 옮기라고 청했다. 그러나 김경손은 꿈쩍도 하지 않고 전투를 지휘했다. "안 된다. 내가 움직이면 우리 군사들의 마음이 흔들릴 것이다."

이연년李延年이라는 사람이 있었다. 몽골의 3차 침략기인 1236년(고종 23)에 고려에 반기를 들어 봉기하였다. 세력을 키워 스스로 백제도원수라 칭하고 백제의 부흥을 내세웠다. 전남 담양 인근에서 시작된 반란의 물결은 광주를 휩쓸고 나주로 향했다. 1237년 봄 강화도 조정은 김경손을 전라도지휘사로 삼아 나주로 보냈다. 김경손은 수적 열세를 극복하고 이연년 세력을 진압했다. 그 과정에서 이런 일이 있었다.

이연년이 나주성을 포위하고 자신의 무리에게 엄히 이르기를, "지휘사로 온 김경손은 귀주에서 몽골군을 크게 물리친 대장이라 인망이 매우 두텁다. 생포하여 내 사람으로 삼을 것이니 절대로 활을 쏘지 마라. 죽게 해서는 안 된다"라고 했다. 이연년의 반군은 활을 내려놓고 짧은 칼로 진압군에 맞섰다. 이연년이 돌진하여 김경손의 말고삐를 잡았을 때, 병사들이 달려들어 이연년을 베었다. 지휘자를 잃은 반군은 무너지고 말았다.

이연년의 패인은 자만과 방심이었다. 그가 신중하고 냉철했다면 결과가 달라졌을지도 모른다. 김경손 생포 시도를 만용이라 할 수도 있겠지만, 그래도 왠지 멋스러움이 느껴진다. 한편, 수년 전 저 북쪽 귀주에서의 승전 소식이 남녘 전라도 땅까지 전해져 주민들이 김경손을 우러렀다는 데서 고려 백성의 몽골에 대한 항전 의식을 엿볼 수 있다.

이제 김취려金就礪(1172~1234)[32]를 다시 보자. 천등산 박달재를 울고 넘는 우리 임아~. 전국의 많은 고개 중에 유독 충북 제천시 박달재가 유명한 것은 '울고 넘는 박달재'라는 노래 덕분일 것이다. 박달재 정상에는

강화군 양도면 김취려 장군의 묘

김취려 장군의 동상이 있다. 그가 이곳에서 대승한 사실을 기리기 위해 세운 것이다. 김취려는 언양현(현재 울산시 울주군 언양읍) 출신이다. 그는 전투마다 앞장서 거란군을 무찔렀다. 창과 화살이 온몸을 꿰뚫는 부상을 당하기도 했고, 전투 중에 큰아들이 전사하는 아픔을 겪기도 했다. 키가 엄청나게 컸고 수염이 배 아래로 드리울 정도로 길었다고 한다.[33]

훌륭한 장수는 우선 무예가 뛰어나야 하고 부하들이 '우리 장군을 위해서라면 죽어도 좋다'는 마음을 갖게 하는 덕이 있어야 한다. 김취려는 술 한 잔, 음식 한 점이라도 병졸들과 함께 나눴고, 군공의 혜택을 부하들에게 돌렸으며, 어려운 전투 상황에서는 맨 먼저 앞으로 나섰다. 엄해야 할 때 엄했고, 자애로워야 할 때 자애로웠다. 백성들이 그를 "두려워하면서도 사모"[34]했다는 평가는 그가 훌륭한 장수였음을 보여준다. 강동성 전투에서 만났던 몽골군 사령관 합진은 김취려의 풍모와 인품을 알아보고 김취려를 형님으로 부르며 깍듯이 예를 갖추었다.

    10, 11세기 거란의 침략과 이에 대한 고려의 대응은 교과서에도 실릴 만큼 널리 알려졌다. 그런데 13세기 거란의 침략은 잘 알려지지 않았다. 몽골의 침략이 워낙 중요한 사건이었기 때문이다. 그러다 보니 김취려의 이름이 언급될 기회가 많지 않았다. 그런데 조선왕조실록에서 뜻밖의 기록을 찾을 수 있었다.

> 용맹 있는 장사를 등용하여 국가를 보호해야 합니다. … 지금 신하 중에 한 명도 창을 들고 관방을 지키려는 자가 없으니 어찌 통탄할 일이 아니겠습니까. 하찮은 무리들이 있으나 어찌 웅비지재熊羆之材라 칭할 수 있으며 저 김유신과 김취려 같은 자가 있겠습니까. 속히 산림 속에 숨어 있는 인재를 수소문하여, 만일 부름에 응하는 자가 있으면 1백여 인을 선발하여 장상將相의 자리에 앉혀서 국가를 부흥시키소서.[35]

    임진왜란 때인 1593년(선조 26) 유원외劉員外로 불리는 명나라 사람이 선조에게 국방 대책을 건의한 글이다. 신라의 대표적 장군으로 김유신을 꼽았고, 고려의 대표로 김취려를 꼽은 것이다. 유원외가 어떤 이유로 김취려를 말했는지 궁금하다. 아무튼, 김취려는 과소평가된 역사 인물 가운데 한 명이다. 몽골군과 공식적인 첫 접촉을 했던 김취려. 그들과 이른바 형제동맹을 맺기도 했던 김취려. 그는 대몽항쟁 초기인 1234년(고종 21)에 강화도에서 사망했다. 조금 더 살았더라면 어떤 활약상을 보여주었을지…. 지금 강화군 양도면에 그의 묘역이 있다. 정제두 선생 묘 맞은편이다.

선원사의 위치는 어디였을까

연꽃이 아름다운 선원사禪源寺 터에 가면, 우선 참 넓다는 생각이 든다. 동서 160m, 남북 180m 규모다. 남한 땅에 있는 고려시대 사찰터 중에서 가장 크다고 한다. 현재 21개소의 독립 건물지와 7개소의 행랑지가 확인되었다.[36] 그런데 고려 당시에는 지금 발굴된 터보다 훨씬 더 큰 규모의 절이었다. 크고 작은 건물이 모두 오백여 칸으로 수백 명의 스님이 상주하던 곳이다.

선원사는 몽골항쟁기인 1245년(고종 32)에 최우에 의해 창건된 사찰로 약 150년 정도 존속하다가 조선 초쯤에 폐사되고 말았다. 다른 절들에 비해 역사는 짧지만, 팔만대장경 조성에 관여했고, 완성된 대장경판을 보관했던 곳이다. 1292년(충렬왕 18) 1월부터 고려실록을 보관하는 사고의 역할을 겸하기도 했다. 고려 말에는 외침[37]을 피해 강화도에 온 충렬왕이 약 1년간 여기 선원사에 머물기도 했다. 선원사가 임시 궁궐 역할을 했던 것이다.

무신집권기 결사운동을 주도하던 수선사修禪社(송광사)의 주지 스님은 고려 불교계를 대표하는 승려였다. 통상 선원사의 주지가 나중에 수선사의 주지가 되었다. 그래서 선원사를 제2총림으로 불렀다. 고려를 대표하는 최고의 스님들이 선원사에서 주석駐錫했던 것이다. 우리에게 익숙한

『삼국유사』의 저자인 일연 스님도 몇 년간 선원사에 머물며 가르침을 베풀었던 것 같다.[38]

최우가 죽은 뒤 그의 진영이 선원사에 모셔진 것으로 보아, 최우의 원찰願刹이었음을 짐작하게 한다. 원찰이란, 자신의 소원을 빌거나 죽은 사람의 명복을 빌기 위해 건립한 사찰을 말한다. 하지만 오로지 최우 자신의 영달만을 위해 지은 개인 사찰로 보는 데는 무리가 있다. 왕권을 능가하는 실권자라고 하나 왕실의 원찰들보다 거대한 규모로 자신의 사찰을 짓는다는 것은 무모한 일이다. 절을 세워 부처님께 의지하여 대몽항쟁의 기운을 북돋겠다는 공적인 의도도 포함됐을 것으로 보인다. 선원사 창건 후 임금은 선원사에 부임하는 스님들에게 대선사, 선사 등의 관고官誥(일종의 교지)를 내렸는데, 그 내용이『동문선』에 실려 있다. 관고에서 왕은 선원사 창건 이유를 "몽골군을 무너뜨리고 병란의 재앙을 소멸시킴으로써 우리나라를 이롭게 하기 위함"[39]이라는 식으로 말하곤 했다. 선원사를 무조건 '최우의 원찰'로만 인식하는 것에 대해서는 신중할 필요가 있을 것 같다.

선원사지는 선원면 지산리에 있다. 1976년에 간단한 실측을 했고 1977년에 사적 제259호로 지정되었다. 1996년에 본격적인 발굴 조사가 이루어져 몇 년간 계속되었다. 그 과정에서 소형 탄생불, 금동나한상, 범자梵字 명문이 들어간 암막새기와 등 그 시대의 사찰 관련 유물이 많이 나왔다. 삼존불을 모셨던 것으로 보이는 금당터를 비롯해 적지 않은 건물터도 드러났다. 그러나 "여기가 선원사터다!"라고 확신할 수 있는 결정적인 유물이 아직은 발견되지 않았다. 하지만 고고학적 조사의 결과를 놓고 볼 때 이곳이 선원사터였을 가능성이 크다.

그런데 문헌 사료로 따져보면 사정이 좀 달라진다. 지금의 선원사터에 정말 선원사가 있었다고 단정할 수 있는 기록은 찾아지지 않는다. 오히려

선원사지

지금의 터가 아닌 다른 곳에 선원사가 있었다고 기록된 사료가 있다. 그 사료의 정확성을 확인하기 어려우나, 『속수증보강도지』와 『전등본말사지』는 "지금 선행리仙杏里 충렬사 문 앞 일대 땅이 선원사가 있던 터다"라고 단정적으로 썼다. 그래서 지금의 선원면 지산리 선원사터는 선원사가 있던 자리가 아니고, 선원면 선행리 충렬사 앞이 진짜 선원사가 있던 자리라고, 일찍부터 강화도 향토사학자들이 주장했었다. 이에 일부 전문 연구자들이 깊이를 더해 호응하면서 선원사터가 어느 곳인지 학문적 논의가 활발해졌다. 결정적인 증거가 나오기까지는 앞으로도 그럴 것 같다.

『속수증보강도지』와 『전등본말사지』 외에 선원사의 위치를 추정하는 데 도움을 주는 사료들이 있다. 그 가운데 일부를 옮겨 본다.

옛터는 부의 남쪽 8리에 있는데, 지금은 장원서掌苑署 과원果苑이 되었다.

『신증동국여지승람』

부의 남쪽 8리에 있고 속칭 상림원이라고도 한다. 지금은 장원서의 율장栗場으로 되어 있다.

『강도지』

장원서는 조선시대에 과일나무와 꽃, 새와 짐승을 맡아 관리하며 이것들을 왕실에 공급하던 관청이다. 1394년(태조 3)에 기존의 동산색東山色을 상림원上林園으로 고쳤으며 1466년(세조 12)에 장원서로 이름을 다시 바꾸고 공조 소속 관청으로 삼았다.[40] 『신증동국여지승람』의 과수원[果苑]을 『강도지』는 밤나무 농장[栗場]이라고 구체적으로 밝혔다.

그런데 두 책 모두 강화부의 남쪽 8리에 선원사가 있다고 썼다. 자동차로 대략적인 거리를 재봤다. 당시 조선에 거리를 재던 기준이 되는 길이 어디인지 명확하지 않으나 될 수 있는 대로 옛길을 따라가 봤다. 출발 지점을 지금의 강화부성(강화산성)[41] 남문이 아니라 옛 남문지(현재 용흥궁공원 김상용 선생 순의비각)로 잡았다. 이형상이 『강도지』를 쓴 것은 1696년(숙종 22)이고 지금의 강화부성(강화산성)을 쌓은 것은 1711년(숙종 37)이다. 『강도지』 편찬 당시의 강화부 남문은 김상용 선생 순의비각 쯤에 있었다. 지금의 남문이 아니다.

옛 남문터에서 선행리 충렬사까지 대략 3.4km, 8리가 조금 넘는다. 지산리 선원사터까지는 4.6km 정도로 10리가 넘었다. 조선시대와 지금의 길이 같을 수 없으니 정확한 수치라고 할 수 없으나 강화부 남쪽 8리에 선원사가 있었다는 『강도지』 등의 사료 기록과 부합되는 곳은 아무래도 충렬사다. 현 선원사터가 아니다.

김상용 선생 등을 모신 선원면 충렬사

나는 만약에 충렬사 근처에 선원사가 있었다면, 충렬사 앞이 아니라 충렬사 뒤쪽일 것이라고 여겨왔다. 밖에서 보기와 달리, 충렬사 뒤편 길로 들어가 보면 지역이 상당히 넓고 적당히 높고 아늑하여 절집이 들어서기 딱 좋은 곳임을 느끼게 된다. 자동차로 거리를 재보고 나서 충렬사 뒤편이 맞을 것 같다는 생각을 다시 했다.

충렬사 앞의 500여 칸 건물들에 수백 명 스님이 사는 거대한 절이 있었다면, 옛 남문에서의 거리가 8리가 될 수 없다. 대략 6~7리 정도라고 해야 맞을 것이다. 선원사가 강화부 남쪽 8리에 있었다고 한 『강도지』에 충렬사는 부의 남쪽 7리에 있다고 나온다. 이 역시 충렬사 뒤편에 사찰이 있었음을 짐작하게 한다.

충렬사 근처가 선원사였음을 추정하게 하는 또 다른 근거는 『강도지』에 나온 대로 절터가 밤나무밭이 되었다는 내용이다. 『속수증보강도지』에

2장 끝내 꺾이지 않다   129

밤은 나무뿌리에 벌레가 잘생겨 가꾸기 어려운데 그래도 선원면 선행리 일대와 불은면 습진평 그리고 보문사에서 잘 자라고 소출도 많다는 기록이 있다. 선원사 있던 자리가 밤나무밭이 되었다는 『강도지』의 기록에, 충렬사가 있는 선원면 선행리가 밤이 잘 되는 곳이라는 『속수증보강도지』의 기록을 종합해보면 충렬사 부근이 선원사였다는 추정에 힘이 보태지게 된다.

그러면 문헌 기록에 의지해서 지금의 충렬사 지역이 선원사가 있던 곳이라고 자신 있게 말할 수 있을까? 그렇지 않다. 지금의 선원사터, 그 넓은 건물지가 무엇인지 설명이 안 되기 때문이다. 충렬사 부근을 선원사지라고 주장하는 학자들은 현 지산리 선원사터를 '신니동 가궐'이 있던 자리라고 한다. 그러나 나는 '현 선원사터=가궐터'라는 견해에 동의하지 않는다.

가궐假闕의 가假자에는 '거짓'이라는 의미 외에 '임시적'이라는 뜻도 있다. 가궐이란 임금이 어떤 일이 있을 때 임시로 머무는 궁궐이라고 풀이할 수 있다. 그러나 행궁과 같은 것으로 보기에는 좀 무리가 있다. 가궐은 임금이 임시로 머무는 공간이기도 하지만, 임금의 옷과 띠 같은 상징적인 물품을 보관해 놓고 어떤 소망을 기원하는 종교적 색채가 강한 건물로 볼 수 있기 때문이다.

(가) 이궁離宮을 마리산 남쪽에 창건했다. 이전에 교서랑 경유가 청하기를, "이 산에 대궐을 창건하면 왕업을 연장할 수 있습니다" 하였으므로, 그대로 좇은 것이다. 　　　　　　　　『고려사절요』 고종 46년(1259) 2월

(나) 가궐을 삼랑성과 신니동神泥洞에 짓도록 명령하였다. 이보다 앞서 왕이

술사 낭장 백승현을 불러 왕업을 연장할 땅을 물으니, 대답하기를, "혈구사에 행차하여 법화경을 설법하고, 또 대궐을 삼랑성에 창건하여 그 징험을 시험하여 보소서" 하였다. 『고려사절요』 고종 46년 4월

(다) 중랑장 백승현이 참정 김준을 통하여 아뢰기를, "친히 참성단에 제사 지내고 또 삼랑성과 신니동에 가궐을 지으며, 친히 오성도량을 베풀면 몽고에 조회하는 것을 그만둘 수 있고, 삼한이 변하여 황제국이 되고 큰 나라가 와서 조회할 것입니다" 하였다. 왕이 믿고 대장군 조문주, 좨주 김구, 장군 송송례와 승현 등에게 명하여 가궐을 창건하게 하였다. 『고려사절요』 원종 5년 5월

(라) 신니동 가궐로 옮겨 거처하였다. 『고려사절요』 원종 5년 6월

(마) 신니동 가궐로 이어移御하고, 대불정오성도량[大佛頂五星道場]을 열었다.
『고려사』 세가 원종 5년 6월

(가)는 '왕업 연장'을 위해 마리산에 이궁을 지었음을 알려준다. 이궁도 가궐과 비슷한 기능을 수행한 것으로 보인다. (나)는 고종이 술사術士의 뜻에 따라 삼랑성과 신니동에 가궐을 짓도록 명한 내용이다. 역시 왕업을 연장하기 위해서라는 염원을 담고 있다. 그러나 이때는 가궐을 짓지 못한 것 같다. 5년 뒤인 원종 5년(1264) 5월에 왕은 삼랑성과 신니동에 가궐을 짓도록 다시 명한다((다). 그리고 (라)에 보이듯 6월에 신니동 가궐로 옮겨 간다. (마)에는 원종이 신니동 가궐에서 대불정오성도량을 베풀었다는 내용이 추가되었다.

5월에 신니동 가궐 창건을 명했고, 6월에 그곳으로 거처를 옮겼다면 가궐 건립 공사가 한 달 정도에 불과했다는 얘기다. 이미 고종 때 명령하여 기초적인 작업이 끝난 상태였다고 가정해도 꽤 빨리 건물이 지어졌음을 짐작할 수 있다. 그렇다면 그 규모가 작았을 것이다. 크게 지을 필요도 없었지만, 당시의 고려 사정이 정치적으로나 사회·경제적으로나 거대한 가궐을 짓기에는 역부족이었다. 대몽항쟁 말기 강화도 조정의 경제 사정은 몹시 열악했고, 백성에 대한 통제력도 크게 떨어져 있었다. 현 지산리 선원사터 규모로 가궐을 창건한다는 것이 사실상 불가능한 처지였다.

삼랑성 전등사 경내에 전하는 가궐터 정도가 현실적인 규모였을 것이다. 따라서 현 선원사터를 신니동 가궐터로 볼 수 없다. 현 선원사터에서 발굴된 유물 가운데 박씨朴氏, 유씨劉氏라고 새긴 기와가 상당수인데, 이는 당시 상류층 부인들의 시주로 기와를 올렸던 것으로 해석함이 타당하다.[42] 이는 절에나 어울리는 일이지, 궁궐 짓는데 어울리는 일이 아니다. 만약에 지산리 현 선원사터가 정말 선원사가 있던 자리라면, 신니동 가궐은 선원사 경내나 선원사에서 가까운 어느 곳에 있었을 것이다.

동네 이름에서 실마리를 찾아볼 여지도 있다. 현 선원사터 근처에 도감마을이 있었다. 도감을 팔만대장경 조성 사업을 주관하던 대장도감으로 해석하면 이를 근거로 지금의 선원사터에 선원사가 있었을 것이라는 추정이 가능하다. 강화로 "도읍을 옮겼을 때 도감都監을 설치하였으므로 지명을 통칭 '도감'이라 하였다"라는 『심도기행』 기록이 눈에 띈다. 지금도 전해지는 강화의 지명 가운데 고려시대에 만들어진 것들이 꽤 많으니 일리가 있다. 다만 단언하기는 어렵다. 조선시대 이 마을에 훈련도감 창고가 있었으니까 말이다. 도감마을의 유래가 고려 대장도감인지, 조선 훈련도감인지 구분해 내기 어렵다.

진실이 무엇일까? 고고학적 발굴 성과에 따르면 현 지산리 선원사지가 선원사였을 가능성이 높고, 문헌자료를 따르면 충렬사 부근일 가능성이 높다. 문헌에 의지한 '선원사=충렬사 지역'이라는 주장이 더 설득력을 얻으려면 지금의 지산리 선원사터에 무슨 건물이 들어섰던 것인지 설명할 수 있어야 한다. 현재로는 정설대로 지산리 선원사지에 선원사가 있었다고 보는 것이 합리적인 결론이 아닐까 싶다.

여기에 자신 없지만, 개인적인 생각을 덧붙여 본다. "지금의 선원사지에 선원사가 있었고, 충렬사 뒤편에도 이름을 알 수 없는 또 다른 큰 절이 있었다."『강도지』를 다시 읽으며 이런 생각을 하게 되었다. 『강도지』고적 조를 보면, 선원사 설명 바로 이어서 '대사大寺'가 나온다. 대사는 사찰 명칭이라기보다 이름을 알 수 없는 큰 절이라는 의미일 것이다. 그런데 대사가 있던 위치를 '선원 수륙리水陸里'라고 했다. 수륙리는 충렬사 뒷마을쯤으로 여겨진다.

'대사'가 보제사普濟寺로 말해지는데, 창복사昌福寺일 가능성도 생각해 보았다. 1211년(희종 7)에 최충헌은 개성 근처에 있던 창복사를 중건했다. 아마도 자신의 원찰로 삼았던 모양이다. 최우는 선원사가 완공된 후인 1249년(고종 36)에 창복사를 강화에 지었다.[43] 고종은 1250년(고종 37) 8월에 최충헌의 초상을 창복사에 모시도록 명령했다. 선원사와 창복사의 건립 시기가 비슷하고 모두 최우에 의해 강화에 세워진 점 등을 고려해 본 추정이다. 혹시 『속수증보강도지』(1932)의 지은이가 충렬사 주변의 절터(보제사지나 창복사지)를 선원사지로 착각해서 기록하고 『전등본말사지』(1934) 지은이가 이를 그대로 옮겨 적은 것은 아닐까.

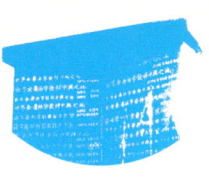

팔만대장경과 상정고금예문

팔만대장경은 경판의 숫자가 팔만 장이 조금 넘어서 붙여진 이름이다. 2015년 문화재청 조사에 의하면, 총 8만 1,352장이다. 각 경판의 크기는 가로 70cm 내외, 세로 24cm 내외이고 두께는 2.6~4cm이다. 조선시대에도 팔만대장경이라는 이름으로 불렸다. 실학자 홍대용의 문집인 『담헌서』를 비롯해 여러 책에서 '팔만대장경'을 찾을 수 있다. 지금 재조대장경再雕大藏經으로 많이 불리는데 초조대장경에 이어서 다시 새긴 대장경이라는 뜻이 담겼다. 초조대장경은 대구 부인사에 있었는데 1232년(고종 19)에 몽골군에 의해 불탔다. 팔만대장경은 재조대장경 외에 '고려대장경', '강화경판江華京板 고려대장경' 등으로도 불린다. 불리는 이름이 꽤 많다.

학교에서 아이들은 어떻게 배울까? 초등학교 사회 교과서와 중학교 한국사 교과서는 팔만대장경으로 썼다. 고등학교 한국사 교과서는 재조대장경과 팔만대장경을 함께 쓰다가 지금은 팔만대장경을 주로 쓴다. 그런데 국보(제32호) 팔만대장경의 공식 명칭은 '합천 해인사 대장경판'이다. 좀 혼란스럽다. 이 글에서는 '팔만대장경판'이라고 해야 정확한 표기가 되겠지만, 가장 대중적인 이름인 팔만대장경으로 쓰기로 한다.

팔만대장경은 오랜 세월 잘 견디며 지금까지 나라의 자랑으로 보존되어 있다. 그런데 뜻밖에도 우리는 팔만대장경의 역사를 잘 모른다. 이상하리만치 기록이 거의 남아있지 않기 때문이다. 언제 어디서 만들어서 어떻게 해인사까지 가게 되었는지, 자신 있게 말 할 수가 없다. 부족한 사료로나마 기본적인 내용을 정리해 본다.

팔만대장경은 언제 조성된 것일까? 1236년(고종 23)에 시작하여 1251년(고종 38)에 완성한 것으로 본다. 이는 다음 사료에 의지한 추론이다.

> 왕이 도성 서문 밖에 있는 대장경판당大藏經板堂에 행차하여 백관을 거느리고 분향했다. 현종 때에 새겼던 판본(초조대장경)은 임진년 몽고와의 전쟁 때 불타버렸으므로 왕이 신하들과 함께 발원하여 도감을 설치하였는데 16년 만에 일을 마쳤던 것이다.
> 『고려사』 고종 38년 9월

대장경이 완성된 1251년부터 16년을 거슬러 가면 1236년이 된다. 이 『고려사』 기록에 의해서 팔만대장경의 조성 기간을 1236~1251년으로 잡은 것이다. 1237년에 이규보는 「대장각판군신기고문」을 썼다. '대장경판을 새기면서 임금과 신하들이 소망을 빌며 올리는 글'이라는 의미인데 『동국이상국집』[44]에 실려 있다. 「대장각판군신기고문」에서 이규보는 대장경 조성 담당 관청인 대장도감을 이미 설치했다고 했다. 글을 쓴 해가 1237년이고 이미 대장도감을 두었다고 했으니 1236년쯤에 대장도감이 강화에 들어선 것으로 볼 수 있겠다.

그런데 조금 자유롭게 생각해보면, 팔만대장경 조성 시기를 더 넓혀 보는 것이 되레 설득력이 있다. 경판이 처음 판각되어 나온 해가 1237년이다. 1236년에 시작해서 1년 만에 판각이 이루어지기는 어렵다. 총괄적인 작업 계획을 세우고 저본으로 쓸 기존의 장경들을 수집하고 목록을 작성하고 또 교정하는 기초 작업에만도 적지 않은 기간이 걸릴 것이다. 나무를 베어 한 장 한 장 판목으로 만드는 작업도 짧은 시간에 해낼 수 있는 일이 아니다. 한편 교정 작업의 총책임자는 수기守其 스님이었다. 수기 스님은 대장경 조성 작업 초기 몇 년간 강화도에 있었다. 이규보의 시에 수기 스님과 이규보가 강화에서 어울리던 내용이 들어 있다.

그렇다면, 초조대장경이 불탄 1232년(고종 19)이나 이듬해인 1233년(고종 20)에 바로 팔만대장경 조성 기획이 수립되고 일이 시작되지 않았을까 싶다. "헐리면 고쳐 만드는 일은 또한 꼭 해야 할 것입니다. 하물며 국가가 불법을 존중해 받드는 처지이므로 진실로 우물우물 넘길 수는 없는 일입니다. 이런 큰 보배가 없어졌는데 어찌 일이 번거롭다 하여 새로 만드는 일을 꺼리겠습니까?"(「대장각판군신기고문」)라는 이규보의 말을 통해 짐작할 수 있다. 이렇게 보면 팔만대장경 조성 기간은 20년 정도가 될 수 있다. 아무튼 전쟁이라는 비상상황에서 거대한 대장경 사업을 완수해 낸 고려의 문화적 역량을 가볍게 볼 수 없다.

왜 만들었을까? 이규보의 글 속에 답이 있다. 우선 앞에서 말한 대로 초조대장경이 불탔기 때문이다. 대장경을 조성해서 가지고 있다는 자체가 대외적으로 드러내는 종교적·문화적 자부심이다. 국격國格의 상징이기도 했다. 몽골의 침략이 없었다고 해도 초조대장경이 소실됐다면 고려는 새로운 대장경 조성을 추진했을 것이다. 또 하나는 부처님의 힘을 빌려 몽골군을 물리치려는 염원이다. 다시 「대장각판군신기고문」을 통해 이규보의 간절한 기도를 들어보자. 초조대장경 덕에 거란군이 물러갔듯이 팔만대장경 조성으로 몽골군이 물러가기를 바라는 염원이 드러난다.

옛적 현종 2년에 거란주[契丹主]가 크게 군사를 일으켜 쳐들어오자, 현종은 남쪽으로 피난하였는데, 거란 군사는 오히려 송악성에 주둔하고 물러가지

고려 대몽항쟁기의 문장가, 이규보 선생의 묘

않았습니다. 이에 현종이 여러 신하와 함께 더할 수 없는 큰 서원을 발하여 대장경판본 판각을 맹세하자 거란 군사가 스스로 물러갔습니다.
그때나 지금이나 대장경도 같고, 전후 판각한 까닭도 동일하며, 임금과 신하가 함께 서원한 일도 또한 한결같은데, 어찌 그때에만 거란 군사가 물러가고 지금의 달단達旦(몽골)은 그렇지 않겠습니까? 다만 제불다천諸佛多天이 어느 정도를 보살펴 주시느냐에 달렸을 뿐입니다. … 저 억세고 모진 오랑캐를 멀리 쫓아내 다시는 우리 국토를 밟는 일이 없게 하십시오. … 밝게 살펴 주시기를 삼가 바랍니다.

정말 부처님이 고려를 도와줄 수 있을까? 이건 쉽게 답할 수 있는 문제기 아니다. 중요한 것은 팔만대장경 조성 작업을 통해 백성들이 불안감을

2장 끝내 꺾이지 않다

씻어내고 외적에 맞설 수 있는 자신감을 얻었다면, 마음을 한데 모아 싸울 수 있었다면, 충분히 의미 있는 작업이 된 것이다. 지배층과 피지배층을 가리지 않고 대개가 부처를 받드는 세상에서 불교는 사람들의 마음을 움직이는 가장 큰 힘이었을 것이다. 팔만대장경 조성 작업 초기인 1238년(고종 25)에 몽골군은 황룡사9층목탑마저 불질렀다. 신라 때부터 아홉 나라의 침략을 막아낸다는, 그래서 든든함을 안겨주던 탑이다. 이 탑을 불지른 몽골에 대한 적개심은 팔만대장경 작업에 더욱 매진하게 하는 계기가 되었을 법하다. 부처님께 의지하여 기필코 몽골을 몰아내겠다는 마음가짐이 어색하지 않다.[45]

최우는 팔만대장경 조성에 중요한 역할을 했다. 경비도 많이 보탰다. 계속된 조성 사업은 최우의 아들 최항 대에 이르러서야 완성됐다. 그래서 최씨 무신정권 유지를 위한 수단으로 팔만대장경 조성 작업이 추진되었다고 말해지기도 한다. 백성의 불만을 팔만대장경 작업으로 끌어모아 정권의 안정을 꾀했다는 비판이 그것이다. '고려판 3S 정책'의 일환이 되는 셈이다. 정권 안정이라는 효과를 얻었을 수도 있으니까, 일리가 있다. 그러나 이와 같은 비판은 본질에서 다소 벗어난 것이다. 관료, 학자, 향리, 승려, 농민 모든 계층이 자발적으로 참여하고 형편 되는대로 재물을 보시하고 그것도 어려운 이들은 나무를 베고 옮기는 일을 통해 노동력으로 보시하고, 그렇게 수많은 이들의 정성이 나라 구석구석에서 모여 완성된 것이 바로 팔만대장경이다. 섬과 뭍이 하나 되어 이루어 낸 결의의 상징인 것이다.

강화도 대장도감의 총괄적인 지휘와 지원 속에 분사대장도감分司大藏都監이 설치된 남해도 등에서 산벚나무·돌배나무 등을 베고, 결을 삭히고, 경판 크기대로 자르고, 말리고, 쓰고, 새기고 하여 대략 20년의 세월이 걸렸다. 그렇게 팔만대장경이 완성되었다. 강화도에서 판각 작업도 진행됐지만, 주로 남해도에서 이루어졌던 것 같다.

　　이렇게 완성된 팔만대장경판은 강화도 서문 밖 판당에 보관하다가 강화도 선원사를 거쳐 조선시대 초에 지천사로 옮겨졌다. 1398년(태조 7) 5월 10일, 태조 이성계는 직접 용산강에 갔다. 강화 선원사에서 오는 대장경 목판을 맞이하기 위해서였다.[46] 대장경을 지천사로 옮길 때의 분위기를 실록에서 엿볼 수 있다.

> 대장隊長과 대부隊副 2천 명으로 하여금 대장경 목판을 지천사支天寺로 운반하게 하였다. 검교 참찬문하부사 유광우에게 명하여 향로를 잡고 따라오게 하고, 오교五敎·양종兩宗의 중들에게 불경을 외우게 하며, 의장대가 북을 치고 피리를 불면서 앞에서 인도하게 하였다.[47]

　　팔만대장경은 지천사에서 다시 해인사로 옮겨진다. 그 해가 언제인지는 알 수 없다. 그러면 강화 선원사와 팔만대장경은 어떤 관련이 있는 것일까. 일정 기간 선원사에 팔만대장경이 보관됐던 것은 틀림없는 사실이다. 하지만 조성 작업에 어느 정도 관여한 것인지는 명확하지 않다. "조판 작업을 주도했다", "선원사 안에 대장도감을 두고 대장경 작업을 총괄했다" 등의 주장이 있지만, 아직은 추론이라고 할 수밖에 없다. 선원사와 팔만대장경 조성의 직접적인 관련성을 전해주는 기록이 현재는 남아있지 않다.

　　선원사 창건 시기와 대장경 조성 시기를 비교해보자. 기간을 좁게 잡았을 때 팔만대장경 조성 기간은 1236년~1251년이다. 선원사는 1245년(고종 32)에 창건됐다. 선원사가 세워지기 한참 전에 팔만대상경 소성이 진행되고 있었던 것이다. 선원사를 팔만대장경 조성과 깊이 연결 짓기는 어렵다. 그래도 팔만대장경 조성 사업과 선원사 창건 모두 최우에 의해 주관됐다는 점, 두 일 모두 나라의 안정을 염원하는 마음을 담았다는 점, 선원사에서 팔만대장경을 보관했었다는 점 등을 통해 선원사가 팔만대장경 조성 작업에 중요한 역할을 했던 것은 분명해 보인다.

강화도에서 주관해 세상에 나온 팔만대장경은 목판인쇄술의 정수다. 세계적 가치를 인정받고 있는 게 당연하다. 일본의 인징忍澂(1645~1711)은 다음과 같이 팔만대장경을 평가했다. "중국의 대장경은 미美를 다하고 있지만, 선善은 다하고 있지 않다. 고려 대장경은 미를 다하고 있는 동시에 선도 다하고 있는 만국무쌍지선본萬國無雙之善本이다."48

그런데 그 시대 강화도에서 금속활자로도 책을 찍어냈으니, 『상정고금예문』이 바로 그것이다. 이 책은 고금古今의 예禮를 상정詳定한 글이다. 국가제사, 불교행사, 음악, 노부鹵簿(임금이 거둥을 할 때 갖추던 여러 가지 의장), 복식 등에 대해 종합적으로 규정한 의례집이다.49 『고려사』 지志와 조선왕조실록에 일부 내용이 실려 있다고 한다. 『상정예문』, 『고금상정예문』, 『상정고금예』 등으로도 불린다.

『상정고금예문』 편찬은 전쟁 기간에 이루어 낸 또 하나의 문화적 업적으로 그 중요성을 인정하게 된다. 그래서 이를 기리려고 강화 갑곶돈대 안에 '세계금속활자발상중흥기념비'를 세웠다. 갑곶돈대 들어서자마자 오른쪽에 있다. 일반적으로 '발

갑곶돈대 안에 있는 세계금속활자발상중흥비

상'은 '發想'이라고 쓴다. 어떤 생각을 해낸다는 뜻이다. 이 비 이름에 쓴 '發祥'이란, '역사적으로 큰 의의를 가질만한 일이 처음으로 나타남'을 뜻하는 말이다.

팔만대장경 같은 목판 인쇄는 한 가지 책을 많이 찍어내거나 두고두고 필요할 때마다 찍어내기 편리하다. 그렇지만 손이 많이 가는 일이고, 목판의 보관을 위해서 넓은 공간이 필요하며, 목판 관리에도 각별한 신경을 써야 한다. 활자活字('움직이는 글자')는 낱글자다. 목판에 새겨진 글자들은 활자라고 하지 않는다. 활자 인쇄는 미리 활자를 만들어 놓고 글에 따라 해당 글자(활자)를 뽑아 판에 배열해서 찍어낸다. 활자를 배열해 짜 맞춘 인쇄판을 활판이라고 한다. 짧은 기간에 여러 종류의 서적을 조금씩 인쇄하기에 적합하다.

활자 인쇄술을 발명한 나라는 중국이다. 1041~1048년 사이에 송나라에서 필승畢昇이라는 이가 흙활자를 만들었다. 차진 흙에 아교를 섞어 다져 말린 다음 깎아가며 글자를 새기고 이것을 불에 구워 만든 것이다. 그런데 쉽게 부서져 실용성이 떨어졌다. 나무활자도 사용됐지만 역시 견고하지 않았다. 고려에서도 1096년(숙종 1)에 의천이 나무활자로 속장경 간기를 인쇄한 적이 있다고 한다.

금속활자는 흙활자와 나무활자의 단점을 보완한 새로운 발명품으로 고려에서 시작됐다. 구리를 주성분으로 하고 여기에 주석, 납, 철, 아연을 섞은 합금활자다. 조선시대 활자도 구리가 주성분으로 쓰였는데, 17세기 숙종 대에는 철을 주성분으로 하는 금속활자를 만들기도 했다. 상평통보 발행으로 구리가 부족해지자 철에 약간의 구리를 섞어 활자를 제작했던 것이다.[50]

고려에서 금속활자 인쇄술이 발달한 것은 종이와 먹의 발달이 함께 이루어졌음을 의미한다. 번지지 않고 쉽게 찢어지지 않는 양질의 종이, 매끈한 쇠붙이에도 잘 먹어드는 '기능성' 먹, 여기에 금속활자, 이렇게 삼박자가 맞아떨어져 깔끔한 인쇄물이 나올 수 있었다.

『상정고금예문』이 언제 금속활자로 인쇄된 것인지, 이 역시 이규보의 글 속에 단서가 있다. 인쇄한 해가 몇 년이라고 딱 떨어지지는 않는다. 강화 도읍기인 1234년(고종 21)~1241년(고종 28) 사이 어느 해엔가 이 책을 찍어낸 것으로 보인다. 기록상으로 세계에서 가장 먼저 금속활자로 인쇄한 책이다. 독일에서 구텐베르크가 금속활자로 인쇄를 시작한 것은 200여 년 뒤인 1450년경이다.[51]

금속활자 인쇄술이 강화도에서 발명된 것은 아니다. 이미 그 이전부터 개경을 중심으로 시작되었고, 그 축적된 기술을 바탕으로 강화에서 『상정고금예문』을 찍어낼 수 있었던 것이다. 이규보는 진양공晉陽公 최우를 대신해서 『상정고금예문』을 새로 간행한 경위를 밝혔다.

인종 때 와서 비로소 평장사 최윤의 등 17명의 신하에게 명하여 고금의 서로 다른 예문을 모아 참작하고 절충하여 50권의 책을 만들고 그것을 『상정예문詳定禮文』이라고 명명하였다. 그것이 세상에 행해진 뒤에는 예가 제자리에 귀착되어 사람이 의혹되지 않았다.
이 책이 여러 해를 지났으므로 책장이 없어지고 글자가 결락되어 상고하기가 어려웠는데 나의 선공先公(최충헌)이 이를 보즙補緝(부족한 것을 보충하여 손색없이 만듦)하여 두 본本을 만들어 한 본은 예관禮官에게 보내고 한 본은 집에 간수하였으니, 그 뜻이 원대하였다. 과연 천도할 때 예관이 창황하여 미처 그것을 싸가지고 오지 못했으니, 그 책이 거의 없어지게 되었는데, 가장본 한 책[家藏一本]이 보존되어 있었다. 이때에 와서야 나는 선공의 뜻을 더욱 알게 되었고, 또 그 책이 없어지지 않은 것을 다행으로 여긴다. 그래서 결국 주자鑄字를 사용 28본을 인출하여 제시諸司에 나누어 보내 간수하게 하니, 모든 유사有司들은 일실되지 않게 삼가 전하여 나의 통절한 뜻을 저버리지 말지어다.[52]

"주자鑄字를 사용 28본을 인출"했다는 것은 금속활자로 인쇄했다는 뜻인데, 언제 했다는 말은 없다. 그래도 힌트를 찾을 수 있다. 최우의 호칭을 진양공晉陽公으로 쓴 것이다. 사실 '진양공'이라는 호칭은 당시 사정과 다르다. 최우가 고종으로부터 진양후晉陽侯에 책봉된 것이 1234년(고종 21) 10월이다. 진양공으로 올라간 것은 이규보가 사망한 다음 해인 1242년(고종 29) 10월이다. 이규보가 살아 있을 때 최우는 진양후였지, 진양공이 아니었다. 그런데 진양공을 대신해서 이규보가 썼다고 기록됐다. 이는 이규보 사후 그의 글을 모아 『동국이상국집』을 간행할 때 '신서상정예문발미新序詳定禮文跋尾 대진양공행代晉陽公行'이라는 제목이 추가된 것으로 짐작해 볼 수 있다.

이규보에게 대신 글을 쓰게 한 최우가 진양후에 책봉된 해가 1234년이라고 했다. 이규보가 사망한 것은 1241년이다. 그래서 『상정고금예문』이 인쇄된 시기를 진양후에 책봉된 1234년부터 이규보가 사망한 1241년 사이 어느 때일 것으로 말해지는 것이다. 그런데 '진양공을 대신하여 썼다(代晉陽公行)'는 글이 후대에 덧붙여진 것이 맞는다면, 『상정고금예문』의 시작 가능 시점을, 진양공과 진양후에 얽매일 필요 없이, 1234년보다 약간 앞당길 수도 있을 것 같다. 개성에서 강화도로 천도한 것이 1232년 7월이다. 여건상 1232년에 인쇄는 어려웠을 것이지만, 다음 해인 1233년은 가능했을 수 있다. 그렇다면 1233~1241년 사이에 인쇄됐을 것이라고 해도 큰 무리는 없을 것이다.

최우는 이규보를 통해 "모든 유사有司들은 일실되지 않게 삼가 전하여 나의 통절한 뜻을 저버리지 말지어다"라며 책이 사라지지 않도록 각별히 신경 쓸 것을 부탁했다. 어디엔가 한 부라도 있을 법도 하건만 『상정고금예문』은 전해지지 않는다.

이규보는 앞에서 인용한 그대로 "인종 때에 와서 비로소 평장사 최윤의 등 17명의 신하에게 명하여 고금의 서로 다른 예문을 모아 참작하고 절충하여 50권의 책을 만들고 그것을 『상정예문』이라고 명명하였다"라고 썼다. 책이 처음 편찬된 것이 인종 때라고 했다. 하지만 인종(1122~1146)이 아니고 의종(1146~1170) 때다. 『고려사』에 의종 때 평장사平章事 최윤의가 『상정고금예』 50권을 찬했다고 나온다.[53]

인종 대에 최윤의(1102~1162)는 하급 관료였다. 십여 명의 관리를 거느리고 국가의 질서 체계를 결정하는 중요한 편찬 작업을 주도할 위치가 아니었다. 그가 평장사가 되는 것도 인종 대가 아닌 의종 대다. 따라서 최윤의가 평장사가 된 1155년(의종 9)에서 그가 사망한 1162년(의종 16) 사이에 『상정고금예문』을 처음 편찬한 것으로 보는 것이 맞을 것이다.[54] 그렇다면 이규보의 착오로, 의종을 인종으로 잘못 기록한 것으로 보는 것이 타당하다.[55]

『남명천화상송증도가南明泉和尙頌證道歌』도 관심을 가질 만하다. 이 책은 당나라 현각 스님이 깨달음의 경지를 노래한 증도가에 송나라 남명南明 법천선사法泉禪師가 계송繼頌(증도가에 덧붙여 노래한 시)을 붙인 것이다. 13세기 전기에 개경에서 금속활자로 찍어냈다. 『직지심체요절』보다 이른 시기에 나온 책이지만, 금속활자본은 전해지지 않는다. 1239년(고종 26)에 강화도에서 '목판본'으로 다시 찍었는데 끝 부분에 최우가 쓴 발문이 있다. 이 목판 인쇄본은 두 권이 전해지는데 보물 제758-1호(1984)와 보물 제

758-2호(2012)다. 발문 속에 금속활자본을 다시 목판본으로 새긴다는 기록이 있다.

그런데 보물로 지정된 『남명천화상송증도가』가 목판 인쇄본이 아니고 금속활자로 인쇄한 것이라는 주장이 나왔다. 최우의 발문을 잘못 해석해서 금속활자 인쇄본을 목판 인쇄본으로 오해했다는 것이다. 발문 중 '於是募工 重彫鑄字本 以壽其傳焉'을 "그래서 각공刻工을 모집해 '주자본을 바탕으로 다시 판각해서' 길이 전하게 한다"라고 해석해왔으나 "이에 공인工人을 모아 '주자鑄字(금속활자)로 다시 새겨[重彫]' 책을 만들어 오래도록 전해지게 하고자 한다"라고 해석해야 한다는 것이다.

즉, 최우의 발문은 '금속활자본을 목판본으로 다시 새겼다'는 뜻이 아니라 '금속활자본 증도가'를 다시 찍어냈다는 주장이다.[56] 인쇄본을 면밀히 검토해보면 금속활자 인쇄본만의 특징들이 드러난다고 한다. 물론 이에 대한 반박도 제기되고 있다. 만약에 『남명천화상송증도가』가 금속활자 인쇄본으로 공인되면 역사가 바뀌게 된다. 현존하는 세계 최고最古의 금속활자본인 『직지심체요절』은 1377년(우왕 3)에 인쇄한 것이다. 『남명천화상송증도가』는 138년 전인 1239년(고종 26)에 여기 강화도에서 찍은 책이다.

1239년에 강화에서 간행된 『남명천화상송증도가』의 각수 11명 중에서 6명은 대장경이 완성될 때까지 각수로 참여하였다. 이 중에서 일명, 동백, 공대, 진재 등 4명은 『남명천화상송증도가』를 간행하던 1239년에 대장도감에서 대장경도 판각한 사실이 확인이 된다.[57]

이 글은 강화도에서도 대장경 판각 작업이 이루어졌다는 근거로 제시된 것이다. 그런데 『남명천화상송증도가』와 팔만대장경 작업의 각수가 같은 사람들이라는 것은 『남명천화상송증도가』가 목판본일 가능성이 더 큼을 보여준다고 하겠다.

한편 2010년에는 『남명천화상송증도가』를 찍은 금속활자인 증도가자證道歌字 일부가 세상에 알려졌으며 진위 논쟁이 계속됐다. 그러다가 2015년에 가짜로 판명됐다. 국립과학수사연구원이 활자들을 3차원(3D) 금속 컴퓨터단층촬영(CT)으로 조사해본 결과, 고려시대 것처럼 보이도록 위조한 현대 활자라는 것이다.[58] 최명윤 국제미술과학연구소장은 "일부 활자에서 규소(Si)의 함량이 높게 나왔는데 고려시대에는 구리와 규소를 합금하지 않았다. 고철을 재활용하는 과정에서 규소가 유입됐을 것이다. 따라서 이 활자는 근래에 제조된 활자일 것이다"라고 했다.[59] 이에 대한 반박도 여전하다. 지켜볼 일이다.

이제 유명한 『직지심체요절』에 대해 알아보자. 정식 이름은 『백운화상초록불조직지심체요절白雲和尙抄錄佛祖直指心體要節』이다. 흔히 줄여서 『직지』라고 부른다. 1377년(우왕 3)에 청주 흥덕사에서 인쇄했다. 상·하권으로 구성됐는데, 지금 남아 있는 것은 하권이다. 하권에 청주 흥덕사에서 1377년에 금속활자로 찍었다는 기록이 있어서 정확한 제작 연대를 알 수 있다.

백운화상(1298~1374)이 원나라 석옥청공화상으로부터 받아 온 『불조직지심체요절』에 내용을 더하여 1372년(공민왕 21)에 책을 완성했다. 부처님과 조사들의 설법 중 중요한 부분만 간추린 것이다. 1377년 석찬과 달잠이 금속활자로 이 책을 인쇄하니, 이것이 바로 『직지심체요절』이다.[60] 현재 프랑스국립도서관에 있다.

『직지심체요절』은 강화도와 관련이 없다. 병인양요 때 프랑스군이 강화에서 탈취해 갔다는 잘못된 이야기가 여러 경로로 퍼져 있다. 외규장각에서 훔쳐갔다고도 하고, 정족산사고에서 털어갔다고도 한다. 그러나 사실이 아니다.

중국어를 익힌 프랑스 외교관 꼴랭 드 뿔랑시는 1888년(고종 25) 주한 대리공사로 조선에 와서 1891년까지 있었다. 1896년에 총영사 겸 서울주재 공사로 다시 와서 1906년까지 근무했다. 이 기간에 그는 많은 고서를 모아 프랑스로 보냈다. 그중에 『직지』 하권이 있었다. 그는 대부분의 책을 모교인 프랑스 동양어학교에 기증하고 『직지』와 일부의 책들은 경매 시장에 내놓았는데 앙리 베베르가 『직지』를 낙찰받았다. 1943년에 앙리 베베르가 사망했고 그의 유언에 따라 손자 마탱이 『직지』를 상속받았다. 1952년 마탱은 할아버지에게 상속받은 『직지』를 프랑스국립도서관에 기증했다.[61]

프랑스국립도서관의 수많은 책 가운데 한 권으로 묻혀 있던 『직지』를 찾아내 그 가치를 세상에 알린 인물이 박병선(1928~2011) 박사다. 그는 외규장각 의궤의 존재를 한국에 알려 결국에는 이를 반환받을 수 있도록 만든 인물이기도 하다.

석릉으로 가는 길

양도면 진강산 기슭, 석릉 가는 길을 나는 좋아한다. 저 아래 차 세우고 숲길을 천천히 걷다 보면 눈, 코, 귀 모두 호강한다. 혼자라도, 오가는 길 마주치는 이 하나 없어도 외롭지 않은 길이 석릉 가는 길이다. 석릉 옆으로 곤릉이고 저쪽으로 가릉이다. 홍릉만 뚝 떨어져 고려산에 있다. 이제 강화도에 있는 고려 왕릉을 소개한다.

고려는 태조 왕건부터 마지막 공양왕까지 모두 34명의 임금이 있었다. 이들 왕과 왕비를 모신 왕릉 대부분이 개성과 그 주변 지역에 있다. 남한 땅에는 고려 왕릉이 별로 없는데 유독 강화도에 여러 기의 왕릉이 자리 잡았다. 고려 대몽항쟁기 수십 년간 강화는 고려의 도읍지였다. 그래서 왕릉이 여럿 조성되었는데 현재 확인 가능한 것은, 왕의 묘 2기와 왕비의 묘 2기, 모두 4기다.

희종(1204~1211) 왕릉인 석릉碩陵(양도면 길정리, 사적 제369호), 강종(1211~1213) 왕비 원덕태후를 모신 곤릉坤陵(양도면 길정리, 사적 제371호), 고종 왕릉인 홍릉洪陵(강화읍 국화리, 사적 제224호), 원종 왕비 순경태후를 모신 가릉嘉陵(양도면 능내리, 사적 제370호)이 그것이다. 곤릉은 고종의 어머니 묘이고, 가릉은 고종의 며느리 묘다.

최씨 무신정권기 왕권은 미약했다. 희종은 왕으로서의 자존감을 갖고

● 강화 고려 왕릉 계보도

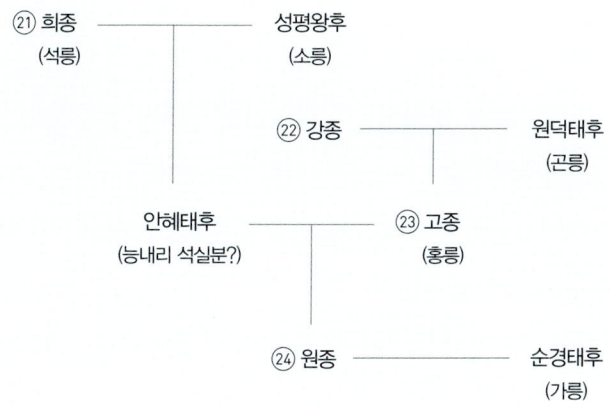

왕권 회복을 위해 노력했다. 그는 최충헌 제거 계획까지 세웠다가 실패하고 폐위되는 고통을 겪었는데, 그 사정이 대략 이러하다.

어느 날 희종이 궁궐 깊이 자객을 숨겨두고 최충헌을 유인했다. 호위병 없이 단신으로 임금 앞에 선 최충헌이 꼼짝없이 죽임을 당할 위기에 빠졌다. 희종은 살려달라는 최충헌의 요청을 못 들은 척했다. 최충헌의 시대가 종말을 고하는 듯했다. 그러나 하늘은 희종을 돕지 않았다. 지주사방知奏事房 장지문 사이에 숨어 목숨을 부지한 최충헌은 희종을 폐위시켜 강화도로 귀양 보내고, 명종의 아들을 새 왕(강종)으로 삼았다.

희종은 강화도에서 자연도(현재 인천 영종도)로, 다시 교동도로 내몰렸다가 1219년(고종 6)에 유배가 풀려 개경으로 돌아갔다. 그러나 몇 년 후 교동도와 자연도로 계속 내둘리다가 법천정사法天精舍에서 사망했다. 몽골 침략 전에 유배 생활을 시작해서 전쟁기인 1237년(고종 24)에 생을 마감한 것이다. 법천정사가 영종도에 있던 것으로 말해지는데, 『강도지』 고적 조에 의하면 강화도에 있었다.

희종은 강화 석릉에 모셔졌는데 죽어서도 편안하지 않았다. 2001년에 남한 땅 고려왕릉 가운데 처음으로 석릉 발굴이 이루어졌다. 조사 과정에서 석실 서쪽에 2개소, 남쪽에 1개소, 모두 3개소의 도굴갱이 확인되었다. 무자비하게 도굴된 것이다.[62]

희종을 이어 즉위한 이가 강종(1211~1213)이다. 강종은 명종의 아들이고 고종의 아버지다. 최충헌은 명종을 폐위시키면서 그의 아들(강종)을 강화도에 유배시켰다. 강종은 유배지 강화도에서 10여 년을 살다가 다시 개경으로 돌아가 즉위했다. 1152년(의종 6)에 태어나 1213년에 죽은 강종은 개풍 땅, 후릉厚陵에 모셔졌다.

강종 왕비 원덕왕후는 고종의 어머니다. 남편의 강화도 유배 시절에 함께 이곳에 있었을 것이다. 그런데 원덕왕후가 사망한 것은 1239년(고종 26)이다. 이때는 몽골과 맞서 싸우던 강화도 정부 시절이었다. 조정이 강화도로 옮겨올 때 원덕왕후 역시 강화도로 다시 왔고 이곳에서 사망하여 곤릉에 모셔진 것 같다. 고종이 왕위에 오른 후 어머니 원덕왕후를 원덕태후로 추존하였다.

1192년에 태어난 고종은 1213년, 22세 때 왕이 되었다. 무신이 집권한 시대의 왕이자, 몽골이 침략하던 어지러운 시대에 왕위에 올라 파란만장한 삶을 보내고 1259년에 세상을 떠났다. 이때 나이 68세로 재위 기간이 46년에 이른다. 그가 잠든 곳이 바로 홍릉이다.

가릉은 원종의 왕비 순경태후를 모신 왕릉이다. 순경태후는 충렬왕의 어머니인데, 생시에는 왕비가 아니었다. 남편인 원종이 즉위하기 전인

1237년쯤 사망했기 때문이다. 원종 즉위 후에 정순왕후로 추존되었고, 충렬왕 때 다시 추존되어 순경태후가 되었다. 가릉은 다른 곳과 달리 석실이 지상에 노출된 모습으로 복원되었다. 가릉에 가시면 봉분 뒤에 우뚝 선 석수石獸를 찾아보시기 바란다.

석릉·곤릉·홍릉·가릉 외에 또 다른 왕릉으로 추정되는 무덤 2기가 더 있다. 능내리 석실분과 소릉紹陵 추정지다. 능내리 석실분은 가릉 바로 뒤에 있다. 최근에 발굴·복원되었는데 가릉보다 규모가 크고 난간석도 일부 설치됐다. 왕릉일 텐데 주인이 누구인지 모른다. 다만 추정하기를 고종 왕비 안혜태후(?~1232, 희종과 성평왕후의 딸)의 것으로 본다. 시기적으로 가릉보다 먼저 조성된 점과 출토된 은제도금장식에 왕비를 상징하는 봉황문이 새겨진 점 등이 추정의 근거다. 여기에 묻힌 이가 여성인 것만은 확실하다. 국립문화재연구소가 부분적으로 수습된 인골에 대한 유전자 분석을 해 본 결과 성별이 밝혀졌다.[63]

소릉은 1247년(고종 34)에 세상을 떠난 희종 왕비 성평왕후가 묻힌 곳이다. 남편 못지않은 고통과 절망 속에 살다가, 묻혀서도 잊힌 여인, 그녀의 무덤이 어디인지 명확하지 않다. 그런데 지금 내가면 구하리 덕산(망산) 초피봉 서편에 소릉터가 구전되고 있다. 부장품인 금송아지가 도굴되었다는 얘기도 함께 전해진다. 도굴로 파손되어 묘의 형태조차 알아볼 수 없지만, 소릉에서 비롯됐을 것으로 추정되는 '수릉 고개'(수레이 고개)라는 지명에서도 그 가능성을 확인하게 된다.[64]

일제강점기인 1917년 일본인 학자 금서룡今西龍에 의해 작성된 「고려능묘조사보고서」에 의하면, 내가면 덕산(망산) 남쪽 기슭에 아주 많은 고려시대 분묘가 있었는데, 경릉庚陵이라고도 하고 강릉康陵이라고도 하는, 이름이 불확실한 왕릉도 있었다. 이 왕릉을 포함해 상당수의 고분이 그 당시

희종의 능인 석릉

능내리 석실분

이미 도굴된 상태였다고 한다. 경릉 또는 강릉이라고 전해진 이 왕릉이 소릉일지, 별개의 왕릉인지는 알 수 없다.

어디 소릉뿐인가. 석릉·곤릉·홍릉·가릉, 모두 1916년 이전에 일본인들에 의해 파헤쳐졌다. 홍릉은 이미 1906년에 도굴되어 만신창이가 됐다.[65] 왕릉만 그런 꼴을 당한 것이 아니다. 강화에 있는 고려시대의 분묘들 대개가 도굴됐다. 대몽항쟁기 강화도 도읍 시기에 죽어 강화에 묻힌 왕, 왕족, 귀족들이 수두룩했는데 그들의 무덤 안에는 청자 등 부장품이 들어있었다. 청자는 주로 전남 강진과 전북 부안에서 생산된 최고 수준의 도자기였다. 금서룡에 의해 그 사실이 확인된다.

왕씨 고려시대의 분묘는 (강화) 본도 및 속도에 많은데 모두 강화재도江華在島 40년간에 매장한 것으로 … 우수한 유물이 있는 고로 도굴이 성행하여 이 시대의 발굴품이 한때 시정市井에 무수히 나와 지금은 거의 다 발굴하였다.[66]

일본인들은 고려청자, 특히 상감청자를 좋아했다. 1876년(고종 13), 강화도조약을 맺기 위해 강화에 온 일본 측 대표 구로다는, 자신이 직접 말하기 민망했던지, 아랫사람을 시켜 고려자기 두 개를 구해달라고 조선 측에 요청했다. 얼마나 갖고 싶었으면 그랬을까. 조선 측 대표 신헌은 서울로 사람을 보내 고려자기 두 개를 구해다 주었다.[67]

개항 이후 일본인들에 의해 도굴이

청자 동화연화문 표주박모양 주전자
(국보 제133호, 강화 출토)

2장 끝내 꺾이지 않다

시작됐고 청일전쟁 이후에 더욱 심해졌다. 일제에 나라가 망하기 전부터 이미 수많은 청자가 일본으로 넘어가고 있었다. 이토 히로부미는 고려자기는 얼마든지 가져와도 다 사주겠다며 개성과 강화 지역에서의 도굴을 독려했다고 한다.[68]

조선인들도 도굴 행렬에 끼어들었다. 고분을 도굴하는 것이 돈 되는 일임을 알고 일본인들이 들쑤시고 간 자리를 다시 휘저으며 도자기를 찾고 다녔다. 욕하면서 배운 꼴이다. 1936년 4월 14~16일, 동아일보에 고유섭의 '만근輓近의 골동 수집骨董收集'이라는 글이 3회에 걸쳐 실렸다. 만근은 최근, 요사이, 근래 정도의 뜻이다. 당시 도굴 실태와 골동품으로 한몫 챙겨보려는 세태를 걱정하는 글이다.

개성·해주·강화 등지의 고려 고분이 남김없이 도굴됐다. 예전에는 금과 은만 훔쳐내더니 청일전쟁 이후 도자기에 눈을 떠 최근 몇 년간에 거의 모든 산이 벌집같이 파헤쳐졌다. 봉분이 있는 것은 물론이고, 오랜 세월 잊히고 무너져 봉분마저 사라진 무덤도 예외 없이 도굴됐다. 평평한 땅처럼 돼버린 분묘도 전문 도굴꾼들은 기막히게 찾아낸다. 쇠막대와 부삽 하나면 충분하다. 쇠막대로 땅을 찔러보고 그 촉감만으로 무덤 속에 부장품이 있는지 없는지 알아낸다. 부삽으로 흙만 퍼내면 쉽게 돈을 벌 수 있다.
삼사십 년 전만 해도 고분에서 나온 물건은 귀신 붙는다 해서 돌아보지도 않던 사람들이 무덤 속 물건에 이리도 열광하는 걸 보면 돈의 위력을 실감할 수밖에 없다. 누가 한 번 무덤 파서 돈 좀 벌었다 하면, 나도 한 번, 너도 한 번, 허욕에 빠진 무리가 우후죽순 생겨난다. 그들은 충혈된 눈으로 산을 헤맨다.

'만근의 골동 수집'에는 다음과 같은 에피소드도 들어있다.

어스름 저녁에 뭔가 불안한 표정의 농군 차림 남자가 (골동품 가게에) 들어선다. 그가 지고 있는 망태 안에 도굴품이 들었음을 직감한다. 주인은 도굴꾼이 꺼내 놓은 흙 묻은 청자를 본다. 수천 원은 받을 수 있는 명품임을 단박 알았다. 모르는 척 얼마 주랴 물으니, 도굴꾼은 사오백 원은 받아야 한단다. 주인은 흥정 끝에 삼백 원에 그 물건을 샀다. 횡재한 주인은 기분이 아주 좋았다. 날 밝아 그 물건 조심스레 닦고 보니, 가짜! 모조품이었다. 주인은 분통이 터져도 남에게 말도 못한다. 세상에 골동품 감정 전문가로 소문나 있으니 부끄러워 어찌 말하랴.

비록 도굴로 속 상처 깊었지만, 나름의 정성으로 강화의 왕릉들이 복원되었다. 그나마 무덤 형태가 유지되어 현대에 복원이 가능했던 것은 조선시대에 조정에서 보살핀 덕이다. 강화유수 조복양(1609~1671)이 4기의 고려 왕릉을 찾아내서 봉분을 개축했다. 이후 10년에 한 번씩 예조에서 관리를 파견하여 살폈고, 강화부의 관원들도 해마다 왕릉을 돌아보며 관리하였다.[69]

그래도 조선 왕릉에 비하면 너무 작고, 허술하고, 쓸쓸하다. 작으면 작은 대로 아늑함이 있는 법, 이제 와서 고려 왕릉의 묘역까지 넓힐 필요야 없겠지만, 기본적인 석물이라도 격에 어울리게 갖췄으면 좋겠다. 제주에 올레길이 열렸듯, 강화에 나들길이 열렸다. 과거와 현재, 역사와 자연이 합일된 아름다운 길이다. 나들길 코스에 고려 왕릉들도 포함됐다. 얼른 만나 뵙기를 ….

강화향교와 교동향교

고려시대 나라에서 운영하던 대표적인 교육기관으로 국자감과 향교가 있다. 중앙에 설치된 국자감은 국립대학이라고 할 수 있는데 충렬왕 원년(1275)에 국학國學으로 개칭했고 이후 성균감成均監으로 바꿨다가 성균관으로 불리게 되어 조선시대까지 이어진다.

향교는 고려시대부터 조선시대에 걸쳐 지방에 세워진 관립 교육기관으로 서원이 활성화되는 조선 중기까지 지방교육의 대들보 구실을 하였다. 향교는 교육 기능만 행한 것이 아니라 공자를 비롯한 선현에 대한 봉사奉祀 기능도 함께 했다. 교육과 봉사를 모두 행하는 향교에는 명륜당明倫堂과 대성전大成殿 등이 갖춰져 있어야 했다. 조선시대의 경우 공자 등을 모시는 대성전 앞 좌우로 선현을 모시는 동무東廡와 서무西廡가 있었고 다시 담을 사이로 하여 교육장인 명륜당과 그 앞 좌우에 학생들이 기거하는 동재東齋와 서재西齋가 위치했다.[70]

그런데 고려시대 향교는 조선시대와 같은 건축 구조가 아니었던 것 같다. 이는 이곡(1298~1351)의 『가정집』에 실린 "본국 향교의 제도는 문묘와 학당이 같은 건물 안에 있어서 외람되다. 더구나 동자들이 들어와 대성전 뜰에 모여서 떠들썩하니 외람됨이 더욱 심하다"는 기록을 통해 짐작할 수 있다. 학생들 공부방 안에 공자 초상이 걸려있는 정도에 그친 경우도 있었다. 따라서 고려시대 강화향교와 교동향교의 구조는 오늘날과 크게 달랐을 것이다.

지금 향교에서는 공자 등 성현의 위패를 주로 모신다. 공자 화상畵像을 모신 곳에서도 위패를 함께 모시는 것이 보통이다. 그런데 처음에는 성현의 화상만 모셨다. 교육기관에 성현의 화상을 모신 것은 아주 오래전의 일이다. 통일신라 성덕왕 16년(717)에 당으로부터 공자와 10철 72제자의 도상圖像을 가져다가 국학에 안치한 일이 있었다. 위패를 모시게 되는 것은 대략 고려 말부터로 볼 수 있다.

고려시대에 향교가 처음 세워진 시기가 인종(1123~1146) 때라고 말해져 왔다. 『고려사』에서 향교라는 명칭이 처음 보이는 것은 1142년(인종 20)이다. 과거와 관련하여 내린 판문判文중 '界首官鄕校都會'라는 부분이 그것이다. 그런데 향교라는 이름을 명시하지 않았지만, 인종 초에 이미 향교가 있었음을 알려주는 내용이 있다. 1127년(인종 5) 3월에, "제주諸州에 학學을 세워 교도敎導를 넓히라"[71]라고 한 조서가 그것이다.

인종은 이자겸의 난을 겪고 난 후 정치적 면목을 일신하고 유교사상으로 민심을 교화시켜 집권체제를 견고하게 하고자 했다. 그래서 교서를 발표하였는데, 그 내용 중 14번째로 '諸州立學 以廣敎導'를 말한 것이다. 이 기록이 널리 인용되면서 고려시대 향교의 등장 시기를 1127년(인종 5)으로 잡는 것이 일반적인 경향이었다. 그러나 학교를 처음 세우라는 명이 아니라 널리 확대하라는 명령으로 해석하는 것이 적절하다. 이전에 이미 학교 즉 향교가 있었다고 보는 것이 옳다. 인종의 의도는 아직 향교가 설치되지 않는 지역은 향교를 설치하고, 향교가 있더라도 교육 시설이 미비한 곳은 시설을 정비·확충하여 지방교육의 질을 높이라는 지시인 것으로 여겨진다.

향교의 성립은 인종보다 앞 시기인 성종(981~997) 때로 보는 것이 옳을 것 같다. 왜 그러한지 근거를 따라가 보자.

근래에 각 주군현의 자제들을 널리 모아 개경에 와서 학업을 익히게 했더니 과연 바람을 타듯이 부름에 응해 몰려와 학교가 학도들로 넘치게 되었다. 그들이 대부분 멀리 고향을 떠나 오랜 시간 객지 생활을 한지라 힘든 공부에 의지가 꺾이고 고향을 그리는 마음은 더욱 깊어지고 있다. 객지에서 겪는 외로운 심사를 민망히 여겨 그들을 위해 유지를 내리노니, 계속 머물기를 원하는 자는 편의대로 개경에 머물고 돌아가려는 자는 귀향을 허락한다.
『고려사』 세가 성종 6년(987) 8월

당시 개경에서 공부하던 지방 학생은 260명이었다. 이중 207명이 고향으로 돌아갔고 53명만 개경에 그대로 남았다. 성종은 지방으로 내려간 학생들의 교육을 위해 다음과 같은 조치를 내린다.

교서를 내려 12목牧에 경학박사經學博士와 의학박사醫學博士를 각각 1명씩 두었으며, 목의 수령과 주현의 책임관으로 하여금 힘써 더 훈계하고 가르치게 하였다. 또 만약 경서에 밝은 자, 효성스럽고 우애로운 자, 혹은 의술에 뛰어나 쓸 만한 자가 있으면 한漢 조정의 고사에 의거하여 상세히 기록해서 중앙에 추천하는 것을 일정한 법식으로 삼았다.[72]

경학박사와 의학박사를 지방으로 파견해서 학생들을 가르쳤다면, 그것은 지방에 나라가 관장하는 관립학교를 세웠다는 의미로 해석할 수 있다. 이때 987년부터 향교가 등장한 것으로 보는 것이다.[73] 12목은 983년에 설치된 것으로 전주와 나주처럼 지명이 주州로 끝나는 지방 12개 지역을 말한다.

> 나는 바야흐로 학교를 숭상하여 자나 깨나 애를 태우며 근심한다. 근래에 유사有司가 올린 거인擧人들의 인원수를 보니, 오직 대학조교 송승연과 남해도 나주목羅州牧의 경학박사 전보인만이 매우 정성스럽게 가르쳐 공자의 널리 배우라고 하신 뜻에 합치되며, 가르침에 나태하지 않아 과인의 학문을 권장하는 마음에 부합하였다. 마땅히 장려하고 발탁하는 은전을 베풂으로써 특별한 은총을 보여야 하겠다.
> 송승연에게는 9등급을 뛰어넘어 국자박사國子博士에 임명하고 붉은색 관복 한 벌을 내려주며, 전보인에게는 공복 1벌과 쌀 50섬을 내려주어야 한다. 이제부터 … 12목의 경학박사로서 단 한명의 문생門生도 과거에 응시하는 이가 없는 자는 비록 임기가 다하였더라도 다시 유임시켜서 공적을 낼 수 있도록 꾸짖고, 이를 잘 헤아려서 관계官階를 주는 것을 일정한 법식으로 삼도록 하라.[74]

성종이 내린 교서를 보면 교육에 대한 열정이 그대로 드러난다. 한편 시대적인 성격을 바탕으로 추론하여도 성종 때의 향교 성립은 타당해 보인다. 태조 왕건의 부인은 29명이었다. 지방 호족의 딸을 비로 맞는 방법을 통해 국가 통합을 이루었기 때문이다. 자제가 50명이 넘다 보니 그가 죽은 후 왕위 계승의 혼란은 당연한 결과였다.

국초의 혼란을 수습하고 왕권을 강화한 인물이 광종(949~975)이다. 그는 노비안검법을 마련하여 호족의 힘을 약하게 하고 국가의 재정을 확충했다. 특히 과거제도 도입은 왕권을 안정시키는 중요한 업적이었다.

지금껏 지방 호족과 그들의 자제가 관직을 독점해왔다. 이제 학식을 갖춘, 임금에게 충성할 수 있는 인재들을 시험을 통해 선발할 수 있게 된 것이다.

광종의 개혁을 이어 고려의 체제를 정비한 군주가 바로 성종이다. 사실 광종 대의 왕권은 중앙을 크게 벗어나지 못했다. 대개의 지방이 여전히 통제밖에 있었다. 그러나 성종은 최승로의 건의를 수용하여 중앙과 지방의 통치체제를 정비하고 지방관을 중앙에서 파견하기 시작한다. 지방에 대한 통제가 이루어지기 시작한 것이다. 이러한 일련의 과정에서 향교 교육의 필요성은 더욱 높아졌을 것이다. 이에 성종은 다음과 같은 구체적인 내용의 교서를 내렸다.

> 임금이 천하를 교화하여 공적을 이루려면 먼저 학교를 세워야 한다. … 아직 어려 깨우치지 못한 아이들을 일깨워 학교에 입학시키니, 크고 작은 여러 학교에는 책 읽는 선비들이 무리를 이루었고 학도들이 저자처럼 모여들었다. … 해당 관청에서 적합한 땅을 골라 널리 학교를 세우고 전장田庄을 나누어 주어 이들(배우고 싶어도 학교와 스승이 없는 지역의 학생들)을 순금처럼 정련하고 옥그릇처럼 연마하도록 하라. 모든 유신들은 나의 뜻을 알아서 받들지어다.[75]

그렇다면 성종 이전에는 지방에 학교가 없었을까? 통일신라 때에도 청주를 비롯한 지방에 학원學院이라는 명칭의 학교가 존재했다. 이들 각 지방의 학원은 나말여초에 호족이 장악하고 있었다. 이제 그 같은 학원들이 성종 조에 들어와 관제가 정비됨에 따라 중앙의 통제 아래 놓이게 되면서 향교로 개편되었으리라는 이해가 가능하다.[76]

강화향교 대성전

 "諸州에 學을 세워 教導를 넓히라"는 명령을 내렸던 인종 5년(1127)에 강화향교도 설립된 것으로 전한다. 1127년에 향교를 세우라는 조서가 내려졌으면, 건물을 세우고 교수진을 구성하고 학생을 선발하기까지 시간이 걸리기 때문에 1127년 이후 몇 년 뒤에 강화향교가 문을 열었을 것이라는 견해가 있다. 하지만 기존에 어떤 형태로든 강화에 '학원'이 존재했다면 그 학원이 그대로 향교가 될 수 있었을 것이다. 따라서 강화향교의 설립 시기를 인종 5년(1127)으로 보는 것에 큰 무리가 없다고 여겨진다.

 이때 세워진 강화향교의 위치는 지금 읍내 서쪽인 고려산 남쪽 고비마을(내가면 고천리)이었던 것 같다. 당시는 강화의 치소治所가 지금의 읍내가 아니라 고비 지역이었던 것으로 보인다. 강도시기江都時期 고려궁궐의 위치를 '부의 동쪽 10리' 지점이라고 한 『고려사』 등의 기록에서 그 근거를 찾을 수 있다. 『세종실록지리지』 역시 "지금의 부府 동쪽 10리 되는 송악리에 옛날의 궁터가 있다"라고 했다. 지금 강화읍 고려궁지 서쪽 10리쯤이 고비마을이다.

　향교는 수령의 직·간접적인 관리 감독을 받는다. 그래서 향교는 대개 관아와 가까운 곳에 자리 잡았다. 고비가 치소라면 그곳에 향교가 있었다고 보는 것이 자연스럽다. '고비'라는 지명이 '고읍古邑'에서 왔다는 주장도 일리가 있다. 지금 고비마을에 향교터[鄕校址], 관아문터[官衙門址], 옥터[獄址] 등의 지명이 전해온다. 그러면 강화의 치소가 내가면 고비 지역에서 지금의 강화읍내 고려궁지 지역으로 옮겨온 것은 언제일까?

　최윤덕과 신상이 강화에서 돌아와서 아뢰기를, "이번에 강화읍성의 이전할 곳을 살펴보니, 전일에 골라잡은 옛 궁궐터가 배지평보다 더 좋습니다. 신 등이 이미 척량하여 푯말을 세워 놓았습니다. 청컨대, 하삼도의 축성 예에 의하여 도내의 각 고을로 하여금 나누어 맡아서 축조하게 하소서. … 하니, 병조에 내려 주어 결정하게 하였다. 본조에서 아뢰기를, "내년 가을을 기다려서 (최윤덕·신상의) 아뢴 의견에 따라 시행하게 하소서" 하니, 그대로 따랐다.

　『세종실록』 14년(1432) 3월 17일의 기록이다. 조선 초기 세종 임금 때 최윤덕 장군이 강화에 왔었다. 읍성 옮길 자리를 보고 갔는데 배지평 보다는 옛 궁궐터 그러니까 지금의 고려궁지 쪽이 더 좋다고 했다. 읍성을 옮긴다는 것은 치소도 같이 옮긴다는 의미다. 세종은 내년 가을 그러니까 1433년(세종 15)에 관부官府를 고려궁터로 옮기고 성을 쌓으라고 했다. 이후 머지않은 시기에 고려 궁궐터가 강화의 치소가 된 것 같다.

　다시 고려로 돌아오자. 대몽항쟁기 강화향교는 어떤 형편이었을까.

『속수증보강도지』는 강도정부 시절의 강화향교 사정을 이렇게 기록하고 있다.

> 그 후에 고종이 입도하여 (향교를) 왕성 내로 옮겼는데 묵사동墨寺洞에 그 터가 있다고 전해진다. 몽골병이 성을 철거할 때 보을음도(볼음도)에 옮겼다. 나중에 성 내로 옮겼는데, 사지史誌에 기록이 없어서 그 연대는 알 수 없다.

고려산 남쪽 고비 마을에 있던 향교를 고종이 묵사동으로 옮겼고, 고려가 몽골에 항복하면서 성이 철거될 때 다시 볼음도로 옮겼으며, 이후 다시 강화성 내로 옮겨오는데, 그 시기는 정확히 알 수 없다는 것이다. 묵사동은 강화읍 갑곶리 먹절 마을로 추정된다. 현재 서도면 볼음도리 산 83번지 일대에 향교가 있었던 것으로 전해진다.

강화도읍기 관료였던 이장용(1201~1272)이 지은 '국자감 상량문國子監上梁文'이 당시 향교의 모습을 이해하는 데 도움을 준다.

> 마침 처음 과강過江할 때를 만나 상지相地의 마땅한 땅을 가릴 겨를이 없어 향학鄕學(향교)으로써 반궁泮宮(국자감)을 만들어 여기에서 강습하였더니, 서울이 이미 정해짐에 따라 이것도 1백 담을 쌓아 그 중앙에다 베풀었으며, 형세가 그러하니 이 한 구역은 뚜렷하여졌다. 그러다가 다행히 여가가 많아서 국자감을 지을 계획을 하여 좋은 터를 화산花山에다 얻고 굉장한 규모의 집을 괴시槐市에서 옮겨왔도다. 잠깐 사이에 빛나는 기둥과 기름진 뜰은 아름답고, 비단 같은 물과 고동처럼 생긴 봉우리는 영재를 기를 좋은 곳이로다. 긴 들보를 들어 올리매 아름다운 송頌을 외치노라.[77]

강화도로 천도한 직후 국자감을 지을 여력이 없어서 기존의 강화향교를 빌려 국자감으로 사용했다고 했다. 세월이 흘러 강화도 조정이 안정을 찾게 되면서 화산에 국자감을 짓게 되었다고 했다. 이 시기는 『고려사』 기록을 통해 추정할 수 있는데, 고종 38년(1251) 조에 "8월 갑오일에 새로 지은 화산동 국자감에 공자의 초상을 두었다"는 내용이다. 그러니까 강화향교가 국자감으로 쓰인 시기는 천도 직후인 1232년(고종 19) 무렵부터 1251년 정도까지 약 20년간으로 볼 수 있다.

대몽항쟁기 전국의 향교는 피폐할 수밖에 없었다. 개경 환도 후에도 마찬가지였다. 국학(국자감)의 운영 경비조차 조달할 수 없어서 관원들에 의지해야 할 만큼 국가 재정은 빈약했다. 이런 상태에서 지방 각 향교에 대한 정부의 지원은 기대하기 어려웠다. 지방 향교는 교육에 관심이 많은 문신 수령들에 의해 복구되기 시작했다. 중앙에서 교수를 파견하는 것이 원칙이지만, 조정은 그럴 여력이 없었다. 결국, 수령이 직접 가르치거나 지역의 유사儒士 또는 승려를 초빙하여 교육할 수밖에 없었다.[78]

향교 교육을 승려도 담당했다는 내용이 이상하게 보일 수도 있다. 성리학이 강조되는 조선시대라면 말도 안 되는 일이지만, 고려시대에는 가능한 일이었다. 승려들은 유교경전보다 시서詩書와 같은 분야에서 교육을 했을 것으로 보이는데 승려들 가운데 유교적 학식을 겸비한 이들이 많았기 때문에 경학 교육도 가능했을 것이다. 무신정권이 들어서면서 적지 않은 유사들이 절로 들어가 승려의 길을 걸었기 때문이다.

강화향교 역시 개경 환도 이후에 쇠락의 길을 걸었다. 그러다가 1366년(공민왕 15)에 제반 기능이 복구되었다. 심덕부의 공인데, 그의 행장에 다음과 같이 적혀 있다.

공민왕 15년에 (심덕부가) 강화부윤으로 부임하였다. 이 군은 벽루하여 강학이 이루어지지 않았다. 공이 학교에 이르러 유사儒師를 맞이하고 향자제鄕子弟를 모아 시서와 예의를 가르치니 문교가 널리 행해졌다.

『동문선』

심덕부의 노력으로 강화향교의 교육 기능이 되살아나고 그 결과 강화 땅에서 문교가 널리 행해지게 된 것이다. 그러면 강화향교에 입학한 '향자제'는 어느 신분의 자제들이었을까? 『고려사』에 의하면 인종 때 "율律·서書·산算 학생과 주현州縣의 학생은 모두 8품 이상의 자子 및 서인庶人으로 한다. 7품 이상의 자子 중에서 희망자를 받는다"라는 규정이 만들어졌다. 그런데 내용이 좀 이상하다. 일반 서인들도 입학할 수 있다고 하면서 9품의 자子는 왜 입학 자격을 부여하지 않은 것인가.

요즘의 학자들은 고려사의 '8품 이상'이라는 내용을 '8품 이하'로 고쳐보아야 한다는 생각에 동의한다. 고려사 찬자들이 실수로 이하以下를 이상以上으로 적었을 것이라는 얘기다. 그렇다면 이론상 향교에 입학할 수 있는 신분은 일반 서민들까지 모두 포함되는 것이다. 실제로 향교에 입학하는 학생은 향리의 자제나 경제력을 갖춘 서민층의 자제였을 것이고 강화향교 역시 마찬가지였을 것이다.

조선시대 들어 전국적으로 향교 교육이 활성화되었다. 입학은 원칙적으로 17세 이상부터 가능했다. 과거를 목표로 공부하는 것이니까 졸업 나이가 정해진 건 아니다. 그런데 공부나 과거에 별 뜻도 없이 그냥 향교 학생으로 지내는 사람들이 많아졌다. 향교의 학생은 군역을 면제해 주었기 때문에, 군역을 회피하려는 사람들이었다. 그래서 나라에서는 나이 40이 되면 향교에 더 다니지 못하게 했다. 마흔 살이 되기 전이라도 학문에 진척이 없으면 '퇴학' 시킬 수 있게 했다. 그러니까 향교 학생의 나이는 17세

● 조선시대 지방행정구역별 향교 정원

향교 정원	부	대도호부	목	도호부	군	현	비고
유학(儒學)	90명	90명	90명	70명	50명	30명	통역 학과인 한학, 여진학, 왜학은 해당 지역 일부 향교에 설치함.
의학(醫學)	16명	14명	14명	12명	10명	8명	
율학(律學)	16명	14명	14명	12명	10명	8명	

부터 40세까지가 되는 셈이다.

향교마다 정원이 정해져 있었다. 그 향교가 속해있는 행정구역의 규모에 따라 입학 정원이 달랐다. 위의 표는 조선의 법전인 『경국대전』(1485)을 토대로 정리한 것이다. 시기에 따라 증감이 이루어지기에 조선 내내 이 인원으로 고정된 것은 아니다. 예를 들어 『강화부지』(1783)에는 당시 강화향교 정원이 170명이라고 나온다. 그래도 조선전기의 규정을 참고할 만하다.

향교 교육이 꽃을 피우던 조선전기의 강화향교에 대한 기록은 잘 찾아볼 수 없다. 17세기 가서야 그 모습이 드러난다. 1624년(인조 2)에 강화읍 소동문小東門 밖 송악산 기슭에 향교를 세웠다는 기록이 보인다. 이곳은 지금 강화중학교 뒤편으로 추정된다. 규모가 작고 시설도 부족하여 1630년에 유수 이안눌이 위판位版(위패)을 봉안하고 명륜당을 세워 제 모습을 갖추었다.[79] 1673년(현종 14)에 강화유수 민시중이 지금의 강화읍 신문리 남산 아래로 향교를 옮겼다. 『강도지』(1696)에 따르면, 1684년(숙종 10)에 남산 북동北洞에 향교터를 다시 잡았다. 1685년 봄에 향교를 짓기 시작하여 그해 겨울에 완성했다. 『강도지』의 내용을 그대로 옮겨보면 이러하다.

"강도는 모든 것이 송도와 조금도 다른 것이 없되, 유독 향교만 주군州郡과 같이 향사하고 있으니, 송도에 의하여 칠십제자 및 한·당의 모든 현인을 아울러 향사하게 하소서" 하였는데, 윤허를 받아 시달하였다. 그리하여 계해년(숙종 9년, 1683)에 … "풍년이 들기를 기다려서 양무兩廡를 가설할 것입니다" 하였는데, 임금의 윤허를 받았다. 갑자년(1684)에 터를 잡고 을축년(1685)에 옮겨 짓게 되었다.

1731년(영조 7)에는 강화유수 유척기가 강화향교를 지금 자리(강화읍 관청리)로 옮겼다. 1866년(고종 3) 병인양요 때, 프랑스군에게 읍내가 함락되자 분교관分敎官 황호덕이 오성五聖(공자·안자·증자·자사·맹자)의 위패를 길상면 길상산 바위 밑 동굴에 숨겨 안치하고 남궁준이 나머지 위패들을 어느 민가에 몰래 모셨다. 병인양요 후 대원군은 책 200권을 강화향교로 보내 유생들이 공부하도록 도왔다.

지방 교육의 중추였던 향교는 16세기 이후 교육 기능이 쇠약해지고 성현에 대한 제사 기관으로 성격이 단순화해갔다.[80] 사학 교육기관인 서원이 전국적으로 퍼진 결과였다. 그런데 대원군에 의해 전국 수백 개의 서원이 철폐되면서 다시 교육 기관의 기능이 회복되었다. 대원군이 강화향교에 책을 내려 준 것은 병인양요를 겪은 강화 주민에 대한 위로이자 지방 교육을 독려하는 의미였을 것이다.

강화향교는 강화여자고등학교와 사실상 붙어있다. 한곳에서 과거와 현재의 학교를 함께 보는 데 의미가 있다. 교동향교는 마을과 조금 떨어진 산기슭에 고요히 자리 잡았다. 그래서인지 발걸음마저 숙연해진다. 지금 강화읍 강화향교가 깔끔하게 정돈된 분위기라면, 교동도 교동향교는 고풍스럽고 편안한 느낌이다. 교동향교는 또 규격에 얽매이지 않는 자유로움을 보여준다. 명륜당에서 대성전으로 가는 옆 통로, 동재와 서재의 위치,

교동향교 명륜당

명륜당의 칸 수 등 색다른 요소들이 있다.

    원래 명륜당에서 대성전으로 가려면 중앙의 내삼문을 통해 가야 한다. 동재와 서재는 보통 명륜당 앞쪽 좌우에 자리 잡는데, 여기는 명륜당과 거의 일직선상에 좌우로 위치한다. 명륜당 등의 건물은 정면이 홀수 칸으로 세워지는데 교동향교 명륜당은 정면 4칸, 짝수 칸이다. 명륜당과 외삼문 사이 공간이 좁은 것도 다른 향교 구조와는 다른 점이다.

    교동향교 역시 1127년(인종 5)에 세워진 것으로 전한다. 그러나 강화향교가 그러하듯 교동향교도 창건 시기를 명확히 말해주는 근거가 발견되지 않는다. 원래 화개산 북쪽 고구리에 있었는데 1741년(영조 17)에 지금의 자리 화개산 남쪽 읍내리로 옮겼다고 한다.[81] 그 과정에서 여러 차례에 걸쳐 개보수가 이루어졌을 것이고 위치 변경도 있었을 것이다. 세세하게 알기 어려우나 1609년(광해군 1)쯤에 일부 건물을 새로 지었음을 확인할 수 있다.

경기 관찰사 김신원이 치계하기를, "교동현감 이직李稷의 첩보에 '지난 7월 11일 큰 바람이 갑자기 불어 지붕의 기와가 모두 날아가고 나무들이 모두 뽑혔으며, 향교의 명륜당明倫堂과 동·서재東西齋가 한꺼번에 바람에 무너졌다'고 하였습니다. 성전聖殿에 위안제慰安祭를 거행하소서" 하니, 따랐다.[82]

큰바람에 명륜당 등이 무너져 위안제를 올렸으니, 이어서 건물도 새로 지었을 것이다.

고려에 주자학을 도입한 안향安珦(1243~1306)이 중국으로부터 공자 화상을 들여와 교동향교에 봉안했었다고 한다. 안향은 안유安裕로도 불린다. 두 이름이 혼용되는 이유는 이러하다. 안향은 경상도 흥주(현재 영주)에서 태어났다. 처음 이름은 유裕였는데, 후에 향珦으로 바꾸었다. 그래서 그의 이름은 안향이 되었고 그렇게 불렸다. 그런데 조선 문종 대에 가서 향珦이라는 이름에 문제가 생겼다. 문종의 이름 역시 향珦이었던 것이다. 임금의 이름을 피해서 써야 하기에, 안향은 어릴 때의 이름인 안유로 다시 불리게 되었다. 하지만 이후에도 안향이라는 이름이 꽤 쓰였던 모양이다.

"문성공 안유의 후명後名(향)이 문종대왕의 어휘御諱에 저촉되는데도 각도의 위판을 보면 그의 후명으로 기록한 곳이 상당히 많으니 매우 미안스럽습니다. 즉시 '유裕'자로 고쳐서 써넣으라는 뜻을 팔도 감사에게 일리도록 히소서" 하니, 상이 그렇게 하라고 하였다.[83]

1663년(현종 4) 당시까지도 전국의 여러 향교에서 '安裕'가 아닌 '安珦'이라고 새긴 위패를 모시고 있었던 것이다. 현종은 '安珦'을 '安裕'로 고치라고 지시했다. 지금도 '안향'과 '안유'가 함께 쓰인다. 한편 1980년 이후 순흥안씨대종회는 안유安裕 대신 안향安珦을 쓰기로 공식 결정했다고 한다.[84] 안향의 호는 회헌晦軒이다. 주자의 호인 회암晦庵을 본떠 자신의 호를 회헌으로 정한 것이다.

고려시대 향교 중 처음으로 공자의 화상畵像을 모신 곳이 교동향교라고 하는데, 이미 신라 때에 공자와 그의 제자들 화상이 국내에 들어와 모셔지고 있었으니 우리나라 최초라고는 말할 수는 없다. 안향이 교동향교에 공자 화상을 모신 것도 가능성 높은 추론일 뿐, 그 사실을 그대로 전해주는 기록은 찾을 수 없다. 추론의 근거는 이러하다. 안향은 관직에 나간 후 중국 원나라에 몇 번 다녀왔다. 바다로 귀국할 경우 교동에 정박하여 머물렀을 가능성이 있다. 그 과정에서 공자의 화상을 교동에 모셨을 것이다. 그런데 사료만 놓고 보면 안향보다 김문정이 교동향교에 공자 화상을 모셨을 가능성이 더 커 보인다.

> 안향은 또 기금을 조성하고 남은 돈을 박사 김문정金文鼎 등에게 주어 중국으로 파견해 공자와 그 칠십 제자의 초상을 그려 오도록 하고 아울러 제기와 악기, 6경 및 제자서와 사서 등을 구해오게 하였다. 『고려사』 열전 안향

> 국학학정 김문정이 공자 및 그 십대 제자의 상과 문묘의 제기를 가지고 원나라로부터 돌아왔다. 『고려사』 세가 충렬왕 29년(1303)

안향이 직접 공자의 상을 모시고 왔다는 기록은 보이지 않으나 안향이

김문정으로 하여금 공자 등의 화상을 구해오게 했다는 기록이 이렇게 『고려사』에 실려 있는 것이다. 김문정이 바닷길을 이용해 고려로 돌아오면서 교동을 거쳐 갔을 개연성이 있는 것이다.

한편 안향은 대몽항쟁기에 강화도에서 여러 해 살았다. 그의 아버지 안유安孚는 홍주의 향리였는데 강화로 와서 의업醫業에 합격하여 관료가 되었다. 이 무렵 어린 안향도 강화에 있었을 것이다. 여전히 강화도 정부 시절인 1260년(원종 1)에 안향은 18세 나이로 문과에 급제하고 관직에 나갔다. 1270년(원종 11) 삼별초가 봉기하자 강화를 탈출하여 개성으로 갔다.

강화의 드러나지 않은 보물섬, 교동도를 좀 더 살펴보자. 2008년 KBS 프로그램 '1박 2일'이 교동도에서 촬영됐다. 1960~1970년대에서 시간이 멈춘 것 같은 대룡시장이 특히 인기였다. 평균 시청률 43.3%, 순간 최고 시청률 50%에 가까운 기록을 남겼다.[85] 지금도 답사객들이 이곳을 찾는다. 2014년, 교동대교가 완공되어서 이제는 배를 타지 않고도 차로 들어갈 수 있다. 그러나 여전히 해병대의 검문은 받아야 한다. 여기에서 교동향교 외에 화개산성, 화개사, 연산군 적거지, 교동읍성, 삼도수군통어영지 등의 문화재를 만날 수 있다.

교동도는 고대부터 군사적 중요성이 높게 인식된 곳이다. 조선에서도 마찬가지였다. 1395년(태조 4) 태조는 교동 수령으로 무신인 만호를 보내 지현사知縣事를 겸하게 했다. 1629년(인조 7) 경기수영이 남양 화량花梁에서 교동으로 옮겨졌다. 교동현은 교동부喬桐府로 승격됐다.[86] 1632년(인조 10)에 지중추부사 정응성이 상소하기를, "경기수사京畿水使를 통어사統禦使로 호칭하여 공청公淸(충청도)·황해黃海의 주사들까지 통제하도록 한다면, 서로 의지하여 구제할 수 있을 것입니다"[87]라고 했다. 이에 인조는 그리하라고 허락했다. 교동수사가 경기도, 충청도, 황해도의 수군을 총괄하는 삼도

강화군 지도

수군통어사가 된 것이다.

1779년(정조 3)에는 교동 통어영이 강화유수부로 옮겨진다. 강화유수가 경기수사와 삼도수군통어사를 겸임하여 수군과 육군을 통합 관리하는 체제가 되었다. 그러나 10년 뒤인 1789년 통어영이 강화유수부와 분리되어 교동으로 되돌아갔다.[88] 처음 통어영을 교동도에서 강화도로 옮길 때 조정에서 치열한 찬반 논쟁이 있었다. 이때 강화도와 교동도의 장단점을 두루 논의했다. 정조는 강화도로 통어영을 옮기는 것이 옳다고 여겨 그리 명령했던 것인데, 막상 강화도로 옮겨 놓고 보니 교동에 두는 것이 더 낫다는 판단을 하게 된 것 같다.

통어영 계류석

지금 교동 삼도수군통어영의 흔적은 계류석(배를 줄로 묶어 놓는 돌) 정도이지만, 그래도 가 볼만한 곳이다. 포구의 경관이 볼만하다. 교동읍성은 1629년(인조 7) 경기수영이 교동으로 옮겨오면서 쌓은 성이라고 한다. 동문·북문·남문을 설치했는데 모두 옹성甕城까지 갖추고 있었다. 지금은 문루도 없이 남문만 남아 있다.

송암 박두성朴斗星(1888~1963)은 일제강점기인 1926년에 한글 점자 '훈맹정음訓盲正音'을 만드신 분이다. 덕분에 앞 못 보는 이들이 글을 읽고 공부하고 또 일상생활도 덜 불편하게 할 수 있게 되었다. 인천시 남구 인천광역시시각장애인복지관 안에 '송암 박두성 기념관'이 있다. 여기 교동도는 박두성 선생이 태어나신 곳이다.

최근에 화개산에서 바위그림(암각화)이 발견되어 화제다. 암각화하면 울주 반구대가 떠오른다. 주로 경상도 지방에 존재하는 바위그림이 남한 최북단 교동도에서 발견됐다는 것은 뉴스감이다. 언젠가 집사람이랑 화개산에 갔을 때 이 바위그림을 봤다. 둘이서 이 바위는 무늬가 참 희한한데 원래부터 이랬던 것 같지는 않다고, 머리를 살짝 든 게 곧 하늘로 치솟을 기세라고 했다. 암각화인 줄은 몰랐다. 정말 아는 만큼만 보이나 보다.

바위그림 발견 당시의 신문기사를 요약하면 다음과 같다. 화개산 정상 부근 해발 253m에서 선과 원으로만 구성된 암각화가 발견됐다. 가로 180cm, 세로 85cm, 높이 57cm 크기의 자연 암석 위에 물줄기 비슷한 11개의 선과 12개의 구멍이 새겨져 있다. 청동기시대 후반에 새겨진 것으로

최근에 발견된
교동 화개산 암각화

보인다. 장장식 국립민속박물관 학예연구관은 "제사를 지내는 제주가 바위 위에 물을 부으면 홈이 파인 선형을 따라 아래로 흘러내렸을 것"이라며 "비가 오기를 기원하는 산정제사山頂祭祀의 특징이 보인다"고 했다.[89]

바위그림은 그 당시 사람들의 소망을 표현한 신성한 예술품이다. 지금 우리는 그들의 간절함이 담긴 '문자 이전의 문자'를 온전하게 읽어낼 수 없다. 기우제와 관계있다는 해석 역시 여러 가지 가능성 가운데 하나다. 풍어를 기원하는 어부들의 무속의식을 표현한 것이라는 해석도 보인다.[90] 청동기시대 화개산 주변은 농사지을 곳이 거의 없어 사람들은 주로 어업 활동에 종사했을 것이다. 풍어를 기원한다는 해석도 일리 있어 보인다. 앞으로 또 어떤 해석이 나올지 궁금하다.

강화 본섬보다 더 북쪽에 있는, 그래서 북한 땅을 코앞에 마주 보고 있는 교동도는 분단의 현실을 그대로 보여주는 섬이기도 하다. 주민 중에 '코앞'에서 남쪽으로 잠깐 피해왔다가 다시 돌아가지 못하고 평생을 살아가는 실향민들이 있다. 멀면 멀어서나 못 간다고 하지, 지척에 둔 고향 땅을 바라만 보고 살아가는 그분들의 한을 어찌할거나. 해마다 제 집 찾아오는 제비만 봐도 눈물이 나는 그들이다. 나는 강화를 '역사의 섬', '교훈의 섬'이라고 말했다. 여기 교동도는 '통일의 섬'으로 자리매김했으면 좋겠다.

다리가 놓여 교동도에 쉽게 드나들 게 된 것은 다행스러운 일이다. 앞으로 볼거리, 배울거리, 즐길거리가 풍부해져서 찾는 이가 더욱 많아지길 바란다. 그렇다고 너무 쉽게 여기저기 파헤쳐져 아름다운 풍광이 사라지는 일은 없었으면 좋겠다.

아늑한 절집, 정수사

사랑은 오래 참습니다. 사랑은 친절합니다. 사랑은 시기하지 않습니다. 사랑은 자랑하지 않습니다. 사랑은 교만하지 않습니다. 사랑은 모든 것을 덮어주고 모든 것을 믿고, 모든 것을 바라고, 모든 것을 견디어 냅니다. 여기 '사랑' 대신에 '나'를 대치시켜 보십시오. 그러면 '나'는 얼마나 참사랑을 사는 사람인지 사랑 점수를 매길 수 있을 것입니다.

『김수환 추기경의 고해』란 책을 읽다가, 나의 사랑 점수를 내보고 몹시 실망했습니다. 여러분도 한번 점수를 내보시죠. 그런데 말입니다, '사랑' 대신 '어머니'를 대치시켜보니까 거의 만점이 나오는 거 있죠. 자식 흉될까봐 대문 잠그고 찬밥 홀로 먹는 어머니를 어찌 점수로 매길 수 있겠습니까. 사랑의 천재인 어머니 자주 보라는데 이제 영영 볼 수 없으니 ….[91]

어머니는 속이 타들어 갔다. 한마디 말없이 출가해버린 큰아들이 도대체 어느 절에 있는지 알 길이 없었다. 드디어 아들이 있다는 곳을 알아냈다. 금강산이란다. 하지만 경남 진주에서 금강산까지는 너무도 먼 길이었다. 그래도 어머니는 길을 나섰다. 힘겹게 금강산 도착했지만 하안거夏安居 중이던 아들은 어머니를 만나주지 않았다. 규칙상 그럴 수도 없었다. 스님들이 모여 긴급회의를 열었다.

"아무리 생사를 걸고 정진하는 수도승이지만 어머니가 저 멀리 남쪽 끝 진주에서 이곳까지 찾아오셨으니 마냥 외면하는 것은 도리가 아니다. 어머니를 맞이하든지 아니면 선방을 떠나야 한다."

회의 결과에 따라 아들은 어머니를 볼 수 있었다. 아들은 반가움을 숨긴 채 뭐하러 여기까지 왔느냐고 퉁명스럽게 물었다.

어머니의 답변이 기가 막히다.

"나는 니 보러 온 거 아이다. 금강산 구경 왔제."

아들은 어머니의 손을 잡고 금강산 유람에 나섰다. 위험한 길에서는 어머니를 업고 걸었다. 어머니 손잡고 걷는 그 순간은 스님이 아니었다. 평범한 아들이었다. 동료 스님들 덕에 아들은 어머니에게 효도했다. 어머니는 이제야 아들을 부처님 품으로 보내 줄 수 있었다. 진주로 돌아가는 어머니의 뒷모습을 바라보는 아들의 심정은 어떠했을까.

어머니의 뒷모습을 바라보고 서 있을 아들, 이 스님이 바로 성철 스님(1912~1993)이다. 1940년대 초반쯤의 일이라고 한다. 어느 신문에 소개된 기사[92]를 재구성해 정리해 보았다. 성철 스님 이야기는 사실이다.

이번에는 전설 한 토막 소개하고자 한다.

고려 말, 조선 초쯤의 스님 이야기다. 배경은 강화도 마리산 기슭 정수사. 이곳에 중국에서 왔다는 선사 한 분이 수행 중이었다. 출가하기 전에 결혼했던 모양인지 아내가 멀리서부터 찾아 왔다. 스님은 부인을 만나지 않고 훌쩍 떠나버린다. "부인을 만나면 지금까지 힘겹게 쌓아 온 수도修道가 무너질지 모르니 야속하게 생각하지 말고 고향으로 돌아가라"는 편지 한 장만 남긴 채. 그러나 아내는 남편 만나기를 포기할 수 없었다. 간절한 그리움을 꾹꾹 눌러 삼키다 어렵게 찾아온 사랑인데 어찌 편지 한 장에 발걸음을 돌릴 수 있겠는가. 아내는 목이 터져라 남편을 부르면서 쓰러지고 또 쓰러지며 마리산 곳곳을 헤맸다. 얼마 후 정수사로 돌아온 스님은 법당문을 잠그고 좌선에 든다.

법당 밖 아내는, 가장 가까웠던 사람 가슴에 이리 못을 치면서 어찌 중생을 구제할 수 있느냐며, 하염없이 울었다. 아내가 바라는 것은 남편과 함께 고향으로 돌아가는 것이 아니었을 것이다. 그저 얼굴 한 번 볼 수 있다면, 따뜻한 눈빛으로 잠시 바라봐준다면 그것만으로 행복해 할 여인이었을 것 같다. 그러나 법당문은 끝내 열리지 않았다. 여인은 조용히 돌아서서 절을 떠난다. 그녀는 정수사 앞바다에 몸을 던졌다. 이승에서 끊어진 인연, 저승에서나마 다시 잇겠다는 생각으로 목숨을 버린 것이다. 얼마 후 아내의 영혼이 바위가 되어 바다 위로 솟아오르니, 사람들은 이를 '각시바위'라 불렀다.[93]

각시바위는 지금도 여전히 거기 그렇게 떠 있다.

성철 스님 이야기는 해피엔딩이지만, 정수사 스님 이야기는 새드엔딩이다. 아내를 외면할 수밖에 없었던 스님의 마음도 편치는 않았을 것이다. 아내가 스스로 목숨을 버렸다는 소식을 들었을 때 심정은 또 어떠했을까. 그 스님이 함허대사(1376~1433)다. 함허동천 계곡 바닥에 '涵虛洞天'을 새긴 이도 함허대사라고 전한다.

『강화부지』에는 "이름이 득통이고 호가 함허자라는 중이 중국으로부터 바다를 건너 동쪽으로 와 이곳에서 하안거에 들어갔다. 바위가 있고 이름이 각씨인데 그의 처가 변하여 바위가 된 것이라고 전하고 있다"라고 써서 전설의 일단을 소개했다. 『속수증보강도지』는 고려 말 원나라 스님 함허득통이 정수사에 와서 수행했다고 썼다. 아내가 찾아온 이야기, 끝내 각시바위가 되었다는 이야기도 상세히 소개했다. 그러면서 각시바위 이야기

함허대사가 수행하던 정수사

가 매우 황당하지만, 구지舊誌에 모두 이 이야기가 들어있다고 전했다.

그렇다. 전설 자체가 황당한 면이 있기는 하지만 그 속에 일정한 사실을 담고 있는 경우가 많다. 글보다 먼저 입으로 전해지는 역사는 말이 안 되는 재미를 덧붙여 가며 전설이 되어 또 다른 생명력을 얻는다. 후대 역사의 빈틈을 적절히 채워주기도 한다.

함허대사가 정수사에서 수행한 것은 사실이다. 다만 중국인이 아니고 우리나라 스님이다. 중국인으로 알려진 이유를 정확히 알 수 없는데 19세기에 이 문제를 고민한 이규경이라는 학자가 있었다. 오주五洲 이규경(1788~1863)은 일종의 백과사전인 『오주연문장전산고五洲衍文長箋散稿』를 썼다. 이 책에 함허대사 이야기가 나온다. "예로부터 지금까지 성명姓名·자호字號가 서로 혼동, 분별하기 어려워 후인後人에게 무한한 의난疑難을 끼치는 예가 매우 많다"고 전제하고 함허대사가 중국인으로 잘못 알려진 이유를 정리했다.

이규경은 남구만(1629~1711)의 『약천집』을 인용해 명나라 영락제(1402~1424) 때 중국에 함허자涵虛子라는 도사道士가 있었음을 밝혔다. 중국인인 도사 함허자가 정수사에 온 것으로 잘못 알려진 것은 함허대사와 호가 같기 때문이고 또 함허대사의 고향이 충주忠州이기 때문일 것으로 봤다. 충주는 중주中州라고도 불렸다. 중주가 중토中土 즉 중국으로 와전되어 중국에서 온 함허 스님으로 구전되게 되었을 것이라는 추정이다. 『오주연문장전산고』를 쓴 이규경이라는 분께 아쉬운 점이 있다면, 이왕 고민하시는 거, 함허대사의 아내가 정말 정수사로 찾아왔던 것인지, 아내가 맞는지, 그 이야기의 근거도 함께 찾아주셨으면 좋았을 것을….

함허대사는 고려 말에 태어나 조선 초에 활동했던 고승이다. 법명은 기화己和, 법호는 득통得通, 당호가 함허. 출가하기 전의 이름은 유수이劉守伊였다. "어릴 적부터 그는 모든 행동이 남달랐으며 성균관에 나아가 공부할 때는 하루에 수천 어를 기억하였고, 조금 자라서는 일관一貫의 도를 깊이 통달했다"라는 그의 행장行狀[94]에 의하면, 출가하기 전 성균관에 진학해 유학을 공부했고, 학문의 깊이도 상당했음을 알 수 있다.

1376년(우왕 2) 중원(현재 충북 충주)에서 태어났다. 유교 공부에 열중하다가 한계를 느끼게 되어 불교에도 관심을 두게 되었는데, 21세에 성균관에서 함께 공부하던 친구의 죽음을 통해 인생의 무상함과 육신의 허망함을 깨닫게 되었다. 이에 관악산 의상암에서 머리를 깎고 출가했다.

1397년(태조 6) 회암사(경기도 양주)에서 무학왕사의 가르침을 받았다. 이후 여러 절을 돌며 수행에 정진하였다. 1414년(태종 14) 자모산(현재 황해도 평산군 성불산) 연봉사에서 작은 방을 얻어 함허당이라 이름 붙이고

3년간 정진했는데, 이후 함허라는 호를 쓰게 되었다. 1424년(세종 6)쯤에 강화에 와 길상산에 머물다가[95] 이후 정수사로 옮겼다. 1433년(세종 15) 희양산 봉암사에서 입적하였다.

함허대사는 조선 건국을 주도한 신진사대부들의 불교배척에 대응하여 유교의 허점을 지적하고 불교가 이에 대한 해결책이 될 수 있다는 유·불 회통론會通論을 펼쳤다. 출가 이전에 갈고 닦은 유교 실력이 있었기에 가능한 일이었다.

『전등본말사지』에 의하면, 정수사는 639년(선덕여왕 8)에 회정선사가 창건하고 이름을 '정수사精修寺'라고 했다. 석모도 낙가산에 머물던 회정선사가 마리산 참성단에 왔다가 그 동쪽에 훤히 트인 밝은 땅을 보고 불제자가 가히 삼매정수三昧精修할 곳이라며 정수사를 세웠다는 것이다. 1426년(세종 8)에 함허대사가 정수사를 중창할 때 법당 서쪽에서 맑은 물이 흐르는 것을 보고 절의 이름을 정수사淨水寺로 바꿨다고 한다. 여기서 뜻밖에 주목되는 단어가 '참성단'이다. 639년 당시 마리산에 참성단이 있었다는 얘기다. 생각해 볼 여지가 있다.

함허대사에 의해 고쳐진 정수사라는 절 이름과 함허동천 외에도 함허대사의 존재를 알려주는 문화재가 또 있다. 정수사 법당 뒤편 산기슭에 있는 함허대사 부도다. 높이는 164cm이다. 부도는 스님이 돌아가신 후 화장하고 남은 유해를 모신 일종의 묘로 승탑이라고도 한다. 부처님의 묘가 탑이라면, 스님의 묘가 부도인 것이다. 한자로 '浮屠' 또는 '浮圖'라고 쓰는데 붓다^{Buddha}에 대한 중국어 음역[96]이기에 한자의 뜻에는 큰 의미가 없다.

그런데 함허대사 부도는 황해도 평산군 연봉사, 경기도 가평군 현등사, 경상북도 문경시 봉암사에도 있다고 한다. 통일신라와 고려시대에는 승려가 입적한 사찰에만 부도를 세우는 것이 일반적이었으나 고려 말 이후

함허대사 부도

정수사 꽃살문

에는 사리를 여럿으로 나눠 승려가 생전에 머물던 절이나 입적한 절, 법제자들이 있는 절에도 각각 부도를 세웠다.[97]

정수사 대웅보전(보물 제161호)은 간결한 주심포 양식에 맞배지붕이다. 비바람으로부터 건물을 보호하기 위해 건물 좌우에 방풍판을 설치했다. 법당의 석가모니불은 보는 이의 마음을 편안하게 해주는 인상이다. 지장보살·보현보살·문수보살·관세음보살과 함께 그 중앙에 계시다. 후불탱화는 1878년(고종 15)에 이건창 가족의 시주로 그려져 모셔졌다.[98] 영조(1724~1776) 임금 당시까지 안평대군이 직접 쓴 금자불경金字佛經 3책이 있었다고 한다. 한편 이건창과 가깝게 지냈던 민두현의 시에 의하면 당시까지도 정수사에 높은 탑이 있었다.[99]

대웅보전 건물이 다른 절들과 다른 점은 앞에 툇마루가 있다는 것이다. 처음에는 툇마루가 없었다. 1423년(세종 5)에 중창했는데 그때도 정면 3칸, 측면 3칸 구조로 툇마루는 설치되지 않았다. 그러다 1524년(중종 19) 중창공사 때 새로 설치되어 지금에 이른 것으로 보인다.[100] 그래서 정면 3칸, 측면 4칸의 현 구조가 이루어졌다. 마음이 지친 중생, 잠시 앉아 쉬라는 부처님의 사랑이 스민 듯하다.

정수사 대웅보전은 고운 꽃살문으로 더 널리 알려졌다. 꽃은 진리를 의미하는 불교의 상징물이다. 일반 민가는 물론 궁궐의 문살에도 꽃장식은

마리산 기슭에 위치한 정수사의 대웅보전(보물 제161호)

하지 않는다. 절에서만 한다. 내소사 대웅보전·쌍계사 대웅전·동학사 대웅전 등도 꽃살문이 유명하다. 그런데 강화 정수사 대웅보전의 꽃살문은 다른 절의 꽃장식과 다르게 꽃병에 꽃이 담겨 있는 모습이다.

꽃병을 현병賢甁이라고 하는데, 보병寶甁·만병滿甁·감로병甘露甁·길상병吉祥甁·여의병如意甁 등으로도 불린다. 보병은 보배가 가득찬 병, 만병은 바라는 모든 것이 가득한 병, 감로병은 불로불사不老不死의 묘약이 담긴 병, 길상병은 상서로운 기운이 담긴 병, 여의병은 뜻하는 대로 모든 것이 이루어진다는 병이다.[101] 한마디로, 정수사 대웅보전 문살 꽃병 속에는 중생들이 소망하는 모든 것이 다 들어 있는 셈이다.

정수사로 오르는 숲길은 울창하다. 가재 노니는 작은 물길을 지나 굽이굽이 돌계단을 오르면 법당 앞에 서게 된다. 대웅보전 서쪽으로 약수가

정수사 삼성각

있고 약수 뒤로 삼성각三聖閣이 있다. 삼성각에는 주로 산신山神·독성獨聖 (나반존자)·칠성七星을 모시는데 바닷가 가까운 절에서는 용왕을 모시기도 한다. 여기 정수사 삼성각은 중앙에 독성·산신·용왕을 모시고 동쪽 벽에 따로 칠성을 모셨다.

대웅전 오른쪽으로 요사寮舍(스님들의 거처)가 있는데 최근 요사를 오백나한전五百羅漢殿으로 바꿨다. 오백나한전 안은 불경한 말이지만, 기도처라기보다 품격 있는 박물관이나 미술관 같다. 정수사에 오시면 오백나한전에 들어가 나한들이 어디에 어떻게 모셔져 있는지 확인해보기 바란다. 나한들의 표정도 '감상'하고. 함허대사 부도의 위치는 오백나한전 뒤편, 그러니까 동쪽 기슭으로 100m 정도 가면 볼 수 있다.

3

새롭게 태어나다

유배의 섬

고려 초 조정의 실세 왕규와 박술희가 강화 갑곶으로 유배 왔다가 사형당했다. 왕규와 박술희는 예외적인 경우다. 강화에 유배 온 인물은 대개 왕족이거나 임금 자리에서 쫓겨난 왕들이었으니까. 고려와 조선시대 모두 그랬다. 강화는 섬이라 고립된 지역이고 개성과 한양에서 가까워 유배인을 감시하고 관리하기 편리했다. 그래서 강화가 왕족들의 유배지가 되었다.

형벌은 죄의 경중에 따라 다르게 적용됐다. 제일 가벼운 형벌이 태형笞刑 그다음이 장형杖刑·도형徒刑·유형流刑·사형死刑 순이었다. 태형과 장형은 매를 때리는 것이고, 도형은 징역형 같은 것이고, 유형은 유배를 보내는 것이다. 유배는 귀양·정배定配·부처付處·안치安置 등으로도 불렀다. 유배형에는 장형이 보태지는 것이 보통이다. 곤장 맞고 나서 귀양길에 오르는 것이다.

고려시대 태형은 매로 10~50대, 장형은 곤장으로 60~100대 10단위로 늘어서 이렇게 5단계로 나눴다. 도형은 1년, 1년 반, 2년, 2년 반, 3년. 역시 5단계로 나눴으며 3년이 가장 긴 형벌이었다. 유형은 3단계였다. 2천 리 밖, 2천 5백 리 밖, 3천 리 밖. 사형의 종류는 교수형과 참형 두 가지였다.[1]

조선시대 형법을 기록한 『경국대전』 형전을 펼치면 맨 앞에 "대명률을 적용한다(用大明律)"라고 나온다. 대명률은 중국 명나라의 기본 법전이다. 조선의 형벌은 고려와 대체로 유사하다. 다만 고려시대 유형은 거리에 따라 추가되는 곤장 수가 달랐지만, 조선시대에는 가까운 거리나 먼 거리나 똑같이 장 100대를 맞고 유배되는 것이 원칙이었다.

그런데 유배에 처하는 거리가 문제가 된다. 유형은 3단계라고 했는데 한양에서 최북단 함경도 온성까지 약 2천여 리, 최남단 전라도 해남까지 약 1천 리다.[2] 태종 때 의정부는 "본국의 지경地境이 유流 3천 리에 차지 못한다"며 유배 거리의 비현실성을 지적하기도 했다.[3]

세종 때 형조에서는 죄인이 사는 지역에 따라 3천 리, 2천 5백 리, 2천 리의 경계를 우리 실정에 맞게 정하여 임금에게 올렸다. 아마도 거의 그대로 시행되었을 것인데, 형조의 건의문 일부를 옮겨 본다.

죄를 범하여 유배시키는 곳을 일찍이 자세히 작정하지 아니하였으므로 안팎 관리[4]들이 임시로 요량하여 정하기 때문에, 멀고 가까운 것이 적당하지 못한 실수를 이루게 됩니다. 삼가 우리나라에서 번역한 『대명률大明律』을 상고 하옵건대, … 배소配所의 멀고 가까운 데에는 시행을 다하지 못했기 때문에 지금 다시 마련하여 아뢰옵나이다.

경성·경기좌우도·유후사留後司(개성)에서 3천 리 유형을 받은 자는 경상·전라·함길·평안도 바닷가 각 고을에 정배定配하고, 2천 5백 리 유형을 받은 자는 경상·전라·평안·함길도의 중앙에 있는 각 고을과 강원도 바닷가에 있는 각 고을에 정배하며, 2천 리 유형을 받은 자는 경상·전라·평안·함길도 시면始面(서울 쪽에서 첫머리)에 있는 각 고을과 강원도 중앙에 있는 각 고을에 정배한다.[5]

이어서 황해도·평안도·충청도·전라도·경상도·함길도·강원도에서 유형 받은 자의 유배처를 상세히 기록하였다. 진짜 3천 리 밖으로 유배 보낼 곳이 우리나라에는 없기에 이런 조치가 필요했던 것이다. 드물게 직선 길을 굽이굽이 돌게 해서 억지로 3천 리를 채운 경우도 있기는 하지만, 사실 '2천 리 밖, 2천 5백 리 밖, 3천 리 밖'은 상징적인 거리일 뿐이다. 실제로는 가까운 곳, 먼 곳, 아주 먼 곳이나 섬. 이렇게 셋으로 구분해서 죄인에게 유배형을 내렸다고 보는 것이 옳다.

귀양이라고 하면, '위리안치圍籬安置'가 떠오르는데, 안치도 죄에 따라 몇 가지로 나뉜다. 본향안치, 주군안치, 위리안치 등이다. 먼저 본향안치는 정치적 배려로 죄인의 고향으로 유배 보내는 것이고, 주군안치는 유배지 행정구역 안에서 유배인의 자유로운 활동을 어느 정도 허용해주는 것이다. 반면 위리안치는 집 주위에 날카로운 가시울타리를 겹겹이 쳐서 일종의 벽을 만들어 외부와 완전히 차단하는 것이다. 위리안치가 되면 유배인은 집밖으로도 나올 수 없다.[6]

강화도나 교동도로 귀양 왔던 고려의 왕들은 희종(1204~1211), 충정왕(1349~1351), 우왕(1374~1388), 창왕(1388~1389)이다. 조선에서는 연산군(1494~1506)과 광해군(1608~1623)이 왔다. 왕족으로 안평대군(1418~1453), 임해군(1574~1609), 능창군(1599~1615), 영창대군(1606~1614) 등이 있다. 강화에서 귀양살이하다가 왕으로 즉위한 경우도 있다. 고려의 강종(1211~1213)과 고종(1213~1259), 조선의 철종(1849~1863)이다.

희종은 최충헌을 제거하려다 실패하고 강화도, 영종도, 교동도 등으로 옮겨졌다. 12살에 즉위한 충정왕은 조정 실세들의 권력 다툼과 왜구의 혼란 속에서 고통을 겪다가 원나라 순제에 의해 폐위되어 강화도에 유배되었다가 공민왕이 보낸 군사들에게 독살되었다. 우왕은 위화도회군으로

화개산 정상에서 내려다본 교동 앞바다

권력을 잡은 이성계 세력에 의해 강화도에 유배됐다가 여흥(여주)을 거쳐 강릉으로 옮겨진 후 죽임을 당했다. 우왕의 아들 창왕은 강화도에 유배되어 죽임을 당했다. 이때 나이 열 살이었다. 창왕의 폐위는 폐가입진廢假立眞(가짜를 폐하고 진짜를 세움)의 명분에 의해 이루어졌다. 우왕은 공민왕의 아들이 아니라 신돈의 아들이다. 따라서 창왕은 신돈의 손자다. 왕씨의 나라에서 가짜인 신씨가 왕이 될 수 없다는 주장이다. 우왕의 생부가 공민왕인지 아니면 신돈인지는 알기 어렵다.

"공양왕이 문득 목 베기를 허가했으므로, 내가 미처 이를 중지할 것을 청하지 못하였으며, 우와 창 부자는 백관과 나라 사람들이 합사合辭하여 목 베기를 청하므로, 공양왕이 이를 윤허했으니, 나는 처음부터 살해할 마음이 없었는데 …"[7]라는 태조 이성계의 말은 왠지 변명처럼 들리기도 한다.

교동읍성

　수양대군의 아우 안평대군(1418~1453)도 강화도에 유배됐다가 교동으로 옮겨진 후 그곳에서 죽임을 당했다. 수양대군에 맞서려고 했기 때문이라고 한다. 수양대군은 안평대군에게 사람을 보내 "네 죄가 커서 참으로 주살誅殺을 용서할 수 없으나 다만, 세종·문종께서 너를 사랑하시던 마음으로 너를 용서하고 다스리지 않는다"라고 하였다. 죽이지는 않겠다는 얘기다. 이에 안평대군이 눈물을 흘리며 말하기를, "나도 또한 스스로 죄가 있는 것을 안다. 이렇게 된 것이 마땅하다" 하였다.[8] 정말 안평대군이 이렇게 말했는지는 모르겠다.

　안평대군의 유배생활은 며칠 되지 않았다. 실록의 날짜 기준으로 1453년(단종 1) 10월 10일에 강화도로 귀양 왔다. 10월 12일에 수양대군은 강화의 안평대군에게 식량을 보내주었는데 별안간 10월 13일에 교동으로 옮기게 하더니 10월 18일에 의금부 진무鎭撫 이순백을 보내 사사賜死했다. 애초 수양대군은 양평대군을 살려두려고 했던 것 같다. 그러나 신하들이 죽일 것을 집요하게 요구했고, 결국은 사약을 보냈다. 가장 아픈 사람은 고인이 된 아버지 세종일 것이다.

안평대군은 1447년(세종 29)에 안견으로 하여금 몽유도원도夢遊桃源圖[9]를 그리게 했고, 스스로 거기에 발문을 썼다. 신숙주·김종서·성삼문을 비롯해 당대 인물 20여 명의 글을 받아 덧붙였다. 그림은 말할 것도 없고 거기에 딸린 유명 인물들의 친필이 고스란히 담긴 작품, 몽유도원도의 가치는 말로 표현하기 어렵다. 2009년 국립중앙박물관에 가서 세 시간이나 줄 서 있다가 1분 정도밖에 볼 수 없었던 아쉬움이 남는다. 우리나라 땅에 있다면 얼마나 좋았을까. 언젠가 돌아오리라는 희망을 품는다.

안평대군은 시와 글씨 그리고 그림에 두루 능했다. 특히 글씨에 탁월했다. 정조 임금은 안평대군의 서예 능력을 이렇게 말했다. "안평대군의 글씨가 국조國朝의 명필 중에서도 으뜸이라는 것에 대해서는 다시 평할 필요조차 없다."[10] 그야말로 '단언컨대'다. 하지만 현재까지 남아 있는 작품이 거의 없다. 만약 계유정난이 없었다면, 안평대군이 죽임을 당하지 않았다면, 지금 우리는 그가 남긴 시와 글씨와 그림을 넉넉하게 감상할 수 있었을 것이다. "이용李瑢(안평대군)과 이현로의 집에 괴상하고 신비스러운 글이 많았는데, 세조가 보지도 않고 모두 불태워 버렸다."[11] 이런 일은 없었을 테니까.

교동읍성 남문

임해군은 선조의 큰아들로 공빈 김씨가 낳았다. 공빈 김씨의 둘째 아들이 광해군이다. 임해군은 성격이 사납고 포악하여 군왕 그릇이 되지 못한다는 평가를 받아 세자가 되지 못했다. 1608년(광해군 즉위년) 2월, 광해군은 임해군을 진도로 보낼 것을 명한다. 임해군을 귀양 보내는 이유를 광해군은 이렇게 설명했다.

사사로이 군기軍器를 저장하고 은밀히 사사死士(죽음을 각오한 병사, 결사대)를 양성하여 왔다. … 또한, 많은 명장들과도 교결하여 무사들을 불러 모아 주야로 불궤不軌(반역을 꾀함)스러운 일을 은밀히 도모하여 온 것은 나라 사람들이 다 함께 분명히 알고 있는 것이다.
… 이제 지척에 있는 가까운 곳에서 영조營造를 가탁하여 철퇴와 환도를 빈 가마니에 싸서 많은 수량을 반입하였으니 헤아릴 수 없는 상황이 조석에 박두해 있다. 음모가 발각된 뒤에 도성 문밖에 유치시켜 놓았으나 뜻밖의 환란을 차마 말하기 어려운 점이 있다. 따라서 지친이라는 사정 때문에 고식적으로 용서할 수는 없다. 단서가 드러날 때까지 절도에 정배하라.[12]

며칠 후 광해군은 다시 명을 내린다.

임해에 대한 일은 다시 생각하여 보니 남방으로 정배하는 것은 온당하지 못한 것 같다. 급히 선전관을 보내어 강화로 옮겨서 안치시키고, 진도津渡를 엄히 지키고 담장을 높게 쌓아 줄입을 금하게 함으로써 외부 사람과 서로 접촉하지 못하게 하라. 무장武將을 가려 군인을 많이 데리고 가서 떠나지 말고 수직하게 하라.[13]

1608년 2월 강화도에서 유배 생활하던 임해군은 같은 해 3월에 교동으로 옮겨졌다. 그리고 얼마 후 교동에서 죽임을 당했다. 실록에 의하면, 임해군은 위소圍所에서 죽었다.

임해군이 위장圍墻 안에 있을 때 관비官婢 한 사람만이 그의 곁을 지키면서 구멍으로 음식을 넣어주었는데, 이때 이르러 수장守將 이정표가 핍박하여 독을 마시게 했으나 따르지 않자 결국 목을 졸라 죽였다.[14]

1615년(광해군 7)에는 선조의 손자인 능창군(정원군의 아들)이 반역 세력에 의해 왕으로 추대 되었다는 누명을 쓰고 교동도에 위리안치 되었다.

능창군綾昌君 이전李佺을 교동에 안치하였다. 왕이 전의 죄를 의논하여 처리하라고 명하니, 대신大臣과 추관推官이 모두 말하기를 '전은 역모에 연관된 자취가 없으니, 죄를 주어서는 안 될 듯합니다' 하고, 정인홍 역시 말을 하니, 왕이 절도絶島에 위리안치 하라고 특별히 명한 것이었다.[15]

능창군은 결국 교동에서 죽었다. 그 과정은 이러하다.

이전을 위리안치된 곳에서 죽였다. 전이 위리안치에 나아가자 수장守將이 찬 돌방에서 자게 하고, 또 모래와 흙이 섞인 밥을 지어 주니, 전이 먹지 못하였다. 그러자 수생이라고 하는 관동官僮 한 사람이 옆에 있다가 항상 그가 먹던 밥을 나누어 올렸다. 수장이 그 일을 알고 관동이 그 안에서 밥을 먹지 못하게 하고 가시문 밖에 앉아서 먹도록 하였다. 관동이 몰래 전과 약속하여 옷을 문 안에 펴 놓게 하고 관동이 때때로 숟가락에 밥을 떠 지나가면서

교동부지

던져주면 전이 한두 숟가락씩 얻어서 먹었다. 전이 괴로움을 견디지 못하여, 하루 저녁에는 글을 써서 관동에게 부쳐 부모와 결별을 고하고는, 관동이 문을 나서자 스스로 목을 매어 죽었다. 그런데 수장은 거짓으로 병이 들었다고 보고하고 곧이어 죽었다고 알리자, 왕이 겉으로 놀라고 괴이한 표정을 지었지만 실제로는 넌지시 유도한 것이었다.[16]

능창군은 능양군의 친동생이다. 능양군은 광해군을 폐위시키고 즉위하게 되는 인조다. 인조반정은 결과적으로 동생을 위한 형의 복수이기도 했던 셈이다.

이제 영창대군永昌大君(1606~1614)이다. 영창대군은 선조의 아들 14명 가운데 유일한 적출, 왕비의 소생이다. 그러나 너무 늦게 태어났다. 광해군의 콤플렉스를 자극하는 존재가 될 수밖에 없었다. 결국, 강화로 유배되어 죽는다. 영창대군이 강화로 귀양을 왔을 때다. 어머니 인목대비가 옷을 한 벌 지어 보냈는데, 펴 보니 얼룩진 게 보였다. 영창대군은 새 옷에 웬 얼룩이냐고, 따라온 궁녀에게 물었다. 궁녀가 대답하길, 인목대비가 흘린 눈물 자국이라고 했다. 이에 영창대군이 오열했다.[17] 누가 영창대군을 죽였는가?

이의(영창대군)가 강화에 이르자 가시나무로 둘러놓고 지켰는데, 삼엄한 감시가 임해臨海 때보다 배나 되었다. 이정표는 흉악하고 혹독한 자로서 일찍이 임해가 위리안치되었을 때의 수장守將이었는데 임해를 살해하고는 병으로 죽었다고 보고하였다. 상이 이 사실을 알고 있었기 때문에 특별히 차송하여 수장을 삼았던 것이다. 정표가 매번 이의를 살해하고자 하여 홍유의에게 의논하였으나 유의가 말하기를 "이의가 진실로 죄인이다. 그러나 상이 우리들을 보낸 것은 지키라고 한 것이지 살해하라고 한 것은 아니다"라고 하였다. 정표가 이 때문에 처음에는 감히 흉악한 짓을 행하지 못하였다. … 얼마 지나지 않아 홍유의는 체직되어 떠나고 … 정표가 드디어 정항과 함께 이의를 살해하였다.[18]

그렇다면 영창대군은 어떻게 죽었을까?

정항이 강화 부사로 도임한 뒤에 대군에게 양식을 주지 않았고, 주는 밥에는 모래와 흙을 섞어 주어서 목에 넘어갈 수 없도록 하였나. 읍 인의 한 작은 관리로서 영창대군의 위리를 수직한 자가 있었는데 불쌍히 여겨 몰래 밥을 품고 가서 먹였는데 정항이 그것을 알고는 곤장을 쳐서 내쫓았다. 그러므로 대군이 이때부터 밥을 얻어먹지 못하여 기력이 다하여 죽었다. (어떤 사람이 말하기를) "정항은 그가 빨리 죽지 않을까 걱정하여 그 온돌에 불을 때서 아주 뜨겁게 해서 태워 죽였다. 대군이 종일 문지방을 붙잡고 서 있다가 힘이 다하여 떨어지니 옆구리의 뼈가 다 탔다"고 하였다.[19]

어린 영창대군은 이렇게 참혹하게 죽었다. 세 살에 아버지가 죽었고, 얼마 후 어머니와 생이별하고 여덟 살에 사망. 지금 강화읍에는 '살채이' 마을이 있다. 영창대군이 살해된 곳이라는 의미의 살창리殺昌里가 살채이로 불리게 된 것이라고 한다. 그런데 영창대군의 죽음 과정을 기록한 사료가 또 있다. 전혀 다른 내용이다.

광해가 이정표를 별장으로 삼아 지키게 하면서 몰래 빨리 죽이도록 하자, 이정표가 광해의 뜻을 받들어 영창대군이 거처하는 데로 가서 방에 불을 넣지 않았다. 이에 영창대군이 늘 의롱衣籠(옷을 넣어 두는 농짝) 위에 앉았고, 때때로 섬돌 가에 나아가 하늘을 향하여 빌기를 "한 번 어머니를 보고 싶을 뿐입니다" 하였다. 이정표가 음식에다 잿물을 넣어 올리자 영창대군이 마시고서 3일 만에 죽었다.[20]

방구들을 뜨겁게 해서 태워 죽이기는커녕 아예 불을 넣어주지 않았고, 양잿물을 먹여 죽게 했다는 것이다. 앞의 사료는 『광해군일기』요, 뒤의 기록은 『인조실록』이다. 영창대군을 죽인이가 정항이라고도 하고 이정표라고도 했는데, 둘이 같이한 짓으로 보는 것이 옳을 듯하다. 살창리가 영창대군이 아니라 고려 창왕이 죽임을 당한 곳이라는 설도 있다. 창왕과 영창대군 중 누가 살창리에서 죽임을 당한 것인지 구분하기는 어렵다.

연산의 눈물, 광해의 핏물

조선의 임금들 가운데 왕위에서 쫓겨나 비참한 최후를 맞아야 했던 이가 셋, 노산군·연산군·광해군이다. 노산군은 12세 어린 나이에 즉위했다가 수양대군(세조)에게 왕위를 빼앗기고 강원도 영월에 유배됐다가 '왕이었던, 죄 아닌 죄'로 죽어야 했다. 재위 기간은 1452년부터 1455년까지, 3년에 불과했다. 영원히 '노산군'으로 기억될 뻔했으나 숙종에 의해 복위되어 '단종'이 되었다.

그러나 연산군과 광해군은 그냥 연산군과 광해군일 뿐이다. 이 두 임금의 묘는 왕의 무덤임에도 불구하고 왕릉이 아니라 묘라고 불리며, 실록 역시 실록임에도 『연산군일기』, 『광해군일기』로 불린다. 연산군은 폐위가 당연했던 몹쓸 군주로 인식되고 있고, 광해군에 대한 평가는 시대 흐름에 따라 조금씩 바뀌면서 지금은 긍정적인 면이 더 부각되고 있다.

연산군과 광해군은 사극이나 영화의 주인공으로 자주 등장했다. 정진영이 연산군을 연기한 영화 '왕의 남자'(2005), 이병헌을 광해군으로 내세운 '광해, 왕이 된 남자'(2012) 이 두 영화 모두 천만 명 이상이 관람했다. 이들의 삶 자체가 한 편의 영화 같았기 때문인지, 사람들은 연산군과 광해군에 대해 관심이 많다. 때로 그들에게 연민을 느끼기도 한다.

이제부터 강화에 유배됐던 연산군과 광해군을 살펴볼 텐데, 그 전에 노산군魯山君이 단종(1441~1457, 재위: 1452~1455)으로 부활하는 과정부터 훑어보기로 하자. 숙종은 1681년(숙종 7)에 "정비正妃가 탄생한 바는 모두 대군·공주라고 일컬으니, 노산군도 당연히 대군으로 일컬어야 한다. 그것을 대신에게 의논하도록 하라"[21]는 지시를 내린다. 대신들이 반대하지 않자, 숙종은 노산군을 노산대군으로 부를 것을 명했다.

정비가 낳은 아들이니 대군으로 불러야 한다. 이 말 속에 숙종의 능청스러움이 묻어있다. 왕비가 낳은 아들은 대군으로 부르고 후궁이 낳은 아들은 군으로 부르는 것이 맞다. 그런데 이런 논리라면 연산군도 연산대군으로 불러야 한다. 광해군만 그냥 광해군이다. 그의 어머니는 왕비가 아니고 후궁이었기 때문이다.

노산군·연산군·광해군의 군君은 왕자라는 뜻으로 쓰인 것이 아니다. 왕을 참칭한 경우 '아무개 군 누구(僭稱王者曰 某君某)'로 쓴다는, 주자의 『자치통감강목』 기록에 따라, 폐위된 국왕을 낮춰 부르는 호칭으로 군君을 썼던 것이다.[22] 숙종이 주자의 말씀을 모를 리 없지만, 모르는 척, 왕비의 아들임을 내세워 노산대군으로 바꾸자고 했던 것이다. 신하들도 모르는 척, 반대하지 않았다.

1698년(숙종 24) 조정에 올라온 상소 한 장이 '노산대군'이 '단종'이 되는 계기가 되었다. 전 현감 신규가 노산군의 왕호를 추복해 줄 것을 청한 상소였다.

세조는 하늘이 내린 성군이다. 어린 나이에 즉위한 노산군은 자신의 능력이 부족함을 알고 요·순의 예에 따라 세조에게 선위했다. 세조는 거듭 사양했으나 어쩔 수 없이 왕위를 이어받았다. 실정으로 쫓겨난 연산군, 광해군이 임금 대접받지 못하는 건 당연하지만, 선위하고 스스로 물러난 노산군은 그렇지 않다. 이제 노산군의 명예를 회복해주는 것이 좋겠다. 지금 만약 노산군의 왕호가 추복되면, 하늘도 백성도 흡족해할 것이다.[23]

숙종은 세조의 후손이다. 그러므로 세조의 체면을 살려주면서 단종의 복위를 청하는 상소에 숙종의 마음이 움직였다. 신하들에게 매우 중요한 일이니 널리 의논해보도록 조처했다. 신규의 상소가 있고부터 약 한 달 뒤인 1698년 10월 24일, 숙종은 노산군의 왕호 추복을 명했다. 같은 해 11월 6일, 드디어 노산군의 시호와 단종端宗이라는 묘호가 정해졌다. '단종'을 살려낸 이가 바로 숙종이다.

이제 폭군의 대명사가 된 연산군이다. 연산군燕山君(1476~1506, 재위: 1494~1506)은 1476년(성종 7)에 성종의 적장자로 태어나 18세에 즉위한 후 12년 만에 박원종 등에 의해 폐위되어 교동도에 유배됐다. "내가 큰 죄가 있는데, 특별히 상의 덕을 입어 무사하게 간다"며 유배 길에 올랐다. 1506년(중종 1) 9월이었다. 왕비 신씨는 사가私家로 쫓겨났고 세자와 왕자들은 각 고을에 안치됐다. 연산군은 교동 유배 생활 두 달 만에 병으로 죽었다. 그때 나이 30세였다. 실록은 연산군의 병환과 그에 대한 대처를 이렇게 적었다.

교동 수직장守直將 김양필, 군관 윤귀서가 와서 아뢰기를, "연산군이 역질로 몹시 괴로워하여 물도 마실 수 없을 뿐만 아니라, 눈도 뜨지 못합니다" 하니, 전교하기를, "구병할 만한 약을 내의원에 물어라" 하고, 삼공에게 의논하여 의원을 보내 구료救療하게 하였다.[24]

하지만 연산군은 깨어나지 못했다. 유언이라고 할까, 죽기 직전 연산군의 마지막 말은, "신씨가 보고 싶다"였다. 많은 여인을 희롱하고 온갖 악행을 저질러 아내의 속을 몹시도 썩였을 남편 연산군이건만, 죄책감인가, 그리움인가, 마지막 가는 길, 아내가 보고 싶었던 것이다. 그 순간 연산군의 두 눈에서 뜨거운 눈물이 흘렀을지도 모를 일이다. 연산군이 사망하자 교동도에 그대로 묘를 썼다. 7년 뒤인 1513년(중종 8)에 경기도 양주 해촌(현재 서울 도봉구 방학동)으로 묘를 옮겼다. 폐비 신씨의 요청에 따른 것이다.

연산군은 재위 기간에 두 번의 사화를 일으켰다. 사화는 중종반정을 촉발한 기폭제라고 할 수 있다. 조선의 복잡한 정치 양상을 단순하게 이어 보면, 사화 – 붕당정치(당쟁) – 탕평정치 – 세도정치의 순서로 진행되었다. 세도정치는 대원군 집권으로 무너지게 된다. 사화와 붕당정치, 특히 사화士禍에 대해 살펴보자. 크게 보아 네 번 일어난 사화 가운데 처음 두 번이 연산군 때 일어난 사건이기 때문이다.

고려에서 태어나 살면서 조선을 맞은 사람들 가운데 신진사대부로 불리는 이들이 있었다. 신진사대부 가운데 어떤 이들은 새 나라 건국에 몸 담고 나라의 기틀을 다져가는 데 힘을 다했다. 흔히 훈구파勳舊派라고 부른다. 어떤 이들은 고려 백성이 어찌 조선을 섬기랴, 조정에 나아가지 않고 낙향하여 학문에 전념했다. 이들은 사림파士林派라고 부른다.

세월이 흘렀다. 성종 대쯤 사림의 맥을 이은 학자들이 조정에 등장하기 시작한다. 훈구는 사림을 견제하고 사림은 훈구를 비판했다. 그러다가 훈구와 사림이 충돌하게 되면서 조선은 몇 번의 사화를 겪게 된다. 무오사화(1498, 연산군 4), 갑자사화(1504, 연산군 10), 기묘사화(1519, 중종 14), 을사사화(1545, 명종 즉위년)다. 사화 때마다 사림들이 크게 화를 당했지만, 결국 조정을 장악하게 되는 것도 사림이었다.

선조 임금쯤에 조정을 장악한 사림은 정치관·학문관 등의 차이로 동인과 서인으로 나뉘어 경쟁하게 된다. 이를 붕당정치朋黨政治라고 한다. 동인은 다시 남인과 북인으로 분열한다. 광해군 때의 북인 정권이 인조반정으로 무너지고 대신 서인 정권이 서게 된다. 북인은 존재감을 잃었지만, 남인은 여전히 조정의 한 세력을 이루고 있었다. 한편 숙종 대에 이르면 서인이 노론과 소론으로 나뉜다.

사화를 한마디로 정의하면 '훈구와 사림의 대결'이다. 하지만 좀 더 세밀하게 들여다보면, 무조건 훈구와 사림의 대결로만 볼 수 없다. 특히 연산군 대가 그렇다. 연산군 대의 갈등 구조를 이해하기 위해 우선 대간의 존재를 알아야 한다. 대간臺諫은 대관臺官과 간관諫官을 합쳐 부르는 호칭이다. 조선시대 대관은 사헌부 소속 관리를 가리킨다. 조정 신하들에 대한 감찰과 탄핵을 주로 했다. 간관은 사간원 소속 관리로 국왕에 대한 간쟁諫諍(임금의 옳지 못한 처사를 비판)을 주로 했다. 대개 젊은 인재들이 배치되었는데 임금은 간관의 간쟁을 처벌할 수 없었다. 원칙이 그랬다.

이들은 정치 일반에 대한 언론(비판)을 담당하는 언관言官이기도 해서 함께 뜻을 모아 부정한 관료를 탄핵하고 임금의 잘못을 비판하는 간쟁 기능도 함께 수행했다. 거기에 더해 임금의 관리 임명을 제약할 수 있는 서경권署經權25도 갖고 있었다. 사헌부·사간원 두 기관을 양사兩司라고 불렀다. 여기에 궁중의 학문 영역을 관장하는 홍문관이 양사의 역할을 함께 맡게 되면서 사헌부·사간원·홍문관을 삼사三司라고 부르게 되었다.26

이들 기관은 기관별로 각종 의견을 임금에게 올렸지만, 중요한 문제는 함께 뜻을 모아 임금이 이에 따라주기를 요구하곤 했다. 삼사는 조정의 소금 같은 존재였다. 삼사가 제 기능을 발휘할 때는 임금을 적절히 견제하고 신권臣權의 부패와 비대화를 막아서 조정의 균형을 잡을 수 있었다. 그러나 국익이 아닌 자신들의 이익, 당파의 이익을 위해 권한을 행사하게 될 때 조정의 균형은 깨지고 지저분한 싸움질이 되기도 했다.

연산군의 아버지 성종은 대간의 활동을 격려하며 이를 통해 신권을 견제하는 정치능력을 갖추고 있었다. 그러나 연산군은 그 정도에 이르지 못했다. 18세에 즉위한 연산군은 처음부터 삼사와 충돌했다. 연산군은 내심 무소불위의 왕권을 꿈꿨고, 그래서 삼사가 싫었다. 삼사는 초반에 어린 왕의 기를 꺾으려고 그랬을까, 사사건건 왕에 맞섰다. 간쟁이 치열했다.

관례처럼 이어져 온, 그래서 조정 대신들도 동의한, 성종의 명복을 비는 불교행사(수륙재)를 반대하고, 연산군의 생모 폐비 윤씨의 묘를 옮겨서 격에 맞게 고치려고 하는 것도 안 된다며 반대했다. '조선은 대간이 왕보다 높은 나라인가.' 연산군은 혀를 찼을지도 모르겠다. 반면 대신들은 어미에 대한 자식의 도리라는 천륜을 중시하며 대체로 연산군 편을 들었다. 그러자 삼사는 대신들까지 공격하기 시작했다. 왕의 진을 빼는 상소문을 수개월 동안 올리기도 했다.

1498년(연산군 4) 무오사화가 일어났다. 김종직의 「조의제문」이 중요한 역할을 했다. 사화가 일단락되는 데까지 20일 정도 걸렸고 처벌받은 사람은 모두 51명이다. 51명의 처벌자 가운데 사형은 6명뿐이었다(부관참시 된 김종직은 이미 고인이니, 실제로 사형된 사람은 5명). 짐작과 달리 엄청난 피바람은 아니었다. 아주 제한적이며 절제된 목표를 가진 정치적 숙청이었다.[27] 김종직과 연결된 사림에 대한 경고이자 삼사에 대한 경고이기도 했다.

무오사화를 왕의 정당한 통치 행위라고 말할 수는 없다. 그러나 적어도 무오사화만으로 연산군을 폭군으로 몰기에는 무리가 있다. 아직 갑자사화가 남아 있다. 아무튼, 무오사화로 연산군이 끔찍하게 싫어하던 삼사가 위축됐으며 왕권이 상대적으로 강해지고 안정됐다.

여기까지였다. 연산군은 강화된 왕권을 민생안정과 부국강병과 같은 건설적인 개혁을 펼치는 데 쓰지 않았다. 툭하면 술잔치요, 음행淫行의 연속이었다. 과도한 사치로 국고를 탕진했다. 삼사가 다시 소리를 내기 시작했다. 무오사화 때 연산군 편을 들었던 대신들도 이제는 삼사를 응원했다. 연산군은 궁궐이라는 넓은 바다의 쓸쓸한 섬이 되어 갔다. 멋대로 왕권을 휘두를수록 점점 더 외로워질 수밖에 없었다.

연회에서 대신大臣이 실수로 술을 엎지르는 사건으로 연산군의 옷이 젖었다. 연산군은 그 죄를 물어 대신의 관직을 박탈했다. 임금은 점점 난폭해졌다. 어머니 폐비 윤씨의 죽음과 관련된 인물들에 대한 보복이 시작된 것이다(폐비 윤씨는 투기가 심하다는 죄명으로 성종에 의해 사약을 받고 죽음).

1504년(연산군 10)에 일어난 갑자사화다. 연산군은 자신에게 어머니 격인 성종의 후궁들과 그 자식들을 끌어왔다. 성종의 후궁 정씨를 묶어놓고 그의 아들들에게 제 어머니를 때리라고 명령하기도 했다. 차라리 그냥 죽이지 아들한테 어미를 패라고 하다니. 직접 칼을 들고 할머니 인수대비(소혜왕후)를 위협하기도 했다.

수많은 신하가 해를 입었다. 목숨 걸고 간언하여 어머니 폐비 윤씨를 구하지 않았다는 죄를 물은 것이다. 유배형 이상의 형벌에 처해진 사람만 최소 239명이라고 한다. 그 가운데 실제 사형 96명, 부관참시 22명, 고문 중 사망한 자가 4명이다. 죽임을 당한 사람만 모두 122명이다. 나머지는 대개 유배형에 처해졌다. 사형 방법도 참혹했다. 죽은 이의 관을 쪼개 목을 다시 베는 부관참시剖棺斬屍 외에 쇄골표풍碎骨飄風(뼈를 갈아 바람에 날림)과 같은 끔찍한 사형법도 등장했다.

그런데 사림만 다친 것이 아니다. 훈구에 속하는 대신들도 사형·부관참시·유배를 피하지 못했다. 사화를 '훈구와 사림의 대립'으로만 설명할 수 없는 부분이다. 사실, 어느 집안은 계속 훈구 집안이고 어느 집안은 계속 사림 집안이라고 명료하게 구분하기도 어렵다. 혼인을 통한 혈연관계의 변화 등을 통해 보면 더욱 그러하다. 그래서 "'사림'과 '훈구'라는 개념도 고정적이며 서로 대립적인 별개의 실체로 파악하기보다는 서로 연결되는 유동적인 집단으로 이해하는 것이 좀 더 논리적이며 실증적인 견해가 아닐까 생각된다"[28]는 견해에 공감하게 된다.

갑자사화 전후 연산군의 행실은 더욱 나빠졌다. 방탕한 생활보다 신하들의 입을 막아버린 것이 더 큰 잘못이라고 생각한다. 실록에 의하면, 1504년(연산군 10) 3월 13일에 연산군은 "입은 화의 문이요, 혀는 몸을 베는 칼이다. 입을 닫고 혀를 깊이 간직하면 몸이 편안하여 어디서나 굳건하리라(口是禍之門 舌是斬身刀 閉口深藏舌 安身處處牢)"라는 글귀를 나무패에 새겨 환관宦官(내시)들에게 차고 다니게 했다. 이른바 신언패愼言牌라는 것이다. 여기서 그치면 좋았을 것을, 1505년(연산군 11) 1월 29일에는 모든 신하들에게 신언패를 차게 했다. 같은 해 3월 9일에는 이런 명령을 더했다.

'입은 화난의 문이요 혀는 내 몸을 베는 칼이로다'라는 시詩는 대개 말을 삼가라는 뜻을 취한 것이다. 대소인원大小人員이 이미 새겨 찼으면, 지금 또 '너는 앞에서는 순종하고 물러가서는 뒷말을 하지 말라(爾無面從 退有後言)'는 뜻으로, 대제학大提學으로 하여금 시를 짓게 하여 차는 패牌의 다른 일면에 아울러 써서 새겨라.

한마디로 "함부로 입을 놀리면 죽는다"는 협박이다. 뒷담화로도 죽을 수 있다. 너무 독한 '언론탄압'이다. 결국 반정反正이 일어났고, 왕위에서 내려왔다. 그런데 연산군은 자신이 잘못하고 있고 그래서 언젠가는 반정이 일어날 수 있다는 생각을 하고 있었던 것 같다. 그가 지은 시가 100여 편 남아 있는데 그 중 '배 뒤집혀 위급할 때 / 그 누가 구해 주리'로 끝나는 작품이 있다. 시가 현실이 된 것이다.

반정 며칠 전에는 이렇게 읊었다. '인생은 풀잎의 이슬 같아서 / 만날 때가 많지 않은 것.' 실록 기사를 옮겨 본다.

> 왕이 후정後庭 나인을 거느리고 후원에서 잔치하며 스스로 초금 두어 곡조를 불고, 탄식하기를, 인생은 초로와 같아서(人生如草露), 만날 때가 많지 않은 것(會合不多時) 하며, 읊기를 마치고 두어 줄 눈물을 흘렸는데, 여러 계집은 몰래 서로 비웃었고 유독 전비와 장녹수 두 계집만 슬피 흐느끼며 눈물을 머금으니, 왕이 그들의 등을 어루만지며 이르기를, "지금 태평한지 오래이니 어찌 불의에 변이 있겠느냐마는, 만약 변고가 있게 되면 너희는 반드시 면하지 못하리라" 하며, 각각 물건을 하사하였다.[29]

장녹수(?~1506)가 어떤 여인인지 실록은 다음과 같이 설명했다.

> 김효손을 사정司正으로 삼았다. 김효손은 장녹수의 형부이고, 장녹수는 제안대군의 가비家婢였다. 성품이 영리하여 사람의 뜻을 잘 맞추었는데, 처음에는 집이 매우 가난하여 몸을 팔아서 생활을 했으므로 시집을 여러 번 갔었다. 그러다가 대군의 가노家奴의 아내가 되어서 아들 하나를 낳은 뒤 노래와 춤을 배워서 창기娼妓가 되었는데, 노래를 잘해서 입술을 움직이시 않이도 소리가 맑아서 들을 만하였으며, 나이는 30여 세였는데도 얼굴은 16세의 아이와 같았다. 왕이 듣고 기뻐하여 드디어 궁중으로 맞아들였는데, 이로

부터 총애함이 날로 융성하여 말하는 것은 모두 좇았고, 숙원淑媛으로 봉했다. 얼굴은 중인中人 정도를 넘지 못했으나, 남모르는 교사巧詐와 요사스러운 아양은 견줄 사람이 없으므로, 왕이 혹하여 상사賞賜가 거만鉅萬이었다. 부고府庫의 재물을 기울여 모두 그 집으로 보내었고, 금은주옥金銀珠玉을 다 주어 그 마음을 기쁘게 해서, 노비·전답·가옥도 또한 이루 다 셀 수가 없었다. 왕을 조롱하기를 마치 어린아이같이 하였고, 왕에게 욕하기를 마치 노예처럼 하였다. 왕이 비록 몹시 노했더라도 녹수만 보면 반드시 기뻐하여 웃었으므로, 상주고 벌주는 일이 모두 그의 입에 달렸으니, 김효손은 그 형부이므로 현달한 관직에 이를 수 있었다.[30]

연산군이 폐위된 후 장녹수는 어떻게 되었을까.

대신 등이 모두 아뢰기를, "숙용 장녹수張綠水·숙용 전전비田田非·숙원 김귀비金貴非 등 세 사람은 모두 화근의 장본인이니, 마땅히 속히 제거하여야 합니다" 하니, 그리하라고 전교하였다. 모두 참형에 처하고, 가산을 적몰하였다.[31]

연산군을 쫓아내고 중종을 왕위에 앉힌 핵심인물은 박원종·성희안·유순정이다. 그런데 이들 세 사람은 연산군이 각별하게 믿고 아끼던 사람들이라고 한다. 속마음까지 터놓고 얘기하던, 연산군이 끝까지 '충신'으로 믿던 세 사람이었다.[32] 왠지 씁쓸하다.

연산군은 훌륭한 군주가 아니다. 역사에 기록된 그의 행적을 보면, 폐위된 게 아쉽지 않다. 다만, 지금 우리가 떠올리는 연산군의 일그러진 모습은 그의 참모습이 아님을 말하고 싶다. 『금삼의 피』와 같은 소설, '왕의 남자'와 '간신' 같은 영화 속에 그려진 반半미치광이 모습은 흥미를 위해 만들어진 연산군이다. 그런데 소설과 영화의 모습이 실제 연산군의 모습으로 알게 모르게 인식되고 있다. 소설은 소설이요, 영화는 영화일 뿐이다.

교동도에는 지금도 연산군 유배지가 전한다. 불과 두 달 유배 기간이었는데, 유배됐던 터라고 전해지는 곳이 세 곳이나 된다. 교동면 읍내리 읍성 안, 고구리 연산골, 봉소리 신골이다. 왜 세 곳이나 될까? 두 가지를 추측해 본다. 하나는 연산군 묘가 있던 터가 유배지로 잘못 알려진 것이 아닐까. 살아서 두 달밖에 머물지 않았던 교동이지만, 죽어서 몇 년간 교동에 묻혀 있었으니 말이다. 또 하나는 광해군 유배지가 연산군 유배지로 와전된 것은 아닐까 하는 생각이다. 광해군은 연산군보다 오래도록 교동도에서 유배생활을 했다. 그런데도 광해군 유배지로 알려진 곳은 하나도 없다. 그래서 해 본 막연한 추측이다.

1986년 읍내리 읍성 안에 연산군 적거지임을 알리는 표석이 섰다. '燕山君潛邸址(연산군잠저지)'라는 표기가 적절하지 않았다. 잠저潛邸는 임금이 왕위에 오르기 전에 살던 집이라는 의미다. 그런데 최근에 '燕山君謫居址(연산군적거지)'로 새긴 표석으로 바꿔 세웠다. 적거謫居는 귀양살이 한다는 뜻이다. 2008년에는 고구리 연산골에도 연산군 유배지임을 알리는 표석이 설치되었다.[33] 앞면에는 '연산군유배지(위리안치)'라고 새겼고 뒷면에는 한자로 '燕山君流配址(圍籬安置)'라고 새겼다.

이쯤하고 광해군을 만나보자. 살얼음판을 걷는 아슬아슬함 끝에 광해군(1608~1623)이 왕이 되었다. 광해군은 왕비의 아들도 장남도 아니었다. 형 임해군이 있었다. 아버지 선조가 특별히 아끼지도 않았다. 선조는 후궁 아닌 왕비의 아들을 세자로 세우고 싶어했다. 그러나 왕비는 아들을 낳지 못했다. 임진왜란이 터지면서 선조는 '할 수 없이' 광해군을 세자로 삼고

읍내리 연산군 적거지 표석(위)과 고구리 연산군 유배지 표석(아래)

분조分朝(조정을 둘로 나눔)를 이끌게 했다. 그리고 자신은 피난길에 올랐다. 광해군이 일종의 '임시정부'를 맡아 전쟁을 치르게 된 것이다.

광해군은 민심을 수습하고 의병을 독려하며 조정의 건재함을 백성들에게 인식시켰다. 강화도에 주둔한 의병장 김천일과도 연락을 주고받았다. 광해군의 분조 활동은 "조정의 명령이 사방으로 전달되어 원근에 사는 백성들의 마음이 모두 귀향하게 됨으로써 중흥의 기틀을 이룩하였던 것"[34]이라는 평가를 받았다. 왕의 인기가 바닥을 치고 세자의 인기가 치솟았다. 이게 광해군에게는 또 하나의 위험요소가 되었다. 그는 몸을 더욱 낮추었다.[35]

임진왜란이 끝났다. 이제 광해군은 순조롭게 즉위하게 될 것이다. 그런데 아니었다. 자신보다 나이 어린 '새엄마' 인목왕후가 뒤늦게 아들을 낳은 것이다. 정식 왕비의 아들, 선조의 적장자, 영창대군(1606~1614)의 탄생이다. 선조는 세자를 영창대군으로 바꾸고 싶어 했던 것 같다. 그러나 실행에 옮기지 못하고 사망했다. 광해군이 겨우 즉위했다. 1608년, 즉위 당시 영창대군은 3세, 인목대비 25세, 광해군 34세였다.

광해군은 당파를 초월하여 인재를 쓰려고 애썼고, 전쟁으로 엉망이 된 조선사회를 바로 세우고 민생을 안정시키고자 했다. 『동의보감』, 『신증동국여지승람』 등 각종 편찬 사업을 이끌었으며 적상산사고도 세우게 했다. 대동법도 이때부터 시작되었다고 한다. 하지만 적장자가 아니라는, 정통성의 한계를 슬기롭게 극복해내지는 못했다.

광해군은 당시의 국제정세를 정확히 읽고 대처했던 군주이기도 하다. 임진왜란 전후로 명은 급격하게 약해지고 있있고 만주족은 후금을 세우면서 그 기세가 강해지고 있었다. 전쟁의 후유증에서 벗어나지 못하고 있던 조선의 군주로서, 광해군은 명과 후금 어느 쪽에도 기울지 않는 양면외교,

실리 외교를 폈다. 의리상 임진왜란 때 구원병을 보내준 명을 적극 돕는 것이 옳다. 하지만 백성들을 또다시 전쟁의 참혹함으로 몰아넣지 않겠다는, 광해군의 현실감도 옳다. 예나 지금이나 외교는 정에만 의지할 수 없는 것이다.

서인들은 명에 대한 의리와 명분을 지나치게 중요시했다. 입만 열면 명을 도와야 한다고 외쳤다. 광해군과 북인세력의 외교정책을 비난했다. 답답한 광해군은 신하들을 꾸짖기도 했다.

> 중국의 일의 형세가 참으로 급급하기만 하다. 이런 때에 안으로 스스로 강화하면서 밖으로 견제하는 계책을 써서 한결같이 고려에서 했던 것과 같이 한다면 나라를 거의 보전할 수 있을 것이다. 그런데 요즘 우리나라의 인심을 살펴보면 안으로 일을 힘쓰지 않고 밖으로 큰소리치는 것만 일삼고 있다. … 우리나라 사람들이 끝내는 반드시 큰소리 때문에 나랏일을 망칠 것이다.[36]

하지만 메아리는 너무도 작았다. 서인들에 의해 반란이 일어났고 광해군은 폐위되고 말았다. 광해군은 인사 잡음 등 내치(內治)에 문제가 없지 않았고, 경덕궁·인경궁 등 각종 토목공사를 벌여 백성을 힘들게 했으며, 자신의 형인 임해군을 죽였고, 동생인 영창대군도 죽였다. 영창대군의 어머니이자 자신의 계모가 되는 인목대비를 유폐시켰다. 이것이 반란의 빌미가 되었다. 명에 대한 의리를 저버렸고 형제들을 죽였으며, 어머니를 가두는 불효를 저질렀다 하여, 능양군을 중심으로 한 반란세력에 의해 왕위를 박탈당한 것이다. 형제들을 죽이는 행위는 결코 잘한 일이 아니다. 비난받아 마땅하다. 그러나 광해군만이 유일하게 형제를 죽이는 반인륜을 범했던 것은 아니다. 왕위에 위협이 되는 혈육을 죽이는 일은 어느 나라에서나 흔히 벌어졌다.

광해군의 조카로 반란을 주도한 능양군이 인조(1623~1649)로 즉위하니 이를 인조반정이라고 한다. 그의 무력정변을 도운 서인세력이 정권을 장악하게 된다. 북인이 정권의 중심이었던 광해군 때와 달리 인조의 서인정권은 명분과 의리를 내세웠다. 그럼에도 적극적인 친명배금親明排金 정책은 펼치지 못했다. 명을 제대로 돕지도 못했다. 그들도 후금의 군사력이 명을 능가한다는 사실을 알고 있었던 것이다. 섣불리 '까불 수 없음'을 충분히 인지하고 있었다. 광해군의 외교정책을 비판한 진정성이 그래서 의심받는 것이다.

인조 대에 조선은 후금(청)의 침략을 받게 된다. 정묘호란(1627)과 병자호란(1636)이 그것이다. 광해군이 계속 집권했다면, 인조반정이 일어나지 않았다면, 후금은 조선을 침략하지 않았을까? 아마 그렇지는 않았을 것이다. 시기가 문제일 뿐 쳐들어왔을 확률이 더 높았다고 생각한다. 하지만 "세상 돌아가는 것을 제대로 읽고, 어떤 대처가 필요한지를 알고 실천했는가?"라고 물을 때, 인조의 서인 정권보다 광해군의 북인 정권이 더 훌륭했다고 말할 수 있다.

광해군의 형 임해군과 아들뻘 동생 영창대군은 모두 강화로 유배됐다가 죽임을 당했다. 이이첨이 아랫사람에게 밀명을 내려 임해군을 죽였을 것이라는 추정이 있다. 광해군 모르게 이이첨 독단으로 벌인 일이라는 것이다.[37] 영창대군 역시 그러했을 것으로 말해지기도 한다. 『광해군일기』가 인조 때 나왔으니 광해군에게 불리한 내용이 덧붙여졌을 수 있다. 가능한 추정이다. 신하들이 임해군 죽일 것을 수없이 청했으나 그때마다 광해군은 거절했었다. 그랬다 해도 광해군에게 책임이 없다고 할 수는 없다.

이이첨 정도 되면 얼마나 '촉'이 발달해 있었겠는가. 굳이 말하지 않아도 알아서 광해군의 의중을 읽었을 것이다.

자신의 명령도 없었는데 멋대로 형인 임해군을 죽였다면, 광해군은 이이첨을 크게 벌주어야 했다. 그러나 이이첨은 처벌받지 않았다. 이정표도 무사했다. 사헌부에서 이정표의 파직을 요구했으나, 광해군은 조사만 하고 파직시키지는 말라고 했다. 그리고 영창대군을 지키는 수직무장으로 임명해 다시 강화로 보냈다. 왜 하필 또 이정표인가. 이정표는 영창대군도 죽였으나 광해군은 그를 승진시켰다. 그는 강화부사가 되었다.

어쨌든, 광해군의 운명이 얄궂다. 형제를 강화로 유배 보내 죽게 했는데, 자신도 강화로 유배되었으니. 한편 광해군은 강화에서 인생 최대의 아픔을 겪는다. 광해군과 폐비 유씨는 강화부성 동문 쪽에, 폐세자 이질과 폐세자빈은 서문 쪽에 위리안치되었다.[38] 폐세자가 땅굴을 파고 탈출을 시도하다가 붙잡혔다. 그러자 폐세자빈이 자결했고 폐세자는 사사되었다. 이에 충격받은 폐비도 결국은 자살했다. 왕위에서 쫓겨나 유배되고, 며느리의 자살, 자신을 이어 왕이 되어야 했을 아들의 사형, 그리고 부인의 자결까지.

광해군은 강화도에서만 유배생활 한 것이 아니다. 여러 곳으로 옮겨졌다. 1623년(인조 1) 3월에 폐위되어 강화도로 유배됐다. 다음 해 이괄의 난 때 남쪽으로 보내졌다가 다시 강화도로 옮겨졌다. 1627년에는 교동도·정포(현재 강화군 내가면 외포리)로 내둘리기도 했다. 1627년은 정묘호란이 일어난 해다. 임금 인조가 강화도로 피난 왔다. 인조가 강화도로 들어오면 광해군을 보게 될텐데 인조 입장에서 참으로 민망한 일이다. 임금의 어색한 만남을 피하려고 광해군을 일단 교동으로 보내버렸던 것이다.

1636년(인조 14) 이번엔 병자호란이다. 광해군은 다시 교동도로 옮겨진다. 그리고 1637년쯤에 저 멀리 제주도로 이송된다. 1638년 인조는 제주도에 있는 광해군에게 옷을 보내준다. 1641년(인조 19) 광해군은 제주도에서 사망했다. 그때 나이 67세였다. 대략 따져 보니, 광해군은 강화도에서 13년 정도, 교동도에서 1년 정도, 제주도에서 4년 정도 유배 생활을 했다.

그런데 광해군은 그 어린 영창대군을 꼭 죽여야만 했을까. MBC 사극 「화정」(2015)에서 광해군 역을 맡은 차승원이 영창대군에게 이렇게 말했다.

"내가 무서우냐? 나도 그렇단다. 이렇게 작고 어린 네가 ….."

교동 가는 광해군

너희 입안에 시퍼런 칼 품고
행여 무뎌질까 벼리고 또 벼려
입만 열면 줄줄이 죽어나갔다

사람이라 지은 죄 알기는 알아
홀로는 하늘 보기 두렵기도 해
저마다 끼리끼리 패거리 만들어
무조건 따라해야 안심 됐겠지

자나 깨나 朱子만 목숨처럼 떠받들고
저마다 정신 수양 열성으로 한다지만
아서라, 군자연 하지도 마라
朱子 글 어디에
사리사욕 제일이라
나라도 소용없다 백성도 필요 없어
권세만이 최고니라 가르치더냐

그 허위 내 일찍 꿰뚫어
차라리 성리학을 버려라
實한 陽明이 낫지 않느냐
일갈하고 싶었다만
내 귀가 겪어야 할 고통을 딱히 여겨
참았더랬다

이리 한 발 내디디면 죽음이요
저리 반 발 내디디면 삶이 되는

험악한 궁 안에서
가까스로 목숨 부지하다 서른 넘어
임금 됐다만
첩첩산중 가시밭길
곳곳에 이리떼 늑대떼
너희 두 발 뻗고 잘들 잘 때
소쩍이랑 벗하여 숨죽여 울던 날
많기도 했다

강권하는 신료들에 못 이기는 척
아우 목숨 끊어 놓고
대비까지 유폐한
어쩔 수 없는 죄
나도 아팠다

만백성 어버이인 내가
孝悌를 욕보이는 패륜을 범했으니
이 신세로 떨어진 걸 원망할 수 있겠느냐

다만 입으로는 백성 民 달고 살면서
송곳 하나 겨우 꽂을 알량한 백성 땅
걸신 되어 아귀 되어 탐해 온 너희와
영원히 척지더라도
난 백성을 살리고 싶었다
대동 세상 만들고 싶었다

왜놈의 난리통 겪은 지 얼마나 됐나
여진 오랑캐 막아 싸울 준비는 됐나
대책 없이

대책 없이 명의 은혜 핏대 세우는 너희 눈에
백성이 보이더냐

난들 은혜를 모르리
명분과 체면을 모르리
내 한 몸 내놓아 명분 체면 지킬 수 있다면
몇 번인들 그리 못하랴
그런데 아니다
내 목숨 하나보다 백 곱절 더 귀한
수많은 백성의 허망한 주검이 필요하다
그만큼 명분이 중요한 일이더냐
난 백성을 살리고 싶었다
대동 세상 만들고 싶었다

이게 무어냐 결국은 너희가
날 보낸 강화도로 도망 와
교동 가는 배에 나를 떠미는구나
그래 차라리 잘 됐다
나도 너희 보기 민망했느니
너희야 오죽했겠느냐

하아, 사공의 말투는 그런대로 공손타만
눈빛은 아니구나
세상인심이 저기 갈매기만도 못하다
아까부터 슬픈 날개 펄럭이며 조용히
날 따르는 마지막 충신

황형·김천일·오종도

왜구倭寇는 일종의 해적집단이라고 할 수 있다.

왜구라는 용어를 문자 그대로 보면 '왜(일본인)가 구(쳐들어와 노략질)하다' 정도로 해석할 수 있다. 1223년(고려 고종 10) 5월 22일의 고려사에 "갑자, 왜가 금주를 구하다(甲子 倭寇金州)"라고 한 것이 최초의 기록이다. 이후 일본 해적들의 침략이 이어지면서 '왜구'라는 명사로 굳어져 간 것으로 여겨진다.[39]

쓰시마[對馬島]·이키[壹岐島]·마쓰라[松浦]가 그들의 근거지였다. 왜구의 침탈이 극심했던 시기는 고려 말이다. 가마쿠라 막부[40]의 통제력이 무너지고 남북조 분열에 따른 혼란으로 곤궁해진 일본인들이 고려 해안과 뭍까지 넘나들며 노략질을 해댄 것이다. 좀도둑 정도의 소규모 왜구들도 있었지만, 다이묘의 지원이나 묵인 속에 사실상의 군대 수준을 갖춘 대규모 왜구의 침략도 잦았다. 원 간섭기 고려의 국방력은 허약하기만 했다. 왕권이 안정되지도 못했다. 백성들만 고통을 겪었다.

왜구는 많을 때에는 수천 명의 병력이 수백 척의 선단을 이끌고 한반도의 거의 전 지역을 침략했다. 연안과 내륙에 상륙한 뒤 사람을 죽이거나 납치하고 약탈과 방화를 자행했다. '왜구가 지나간 지역에는 닭과 개도 남지 않고 연해 수천 리에 밥 짓는 연기가 끊겼다'는 것이 당시의 참상이었다. 왜구의 침략 때문에 백성들이 고향을 버리고 유랑길에 오르고, 남해와 서해 연안의 고을 가운데는 치소治所를 내륙 지역으로 옮기거나 치소 자체가 아예 없어지는 곳이 나타났다. … 심지어 조정에서는 왜구의 위협을 피하기 위해 수도를 개성에서 철원으로 옮겨야 한다는 주장이 제기되기도 했다.[41]

잔혹한 왜구를 무찌르면서 명성을 확보해 조선 건국에 성공한 이가 태조 이성계다. 이성계는 왜구 문제 해결 방법을 찾는다. 침략을 격퇴하는 것보다 사전에 막는 방법을 모색한다. 그래서 수군 전력을 강화함과 동시에 왜구에 대한 회유를 추진했다. 무로마치 막부와 정식으로 국교를 맺고 제한적인 교역을 허가했다. 왜구 중에 조선에 살기를 원하는 이는 땅을 주어 살게 해주었다.

1409년(태종 9)에 경상도에 정주한 일본인이 2,000명 정도나 됐다. 그렇다고 왜구가 완전히 사라진 것은 아니었다. 대마도에 정치적 혼란이 닥치면서 생활이 어려워진 사람들이 1419년(세종 1)에 다시 쳐들어온 것이다. 50여 척 규모의 왜구들은 황해도까지 침범했다. 이에 조선은 대마도 원정을 단행한다. 신라 때도 대마도를 정벌하려다가 말았는데,[42] 이번엔 진짜다.

이종무 지휘로 병선 227척에 1만 7,000여 명의 병력을 싣고 대마도로 쳐들어간 것이다. 완전 토벌·정복을 이루지는 못했으나 왜구의 본거지이자 경유지인 대마도를 공격함으로써 왜구들에게 심각한 타격을 입혔고 대마도주의 항복도 받아냈다. 조선 조정은 대마도를 조선의 속주로 삼아

경상도에 편입하려고 했으나 끝까지 밀어붙이지 않고 취소했다.[43]

조선은 일찍부터 일본인들의 왕래를 통제할 필요가 있다고 여겼다. 개항장을 지정하고 그곳에서만 교역할 수 있게 하는 것이다. 그래서 1407년(태종 7)에 부산포(현재 부산 동래)와 제포(내이포, 현재 경남 진해 웅천)를 개항하고, 1426년(세종 8)에 염포(현재 울산)를 추가로 열었다. 이 삼포에서만 일본인의 왕래와 교역을 허락했다.

삼포에는 각각 왜관倭館이 설치됐다. 삼포 상주 일본인 수, 입국 가능 선박 수 등을 규정하여 제한했지만 지켜지지 않았다. 삼포에 사는 일본인들은 세금 면제 혜택을 받으면서도 불법적으로 농토를 넓혀가 조선 농민과 충돌하기도 했다. 조선은 정치·경제·사회적으로 고단했다. 연산군 시기에 재정의 어려움을 겪은 조선은 1506년(중종 1)부터 삼포에 대한 통제를 다시 강화했다. 1510년에 삼포의 왜인들이 이에 반발해 삼포왜란을 일으켰다.

일찍이 세종이 왜인들을 품는 정책을 펼칠 때, 상신相臣 허조가 간언하기를, "왜노는 매우 교활하고 위선적이어서 금방 신하가 되었다가 금방 배반하는 등 그 마음을 헤아릴 수 없습니다. 어찌 어패류魚貝類나 다름없는 종족을 사람의 무리에 끼워줄 수 있겠습니까. 훗날 필시 국가의 걱정거리가 될 것입니다"[44]라고 했다. 왜인을 어패류에 비유한 것은 너무 감정적이고 지나친 말임이 틀림없다. 그렇지만 허조의 예상대로 그들은 '국가의 걱정거리'가 되어 삼포왜란을 일으킨 것이다.

우리는 삼포왜란을 삼포에 거주하고 있던 일본인들이 일으킨 소소한 난동 정도로 생각하는 경향이 있다. 하지만 그렇지 않다. 삼포왜란은 그때까지 조선이 겪은 최고의 무력 충돌이었다. 물론 이후에 벌어질 임진왜란에 비하면 아무것도 아닌 것 같지만, 그 성격과 규모가 절대 만만하지 않

았다. 연산군 당시 삼포에 거주하는 왜인이 1만 호가 넘었다.[45]

삼포를 공격한 왜인의 수도 적지 않았다. 1510년 4월, 제포에 살던 왜인 4,000~5,000명이 성을 공격했는데, 그들은 어느새 갑옷을 입고 활과 창검에 방패까지 든 완벽한 병사들이 되어 있었다. 사다리를 비롯한 공성무기도 갖추었다. 더구나 대마도에서 삼포의 왜인을 지원하는 군사들이 수백 척의 병선을 타고 건너와 전투에 참여했다.[46] 물론 대마도주가 보낸 것이다. 삼포왜란은 우발적 폭동이 아니라 치밀하게 기획된 사실상의 침략전쟁이었다. 충돌 초 제포가 함락되는 등 조선군은 고전했다. 그러나 지역 병사들과 주민들이 합심하여 왜군과 치열하게 맞서고 있었다.

1510년 4월 4일 왜군의 공격이 시작됐다. 조정에 소식이 전해진 것은 4월 8일이다. 임금은 황형을 경상좌도병마사로, 유담년을 경상우도병마사로 삼았다. 황형 등이 현지에 도착한 것은 4월 18일. 다음 날 4월 19일에 조선군의 총공세로 왜군은 무너지고 마침내 진압되었다.[47] 삼포왜란은 4월 4일부터 4월 19일까지 16일간 벌어진 사건이었다. 황형 등의 활약은 마지막 한 방, 4월 19일이었다. 생각보다 빨리 삼포왜란이 종결된 것은 황형의 결정적 승리도 승리지만, 그 이전 해당 지역의 백성과 지방군의 항전으로 왜군의 세력이 크게 약화된 덕분이기도 했다.

왜인들이 삼포왜란을 일으킨 진짜 이유는 무엇일까? 조선 조정의 통제 강화가 다는 아닐 것이다. 이미 왜인들은 명나라 복건福建·절강浙江 등에서 일부 지역을 차지해 성을 쌓고 그곳을 자신들의 거점으로 삼아 해상밀무역을 하고 있었다. 명나라 조정은 이들을 제압하지 못했다. 왜인들은 조선에서도 일부 지역을 사실상 자신들의 땅으로 만들어 조선으로부터 일본인들의 거주지로 인정받으려고 했던 것 같다. 한편 조선군에 패한 후, 대마도에서는 일본 본토의 무력을 끌어들여 다시 조선을 치자는 논의가 있었다고 한다.⁴⁸ 그때는 논의로 끝나고 말았지만 80여 년 뒤, 결국은 다시 쳐들어 왔다. 임진왜란이다.

조선후기 실학자 안정복은 『동사강목』(1778)에서 대마도와 왜구의 관계를 다음과 같이 설명했다.

대마도는 우리와 제일 가까운 곳으로 해변에서 4백 80리 떨어져 있다. 순풍이면 반일 정도의 거리이고, … 동쪽은 바로 서해의 구주九州 땅인데, 역시 하룻길이 못된다. 우리 해변에 오는 왜구는 모두 구주 여러 섬의 도적인데, 그 왜구들이 우리나라를 왕래하기 위해서는 대마도를 거치지 않으면 다른 길이 없으므로 대마도는 요충의 길목이고, 여러 섬에서 침구하는 데는 대마도 왜구가 창귀倀鬼(먹을 것이 있는 곳으로 범을 인도한다는 못된 귀신) 역할을 한다. 그러므로 만약 이 섬을 섬멸하고 그들 마음을 굴복시키면 여러 섬의 왜가 믿는 데를 잃어 날뛸 방법이 없을 것이다. … 중종 경오의 변 때 황형이 대마도를 치고자 하였으나 계획을 이루지 못하여 지금까지 식자들은 한스럽게 여긴다.

'경오의 변'은 삼포왜란을 가리킨다. 그때 황형은 대마도까지 쳐들어가려고 했던 것 같다. 그랬다면 과연 어떤 결과가 나왔을지 궁금하다.

황형黃衡(1459~1520)은 1480년(성종 11) 무과에 급제하여 벼슬에 나아갔다. 성종·연산군·중종 임금을 모셨다. 삼포왜란 진압 후 2년 뒤인 1512년(중종 7)에는 평안도로 달려가 여진인의 반란을 진압했다. 그가 죽은 후 장무莊武라는 시호가 내려졌다. 묘와 사당이 강화읍 월곳리⁴⁹에 있나.

임금이 황형에게 묻기를, "그대의 나이가 몇인가?" 하니, 대답하기를, "스물

황형의 사당인 장무사

여섯입니다" 하였다. 또 읽은 글을 물으니, 대답하기를, "신은 어렸을 때 『사서四書』·『이경二經』을 읽었으나, 무예를 일삼은 뒤로는 잊어버렸습니다" 하자, 임금이 말하기를, "국가에서 바야흐로 무재武才를 가려 쓰는데, 무사일지라도 어찌 글을 읽지 않을 수 있겠는가? 그대가 활쏘기를 잘한다고 들었는데, 글 읽기를 그만두지 말라" 하였다.[50]

젊은 시절 황형을 성종 임금이 관심을 갖고 지켜봤음을 알 수 있다. 무인이지만, 학문에도 조예가 있으며 특히 활쏘기에 능했음을 확인하게 된다. 황형이 기생과 관계된, '여자 문제'를 일으켜 신하들이 처벌을 주장할 때도 성종은 황형을 두둔하고 잘못을 덮었다. 그의 출중한 무예를 연산군도 높게 평가하고 신임했다. 가만, 연산군이 폐위되는 중종반정 때 황형은 어느 편에 섰을까?

공이 박원종을 대신하여 북병사가 되어 떠나는 날, 원종이 술을 차고 동쪽 들 밖에 나와 전송하는데, '나라에 큰일이 있으니 공은 잠깐 머물러라(國有大事公可少留)'라는 여덟 자를 손바닥 가운데 써서, 술을 권하는 틈에 가만히 보였으니, 이것은 반정할 계획이 이미 정해진 뒤였다. 그러나 공은 취한 것을 핑계하여 못 본 체하고 가다가, 포천에 이르러서 반정이 일어난 것을 들었다.[51]

어느 편에도 서지 않았다. 연산군의 실정에 가슴 아파하며, 정신 차리고 제대로 왕 노릇 하기를 바라는 마음 간절했을 것이다. '저러다가 폐위되고 말겠구나' 여겼을지도 모른다. 그러나 차마 반정에는 참여할 수 없었나보다. 대세를 읽었으나 그 흐름에 편승하지 않고 자신의 길을 갔다.

중종(1506~1544)은 황형이 반정에 참여하지 않았음에도 그를 우대했다. 삼포왜란이 터지자 황형을 파견한 것도 중종의 신임에서 나온 것이다. 황형은 남쪽에서 왜구를 무찌르고 북쪽에서 여진 야인을 진압하면서 중종의 믿음에 보답했다. 대마도를 정벌하지 못한 것이 끝내 한이 됐을까, 일본의 침략을 예견한 것일까. 미래를 대비하는 황형의 이야기가 『연려실기술』에 실려 있다.

공의 시골집이 강화도 연미정에 있었는데, 일찍이 소나무 수천 그루를 심었다. 사람들이 묻기를, "공은 이미 늙었는데 무엇하러 그렇게 많이 심으시오" 하니, 공은, "후세에 당연히 알 것이다" 하였다. 선조 임진년에 김천일·최원이 들어와서 강도를 보전하는데, 무릇 배와 기계를 이 나무로 만들어 쓰고도 남았다. … 사람들이 비로소 공의 식견에 탄복하였다.[52]

황형이 심은 소나무가 꽤 실하게 자랐을 게다. 약 칠십 년의 세월이 흘렀다. 1592년(선조 25)에 임진왜란이 터졌다. 속절없이 밀린 것은 당연했다. 조선은 우리 역사에서 드물게 오랜 기간 평화를 누렸다. 평화가 독이 된 걸까. 국방력은 해이해졌고 적에 대해서 아는 것도 없었다. 삼포왜란 등을 겪어본 조선 조정은 제2, 제3의 왜란 가능성을 예견하고 대비책을 세웠어야 했다. 그러나 소 잃고 외양간도 제대로 고치지 못했다. 하지만 적은 준비가 철저했고, 조선을 잘 알고 있었다.

일본군 총병력 28만 1,800여 명[53]이 1592년 4월 14일 부산성 공격으로 침략을 시작해 세 갈래 길로 나눠 북진, 4월 30일 선조의 한양 탈출, 5월 3일 한양이 함락, 6월 13일 선조의 평양 탈출, 6월 14일 평양 함락, 6월 23일 선조 의주 도착. 서울이 왜군에게 떨어지는 데 불과 20일이 걸렸다. 거짓말을 조금 보태면, 부산에서 서울까지 그냥 걸어서 와도 20일은 걸리겠다. 조선이 일본과 짜고 일부러 져주는 게 아닐까, 명나라가 의심했던 게 당연하게 여겨질 정도다.

이 정도라면 조선이 폐망하는 것은 시간문제였다. 그러나 전쟁은 7년이나 지속됐고, 결국 일본군은 패퇴했다. 조선은 만신창이가 됐지만, 나라를 지켜냈으니 결과적으로 승리한 것이다. 이순신이 바다를 지키고 전국에서 일어난 수많은 의병이 전쟁 초부터 일본군에 맞선 덕분이다. 아무리 임금이 미워도 나라를 포기할 수 없다는 순수한 열정이 한민족의 핏속에 흐르는 모양이다. 고려시대 몽골의 침략 때도 그랬듯이 평소 떵떵거리던 나리들은 도망가기 바빴고, 목숨 걸고 나라를 지켜낸 이들은 결국 민초들이었다. 백성들의 승전에 자극된 조선 관군도 힘을 내기 시작했다.

조선이 일본과 연합하여 자기 나라를 치는 것 아닐까하고 의심했던 명나라가 조선의 딱한 현실을 알고는 구원군을 파견했다. 조선과 명의 연합군은 1592년 12월에 평양성을 탈환했다. 해가 바뀐 1593년 2월 행주산성, 권율의 지휘 아래 조선군은 몇 배 더 많은 왜군과 맹렬하게 싸워 승리했다. 행주대첩이다.

1593년 3월 용산에서 명과 일본 주도로 강화^{講和} 교섭이 본격화됐다. 이에 따라 일본군은 남해안으로 철수했다. 명은 자신들의 경제적·인적 손실을 최소화 하려 했고, 일본군은 수군의 계속되는 패전으로 보급로가 끊긴데다가 조선 의병과 관군의 반격으로 곤경에 처했기에 일단 물러서서 대열을 재정비할 시간이 필요했다. 서로의 이해가 맞아떨어진 결과 협상이 진행된 것이다. 대략 5년간 전쟁은 소강상태에 들어간다. 교섭 기간에 전투가 없었던 것은 아니다. 진주성에서 김시민 군에게 대패했던 왜군이 다시 진주성을 공격한 것이 그 예다.

결국, 협상은 깨졌다. 명나라 황제의 딸을 일본 국왕의 후궁으로 보내라, 조선의 남쪽 땅을 일본에 떼어달라와 같은 도요토미 히데요시의 요구가 실현될 수는 없었다. 1597년(선조 30) 정유년, 일본의 재침이 시작된다. 정유재란이다. 경상도에 웅크리고 있던 왜군이 다시 일어섰고, 여기에 더해 14만 1,500여 명의 왜군이 새로 투입됐다. 그러나 조선은 휴전 기간에 어느 정도 군비를 강화하고 일본군의 재침에 대비하고 있었다. 1592년 당시의 조선군이 아니었다. 왜군의 진격은 더뎠다.

원균의 조선 수군이 왜군에 궤멸당하면서 위기가 있었지만, 이순신의 엄청난 승리가 전세를 역전시켰다. 1597년 9월, 명량해전 당시 이순신은 12척의 배로 130여 척의 왜군 함대를 무찔렀다. 뭍에서도 왜군은 대책 없이 밀렸다. 1598년 8월, 일본에서 전쟁을 지휘하던 도요토미 히데요시가 죽었다. 죽기 직전 그는 왜군의 완전 철수를 지시했다. 그러나 왜군은 철수하기도 어려웠다. 조선 수군이 막고 있었기 때문이다. 1598년 11월

이순신은 철수하려는 왜군을 노량해전에서 철저하게 파괴했고 이순신은 전사했다. 지긋지긋한 전쟁이 끝났다.

황형 장군이 강화도에 소나무를 심었고 임진왜란 때 김천일이 그 나무를 베어 배를 만들었다는 이야기를 앞에서 소개했다. 임진왜란 때 강화도는 어떤 상황이었는지, 의병장 김천일은 정말 강화에 있었던 것인지, 지금부터 살펴보자. 결론부터 말하면, 강화도는 왜군의 침략을 받지 않았다. 김천일이 강화에서 의병 활동을 했던 것도 사실이다.

왜군이 강화도를 공격하지 못한 것이 지세가 험하고 외부로부터의 접근이 쉽지 않아서라고 하지만, 이는 설득력이 부족하다. 고려 말 강화도는 왜구들에게 농락당했던 섬이다. 북방 유목민족이라면 모를까, 섬사람들인 왜군이 마음만 먹으면 강화도 상륙은 어렵지 않은 일이다. 아무리 지세가 험하고 물길이 사나워 접근이 어렵다고 해도 말이다.

왜군이 강화도를 침략하지 못한 것은 우선 이순신이 바다를 막아 서해로 진격해 오지 못했다는 점을 꼽아야 한다. 그리고 뜻밖에 많은 군사가 강화에 주둔하고 있었기 때문이다. 적을 막는 것은 결국 사람인 것이다. 1593년 1월 당시, 강화도에는 "전라도 절도사 최원의 군사 4,000명, 경기도 순찰사 권징의 군사 400명, 창의사 김천일의 군사 3,000명, 의병장 우성전의 군사 2,000명"[54]이 주둔하고 있었다. 모두 9,400명이다. 여기에 강화도 자체 병력과 주민·피난민들이 방어전에 투입된다면, 그 인원은 훨씬 더 많아질 것이다.

강화도는 한양 탈환을 위한 전초기지이자, 조선 조정과 충청도·전라도 등을 잇는 다리 역할을 했다. 군량미로 쓰일 곡식도 강화도로 옮겨 보관했다.[55] 실현되지는 않았지만, 조정을 강화도로 옮기는 문제도 깊이 있게 논의됐었다.

강화도 주둔 병력은 수시로 뭍으로 나가 왜군을 공격했다. 특히 김천일金千鎰(1537~1593)은 최원의 군사 등과 함께 장단의 왜군을 습격하여 수백 명의 왜군을 사살하는 등, 강화도 인근의 왜군을 공격하여 전과를 올리곤 했다. 행주산성 전투 당시 수백 척의 전선으로 한강을 거슬러 올라가 승리를 도왔다.

김천일은 나주 출신으로 문신 관료를 역임했다. 임진왜란이 일어나자 나주에서 의병을 일으켜 왜군을 무찌르며 북상했다. 1592년 8월쯤에는 강화도로 들어왔다. 이 무렵 조정으로부터 창의사倡義使라는 직책을 받았다. 1593년 4월 왜군이 서울에서 철수하자 그들을 추격했다. 6월 일본군이 진주성을 다시 공격할 때 어느새 김천일도 성 안에 들어가 있었다. 1차 진주성 전투 때 일본군은 약 3만 명이었다. 이제 2차 진주성 전투에 동원된 일본군은 10만이었다. 결국 진주성은 함락되고 말았다. 김천일은 아들과 함께 남강에 투신하여 자결했다.

이제 명나라 이야기를 하려고 한다. 명군이 조선을 도운 것은 분명히 고마운 일이다. 왜군을 몰아내는 데 도움이 된 것도 사실이다. 하지만 명이 원군을 보낸 것은 조선을 위해서만은 아니었다. 자신들의 나라를 위해서였다. 정명가도征明假道를 외치던 왜군이다. 조선을 돕지 않으면 명나라 땅에서 일본군과 맞붙게 될 것이다. 그렇다면 미리 나가 조선 땅에서 싸우는 것이 여러모로 유리했을 것이다. 입으로는 조선을 구하러 왔다지만, 속마음은 자신들의 나라를 구하기 위해서 온 것이다. 그런데도 조선에서 위세가 심했다. 군량 공급을 제대로 하지 못한다며 조선 대신들을 곤장 쳐대기도 했다. 이여송은 조선 임금의 말을 자기가 타겠으니 달라고 하는 등 건방을 떨었다. 백성들도 명군의 횡포에 고통을 겪었다. 그런데 예외적인 인물이 있었다. 오종도吳宗道다.

오종도는 중국 절강성 출신이며 무과를 통해 장수가 되었다. 임진왜란에 참전했는데 전투보다는 일본과의 협상에 주로 투입되었다. 그는 조선 조정에 매우 우호적인 입장을 보였다. 명나라 장수들의 성향을 알려주며 그들의 요구에 어떻게 대응하는 것이 좋을지 도움을 주기도 했다. 이몽학의 난(1596) 때는 지휘자급에 대한 처벌은 당연하나, 그 무리에 휩쓸린 백성들은 용서해 달라고 선조 임금에게 요청하기도 했다.

그는 1597년에 병력을 이끌고 강화에 주둔했다. 1598년 3월에 왜적을 치기 위해 전라도 순천 방면으로 남하했다.[56] 1599년 2월, 명으로 돌아갔던 오종도는 7월에 다시 수병 2,000명을 이끌고 와서 강화도에 주둔했다. 혹시 모를 왜군의 재침에 대비하기 위해서였다. 1600년 봄쯤 부산으로 이동했다가 8월에 강화도로 돌아왔다. 이후 여러 지역을 거쳐 1601년에 완전히 철수했다.[57]

오종도는 강화에 머문 기간 동안 명군에 대한 양식 제공 등으로 고통받는 강화도 주민들의 부담을 최소화하려고 애썼다. 여느 명나라 장수와는 달랐다. 조정에서는 격식을 갖추어 오종도에게 감사의 글을 보냈다.

> 강화 백성들이 특별히 대인의 돌보아 사랑해주시는 은혜를 입어 오늘날까지 보존될 수 있었으니 변변찮은 음식으로 공경하는 뜻을 보이는 것은 감격한 데서 나온 지성인 것이다. 그런데 대인께서는 깊이 민생의 폐단을 우려하여 그에 대한 역을 견감하려 하니 그 뜻이 매우 성대하다. 즉시 해당 관리로 하여금 헤아려 감하게 하여 수고로이 분부하신 뜻에 부응하도록 하겠다.[58]

강화읍 갑곶리 갑곶돈대 안에는 선정비[59] 등 조선시대의 비석이 60여 개나 모여 있다. 유수 등 수령의 선정비가 제일 많다. 이중 돌 색깔이 특이

갑곶돈대 안 강화비석군

한 비가 하나 있는데, 오종도거사비吳宗道去思碑다. '거사비'란 떠나간 이를 그리워하며 세운 비라는 뜻으로, 송덕비·공덕비·선정비·불망비 등과 엇비슷한 의미다.

오종도거사비는 2000년에 강화읍 갑곶리 지역에서 두 동강 난 상단부와 하단부가 따로따로 발견됐다. 1906년 당시에도 갑곶나루 서쪽에 멀쩡하게 세워져 있었는데[60] 이후 언제 파손된 것인지 알 수 없다. 지금은 갑곶돈대 안에 자리 잡았는데 두 조각을 하나로 이어 붙인 자국이 선명하다. 비에는 '흠차도사 오종도의 청렴결백하고 백성을 보호한 것을 기리는 비(欽差都司石樓吳公宗道淸白保民去思碑)'라는 긴 제목 아래 강화도 주민들의 고마움을 전하는 글이 실려 있다. 1600년 4월에 세웠다.

오종도비

그런데 이 비는 특이하게 한참 뒤에 음기陰記(비 뒷면에 새긴 글)가 새겨졌다. 130여 년 후인 1731년(영조 7) 3월, 비 뒷면에 새로운 글을 추가한 것이다. 원래의 비문은 그리 길지 않고 다소 추상적인 느낌이 드는 시 같은 내용이다. 그런데 새로 추가한 글은 내용이 상대적으로 길고 구체적이다. 비문의 일부를 보면 다음과 같다.

임진년에 왜노가 우리나라를 노략질하니 황제께서 크게 병사를 일으켜 우리를 구원해 주셨다. 석루 오공이 흠차관欽差官(사신)으로 왔는데, 그 수고로움이 매우 컸다. 정유년에 왜노가 다시 왕성해지자 공이 또 형개의 군문에 속하여 수병을 이끌고 강화에 오랫동안 머무르면서 섬 안의 백성을 위무하였고, 그 주변을 편안케 하였다. 군사를 거두어 중국으로 돌아갈 때 백성들이 공의 귀환을 그리워하여 곧은 돌에 그의 자취를 적었다.
그로부터 100여 년이 지난 지금에는 글자가 벗겨지고 뭉개졌으며 이끼가 비석을 덮어서 거의 알아볼 수 없게 되었다. 유수 유척기가 이를 아쉽게 생각하여 비를 깨끗이 씻어내고 … 또한 강화부는 정축년의 어지러움을 겪으면서 이미 선비의 도가 무너졌는데 지금의 세상도 이와 같으니 중국의 문물을 마침내 다시 볼 수 없는 것이다. … 오공의 자는 여행汝行이고 절강성 소흥부 사람이며 무과 출신자인데, 평소 병법으로 이름을 날렸다고 한다.[61]

비가 세워지고 130여 년 후에 음기가 추가된 이유는 무엇일까. 영조 임금 때 노론세력의 정치 명분이었던 대명의리론對明義理論과 존명반청尊明反淸

의식을 새삼 강조하기 위함인 것 같다.[62] 조선과 청나라 간에 우호적인 분위기가 형성되어가는 당시 분위기에 대한 반발로 볼 수 있다. 병자호란 때 청군에게 처참하게 짓밟힌 땅 강화, 거기에 있는 명의 장수를 칭송하는 비인 오종도거사비. 대명의리론을 강조하기에 딱 좋은 소재였을 것이다.

자랄 때는 그저 그랬는데, 원숙해지고 보니 아찔하다. 해마다 4월 말, 5월 초쯤 갑곶돈대 안은 영산홍 붉은 꽃물이 흥건하다. 한 번쯤 만나볼 일이다. 꽃구경 다음에 비석 구경. 이 비, 저 비 거닐며 보다 보면 오종도거사비도 만나고, 금표비도 보게 된다. '禁標'라고 크게 썼고 작은 글씨로 '放牲畜者杖一百 棄灰者杖八十'이라고 썼다.

'가축을 놓아기르는 자는 곤장 100대, 재를 함부로 버리는 자는 곤장 80대를 때린다'는 뜻이다. 좀 심하다. 이미 연산군 당시 기록에 "옛적에는 재를 길에 버리는 것도 금하였으니"[63]라는 내용이 나오는 걸 보면, 그 역사가 꽤 깊음을 짐작하겠다. 이익(1681~1763)의 『성호사설』에 이와 관련된 내용이 나온다.

상앙의 법은 재를 버리는 자에게도 형벌이 있었는데 여기에 대해 의논하는 자는 이는 너무 가혹한 짓이라고 한다. 그러나 『한자韓子』에도, "은 나라 법은 재를 길거리에 버리는 자에게 형벌을 주었다. 자공은 이것이 너무 지나치다 하여 중니에게 묻자, 중니는 대답하기를, '재를 길거리에 버리면 반드시 불이 일어나서 사람을 태우게 될 것이다. 사람이 타면 모두 반드시 노여워할 것이고, 노여워하면 싸울 것이며, 싸우면 서로 삼족까지 죽이게 될 것이니, 그렇다면 비록 형벌을 준다 해도 옳을 것이다'라고 했다." … 그러나 길에 버린 재가 반드시 사람을 불태우기까지 할 수야 없다면 이는 성인聖人의 말씀이 아닌 듯하다. … 나는 일찍이 상앙이 재를 버린 자에게 형벌한 법은 나라를 부유하게 만든 한 방법에 불과한 것이 아닌가 생각한다. 나라를 부유하게 하려면 농사에 힘쓰는 것밖에는 다른 방법이 없고 농사를 잘하자면 재를 버릴 수 없기 때문에 이렇게 한 것이다.

상앙과 한비자는 전국시대 법가사상을 대표하는 인물이다. 법가는 엄한 형벌로 백성을 통제하는 사상으로 진시황이 수용해서 유명해졌다. 공자(중니)에게 제자 자공이 재 버린 이에게 형벌을 가하는 것은 지나친 처사가 아니냐고 물었다. 공자는 재를 버리면 불이 날 수 있고 그러면 사람이 타 죽을 수 있으니, 벌을 주는 것은 옳은 일이라고 답변했다. 하지만 이익은 공자가 이런 말을 하지 않았을 것이라고 하면서 나름의 답을 내길, 농사를 잘 짓기 위해 재를 버리지 못하게 했을 것이라고 했다. 재를 모아 거름으로 쓰도록 하려는 의도였다는 얘기다. 실학자 박제가(1750~1805)는 『북학의』에서 이렇게 말했다.

중국에서는 거름을 금처럼 아낀다. 재를 길바닥에 버리는 일이 없다. 말이 지나가면 삼태기를 들고 따라가면서 말똥을 줍는다. 우리나라에서는 … 발에는 항상 개똥이나 말똥이 밟힌다. 이것만으로도 백성들이 밭을 잘 가꾸지 않는다는 것을 알 수 있다. … 재를 함부로 길에다 버려서 바람이 조금만 불어도 눈을 뜰 수 없으며 이리저리 날려서 많은 집의 술과 밥을 더럽힌다. … 지금 성 안에서는 재를 일 년만 모아도 몇 만 섬은 충분히 될 것이다. 그런데 전부 버리고 이용하지 않는다. 이것은 몇 만 섬의 곡식을 버리는 것과 같다. … 진秦나라는 법으로 재를 버리는 자는 사형에 처했다. 비록 상앙이 만든 혹독한 법이지만, 중요한 것은 그것이 농사에 힘쓰라는 뜻에서 나왔다는 점이다. 우리나라의 관리들도 백성들이 재를 함부로 버리는 것을 금해야 한다. 그러면 농사에도 도움이 되고 나라도 깨끗해지는 일거양득의 효과를 얻을 수 있다.

『성호사설』과 『북학의』의 내용을 통해 강화 금표비의 경고 '가축을 풀어놓으면 곤장 100대요 재를 버리면 80대를 때리겠다'는 이유를 유추할 수 있다. 재와 가축의 똥을 모아 거름으로 써서 농토를 비옥하게 하고 그래서 생산량을 늘리려는 것이 주목적이었다. 이에 더해 환경보호·산림 훼손 예방·화재 예방의 목적도 겸했을 것이다.

금표비는 세워진 시기가 정확히 언제인지 모른다. 다른 비들과 달리 비 옆면에 '癸丑 四月 日 立'이라고만 새겼다. 조선시대 계축년癸丑年은 1433년(세종 15), 1493년(성종 24), 1553년(명종 8), 1613년(광해군 5), 1673년(현종 14), 1733년(영조 9), 1793년(정조 17), 1853년(철종 4)이다. 비의 상태 등 여러 가지 정황으로 보아 조선후기에 세웠을 것인데, 『북학의』를 쓴 박제가가 활동하던 시기인 정조 때(1793)이거나, 강화에서 살았던 임금인 철종 때(1853)가 아닐까 짐작해 본다.

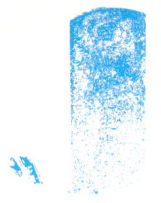

권필 유허비에 스치는 바람

송해면 하도리에 조선의 문장가이자 시인인 권필權韠의 유허비遺墟碑가 있다. 앞면에 석주권선생유허비石洲權先生遺墟碑라고 쓰여 있고 뒷면에 행적이 적혀 있는데 전문을 옮기면 다음과 같다.

강화부 서쪽 오리천은 석주 선생의 유지다. 선생의 휘는 필韠이요 자는 여장汝章으로 습재 선생 벽擘의 다섯째 아들로 태어났고, 계부季父 생원부군 휘 별擷의 후사로 출계하였다(양자가 되었다). 일찍이 과거에 뜻이 없어 포기하고 관직에 제수되어도 모두 나아가지 않았다. 세상의 번거로움을 피해 이곳에 집을 짓고 거주하니 원근의 학자學子들이 선생의 명성을 듣고 다투어 몰려들어 구의摳衣(옷의 앞자락을 들어올려 경의를 나타낸다는 뜻. 스승으로 섬김을 이르는 말)로 가르침을 청하는 자가 심히 많았다.

선생은 나날이 가르쳐 성취시키는 것을 일로 삼았고, 때때로 시를 읊으며 스스로 소일하여 늙음에 이르는 것도 알지 못하였다. 수년간 거하였는데 강화유수가 재물에 빠져 아비를 시해한 옥사를 관대히 처결하자, 선생은 소를 올려 그 죄를 바로잡았고, 드디어는 이곳을 떠나 현석강으로 돌아가 살았는데 스스로 호하여 석주石洲라 하였다.

월사 이정구 공이 일찍이 명나라 사신을 접대할 문사를 엄선할 때 선생은 유생으로 참여하였다. 임진왜란 때 죽창 구용과 함께 화친을 주장하는 두 상신을 참수할 것을 청하는 글을 써 올렸다. 이이첨을 남의 집에서 만난 적이 있는데, 담을 넘어서 피하였다. 임자년(1612, 광해군 4) 무옥^{誣獄}에 궁류시로 연좌되어 화를 입었으니 간악한 무리의 모해로 그렇게 된 것이다. 계해년(1623, 인조 1) 인조의 개옥^{改玉}(인조반정)에 이르러 선생에게 지평을 추증하고 그 후사를 관직에 채용하니 특별한 은혜를 베푼 것이다.

권필 유허비

선생은 자질이 매우 뛰어났고 안으로 행실이 심히 조신하셨으며 염락^{濂洛}(송나라 때 학자인 주돈이와 정호·정이를 대표하여 부르는 것으로, 이들이 살던 지역 명칭이 각각 염계와 낙양인 데서 유래함)의 여러 책을 읽어 그 견해가 두루 통하여 밝았다. 또한 『도학정맥^{道學正脈}』 한 편을 저술하였으니 그 초^抄하고 평^評함이 자세하고 적절하니, 문장을 짓는 일은 실로 여가의 일인데, 세상에서 선생을 아는 이들은 다만 시를 잘한다고만 알고 깊이 쌓인 것을 다 살피지 못하니 역시 아는 것이 천박하다.

불초한 내가 무오년(1738, 영조 14) 가을, 강화부에 부임하여 선생의 유거^{遺居}를 찾아오니, 황폐한 집터며 부서진 섬돌들은 오히려 이곳이 유거임을 판별하게 한다. 반환정·앵도파·소유동 등 여러 명승지는 선생의 시집 중에서 지칭한 곳이며, 또한 고로^{古老}들도 가리켜 전해져 설명한 곳이기도 하다.

상하의 두 연못에 이르러서는 지금은 볏논이 되어 옛날의 맑은 물결이 없어, 배회하며 쓸쓸한 감상을 억제할 수 없다.

드디어 초당 옛터에 짧은 표表를 세워 사실을 간략히 기록하여 후인들에게 알리노니 이 역시 선생을 경모하고 추념하는 뜻이 깃든 것이다. 나를 뒤이어 오는 사람이 만약 더욱 뜻이 있어 이를 보호하여 비문이 벗겨져 떨어지거나 부서지지 않도록 지켜준다면 어찌 비단 자손들만의 사사로운 다행이겠는가.

숭정崇禎 두 번째 기미년(1739, 영조 15) 여름에 4대 사손嗣係 가선대부 강화 부유수겸진무사 적樀 삼가 씀.[64]

비가 세워진 이 동네는 권필이 그를 따르는 유생들을 가르치던 곳이다. 강화유수로 부임한 권적權樀(권필의 4대손)이 선생 생전의 흔적을 되새기며 1739년(영조 15)에 초당 옛터에 세웠다. 비문을 바탕으로 석주 권필 선생의 삶을 살펴보자.

권필(1569~1612)은 조선중기의 학자로 서울 마포 현석촌(현재 마포구 현석동)에서 태어났다. 자는 여장汝章, 호는 석주石洲와 무언자無言子를 썼다. 1587년(선조 20) 19세에 과거에 응시하여 초시와 복시[65]에 합격했으나 한 글자에 문제가 생겨 합격이 취소되었다. 한 문장도 아니고 글자 하나로 합격이 취소됐다면, 답안 내용이 문제가 된 것은 아니다. 아마도 왕의 이름자 같은, 쓰면 안 되는 글자를 실수로 썼던 것 같다.

그런데 관직에 별다른 관심이 없고 남에게 구속당하기 싫어하는 성격이라 더는 과거에 연연하지 않고 '야인'으로 공부하며 살았다. 권필은 송강 정철을 스승으로 섬겼다. 정철에게 배움이 컸다. 이후 이항복 등 동료 문인들의 추천으로 몇몇 벼슬에 임명되기도 했으나 결국은 거절하고 관직에 나아가지 않았다. 일정한 규정을 따라야 하는 '봉급쟁이'의 삶이 그에게는 어울리지 않았나보다. 억울한 낙방의 충격이 한스러워 정치를 더 멀리 했는지도 모르겠다.

그는 자연을 벗 삼아 학문하고 시를 지었다. 성리학은 물론 노장사상과 불교에도 조예가 깊었다. 권필의 능력을 높이 평가한 권세가 이이첨이 그와 친해져 보려고 애썼으나 돌아보지도 않았다. 여기서 불의와 타협하지 않는 강직함이 드러난다. 그는 스스로 평하길 세상과 잘 어울리지 못했다고 하면서 부잣집 앞을 지나갈 때는 침을 뱉었고, 골목길 초라한 집 앞을 지나가면 반드시 되돌아보았다고 했다. 백성들의 곤궁한 삶에 가슴 아파했고, 자신들의 이익에만 골몰하는 고관대작, 부자들을 경멸했다. 권필은 당시의 사회에서 어떤 희망도 보지 못했던 것 같다.

고관대작 집들이 궁궐을 둘러싸고 있네.
노래 부르고 춤추며 잔치만 일삼고
값비싼 갖옷에 살찐 말 다투어 사들이네.
잘 사느냐 못 사느냐 영욕을 따질 뿐
옳으냐 그르냐는 문제 삼지도 않으니
어찌 그들이 알겠는가, 쑥대지붕 아래에서
추운 밤 쇠덕석 덮고 우는 백성들을.[66]

추운 밤 쇠덕석(추울 때 소의 등을 덮어 주는 멍석처럼 만든 것) 덮고 우는 백성들의 처지를 걱정했다. 세상 온갖 것이 잘못됐는데 그걸 바로 잡을 수 없음을 한탄했다. 새벽부터 해 떨어질 때까지 시냇가 바위에 걸터앉아 물에 비친 자신의 모습을 바라보기도 했다. 마치 조각처럼 앉아서.

1592년(24세) 임진왜란이 일어나자 강화도에 피난 왔다가 다음 해에 서울로 돌아갔다. 1594년(26세)에 다시 강화에 왔다. 1597년(29세)에는 송제민의 장녀 송씨와 결혼하고 강화에 와서 정착한 것 같다. 임진왜란 동안 권필은 전국을 돌아다니며 전란으로 유린당한 강토와 백성들의 참혹한 삶과 지배계층의 못된 모습도 봤다. 그리고 이를 소재로 한 작품들을 썼다. 한편 강화도에 주둔하던 오종도의 부하 호원경과 가깝게 지냈다.[67] 1599년(31세)에는 양택의 시부弑父사건을 바로 잡았다. 강화에서 양택이라는 이가 제 아버지를 살해했는데, 그에 대한 처벌이 이루어지지 않았다. 생각할 것도 없이 뇌물의 효과다.

> 의금부가 아뢰기를, "강화 죄인 양택이 아비를 시해한 사건의 검시 서장에 대해 바로 회계하여야 하는데, 판부사 신점과 지사 이증이 모두 정사呈辭(관원의 휴직이나 휴가) 중입니다. 작지 않은 강상綱常에 관계된 중대사건을 인원이 갖춰지지 않은 상태에서 처리할 수는 없으니, 우선 그들이 출사出仕하기를 기다렸다가 함께 의논하여 회계하는 것이 어떻겠습니까?" 하니, 아뢴 대로 하라고 전교하였다.
> 사신은 말한다. 아버지를 시해한 흉적은 천지 간에 한순간도 목숨을 유지할 수 없는 법인데, 유사有司가 정고呈告하여 태만하게 회계를 하지 않았으니, 윤기倫紀가 끊어진 것을 알 만하다.[68]

사관이 실록을 쓸 때, 자신의 의견을 덧붙이기도 한다. 위 실록에서 '사신은 말한다' 하여 아버지를 죽인 살인범에 대한 처리를 제대로 하지 않는 조정을 비판하며 인륜이 땅에 떨어졌음을 한탄했다. 결국 불의를 바로 잡기 위해 권필이 일어났다.

유학幼學 권필 등이 상소하였다. 그 대략에, "신들이 삼가 상고하건대, 강화부 사람 양택이 그 아비를 시해한 데 대해 본부의 백성들이 이구동성으로 말하며 구상 등 16인이 연명하여 관에 고발하였으니, 이는 한 고을의 공론에서 나온 것으로서 엄폐할 수 없는 일입니다.

또 부사 이용순과[자신이 재열宰列에 있으면서도 파직될까 봐서 시부弑父한 역적을 다스리지 않고 고의로 옥사를 지연시키면서 끝내 국법을 시행하지 않았다. 이것이 이른바 벼슬을 잃을까 걱정하는 비부이니 징벌하고 말고 할 것이 있겠는가] 교동 현감 이억창이 전후 검시한 바가 비록 상략詳略의 차이는 있으나 그 타살한 흔적은 그 가운데 분명히 드러나 있으니, 양택이 시부한 죄상은 의심할 여지가 없습니다. …

만약 양택에게 죄가 있다고 한다면 시역의 죄를 지었는데도 지금까지 죽이지 않은 것은 곧 왕법이 아니며, 만약 양택이 죄가 없다고 한다면 시역의 누명을 입었는데도 지금까지 판명해주지 않은 것은 곧 왕법이 아니니, 죄가 있든 없든 모두 심상히 방치할 수 없는데, 강상대역의 죄로 구금해 놓고도 강상대역의 법으로 다스리지 않는 점은 이는 실로 신들이 이해할 수 없는 일입니다. 양택의 일이 얼마나 큰 역변인데 조정 신하들은 태연히 그 괴이함을 모르고 있겠습니까. 인심이 이에 이르렀으니 시사를 알 만합니다.

삼가 바라옵건대, 전하께서는 전후 문부文簿(문서와 장부)를 모두 들이게 하여 먼저 양택이 아비를 시해한 날짜를 살피고 다음으로 추관推官 치죄의 완급을 분변하고 나서 혁연히 발노하시어 밝은 전형을 쾌히 보이소서. … 본 고을에 우거하면서 직접 이 일을 보고 의리상 묵묵히 있을 수 없었으나, 지금까지 미적거린 것은 형관刑官에게 기대하였기 때문입니다."[69]

더는 형관의 일 처리에 기대할 수 없기에 권필이 상소를 올리게 되었다는 것이다. 이 일로 조정은 뒤집혔다. 선조는 "양택이 단지 아비와 다투기만 하였어도 그 죄는 죽이지 않을 수 없다. 그런데 그 아비가 이로 인해서 죽었으니, 시역죄弑逆罪에 해당한다는 것을 어찌 의심하겠는가. … 큰 옥사의 체모가 한 번이라도 어긋남이 있으면 뒷날의 폐단을 열게 될까 염려된다"70며 철저히 조사하여 처리할 것을 지시했다. 붙들려 간 양택은 자백하지 않고 곤장을 맞다가 죽었다.

1601년(33세)에는 원접사遠接使(사신을 맞아들이던 관직) 이정구의 추천으로 종사관이 되어 명나라 사신을 맞았다. 이정구가 선조에게 권필을 추천하자, 선조는 의아했다. 명 사신과 문장을 겨룰 만한 능력이 있는 사람이라면, 자신이 모를 리가 없을 텐데, 들어본 적이 없는 이름이었다.

신축년(1601, 선조 34)에 명나라 사신 고천준과 최정건이 조서를 반포하는 일로 나왔다. 월사 이공 정귀李公廷龜가 원접사가 되어 떠나려 하면서 아뢰기를, "전부터 중국 사신을 접대할 때는 반드시 문인을 널리 선발하여 제술관으로 삼았습니다. 유학 권필이 시재詩才가 상당해서 비록 벼슬은 없지만 명성이 자자하니, 데리고 가게 해 주소서" 하니, 상이 윤허하였다.
이어 전교하기를, "권필의 이름은 지금 처음 들었다. 그가 지은 시문을 구해 볼 수 있겠는가?" 하니, 정원에서 시고詩藁 수십 편을 베껴서 올렸다. 상이 크게 칭찬하고 이어 관직을 주도록 명하였다. 그리하여 마침내 순릉 참봉에 제수되었으나 받지 않고 백의로 종사하였다. 당시 동악 이안눌, 학곡 홍서봉, 남곽 박동열, 남창 김현성 및 차천로 등이 모두 문장으로 이름이 났는데 일행이 되어 같이 일하게 되자 모두 선생에게 앞자리를 양보하였다.71

권필은 사신 접대 업무를 수행하긴 했으나, 순릉 참봉직은 받지 않았다.

그 후 동몽교관에 제수됐을 때도 사양했다. 1605년(37세)에 초당草堂 둘레에 소나무와 밤나무 50여 그루를 심었다. 1606년(38세)에는 전염병에 걸려 40여 일 사경을 헤매다가 애제자 송희갑宋希甲의 지극한 간병으로 겨우 회복하였다. 1610년(광해군 2, 42세)에 강화도 생활을 정리하고 서울 현석촌으로 옮겨갔다. 1611년에 '궁류시宮柳詩(원제는 聞任茂叔削科)'를 지었다.

1612년에 이 시가 발견되어 끌려가 광해군의 친국親鞫(임금이 직접 중죄인을 국문함)을 받았다. 좌의정 이항복의 도움으로 겨우 풀려나 함경도 경원으로 귀양길에 올랐다가 동대문 밖에서 생을 마감하였다. 목이 말라 벗들이 권하는 막걸리를 마시고 장독杖毒이 솟구쳐 사망한 것이다.[72] 당대 최고의 문인이었던 권필은 모진 고문 끝에 그렇게 허무하게 44세의 나이로 죽고 말았다.

그의 문집인 『석주집』에 전하고 있는 800여 편의 시 중, 100여 편에 당시 사회와 정권에 대한 비판 의식이 두드러지게 표현됐다고 한다. 사람들은 권필의 시들을 서로 베껴가며 읽었다고 한다. 권필의 시는 백성들의 울분을 대변해 줌은 물론, 탐학한 위정자들을 질타하는 수단이 되었다고 하겠다.

권필을 비극적인 죽음으로 몰고 간 시가 궁류시다. 이 작품을 쓰게 된 사연을 알아보자. 1611년(광해군 3) 진사 임숙영任叔英(1576~1623)이 임금 앞에서 치르는 과거시험인 전시殿試에서 왕실 외척의 교만함 등을 비판하는 글을 지었다. 목숨을 건 패기였다. 그 내용 일부를 풀어서 쓰면 대략 이러하다.

지금 조정은 남에게 잘 보이려고 알랑대는 자들과 비굴한 자들이 등용되고 또 벼슬도 오르고 있다. 왕비와 후궁의 친척들이 특히 그러한데 이들은 외척이라는 힘을 이용해 사리사욕만 채우고 있다. 왕비와 후궁들은 자신들의 친척을 적극적으로 밀어주고 있다.

임금이 누군가에게 관직을 내리기도 전에 이미 궁 밖에서는 중전의 친척인 누가 임명될 것이다, 후궁의 일족인 누가 임명될 것이다, 소문이 돈다. 그런데 소문에 오르내리던 사람들이 결국 그 관직에 임명된다. 해당 관청에서 이를 막지 못하고 대간들 역시 논하지 못하니 이것이 공도公道가 행해지지 않는 까닭이다.

이 정도면 정말 사형감 아닌가. 조선 조정의 대응은 그래도 우리에게 희망을 품게 한다. 시관試官 우의정 심희수가 임숙영을 장원으로 급제시키려고 했으나 다른 시관들이 반대하여 병과丙科로 합격시켰다. 광해군은 임숙영의 합격 취소를 명했으나, 삼사를 비롯한 신하들이 수개월 동안 왕의 부당한 결정에 대항하여 결국, 임숙영의 급제로 결론이 났다.

"그 뒤 (임숙영은) 승문원정자·박사를 거쳐 주서가 되었다. 1613년에 영창대군의 무옥이 일어나자 다리가 아프다는 핑계를 대고 정청庭請에 참가하지 않았다. 곧 파직되어 집에서 지내다가 외방으로 쫓겨나 광주廣州에서 은둔하였다. 인조반정 초에 복직되어 예문관검열과 홍문관정자·박사·부수찬 등을 거쳐 지평에 이르렀다"(『민족문화대백과사전』). 임숙영의 글이 문제가 됐을 때 권필은 궁류시를 지었다.

궁궐 버들 푸르고 어지러이 꽃 날리니(宮柳靑靑花亂飛)
성 가득 벼슬아친 봄볕에 아양 떠네(滿城冠蓋媚春暉).
조정에선 입 모아 태평세월 하례하나(朝家共賀昇平樂)
뉘 시켜 포의 입에서 바른말 하게 했나(誰遣危言出布衣).

궁류시에서 '궁궐 버들[宮柳]'은 유희분 등 외척 유씨, '봄볕'은 광해군, '포의'는 임숙영을 빗댄 것으로 임금에 빌붙어 권세를 누리는 이들과 부패한 정치 현실을 지적한 것이다. 이 시로 권필은 유희분에게 완전히 '찍혔다'. 얼마 후 엉뚱한 모반사건, 그 사건에 연루된 이의 집에서 권필의 궁류시가 발견되었다. 졸지에 역모세력과 한패로 엮여서 끌려가게 된 것이다.

외척 중에서도 권필의 능력을 아낀 이가 있으니, 조국필이다. 그는 권필에게 "임금께서 궁류시를 듣고 매우 노하였으니, 그대는 조만간 큰 죄를 면치 못할 것이다. 그대가 한 장의 상소를 지어 스스로 변명한다면 내가 중간에서 노여움을 풀도록 해보겠다"라며 권필을 달랬다. 그러나 권필은 그냥 웃을 뿐 대답하지 않았다.[73]

붙들려 가기 직전, 권필은 죽음을 예상했는지, 조카에게 평생 지은 시를 맡겼다. 그리고 '절필絕筆'이라는 시를 지었다.

평생에 우스개 글 즐겨 지어서
사람들 입 떠들썩 오르내렸지.
붓 놓고 애오라지 세상 마치리
공자님도 말 없고자 하시었거늘.

불의와 타협하지 않으며 강직했던 권필 선생, 뜻밖에 어린아이 같은 짓궂음도 있었던 모양이다. 전설인 듯 아닌 듯, 전해지는 글 가운데 선생과 관련된 이야기가 있다. 어느 날 시골 길을 가다가 소나기를 만나 근처 양반집으로 불쑥 들어간 권필. 선비님 여럿 모여 앉아 한 잔하면서 서로 시를 지어 돌려보던 중이라. 자신들이 지은 시 돌려보며 "이태백도 고개를 숙이리라" 하며 서로들 과장된 칭송으로 들먹거릴 때, 누군가 권필에게

시 한 수 지어보라 했다. 이에 권필이 한 수 응했다.

> 글과 칼 배우긴 했으나 두 가지 모두 성공치 못했거니
> 문도 아니오 무도 아닌 한 미치광이 되었네.
> 다음날 그대들 혹시 서울에 와서 물으면
> 주막집 아이들도 내 이름을 외우리.

　궁금했다. 주막집 아이들도 이름을 안다니. 당신 이름이 뭐요? 누군가 묻자 대답했다. 나는 권필이라 하오. 선비들 모두 깜짝 놀랐다. 거드름 피우던 자세는 간데없고 모두 벌떡 일어나 권필에게 절하며 윗자리로 모시고 술을 권했다고 한다.[74]
　권필이 시를 잘 지었다는 소리만 주로 했다. 학문의 깊이가 얼마나 대단한지 미처 말하지 못했다. 권필유허비를 쓴 권적의 말대로 '천박'했던 셈이다. 권적이 비에 적은 말을 다시 옮기는 것으로 책임을 면하련다. "『도학정맥道學正脈』[75] 한 편을 저술하였으니 그 초抄하고 평評함이 자세하고 적절하니, 문장을 짓는 일은 실로 여가의 일인데, 세상에서 선생을 아는 이들은 다만 시를 잘한다고만 알고 깊이 쌓인 것을 다 살피지 못하니 역시 아는 것이 천박하다."
　글을 쓰다가 문뜩 궁금해졌다. 광해군이 어린 영창대군을 죽였을 때, 권필은 어떤 생각을 했을까. 그에 대한 글을 남기지는 않았을까? 찾아보니 권필이 영창대군보다 조금 일찍 세상을 떠났다. 권필 1612년(광해군 4) 사망, 영창대군 1614년(광해군 6) 사망. 실록에는 권필의 생애에 대해 이렇게 적고 있다.

사람됨이 기개가 커 얽매이는 성품이 아니었으며 언론이 명쾌했고 학문에 힘쓰면서 글을 잘 지었는데 특히 시에 능했다. 그의 시는 격률^{格律}이 맑고 어휘 구사가 정묘하여 근세에서 시가^{詩家}의 상승^{上乘}을 논할 때에는 반드시 그를 첫째로 거론한다. 일찍이 과거 공부를 포기하였고 관직에 제수되어도 나아가지 않았으며 강호를 방랑하면서 오직 시를 짓고 술을 마시며 스스로 즐겼다. 마음이 언짢고 우울할 적이면 반드시 시를 지어 발산했으며 조정의 잘못된 일을 들을 때마다 또한 시를 지어 조롱하곤 하였다. 이 때문에 버드나무를 읊은[詠柳] 절구絶句 한 수가 외척에게 저촉되어 미움을 받았는데, 급기야 임자년에 이르러 시로 인한 사건[詩案]에 연루되어 형을 받고 죽었다.[76]

권필이 세상을 떠나고 거의 삼백년이 되는 1906년, 유허비를 찾아간 강화의 선비 한 사람 있었으니 고재형^{高在亨}(1846~1916)이다. 그는 비문을 읽어보고 감회에 젖어 시를 한 수 지었다.

> 석주 선생 오류천에 자리 잡고 살았는데
> 언덕 위의 앵두나무 몇백 년이 되었는가.
> 비문을 읽고 나니 다시 선생을 보는 듯
> 우러러 사모하는 뜻 선비라면 모두 같네.[77]

2013년, 권필을 연구하는 한 학자는 그의 삶을 이렇게 적었다. "그는 붓 하나에 의지해 시대의 불의에 맞섰다. 그는 자신 앞에 펼쳐진 상황을 증거하기 위해 시와 그의 목숨을 바꾸었다."[78]

한편 권필의 스승 송강 정철(1536~1593)은 '관동별곡' 등으로 유명한 문장가이지만, 고위 관료로 서인을 대표하던 인물이기도 했다. 초기 당쟁의 소용돌이 속에서 영욕을 모두 경험한 뒤 은퇴하여 여기 강화도에 와서 살다가 58세에 별세하였다. 그의 말년을 살펴보자.

　좌의정 송강 정철은 1591년(선조 24) 광해군을 세자로 책봉해 줄 것을 건의했다가 선조의 노여움을 사 유배길에 올랐다. 진주로 가다가 유배지가 강계로 바뀌는 바람에 남녘으로 가던 길을 북녘으로 돌려야 했다. 권필은 강계로 향하는 정철을 서울 근교에서 뵙고 전송했다.[79] 스승과 제자의 아픈 해후다.

　1592년 5월, 정철은 임진왜란으로 유배에서 풀려났다. 그는 평양으로 가서 의주까지 임금을 모셨다. 7월에는 삼도도체찰사三道都體察使로 임명되어 해로를 타고 남쪽으로 내려가 왜란을 수습하는 데 앞장섰다. 남쪽으로 가던 중 강화도로 들어와 한 달 정도 머물렀다.[80] 강화에서 한양 수복 방법을 강구했던 것 같다.

　1593년 4월 선조는 체찰사 정철을 사은사謝恩使로 삼아 명나라에 보낸다.[81] 한양 수복에 도움을 준 명나라에 감사의 뜻을 전하는 사절이었다. 11월에 한양에 돌아와 복명한 후 강화 송정촌松亭村으로 들어와 살다가 12월에 사망하였다. 짧은 강화도 생활은 벗에게 식량을 부탁하는 편지를 써 보낼 만큼 곤궁했다. 경기도 고양에 묘를 썼다가 1665년(현종 6)에 충북 진천 환희산으로 옮겼다.

　그는 평생 많은 시를 지었다. 만년에도 마찬가지였다. 체찰사·사은사라는 힘겨운 직을 수행하는 과정에서도, 강화에서의 길지 않은 삶 속에서도, 여전히 붓을 들었다. 붓을 들어 글을 짓는 그 순간만큼은 모든 고뇌에서 벗어날 수 있었을 것이다. 사은사로 떠나기 전에는 자신을 병든 까치에 비유하며 "옳다 그르다 떠들던 그 버릇 후회로구나(是非正悔呶呶習)"라고 쓰면서 회한에 잠긴다.

그런데 그가 시를 짓는 것 자체를 허물로 보는 시선도 있었다. 사관은 실록에 이렇게 적었다. "아, 임금은 파천播遷하고 종묘사직은 폐허가 되었는데 지금이 진실로 흥얼거리며 시구를 찾을 때인가."[82] 사관의 비판이 적절한 것인지, 아닌지는 생각해 볼 일이다.

김상용 순의비각 앞에 서서

바라건대 자신을 통렬히 꾸짖으시어 뉘우치는 뜻을 분명히 보이소서.[83]

김상용金尙容(1561~1637)이 인조에게 한 말이다. 인조가 신하들의 직언을 제대로 받아들이지 않고 오히려 직언한 신하들을 해코지한 행위를 비판한 것이다. 임금 자신을 꾸짖고 뉘우치라고, 그것도 통렬하게 반성하라고 말할 수 있는 배포가 놀랍다. 에두르지 않는다. 그야말로 돌직구다. 놀랍기는 임금도 마찬가지다. 다 듣고 임금이 "유념하겠다"고 한 말.

임금이 사실상의 사과를 한 것은 군권君權이 약하고 신권臣權이 강해서만이 아니다. 김상용의 직언이 결국은 임금을 위하고 백성을 위하는 간곡한 충언임을 알아서다. 높은 벼슬을 두루 거쳐 왔지만, 김상용의 집은 가난했다. 마음만 먹었다면 권세를 이용해 얼마든지 부富를 불릴 수 있었지만 김상용은 그러지 않았다. 경제적으로 '무능'했지만, 그만큼 맑고 깨끗했고 그래서 당당할 수 있었다. 인조가 이를 모를 리 없었다.

2013년 2월, 국회에서 장관 후보자들에 대한 인사청문회가 열렸다. 야당 의원들은 몇몇 장관 후보자들에게 5·16을 군사정변으로 보는지, 혁명으로 보는지 물었다. 박근혜 대통령을 의식한, 좀 속보이는 질문이다. 사실, 질문 가치도 없다. 아이들 배우는 교과서에도 모두 군사정변으로 나

선원 김상용 선생 순의비각

오는데 뭘 새삼스럽게 묻는가.

뜻밖에도 장관 후보자들은 대답하지 못했다. 어떤 후보자는 답변하지 않을 수 있도록 양해를 바란다고 말했다. 차라리 혁명이라고 대답했으면 얄밉지나 않았겠다. 진정으로 대통령에 대한 충정이 있다면 군사정변이었다고 말해야 했다. 쿠데타라고 해야 했다. "학문적으로 군사정변으로 다 정리된 문제 아닌가. 질문의 순수성에 문제가 있다"는 식으로 답변했다면 그럴 듯했을 것이다. 설사 쿠데타의 불가피성을 역설했다 해도 들어줄 수 있었다. 그런데 대답하지 않도록 양해해달라니. 그들은 대통령과 나라를 위해 답변을 거부한 것이 아니라 자신만의 이익을 위해서 회피한 것이다. 이미 꿀리는 게 많아 당당함을 잃은 그들이었다. 이런 인사들은 김상용식의 충언을 절대로 하지 못할 것이다.

임진왜란 때 김상용은 난리를 피해 강화도 선원으로 와서 머물렀다. 강화는 김상용의 처가가 있는 곳이다. 이를 계기로 선원仙源이라는 호를 쓰게 됐다고 한다. 병자호란 때는 청군에 맞서다 성이 함락되자 남문에서 자결했다. 김상용이 강화부성 남문에서 순절한 날, 실록은 그를 이렇게 적었다.

> 전 의정부 우의정 김상용이 죽었다. 난리 초기에 김상용이 상의 분부에 따라 먼저 강도에 들어갔다가 적의 형세가 이미 급박해지자 분사分司에 들어가 자결하려고 하였다. 인하여 성의 남문루에 올라가 앞에 화약을 장치한 뒤 좌우를 물러가게 하고 불 속에 뛰어들어 타죽었는데, 그의 손자 한 명과 노복 한 명이 따라 죽었다.
> 김상용의 자는 경택이고 호는 선원으로 김상헌의 형이다. 사람됨이 중후하고 근신했으며 … 한결같이 바른 지조를 지켰으니, 정승으로서 칭송할 만한 업적은 없다 하더라도 한 시대의 모범이 되기에는 충분하였다. 그러다가 국가가 위망에 처하자 먼저 의리를 위하여 목숨을 바쳤으므로 강도의 인사들이 그의 충렬에 감복하여 사우를 세워 제사를 지냈다.[84]

사관은 김상용이 "정승으로서 칭송할 만한 업적은 없다"고 썼다. 그런데 혼탁한 세상에서 '한 시대의 모범'이 됐다는 자체가 소중한 업적이라고 나는 여긴다. 김상용은 중앙 요직에 나아가기 전 여러 지역의 지방관을 지냈다. 지방관으로서도 한 시대의 모범을 보여주었다. 평안감사 김신원은 선조에게 정주목사 김상용의 됨됨이를 이렇게 보고했다.

> 정주목사 김상용은 몸가짐이 청근淸謹하고 처사가 명단하여 간사한 서리

들이 위엄을 두려워하고 소민이 은혜를 사모하는가 하면 학교·군무의 정사까지도 다 수거修擧(잘 다스려서 좋은 성과를 올림)되었으므로 치적이 한 도내에서 으뜸입니다. 다만 임기 끝날 날이 머지않아 백성들이 지극한 정성으로 더 머무르게 해주기를 바라면서 일제히 호소하여 마지않습니다.[85]

순절하기 몇 해 전쯤, 김상용은 자식들에게, 내가 죽으면 다른 사람에게 글을 지어달라고 구걸하지 말라고 하면서 자신의 묘지명을 직접 지었다. 본성이 졸렬하고 말수가 적다고 스스로 낮추면서도 자신의 본분을 지켰다고 떳떳하게 썼다. 정치와 담을 쌓고 산림에 묻혀 공부만 하며 산다면 선비로서 본분을 지키기 어렵지 않을 것 같다. 그러나 조정에 들어 평생을 벼슬하면서 본분을 지켜내기란 쉬운 일이 아니다.

한편 김상용의 관직 생활에서 뭐랄까, 일종의 옥에 티도 찾아진다. 정묘호란 때다. 임금이 강화도로 피난하면서 서울이 비게 됐다. 인조는 김상용에게 서울을 지키는 유도대장留都大將의 임무를 부여했다. 그런데 "유도대장 김상용이 적병이 임진강을 건넜다는 소식을 듣고 성을 버리고 달아나니, 도성이 크게 혼란하여 선혜청과 호조가 도적이 지른 불에 타버렸다"[86]라는 실록의 기록이 보인다.

이에 인조는 "김상용이 놀라서 겁을 먹고 성을 빠져나감으로써 도성이 무너지게 되었으니 추고推考하라"고 검독어사 윤지경에게 이르고 있다.[87] 추고란, 죄과를 추궁하여 심문한다는 뜻이다. 왜 그랬을까? 김상용에게서 연상되는 이미지와 너무 다른 모습이다. 아무튼, 김상용은 엄청난 죄를 지은 셈이다. 병자호란 때 달아난 장신이나 김경징과 무엇이 다른가. 죽음이 내려져도 어쩔 수 없는 상황. 임금이 윤지경에게 조사를 명령한지 한 달 뒤, 실록에는 다시 김상용이 등장한다. 좌천? 삭탈관작? 아니면 유배?

서울의 흩어졌던 백성들이 점점 돌아오고 있는데 무뢰배들이 여염집을 드나들며 도둑질을 하였다. 유도대장 김상용이 행조에 계문하니, 상이 포도대장 한 명을 보내라고 명하였다.[88]

여전히 김상용은 유도대장으로 정상적인 업무를 보고 있다. 그렇다면 서울을 버리고 도망간 죄가 용서된 것일까. 그리 쉽게 용서될 죄가 아니다. 그런데 김상용에게 아무 일도 일어나지 않았다. 아무래도 무슨 오해가 있었던 것으로 보인다. 사연이 궁금하지만 알 길이 없다.

선원면 충렬사 강화충렬사비의 앞부분은 강화읍 선원선생순의비의 내용과 대동소이하다. 중간 부분에 병자호란 당시 나라를 지키다 강화에서 순절한 우의정 김상용 등의 공적을 기록하고 있다. 비의 후반부에는 사대부로서 나라를 지키다 순국한 이들의 충절을 후세에 전하고자 하는 뜻을 담았다. 충렬사비의 후반부를 소개하면 이렇다.

오호라! 사대부들이 평소에는 도리를 말하여 참으로 사생死生과 의리義利를 분변할 줄 아는 것 같다가도 하루아침에 큰 난리를 만나면, 나라를 배반하고 살길을 엿보며 몸을 욕되게 하고 이름을 망하게 하지 않는 이가 극히 드물다. … 김창집이 이어서 강화유수로 부임하여 사우를 참배해 뵙고는 개연히 탄식하기를 "사당에 비를 세우는 것은 옛날부터의 준례다. 비가 없으면 어떻게 당세와 후세에 알릴 수 있겠는가?" 하고 드디어 돌을 떠 ….

선원선생순의비仙源先生殉義碑를 세운 김창집의 주도로 충렬사비가 세워졌음을 알 수 있다. 충렬사는 강화에 하나뿐인 사우로 강화군 선원면 선행리에 있다. 김상용 선생의 집터에 충렬사가 세워진 것은 1642년(인조 20)

이다. 처음 이름은 현충사顯忠祠였는데, 1658년(효종 9)에 사액賜額되어 충렬사忠烈祠가 되었다.[89] 김상용 외에 강흥업·구원일·황선신 등을 모셨다. 안마당 비각 안에 충렬사비가 있다. 비의 높이는 250cm, 비가 세워진 해는 1701년(숙종 27)이다.

이제 읍내에 있는 선원선생순의비로 간다. 1700년, 김상용의 순절 후 60여 년이 흐른 때, 강화유수는 김상용의 후손 김창집(1648~1722)이었다. 김창집은 할아버지의 충절을 돌에 새겨 영원히 기리고자 순의비를 세웠다. 비문을 지은 이는 김창집의 동생 이조참판 김창협(1651~1708)이다. 비의 일부 내용을 보자.

오호라! 여기는 강화부성 남문으로 고 우의정 문충공 선원 김선생께서 순의하신 곳이다. … 숭정 병자년(1636, 인조 14)에 오랑캐가 쳐들어오니 임금께서는 강화로 납시려 하였다. 그때에 선생은 이미 재상의 벼슬을 그만두었고 또 늙고 병든 몸이었는데도 임금께서 선생에게 종묘의 신주를 모시고 먼저 떠나라고 명하셨다. … 적은 또 군사를 나누어 강도를 엿보고 있었는데, 장신과 김경징 등은 천험만 믿고 이에 대비하지 않고 있었다. 그뿐만 아니라 김경징은 교만 방자하여 군사軍事로써 간하는 사람이 있으면 문득 성을 내어 이를 묵살시켜 버렸다.
… 어떤 이가 말하기를 "일은 끝났습니다. 어찌하여 배를 준비하여 급한 일에 대비하지 않으십니까?" 하니, 선생께서 탄식하여 말하기를 "주상께서는 포위 중에 계시며 종묘사직과 왕손인 원손이 모두 여기에 있으니, 만일 불행한 일이 닥친다면 죽음만이 있을 뿐이다. 어찌 살기를 바라리오" 하였다
며칠이 지나자 적이 크게 몰려온다는 보고가 있었으나, 장신과 김경징은 이를 믿지 않고 오히려 큰 소리로 말하기를 "겁쟁이들이로다. 강물이 넘실

병자호란 삼충신의 한 분인 황선신의 사당

황선신 정려문

거려 흐르는데 적이 어떻게 날아 건너올 것이냐?"라고 하였다. 이튿날 아침에 적이 과연 갑곶으로 건너오니 … 김경징 등은 일시에 배를 빼앗아 타고 도망하였다.

… 선생께서는 집안사람들과 결별하고 성의 문루에 올라 염초를 쌓아놓고 그 위에 올라앉아서 옷을 벗어 하인에게 주고는 손을 저어 좌우를 물리치고 불을 붙여 자폭하였다. 손자 수전은 당시 나이 13세로 곁에 있었다. 선생께서 노복을 시켜 손자를 데려가라고 하였으나, 손자는 선생의 옷을 붙들고 울면서 말하기를 "할아버지를 따라 죽어야지 어디로 가겠습니까?" 하니, 노복도 가지 않고 함께 죽었다. … 정축년(1637, 인조 15) 정월 22일이었다.

대저 이미 선생께서 죽으니 국가에서는 충신의 문으로 정려하고, 또 강화부성의 남쪽 7리 되는 곳에 사우를 짓고 '충렬사忠烈祠'라 사액하여 ….[90]

선원선생순의비(김상용 순의비)는 옛 남문터인 강화읍 용흥궁공원 남쪽에 모져져 있다. 초등학생부터 일반인까지 많은 답사객이 비각 앞에 서곤 한다. 비각 안에는 두 개의 비가 있다. 앞에서 바라볼 때 왼쪽 것이 1700년에 세운 원래의 비이고, 오른쪽 것은 1817년(순조 17)에 다시 세운 것으로 내용은 거의 같다. 새 비에는 "비를 세운지 오래되어 깎이고 삭고 하여 거의 읽을 수 없게 되어, 후손들이 상의하여 돌을 다듬어 옛 글씨를 모방하여 새기고 전각을 지어 세우니, 이 해가 공께서 순의하신 네 번째 정축년이다"라고 덧붙였다. 구舊비의 높이는 206.5cm, 신新비는 265cm이다.

김상용 선생을 말할 때는 종묘사직의 신주를 받들고 강화도에 왔다는 내용이 늘 따라붙는다. 잘못된 말이 아니다. 실제로 그 행렬에 함께 했으니까. 그런데 종묘사직의 신주를 모시고 왔다는 말이 유독 강조되다보니, 마치 김상용 선생이 신주를 모시는 책임자가 되어 행렬을 이끈 것처럼 해석되기 쉽다. 그건 아니다. 우선 김상용 선생 순의비와 충렬사비의 내용을 비교해보자.

김상용 선생의 순의비에 '崇禎丙子 北虜入寇 上將幸江都 先生時已去相且老病 命從 廟社主先行'이라는 내용이 있다. 이를 흔히 "숭정 병자년(1636)에 오랑캐가 쳐들어오니 임금께서는 강화로 납시려 하였다. 그 때에 선생은 이미 재상의 벼슬을 그만두었고 또 늙고 병든 몸이었는데도 임금께서 선생에게 종묘사직의 신주를 모시고 먼저 떠나라고 명하셨다"로 번역한다. 그럼 김상용이 신주를 모시는 책임자처럼 보인다.

그런데 비문의 '命從 廟社主先行' 부분을 다시 보자. "먼저 가는 종묘사직의 신주를 따라가라고[從] 명하였다"로 번역해야 더 적절하지 않은가. 이렇게 보면 김상용은 주主가 아니라 종從의 위치가 된다. 비문에서 주목할 부분은 선생이 이미 늙고 병들었다는 '老病'이다.

이번에는 충렬사비문을 보자. "종묘사직의 신주를 모시고 먼저 떠나게 하고 그 뒤로 빈궁 원손 대군과 군신 중 노병자를 따르게 하였으며(命先奉 廟社主行 嬪宮元孫大君 及群臣老病者皆從之)"라고 하였다. 김상용을 언급하지 않았다. 당시 김상용 선생은 76세 고령으로 늙고 병든 신하 즉 '노병자'에 포함된다.

정묘호란 때 인조가 강화에 먼저 오지 않았다. 종묘사직의 신주와 대비, 중전 등 여인들을 먼저 보내고 얼마 뒤에야 서울을 떠났다. 병자호란 때도 마찬가지다. 나이어린 왕족들과 여인들 그리고 늙어 체력이 약한 신하들에 대한 배려 차원에서 왕보다 일찍 가게 한 것이다. 함께 출발하면 왕의 행렬을 제대로 따르지 못하고 뒤처질 것이기 때문이다. 김상용은 늙고 병든 신하들 가운데 한 명으로 강화에 들어온 것뿐이다. 그렇다면 병자호란 때 종묘사직을 모시는 책임자는 누구였을까.

개성 유수가 치계하여 적병이 이미 송도를 지났다고 알려오자, 마침내 파천하는 의논을 정하였다. 예방 승지 한흥일에게 명하여 종묘사직의 신주와 빈궁을 받들고 먼저 강도로 향하게 하였다. 김경징을 검찰사로, 이민구를 부검찰사 삼아 빈궁의 행차를 배행陪行하며 호위하게 하였다.[91]

실록에서 예방승지 한흥일을 언급했지만, 인조가 한흥일에게 직접 종묘사직 신주를 받들어가라고 한 것은 아닌 것 같다. 신주 모실 모든 일을 맡아서 처리하라고 명한 것으로 보인다. 한흥일의 주관으로 신하들 간의 논의를 거쳐 해당 인물들이 결정됐을 것이다. 윤선거(1610~1669)의 글에 의하면, 종묘 도제조인 해창군 윤방(1563~1640)이 종묘사직의 신주를 모시는 책임자였다.[92]

강도가 함락되는 전후 사정을 기록한 1월 22일의 『인조실록』 기록에 "도제조 윤방이 종묘와 사직의 신주를 받들고 성중城中에 뒤떨어져 머물면서 묘廟 아래 묻었는데, 이때에 이르러 몽병蒙兵이 파헤쳐 인순왕후의 신주를 잃어버렸다"는 내용이 있다. 2월 4일 실록은 "윤방이 강도에서 종묘와 사직의 신주를 받들고 오니, 상이 불러 보았다. 윤방이 상을 보고 울자 상도 울었다"라고 적고 있다. 이후 신주를 제대로 모시지 못하고 분실한 책임 등을 물어 윤방을 처벌해야 한다는 신하들의 외침이 거듭되자, 인조는 할 수 없이 삭탈관작을 명했고 이어서 유배까지 보내게 된다.

한때 조정 내외에서 김상용이 순절한 것이 아니라 화약더미 근처에서 담배를 피우다가 실수로 불붙어 죽은 것이라는 헛소문이 돌았다. 김상용의 아들들이 억울함을 호소하는 상소를 올렸고 이에 인조는 사실 여부를 확인하도록 예조에 지시했다. 그에 대한 예조의 보고 중에 다음과 같은 내용이 있다.

> 김상용의 일을 윤방에게 물었더니 말하기를, '그날 적병이 대거 나룻가에 이르렀다는 말을 듣고 신들이 모두 관문 밖에 모였는데, 김상용이 나루에서 와 적이 필시 강을 건널 것이라는 상황을 말하고, 또 신에게 말하기를 '공은 이미 종묘사직의 신주를 모셨으므로 나와 달라 나의 죽음보다 쉽지 않을 것이다' 하였다. 말이 끝나기도 전에 적기敵騎가 이미 남쪽 언덕에 이르렀으므로 서로 한 번 읍하고 흩어졌는데, 이윽고 화약이 터지는 소리를 듣고 놀라 일어서서 남문을 보니 세찬 불이 하늘에 치솟았다. 늙은 하인을 시켜 탐문하였더니 김상金相이 화약으로 자분하였다 하였고, 군관을 시켜 다시 물었더니 그들이 들은 바도 그와 같았다. 신은 김상용이 작별할 때에 한 말을 이미 들었으므로 그가 자결한 것을 믿고 그 사이에 의심한 적이 없다' 하였고 ….[93]

김상용이 순절 직전 윤방에게 말하길, "윤공, 그대는 이미 종묘사직의 신주를 모셨으므로 나와는 달라서 목숨을 버리기도 쉽지 않을 것이오" 했던 것이다. 김상용은 종묘사직의 신주를 받드는 책임자가 아니었다. 임금의 배려로 신주 행렬을 따라 조금 일찍 강화도에 들어왔을 뿐이다. 물론 정승까지 지낸 조정 어른으로서의 무게는 결코 가볍지 않았다.

    난리를 피해서 강화도로 왔건만, 정작 강화도에서 참혹한 난리를 겪었다. 청나라 군대에 점령된 강화도는 말 그대로 아비규환이었다. 함께 들어왔던 남편은 이제 저세상 사람이었고 아낙은 아들 손을 잡고 뭍으로 가는 선박에 올라 가까스로 목숨을 건졌다. 그녀가 살았기에 어린 아들도, 뱃속의 아기도 살 수 있었다. 뱃속의 아기는 아버지 없이 태어났다. 병자호란이 아기를 유복자로 만들었다. 이 아기는 『구운몽』을 쓴 김만중(1637~1692)이다.

뜬금없이 여기서 김만중을 끌어댄 것은 그의 아버지가 김익겸(1615~1637)이라는 걸 말하고 싶어서다. 김익겸은 병자호란 때 강화부성 남문을 지키고 있었다. 성 함락 직전 옆에 있던 김상용에게 이렇게 말했다고 한다. "상공相公만 홀로 좋은 일을 하시렵니까."[94] 김익겸은 김상용과 함께 죽었다. 그때 김익겸의 나이 불과 스물셋이었다. 김상용의 실수로 화약이 터져 죽은 것이라는 얘기는 얼토당토않은 소리다.

위대한 죽음, 거룩한 죽음, 이런 평가를 떠나서 보통 사람으로서의 김상용을 떠올려본다. 자결을 결행하기까지 그의 심정이 어떠했을지. 세상을 버리기 얼마 전일까, 그가 쓴 시를 통해 그 마음을 헤아려보자.

초상 소식 근자에 자주 들리니
비통한 심사 누구에게 말하리오. …
옛 친구들 지금은 몇이나 남았을까
나의 삶도 또한 유한하거늘
가을바람에 한없이 눈물 흘리며
휘둘러 쓰고 나니 강가는 저물녘이네.[95]

이제 정묘호란과 병자호란의 전개과정을 정리해 본다. 정묘호란은 1627년(인조 5) 1월부터 3월까지 벌어진 사건이다. 병자호란은 1636년 12월부터 다음 해인 1637년 1월까지의 사건이다. 1636년은 병자년, 1637

정묘호란·병자호란 전개과정

날짜		내용	비고
1627	1. 13	후금군 의주성 공격	정묘호란 시작
	1. 21	후금군 청천강 건너 안주 공격	
	1. 26	인조 강화도로 출발	
	1. 28	인조 강화도에 도착	
	2. 2	후금의 사신 강화도 도착, 조선에 형제관계 맹약 요구	
	2. 7	인조 연미정에서 수군을 사열하고 송악산을 두루 살핌	
	2. 9	후금의 사신, 다시 강화도에 옴, 연미정에서 만남	
	2. 21	후금의 사신을 연미정에서 접대함	
	3. 3	조선과 후금, 화약 맺고 전쟁 끝냄	정묘호란 종료
	3. 11	강화 남문 밖에서 정시(廷試)를 시행하여 정유성 등 4명을 발탁함	『江都日錄』
	4. 10	인조 강화를 떠남	
	4. 12	인조 한양 궁궐에 도착함	
1636	3. 9	인조 장신을 강화유수로 임명	
	12. 9	청군이 압록강을 건넘	병자호란 시작
	12. 13	인조 늙고 병든 신하들 먼저 강화로 갈 것을 명함	
	12. 14	종묘사직의 신주, 빈궁 등 강화도로 출발	
		저녁, 인조 일행 강화로 출발했으나 청군이 길목을 막음	
		인조 일행 남한산성으로 감	
1637	1. 22	청군 강화도 공격, 함락	
	1. 30	인조 남한산성 출성, 삼전도 항복	병자호란 종료

년은 정축년이다. 강화도가 함락된 것은 1637년 정축년의 일이다. 참고로, 병자호란 당시에도 명나라는 존재하고 있었다. 명나라가 망한 것은 1644년이다. 명나라는 자기 나라 백성 이자성이 이끄는 반란군에게 멸망했다. 청나라는 반란군을 진압하고 명나라 땅을 차지했다.

북방 유목민족은 뛰어난 기동력을 갖춰 준수한 수준의 군사력을 유지했다. 말 타고 사냥하는 생활 자체가 그들 하나하나를 유능한 병사로 만들었다. 다만, 유목생활이 곧 부족 단위의 이동생활이라서 하나의 나라로 통합되기 어려운 한계가 있었다. 중국 한족漢族 왕조에게는 다행스러운 일이었다. 하지만 언제든 뛰어난 지도자가 나타나 하나의 나라로 통합하는 순간, 그 기세는 바로 한족 왕조에 심각한 위협이 되었다. 송나라 때 거란(요), 여진(금), 몽골(원)이 그러했다.

그래서 중국 한족 왕조들은 이이제이以夷制夷 같은 정책들을 통해 유목민족이 통합하지 못하도록 애썼다. 생존을 위한 이간 정책이었다. 명나라는 여진족 '관리'에 특히 힘썼다. 그런데 여진족이 만주족이라는 이름으로 다시 일어났다. 누르하치가 부족을 통합하고 1616년(광해군 8)에 후금後金을 세운 것이다.

누르하치가 부족을 통합할 수 있었던 것은 임진왜란 덕분이다. 명과 조선이 일본에 맞서는데 신경을 다 쓰고 있을 때라 여진에 대한 견제가 불가능했다. 후금 건국에 일본이 크게 기여한 셈이다. 후금은 나라 이름을 청으로 바꾸고 조선을 굴복시킨 후에 명나라까지 차지하게 된다. 6·25전쟁이 떠오른다. 제2차 세계대전의 패전국 일본이 오늘과 같은 경제대국이 되는 결정적 계기가 바로 6·25전쟁이었다.

아무튼, 임진왜란을 치르고 약 30년이 지났을 때인 1627년(인조 5) 1월, 조선은 다시금 전쟁의 소용돌이로 빠져든다. 여진족이 세운 나라, 후금이 쳐들어온 정묘호란이다. 임금과 조정은 강화도로 피해왔다. 후금군은 배 타고 싸우는 수전에 익숙하지 못했다. 그래서 강화도를 공격하지 못하고 먼저 화해를 요구해왔다. 명나라의 배후 공격을 우려한 후금은 전쟁을 장기전으로 끌고 갈 처지가 아니었다. 남쪽으로 내려오며 경험한 조선군의 만만치 않은 전투력도 부담이었다. 결국, 두 나라는 전쟁 시작 두 달이 채 안 되서 화의를 맺었다. 후금이 형 나라, 조선은 동생 나라가 되었다.

후금군이 돌아갔다. 정묘호란이 끝나고 10년쯤 흐른 뒤인 1636년 홍타이지는 내몽골지역까지 차지하고 '몽골의 대칸'으로 인정받게 된다.[96] 이에 고무된 홍타이지는 4월에 나라 이름을 후금에서 청淸으로 바꾸고 황제가 되었으니, 청 태종이다. 그리고 12월, 추운 겨울날에 조선으로 쳐들어왔다. 병자호란의 시작이다.

정묘호란 때 조선을 침공한 후금군은 약 3만 명이었다. 그런데 병자호란에는 네 배가 넘는 12만 8,000명 정도가 쳐들어왔다. 이번에는 수전에 능한 명나라 군사 2만 명도 함께 왔다. 공유덕·경중명 등 명나라 장수들이 자신들의 부하 병사들과 전선을 거느리고 후금으로 망명했었는데, 그들이 명의 망명군 일부를 조선 침공에 동원했던 것이다. 여기에 청에 복속된 몽골군이 더해졌다.

만주족·한족·몽골족 연합군으로 편성된 청나라 군대는 이제 육지에서는 물론 바다에서도 위력을 발휘할 수 있게 됐다. 여기에 홍이포紅夷砲라고 하는 위력적인 신무기까지 갖췄다. 홍이포의 최대 사정거리는 9km에 달했고, 실전에서 유효한 사정거리는 약 2.8km였다고 한다.[97] 갑곶에서 저 앞 김포 해안까지의 거리는 1km가 채 안 된다. 청군은 정묘호란 당시의 후금군과는 질적으로 양적으로 차이가 컸다.

조선 국경을 넘은 청군은 불과 며칠 만에 서울 근처까지 왔다. 인조는 다시 강화도 피난을 결정하고 종묘사직의 신주를 받들어 강화도로 먼저 모시게 한다. 이때 원손과 세자빈, 봉림대군, 인평대군도 김상용 등과 함께 강화로 들어왔다. 얼마 후 인조도 강화로 오기 위해 남대문을 나섰는데 청군이 길목을 막아버렸다. 참 빠르기도 하다. 산성 전투를 의도적으로 피해 가며 신속하게 남쪽으로 내려온 결과다.

임금 일행은 할 수 없이 남한산성으로 몸을 피하게 됐다. 청군은 곧 남한산성을 포위한다. 아울러 강화도 침공을 준비한다. 청의 군사 1만 6,000명이 김포 통진에 진을 치고 주둔한 것이 12월 말이었다. 해가 바뀐 정축년(1637) 1월 22일, 배를 확보한 청군은 마침내 물을 건넌다. 홍이포 등을 쏘아대며 강화해협(염하)을 건넌 것이다. 그리고 강화부성을 함락시킨다.

강화도가 쉽게 무너진 것은 청군의 침략에 대한 대비가 없었기 때문이다. 당시 강화도 수비 책임자 중에 검찰사 김경징이라는 이가 있었다. 김경징은 청군이 날개를 달고 하늘로 날아오지 않는 한 절대로 강화도를 칠 수 없다고 믿었다. 그들이 수전에 약하다는 사실만을 생각했던 것이다. 한족 수군이 동원될 것이라는 사실을 몰랐다. 청군의 침략을 대비해서 싸울 준비를 해야 한다는 건의들을 무시했다. 그러다가 청군이 쳐들어오자 제일 먼저 도망갔다. 그의 노모와 아내 그리고 며느리는 강화 땅에서 자결했다.

그런데 김경징보다 더 문제 되는 이가 장신이다. 당시 장신의 직책이 강화유수 겸 주사대장舟師大將이었다. 병자호란 당시 실질적인 군사 지휘권은 장신에게 있었다. 인조는 강화도를 방수防守하는 일을 장신에게 전담시켰다고 말했다.[98] 강화도 함락의 책임을 물어야 한다면 김경징보다 장신의 죄가 더 크다. 장신도 김경징처럼 싸워보지도 않고 가족을 내버려둔 채 도망갔다.

장신이 강화유수로 임명된 것은 1636년(인조 14) 3월 9일이다. 청군이 쳐들어오기 9개월 전이다. 그 9개월 동안이라도 제 역할에 충실해서 강화도 방비 대책을 세우고 시행했다면 얼마나 좋았을까. 강화 수비군이 청

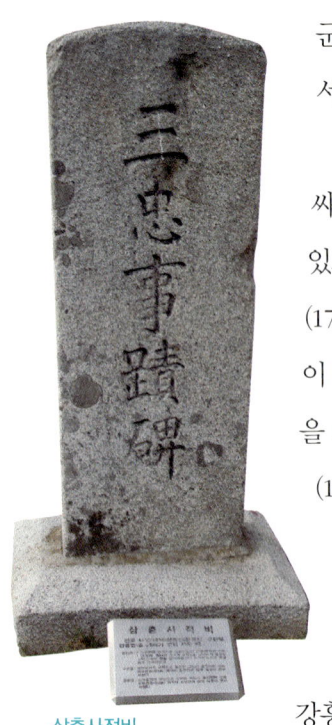

삼충사적비

군을 향해 대포를 쏘려고 해도 화약에 습기가 차서 쏠 수 없을 정도였으니, 준비 상태를 알만하다.

대장들이 도망갔어도 많은 병사가 힘을 다해 싸웠다. 그리고 장렬하게 죽었다. 오종도거사비가 있고 금표비가 있는 갑곶돈대 마당에 삼충사적비(1733)가 있다. 비문은 이렇게 시작된다. "오호라. 이 갑곶나루터 진해루 아래는 곧 삼충신이 죽음을 보이고 돌아간 곳이다. 죽은 날은 실로 정축년(1627) 정월 22일이었다. 슬프도다. 삼충신은 강화부 사람이었다. 중군 황선신은 분개하여 싸우다가 전사하였고, 우부천총 구원일은 칼을 쥐고 물로 뛰어들어 전사하였으며, 좌부천총 강흥업은 중군과 함께 전사하였으니, 이른바 삼충이라 한다…."

갑곶을 장악한 청군이 강화부성으로 몰려왔고, 백성들은 싸우다가 죽었고 성이 함락됐으며 거기서 김상용 선생이 목숨을 버렸다. 이후 강화도 구석구석은 청군의 만행으로 생지옥이 되었다. 특히 여인들이 당한 끔찍함은 이루 말할 수 없다. 남정네들의 잘못으로 여인네들이 고통을 겪는 일은 역사에서 반복됐다. 일본군'위안부'처럼 말이다.

정묘호란을 겪고 10년이었다. 조선 조정은 무엇을 했던가. 여차하면 강화도로 도망갈 생각뿐이었나. 청 태종은 조선 조정 신료들을 이렇게 평했다. "책을 읽었지만, 백성과 나라를 위해 경륜을 발휘할 줄 모르면서 한갓 허언虛言만 일삼는 소인배들."[99] 실로 반박하기 어렵다.

병자호란 때 청군에게 강화도가 함락됐다. 그러다 보니 강화도 함락

시기를 병자년이라고 쓰는 실수가 벌어지기도 한다. 병자년(1636)에 청군이 조선을 침공했고, 그들이 강화도를 치는 것은 다음 해인 정축년(1637)이라고 했다. 간지를 알면 병자년 다음 해가 정축년이라는 것을, 병인양요(1866) 후에 신미양요(1871)가 일어났다는 것을 쉽게 알 수 있다.

갑甲·을乙·병丙·정丁·무戊·기己·경庚·신辛·임壬·계癸를 10간干이라고 한다. 외워두면 여러모로 좋다. 자子·축丑·인寅·묘卯·진辰·사巳·오午·미未·신申·유酉·술戌·해亥를 12지支라고 한다. 12지는 쥐·소·호랑이·토끼·용·뱀·말·양·원숭이·닭·개·돼지로 사람의 띠(나이)를 표시하는 방법으로 쓴다.

12지는 옛날 시간 표기로도 쓰였다. 하루가 24시간이니까 한 개의 지가 두 시간씩 가리키게 된다. 그래서 자시(밤 11시~새벽 1시), 축시(1시~3시), 인시(3시~5시), 묘시(5시~7시), 진시(7시~9시), 사시(9시~11시), 오시(오전 11시~오후 1시), 미시(1시~3시), 신시(3시~5시), 유시(5시~7시), 술시(7시~9시), 해시(9시~11시)다. 자정은 밤 12시, 정오는 낮 12시, 자시의 정 가운데인 밤 12시를 자정子正이라 한 것이고, 오시의 정 가운데인 낮 12시를 정오正午라고 한 것이다.

10간과 12지를 간지干支라고 부른다. 이 간지를 가지고 연대를 나타냈다. 방법은 간단하다. 10간과 12지를 각각 하나씩 순서대로 적는다. 갑자·을축·병인·정묘·무진·기사·경오·신미·임신·계유. 만약 올해가 갑자년이면 내년은 을축년이 된다. 그다음 해는 병인년이다. 10간에 맞추다 보니 12지 중 마지막 두 개, 그러니까 '술'과 '해'가 남는다. 그냥 이어서 10간을 다시 시작하면 된다. 계유 다음에는 갑술·을해·병자…, 이렇게 나가면 된다. 쭉 하다 보면 61번째에 가서 맨 처음의 간지인 갑자甲子가 다시 나온다. 이를 환갑還甲이라고 한다.

갑	을	병	정	무	기	경	신	임	계	갑	을	…	갑
자	축	인	묘	진	사	오	미	신	유	술	해	…	자

병자호란은 1636년, 병인양요는 1866년, 병자수호조약(강화도조약)은 1876년. 공통점을 찾아보라. 간지가 모두 '병'으로 시작하고, 그 연대가 '6'년으로 끝난다는 점이다. 우연의 일치가 아니다. 다음 표를 보자.

갑	을	병	정	무	기	경	신	임	계
4	5	6	7	8	9	0	1	2	3

간지가 갑으로 시작하면 연대 끝자리는 4년, 을로 시작하면 5년, 병으로 시작하면 6년…, 계로 시작하면 3년이다. 확인해보자. 임진왜란은 1592년, 신미양요는 1871년, 임오군란은 1882년, 갑신정변은 1884년, 을사늑약은 1905년, 경술국치는 1910년이다.

돈대의 섬, 강화도

돈대는 해안가나 접경지역에 돌이나 흙으로 쌓은 소규모 관측·방어시설이다. 하늘에서 볼 때 대개 'O'이나 '□' 모양이다. 강화도의 돈대는 동서남북 모든 해안에 설치됐는데 해안경계부대인 진이나 보의 지휘를 받았다. 각각의 진과 보는 2~5개의 돈대를 관할했다. 예를 들어 초지진은 섬암돈대·장자평돈대·초지돈대를 거느렸다. 병사들은 돈대 안에서 근무를 서며 각종 수상한 정황을 살피고 대처한다. 적군이 쳐들어오면 돈대 안에 비치된 무기로 방어전을 펼친다.

조선후기 강화도 해안에 돌로 쌓은 돈대 50여 개가 세워졌다. 서북쪽 해안에는 흙으로 쌓은 흙돈대[土墩] 몇 개가 추가로 설치됐다.[100] 지금 돌로 쌓은 돈대 상당수가 남아 있으나, 흙돈대는 위치조차 알 수 없다. 돈대는 대개 숙종 재위 기간에 세워졌는데 총책임자는 병조판서 김석주였고 실무는 강화유수 윤이제 등이 맡았다.

강화도를 면밀히 답사한 김석주는 총 49개의 돈대 건립을 계획했다. 돈대를 세울 장소·모양·이름까지 미리 정했다. 1679년(숙종 5) 3월 3일, 황해도·강원도·함경도 승군 8,000명이 강화도에 들어오면서 본격적인 공사가 시작됐다. 공사 기간을 40일로 잡았으나 예상보다 길어지자 승군 900명을 추가로 투입했다. 4월 6일, 승군 8,900명이 철수하고 어영군

4,262명이 새로 들어와 작업을 계속했다.

5월 23일쯤에 모든 돈대 공사가 끝났다. 애초 계획의 두 배인 80일 정도가 걸려서 완공된 것이다. 채석 작업 기간까지 포함하면 대략 6개월이 걸렸다. 돈대 축조에 동원된 소요인력은 승군 8,900명, 어영군 4,262명 외에 석수 1,110명, 목수 등 조역助役 1,000여 명이었다.

이때 세워진 돈대는 모두 48개였다. 애초 계획이 49개였으니 한 개는 세우지 못한 것이다. 취소된 곳은 오두돈대와 광성돈대 사이 불은평돈대다. 불은평은 지대가 낮아서 바닷물 드나드는 갯골을 메우면서 돈대를 쌓아올려야 했다. 다른 곳보다 공력이 아주 많이 든다. 그래서 다음을 기약했을 테지만, 불은평에는 끝내 돈대가 들어서지 못했다.

이렇게 48개의 돈대가 완성된 이후 몇 개의 돈대가 더 들어서게 된다. 우선 축돈 시기가 불확실한 검암돈대(선수돈대)가 화도면 선수포구 맞은 편 산자락에 세워진다. 이어서 빙현돈대(1718, 숙종 44)·철북돈대(1719, 숙종 45)·초루돈대(1720, 숙종 46)가 들어선다. 마지막으로 영조 임금 즉위 초인 1726년(영조 2)에 작성돈대가 세워지면서 53돈대 체제가 완성되기에 이른다.[101] 숙종 재위 기간에 52돈대, 영조 때 1돈대. 그래서 모두 53돈대다.

이 가운데 갈곶돈대와 양암돈대가 폐지된다. 두 돈대가 폐지된 것은 설치 40년 뒤인 1718년이다. 선두포 제방을 쌓은 후 물길이 바뀌면서 두 돈대 앞이 너른 갯벌로 변했고 그래서 선박이 드나들 수 없게 되었다. 적의 배가 상륙할 수 없으니 굳이 병사를 두어 지킬 필요가 없게 된 것이다.

조선후기 강화도에 세워진 돈대는 모두 53개라고 했다. 그런데 54개라고도 말해지는 이유는 무엇일까? 용두돈대 때문이다. 53돈대인가, 54돈대인가는 용두돈대를 돈대로 볼 것인가, 말 것인가의 문제다. 용두돈대를 포함하면 54개가 되고 용두돈대를 제외하면 53개가 된다.

오두돈대(위)와 검암돈대(아래)

시기별 축돈 현황

축돈 시기	돈대 수	돈대 이름
1679년(숙종 5)	48	가리산돈대, 갑곶돈대, 건평돈대, 계룡돈대, 광성돈대, 광암돈대, 구등곶돈대, 굴암돈대, 낙성돈대, 덕진돈대, 동검북돈대, 망양돈대, 망월돈대, 망해돈대, 무태돈대, 미곶돈대, 분오리돈대, 북일곶돈대, 불장돈대, 삼암돈대, 석각돈대, 석우돈대, 섬암돈대, 소우돈대, 손석항돈대, 송강돈대, 송곶돈대, 숙룡돈대, 염주돈대, 오두돈대, 옥창돈대, 용당돈대, 월곶돈대, 의두돈대, 인화돈대, 장곶돈대, 장자평돈대, 적북돈대, 제승돈대, 좌강돈대, 천진돈대, 초지돈대, 택지돈대, 화도돈대, 후애돈대, 휴암돈대, 갈곶돈대(폐지), 양암돈대(폐지)
1690년(숙종16)~1696년(숙종 22)	1	검암돈대
1718년(숙종 44)	1	빙현돈대
1719년(숙종 45)	1	철북돈대
1720년(숙종 46)	1	초루돈대
1726년(영조 2)	1	작성돈대

　김석주의 돈대 축조 계획서에는 용두돈대가 없다. 이후에도 용두돈대를 쌓았다는 기록이 명징하게 보이지 않는다. 하지만 신미양요 다음 해인 1872년(고종 9) 이후에 제작된 강화도 지도들에는 '龍頭墩'(용두돈)이라는 이름이 나온다. 지금 우리가 용두돈대라고 부르면서, 돈대로 인정하지 않는 것도 어색하다. 굳이 돈대의 개수를 말해야 한다면, 용두돈대를 포함해 54개라고 하는 것이 합당할 것이다.

　신미양요(1871) 이후에 편찬된 『강화부지』(규장각, 12194)에 용두돈대 축돈을 짐작하게 하는 기록이 있는데, 손석항돈孫石項墩(손돌목돈대)을 설명한 부분이다.

용두돈대

上 丁卯 判官李源龜 毁撤石材 降築于逼江陡起處 辛未敗績後 復舊壑
지금 임금 정묘년(1867)에 판관 이원구가 손돌목돈대를 해체해서 해안가 툭 튀어나온 곳으로 내려 쌓았다. 신미양요 이후 옛 돈대(손돌목돈대)를 복구하였다.

    판관 이원구가 1867년(고종 4)에 해안가로 옮겼다는 돈대가 이후 용두돈대로 불리게 됐을 가능성이 크다. 병인양요(1866) 때 프랑스군은 강화해협(염하)을 거슬러 올라와 갑곶에 상륙한 후 강화읍내를 점령했었다. 이 일을 겪은 조선 조정이 물길 사나운 손돌목에 바짝 붙여 돈대를 쌓아 적선의 북상을 막아야겠다고 여겼던 것 같다. 그래서 물가에서 먼 손돌목돈대를 아래로 옮겨 쌓는 조치를 취했던 것으로 짐작된다.
    신미양요 때 최대 접전지는 광성보 손돌목돈대였다. 미군은 사진사를 데려와 전투과정을 촬영했고, 그 사진들이 지금 남아 전한다. 손돌목돈대의 모습이 너무 처참하다. 여기저기 쓰러져 있는 조선군 시신을 보니 가슴이 아리다. 그런데 돈대 여장[102]이 보이지 않는다. 미군의 폭격으로 여장

손돌목돈대

돌들이 모두 흩어져 버린 것으로 여기기 쉽다.

하지만 나는 『강화부지』(규장각, 12194) 기록대로 신미양요 당시까지 손돌목돈대가 복원되지 못했다고 믿는다. 미군의 포격으로 무너진 것이 아니라는 것이다. 미군의 포격을 받은 초지돈대와 덕진돈대는 점령당한 뒤에도 제 모습을 상당 부분 유지하고 있다. 손돌목돈대는 돌을 아래로 옮겨 용두돈대를 쌓은 후 흙담을 두른 정도로 방치되어 있다가 적군을 맞았을 것이다.

참호가 있다는 것도 신미양요 당시 손돌목돈대가 제 모습을 갖추고 있지 못했음을 암시한다. 돈대 내부의 기본 구조는 2층이다. 1층은 대포류를 쏘는 포좌가 있는 공간이고, 2층은 여장에 의지해 총과 화살 등을 쏘는 구역이다. 원래의 구조에서는 참호를 팔 곳이 없고, 그래야 할 필요도 없다. 참호는 어재연이 부임한 직후 급하게 만들었을 것이다. 적의 포격으로부터 병사들을 보호하고, 또 적을 향해 총을 쏠 적절한 높이를 확보하기 위해서 팠을 것이다. 손돌목돈대의 방어 여건이 너무 나빴다. 그래도 싸울 수밖에 없었다.

전투 직후의 손돌목돈대

신미양요 당시 용두돈대

"조선의 군사들이 하향조준으로 장탄만 할 수 있다면 그들은 틀림없이 푸른 제복의 미군을 박멸할 것임에 틀림이 없었다"[103]라는 그리피스의 기록은 손돌목돈대에 제대로 된 여장이 없었음을 시사한다. 여장이 있어야 몸을 숨긴 채 좁은 공간을 통해 사격할 수 있는데 그게 없다면 상반신을 적에게 노출하고 총을 쏴야 하는 위험이 따르는 것이다. 손돌목돈대의 방어시설이 부실했음은 미군의 사진을 통해서도 입증된다. 참호에 걸친 나무다리를 보라. 문짝을 뜯어다가 썼다. 얼마나 급했으면 문짝을 다리로 썼을까.

손돌목돈대가 미군에게 점령당할 무렵, 생존한 조선 수비군은 용두돈대로 내려가 최후의 격전을 치렀을 것이다. 바다로 몸을 던져 자결한 조선군이 많았다는 기록을 통해 이를 추정할 수 있다. 손돌목돈대에서는 바다로 뛰어들 수가 없다. 신미양요는 뒤에서 다시 살펴보도록 하고 돈대 이야기로 돌아가 보자.

54개의 강화 돈대들 가운데 돌벽에 글씨가 새겨진 돈대가 있다. 지금까지 알려진 돈대는 계룡돈대와 초루돈대 이 둘이다. 서쪽 해안 내가면 황청리 바닷가에 계룡돈대가 있다. 거기 계룡돈대 출입문 왼쪽 아래에 글이 새겨진 돌이 하나 있다. 삐뚤빼뚤해도 바로 읽을 수 있을 만큼 글자가 크고 선명하다. 돌에 새겨진 명문은 이렇다.

康熙十八年四月
日慶尙道
軍威御營

계룡돈대 명문

'강희 18년 4월 일 경상도 군위어영'

강희 18년은 1679년(숙종 5)이다.[104] 이 해 4월 어느 날 경상도 군위현에서 온 어영청 소속의 군대라는 의미다. 돈대 축조 공사가 3월 초에 시작되어 5월 말에 끝났으니 명문이 새겨진 4월은 공사가 진행되고 있을 때다. 돈대가 완공된 것을 기념하는 공식적인 글은 아니다. 승군이 철수하고 그 자리에 경상도에서 올라온 어영군이 배치됐고, 그 중 누군가가 이 글을 새겼을 것이다. 경상도 사나이는 별 생각 없이 가벼운 마음으로 돌을 쪼았을 것 같다. 역사를 기록한다는 사명감 같은 건 없었을 것이다. 그러나 이 15글자가 그대로 소중한 역사가 되어 그 당시의 사실을 전해주고 있다.

북쪽 해안 양사면 북성리에 자리잡은 초루돈대는 소래돈대라고도 불리는데, 명문은 다음과 같다.

康熙五十九年四月 日
□□前別將崔□螢
牌將敎鍊官張俊英
前司果金□□

강희 59년은 1720년(숙종 46)이니, 숙종 재위 마지막 해다. 강화에서의 숙종 시대 마지막 흔적이 이곳인 셈이다. 명문에는 별장·비장 등 관직명과 함께 사람들의 이름이 적혀 있어, 돈대 축조를 지휘했던 이들임을 짐작할 수 있다. 계룡돈대 명문이 공사 중에 새겨진 것과 달리, 초루돈대 명문은 공사가 끝남을 기리며 공식적으로 새긴 것으로 보인다. 명문대로 초루돈대가 완성된 것은 1720년 4월, 숙종이 승하한 것은 그해 6월이다. 명문 글씨가 작고 희미해서 육안으로 읽어내기 어렵다.

초루돈대

　초루돈대는, 표현이 어떨지 모르겠지만, 적절히 무너진 채 옛 모습을 간직하고 있다. 현대에 복원된 돈대들하고는 돌의 때깔부터 다르다. 북쪽 해안 군부대 구역에 자리 잡아 민간인의 출입이 통제되는 곳이다. 통제는 불편한 것이지만, 대신 문화재의 원형을 지켜주는 순기능도 있다.

　강화의 돈대들을 돌아보면 그 위치가 절묘하다. 주변 지역이 한눈에 들어와 작은 배 한 척이라도 금방 눈에 띈다. 옛사람의 눈이 지금 사람의 눈과 다르지 않은 지, 상당수의 돈대 주변에 해병대 경계초소가 있다.

　강화의 모든 돈대 안은 텅 비어 있다. 그런데 조선시대 당시에는 무기고 겸 숙소로 쓰던 아담한 건물인 돈사墩舍가 있었다. 1682년(숙종 8) 강화유수 조사석은 각 돈대에 5칸 규모의 돈사를 지어 3칸은 창고로 쓰고 2칸은 돈대지기의 숙소로 쓰게 하자고 숙종에게 건의했다. 우의정 김석주가

강화이 돈대(강화고려역사재단)

적극적으로 동조하자 숙종이 돈사 설립을 지시했다.[105] 다음 해인 1683년(숙종 9)에 35개의 돈대에 돈사가 조성됐다.[106] 나머지 돈대들에도 차차 돈사가 들어섰을 것이다.

    나는 돈대를 강화도 국방 문화재의 꽃이라고 여긴다. 희귀해야만 값진 것이 아니다. 만약 돈대가 강화에 한 개뿐이라면 그 의미와 가치가 더 높아질까? 그렇지 않다. 강화도 해안 동서남북 곳곳에 자리한 돈대는, 많아서 더 값진 것이다. 형태가 남아 있는 돈대들이 다 비슷한 것 같아도 똑같은 곳은 하나도 없다.[107] 일관성에 내재된 다양성의 의미라고나 할까. 하나하나 다 새롭게 다가오는 돈대들, 그래서 좋다.

고려궁지에서 조선을 보다

처음 강화유수에게는 그 권위에 비해 군사를 움직일 실질적인 권한이 별로 없었다.

> 강화유수 여이징이 상소하기를, "… 이 부府는 백성이 잔폐하고 군사가 적어서 한 모퉁이도 감당할 만하지 못한데, 수군水軍은 통어영에 속하고 육군은 총융청에 속하여 수신帥臣의 직임은 행정상의 일뿐입니다. 묘당으로 하여금 사전에 방책을 익히 강구하게 하소서."[108]

강화유수가 자신에겐 행정권만 있을 뿐 군사를 움직일 힘이 없으니 대책을 세워달라고 상소한 것에서 알 수 있다. 그런데 숙종 대에 이르러 유수의 위상이 변하게 된다. 1678년(숙종 4)에 새로운 군영인 진무영鎭撫營이 창설된 것이다. 진무영의 수장인 진무사鎭撫使는 강화유수가 겸하도록 결정됐다. 이제 강화유수가 병권兵權을 갖게 되었다.

> 강화유수로 진무사를 겸하게 하였다. 이보다 앞서 윤심이 아뢰기를, "강화는 광주와 다름이 없는데 그곳만 밀부密符가 없으니, 변통함이 마땅할 듯합니다" 하고, 이원정이 말하기를, "… 이제 별도로 명호名號를 세워 방어사의

예와 같이하고서, 비로소 밀부와 유서諭書를 내려 주심이 마땅하겠습니다" 하니, 임금이 명하여 대신에게 의논하여 그 이름을 정하게 하였는데, 이때에 이르러서야 정하였다.[109]

윤심이 숙종에게 말하길, 강화유수에게 밀부가 없는 것은 문제라고 했다. 밀부란, 유사시에 군사를 일으킬 수 있도록 국왕이 발급해주던 증명패로 병권의 상징이다. 둘로 쪼개 한쪽은 해당관료에게 주고 다른 하나는 궁중에서 보관했다. 이원정은 방어사 같은 자리를 만들어 강화유수에게 밀부와 유서(군사권을 가진 관찰사·절도사·방어사 등이 부임할 때 임금이 내리는 명령서)를 주는 것이 좋겠다고 했다. 이에 임금이 강화유수가 겸할 지휘관직의 명칭을 정하라고 했고, 신하들의 논의 끝에 '진무사'로 결정됐다는 것이다.

이후 약 10년간 정비과정을 거치면서, 진무영은 독립된 지휘체계를 갖춘 독자적 방어단위로 자리를 굳히게 된다. 진무영은 강화를 본부로 하는 중영 외에 강화도 바깥에 있는 4개의 외영으로 구성됐다. 그리고 여기에 1개의 별중영別中營이 더해졌다. 이에 관한 내용은 다음의 표와 같다.[110] 이제 강화도가 외적의 침입 등으로 위험에 빠지면, 외영은 물론 별중영의 병사들까지 달려와 미리 정해진 구역을 방어하게 되었다.

강화도의 군사적 위상이 높아진 것이다. 경기와 황해도 연해 지역이 전영前營·좌영左營·우영右營·후영後營이 되어 강화도 진무영 본부의 지휘권 안에 포함된 것이다. 이제 강화유수는 진무영 진무사로서 외영장外營長인 부평부사·통진부사·풍덕부사·연안부사 등에 대한 포폄褒貶, 즉 근무성적 평가권까지 행사하게 되었다.[111]

그런데 시간이 흐르면서 진무영 조직이 부침을 겪게 된다. 1696년(숙

● 진무영 조직 현황

영(營)	소재(所在)	속읍(屬邑)
중영(中營)	강화	본부
전영(前營)	부평	인천, 안산
좌영(左營)	통진	김포, 양천, 금천
우영(右營)	풍덕	교하, 고양
후영(後營)	연안	배천
별중영(別中營)	해미	해미, 대흥, 신창, 평택, 예산, 온양, 면천, 당진, 결성, 덕산, 아산, 서산

종 22) 무렵 진무영 외영의 속읍들이 떨어져 나갔다. 애초 총융청 등에 소속됐던 지역을 뽑아 진무영에 포함시켰던 것이기에 그 지역 방어를 위해 일부 속읍의 '원대복귀'가 추진된 것이다. 『강도지』에 의하면, 해미는 본도로 이속되고 금천·안산·양천과 통진이 총융청으로, 교하·고양은 장단으로 이속되었다고 나온다. 그래서 1696년 현재 전영(부평)·우영(풍덕)·후영(연안)만 있었다. 『강화부지』(1783)에는 전영(부평부) – 속읍 인천부, 좌영(통진부) – 속읍 김포군, 우영(풍덕부), 후영(연안부) – 속읍 배천군과 같은 약간의 변화가 보인다. 이후 대원군 집권기에 진무영의 권한이 다시 강화된다.

진무영의 책임자가 강화유수라고 했다. 이제 '유수부'에 대해 알아보도록 하자. 유수제留守制가 시행된 곳은 원래 옛 도읍지였다. 고려 때는 경주와 평양 그리고 서울에 유수관을 설치했었다. 조선조기에도 이러한 전통이 이어져 개성과 전주에서 유수제가 시행됐다. 전주는 태조 이성계의 어향御鄕이라는 상징성으로 유수제 실시 지역에 포함됐었다.

그런데 조선후기에 유수제의 색깔이 바뀌게 된다. 행정적 성격보다 군사적 성격이 강해진 것이다. 한양을 외곽에서 지켜내는 임무가 유수부에 주어졌는데, 개성·강화·수원·광주가 이에 해당된다. 개성유수부는 조선 초인 1438년(세종 20)쯤에 이미 성립됐지만 조선후기에 와서 도성의 방위 체제로 새롭게 편입됐다. 1627년(인조 5) 정묘호란 때 강화도로 피난했던 인조가 3개월 만에 환도하면서 강화도호부를 유수부로 승격시켰다. 1793년(정조 17)에 수원유수부, 1795년에는 광주유수부가 섰다.[112]

정조 때 유수부가 된 수원은 화성이 있는 곳이고, 광주는 남한산성이 있는 곳이다. 유수의 품계는 개성과 강화가 종2품, 수원과 광주는 정2품이다. 임기는 2년인데 잘 지켜지지는 않았다. 유수 밑에 행정 업무를 실질적으로 처리하는 경력經歷(종4품)이 있었다. 강화유수가 진무영 진무사를 겸하듯, 강화유수부 경력은 진무영 종사관을 겸했다. 이후 경력은 판관判官으로 바뀐다.

조선 건국 초 강화도는 고려 말 이래 부사府使가 다스리는 강화부江華府였다. 1413년(태종 13)에 강화부의 명칭이 강화도호부江華都護府로 바뀌었다. 이때 수령을 도호부사(종3품)라고 했다. 1618년(광해 10)에는 강화도호부의 수령이 도호부사에서 종2품인 부윤府尹으로 변경된다. 부윤이 됐으니 승격이 이루어진 셈인데 이게 좀 모호하다. 광해군은 꿩 대신 닭 주듯 강화 수령의 직급을 올렸다.

광해군은 "무릇 유수라고 하는 것은 고도古都를 맡은 사람을 일컬어 하는 말이다. 따라서 강도江都의 관원을 무턱대고 유수라는 명호로 일컫는 것은 부당하니 부윤으로 개정하는 것이 좋을 듯하다. 비변사로 하여금 의논해 처리케 하라"[113]고 명했다. 광해군의 지시로 보아 그때 이미 강화의 수령을 유수로 부르는 움직임이 있었던 모양이다. 그렇게 부윤으로 몇 년 지나고 1627년에 강화유수부가 서면서 수령도 유수로 바뀌었던 것이다.

비변사는 조선후기 조정의 핵심 기관으로 의정부를 능가하는 권위를 갖고 있었다. 국가 중대사는 대개 비변사에서 결정이 이루어졌다. 강화유수는 이조판서·호조판서·예조판서·병조판서·대제학·훈련대장·어영대장과 함께 비변사 예겸당상이 되어 회의에 참석하는 실세였다.[114] 예겸例兼은 겸임한다는 뜻이니, 예겸당상은 강화유수 등이 비변사의 당상을 겸한다는 의미다. 비변사에서 논의가 이루어진 것들을 매일 기록한 것이 『비변사등록』이다.

조선의 지방 행정구역은 태종 재위 기간에 정비가 이루어지고 이후 점차 개편된다. 지방관의 직급이 높은 것부터 순서대로 적으면, 부府·대도호부大都護府·목牧·도호부都護府·군郡·현縣이다. 모두 330개 정도였다. 부가 대도호부보다 높다는 게 좀 이상하게 보일지도 모른다. 평양·경주·전주·의주 등에 부府가 설치됐는데 수령은 종2품 부윤府尹으로 관찰사와 동격이었다. 시기에 따라 전국에 4~6개의 부가 있었다.[115] 일종의 특별행정구역인 유수부를 부의 범위에 넣어 이해하기도 한다.

대도호부는 안동·창원·강릉·영흥·안변·영변에 설치됐다. 이중 함경도 안변과 평안도 영변은 얼마 안 가 폐지된다.[116] 대도호부의 수령은 대도호부사로 정3품이다. 목牧은 지명에 청주·충주처럼 주州가 들어가는 전국 20개 지역을 말한다. 그 수령은 목사牧使인데 원칙적으로 정3품이 임명된다. 태종은 행정구역을 정비하면서 군·현의 명칭 가운데 주州가 들어가는 곳은 '산山'이나 '천川'으로 바꾸게 했다.[117] 각 도의 대표 도시인 주州의 위상과 그곳에 설치된 목牧의 격을 유지하기 위해서였다. 그래서 한주韓州가 한산漢山이 되고 인주仁州가 인천仁川이 되었다. 이 밖에도 여러 곳의 지명이 바뀌었다.

● 조선시대 지방행정구역과 수령

구분	부	대도호부	목	도호부	군	대현	소현
수령	부윤	대도호부사	목사	도호부사	군수	현령	현감
품계	종2품	정3품	정3품	종3품	종4품	종5품	종6품

태종은 또 고려 말부터 지속되어 온 각 지방 부의 호칭을 도호부로 바꿨다. 따라서 태종 이전의 부는, 위에서 언급한, 부윤이 다스리는 최상급 지방행정구역이 아니다. 구분이 필요하다. 도호부의 수령은 도호부사로 종3품이다.

이제 군현이 남았다. 군郡의 수령은 군수로 종4품이다. 현縣은 대현과 소현으로 나뉘는데 대현의 수령은 현령으로 종5품이고, 소현의 수령은 현감으로 종6품이다.

조선후기 고려궁지에는 객사客舍[118] · 행궁 · 외규장각 · 장녕전 · 만녕전 · 봉선전과 상아上衙 · 이아貳衙 등 수많은 건물이 있었다. 1696년(숙종 22) 당시로 볼 때 객사 규모가 148칸이나 됐다. 상아는 121칸, 이아는 99칸이다. 상당한 '건물숲'을 이루고 있던 셈이다. 하지만 병인양요(1866) 때 대개 불탔다. 지금 고려궁지 안에는 다시 지은 동헌 건물 명위헌 · 외규장각 · 이방청 · 강화부 종각이 있다.

이방청이라는 건물은 그 명칭이 아무래도 어색하다. 실무책임자인 경력의 근무처 이아貳衙일 것이라는 추정이 차라리 설득력 있다. 건물의 용도가 궁금하지만, 정확히 알 수 없어 유감이다. 아무튼 이방청이라는 이름은 잘못 정해진 것으로 생각된다. 내 어릴 적 이방청은 귀신 영화 찍으면 딱 어울리는 곳이었다. 동네 어른들은 밤이면 귀신 울음이 들린다고도 했다. 지붕 내려앉고 담벼락 뻥뻥 뚫리고 문짝은 기운 그 옛 건물에서 어린 나는 친구들과 숨바꼭질이나 깡통차기 놀이를 하곤 했다. 워낙 숨을 곳이 많아 한 번 술래가 되면 좀처럼 면하기 어려웠다. 그래서 술래만 하다가 울고 가는 아이들도 있었다. 이방청이 말끔하게 정비되면서 TV 사극 촬영지로 자주 쓰였다. 비록 남자 탤런트뿐이었지만, TV에서만 보던 이들을 실제로 보는 신기한 경험을 했다.

귀신의 집 소리를 듣던 이방청이 지금처럼 정비된 것은 박정희 대통령 때다. 숙종에 의해 강화도가 다시 태어났듯 박정희에 의해 강화도는 또다시 태어났다. 1976년 3월 1일, 강화도에 온 박정희는 갑곶돈대를 비롯한 여러 유적을 돌아보고 대대적인 보수정화를 지시했다. 자주국방이 숙원이었던 그는 대외항쟁의 중심이었던 강화를 '국민교육의 정신적 도장'으로 삼고자 했다. 복원 작업은 국가적 사업으로 신속하게 추진되어 1977년 10월 28일에 준공식을 하게 된다. 고려궁지·갑곶돈대·연무당 옛터·덕진진·초지진·광성보 등 수많은 문화재가 이때 정비되었다. 그러나 콘크리트와 철근에 지나치게 의존한 복원 작업 탓에, 옛스러운 멋을 제대로 살리지 못한 아쉬움이 남는다. 하지만 사람들의 무관심 속에 폐허로 방치되던 귀한 유적들이 번듯하게 되살아난 것은 다행스러운 일이다.

박정희는 강화도 문화재 복원에 각별한 관심과 애정을 갖고 세밀한 부분에까지 관여했다. 이를테면, 가로수로 플라타너스를 심을 것, 갑곶돈대 안에 철쭉·찔레나무·무궁화를 심을 것, 연무당 자리에 세우는 비에 '기념비'라 쓰지 말고 '연무당 옛터'라고 쓸 것, 광성보에 모조대포를 만들어 설치할 것과 같은 수많은 의견을 냈다. 그래서 강화도 길가마다 플라타너스가 하늘 높이 자라게 됐지만, 관리상의 어려움 등으로 대개 베어졌다. 고려궁지에서 북문 가는 길도 울창한 플라타너스 숲이었지만, 지금은 벚꽃 길로 바뀌었다.

동헌인 명위헌

이방청

고려궁지

광성보 용두돈대 한가운데는 1977년에 세운 '강화 전적지 보수정화 기념비'가 있다. 바다나 육지 어디에서나 잘 보이는 곳에 세우는 것이 좋겠다는 박정희의 뜻에 따라 용두돈대에 이 비를 세운 것인데 나는 기념비의 위치가 적절하지 않은 것 같다. 비 앞면에 새긴 '江華戰蹟地補修淨化紀念碑'는 박정희의 친필이다. 비문의 마지막 부분은 다음과 같다.

이같이 유서 깊은 역사적 옛터에 세월이 흘러 성곽은 헐어지고 집터에는 잡초만이 우거졌더니 박정희 대통령이 강화의 전적지를 돌아보시고 여기는 우리 민족의 자주정신과 호국의 기상을 이어 받는 국민 교육의 정신적 도장이 될 곳이라 정성 들여 복원 정화하라는 분부를 내리시므로 그 뜻을 받들어 문화공보부가 이 일을 마치니 이곳을 찾는 이들은 누구나 발길을 멈추고서 가슴에 국난극복의 결의를 다짐하게 될 것이다.

이러한 비문의 내용을 통해 강화도 문화재 보수 작업에 정치적 목적도 내재했음을 알게 된다. 그럼에도 오늘날 강화도가 '역사의 섬'으로 전국적인 지명도를 갖게 된 데는 고故 박정희 대통령의 힘이 컸다는 점을 인정하게 된다.

강화동종, 아침을 열다

고려궁지 이방청을 말하다가 용두돈대까지 가버렸다. 고려궁지로 다시 돌아가 보자. 서쪽 담장 안쪽에 강화부 종각鐘閣이 있다. 외규장각과 이방청 사이다. 강화부 종각에 있는 강화동종은 최근에 새로 만든 종이다. 원래의 종은 하점면 강화역사박물관에 옮겨 모셨다. 이제 옛 종을 따라가 보자.

울지마라
외로우니까 사람이다
살아간다는 것은 외로움을 견디는 일이다
공연히 오지 않는 전화를 기다리지 마라
눈이 오면 눈길을 걸어가고
비가 오면 빗길을 걸어가라
갈대숲에서 가슴검은도요새도 너를 보고 있다
가끔은 하느님도 외로워서 눈물을 흘리신다
새들이 나뭇가지에 앉아 있는 것도 외로움 때문이고
네가 물가에 앉아 있는 것도 외로움 때문이다
산 그림자도 외로워서 하루에 한 번씩 마을로 내려온다
종소리도 외로워서 울려퍼진다[119]

고려궁지 강화부 종각

　향기로운 시인 정호승의 '수선화에게'라는 시다. 종소리도 외로워서 울려 퍼진다! 아마도 그 종은 어느 산사에서부터 울림이 시작됐을 것이다. 그렇다면 종의 정체는 범종梵鐘이다. 옛 종을 흔히 범종이라고 부르는데 범梵자가 상징하듯 불가와 인연이 깊다. 종소리는 곧 부처의 음성이다. 그 은은한 소리로 중생을 깨달음에 이르게 한다. 고통에서 벗어나게 한다. 시인의 생각을 더하면, 중생의 외로움도 달래 줄 게다. 우리네 중생은 종소리를 온몸으로 들으며 그 울림에 함께 울리며 위안을 얻는다.

　왜 이름이 강화동종江華銅鐘이 되었을까? 동을 주재료로 해서 주석 등을 섞어 만들었기에 동종이라고 한다. 강화범종이라고 부르면 안 될까? 범종이라고 부르기엔 어색하다. 불교와는 거리가 있기 때문이다.

강화역사관 당시 강화동종(왼쪽)과 강화역사박물관의 강화동종(오른쪽)

　강화동종에는 꽤 긴 글이 새겨져 있다. 명문에는 동종이 조성된 시기와 무게, 조성 경위, 조성을 명하고 감독한 사람들, 조성 작업에 직접 참여한 사람들, 시주한 사람들의 명단이 담겨있다. 명문에 의하면 강화동종은 "저녁과 새벽에 울리고 경고함으로써, 성문을 열고 닫는 일을 맡아 사람과 물자의 출입을 엄히"[120] 하려고 조성한 것이다. 정족산성에서 만들어 강화유수부로 옮겨와 성문의 여닫는 시각을 알리던 종이다. 통상 밤 10시쯤(2경)에 28번 쳐서 성문이 닫힘을 알린다. 새벽 4시쯤(5경)에 33번을 쳐 성문이 열림을 알린다. 성문이 닫혀 있는 시간은 통행금지 시간이기도 하다.

강화동종은 원래 강화읍 용흥궁공원 아래 김상용선생순의비각 자리에 있었다. 강화사람들은 이곳을 인경간이라고 불렀다. 1977년에 고려궁지 안으로 옮겨 중요한 행사가 있을 때마다 타종했었다. 종소리는 힘이 있으면서도 부드러웠다. 멀리멀리 그윽하게 퍼져나갔다. 수백 년 흘러 더는 소리를 울릴 수 없을 만큼 상태가 나빠지자 1999년에 갑곶돈대 안 강화역사관으로 옮겨가 전시물이 되었다. 전시실 안 중앙에서 은은한 조명을 받는 강화동종이 멋졌다. 2010년에는 하점면 고인돌공원 앞에 강화역사박물관이 개관하면서 그곳으로 다시 옮겨졌다. 박물관 로비에 자리를 잡았는데, 어딘지 좀, 제자리가 아닌 것 같은 느낌이 든다.

실측자료에 의하면, 전체 높이 193cm, 구경 141cm, 두께 15cm이다.[121] 두께가 이 정도로 두꺼운 종이면 더 오래도록 쓸 수도 있었을 텐데, 왜 못쓰게 됐을까? 프랑스 병사들의 욕심 때문이었을 수도 있겠다. 병인양요 때 프랑스군이 강화동종을 탐내 가져가다가 중간에 두고 갔다.[122] 프랑스군에게 약탈되어 가다가 되돌아오는 과정에서 몸이 상했을 것도 같다.

신라시대부터 조선시대까지 제작된 우리의 옛종 가운데 국내에 남아 있는 것은 240여 구다.[123] 이 가운데 국보나 보물로 지정된 것은 몇 되지 않는다. 사인思印 스님이 만들었다는 강화동종이 1963년에 보물 제11호로 지정됐다. 그런데 2000년에 보물 제11-8호로 지정번호가 바뀌었다. '11호'에서 '11-8호'가 된 것은 사인 스님이 제작한 다른 종들을 한데 묶어 다시 보물로 지정했기 때문이다.

포항 보경사서운암동종(보물 제11-1호), 문경 김룡사동종(보물 제11-2호), 홍천 수타사동종(보물 제11-3호), 안성 칠장사동종(보물 제11-4호), 서울 화계사동종(보물 제11-5호), 통도사동종(보물 제11-6호), 의왕 청계사동종(보물 제11-7호), 강화동종(보물 제11-8호)들이 그것인데 통틀어

'사인비구 제작 동종'으로 불린다.

　사인 스님은 조선후기의 대표적인 종 제작자로 탁월한 장인이었다. 그러나 강화동종은 그의 작품이 아니다. 사인 밑에서 종 제작을 돕고 배우던 조신(祖信)이라는 스님이 따로 독립해서 조성한 것이다. 강화동종 조성 책임자, 즉 주종장(鑄鐘匠)은 널리 알려진 사인 비구가 아니라 조신 비구다. 동종의 명문을 통해서 좀 더 구체적으로 알아보자.

　강화유수 이익의 명에 의해 1685년(숙종 11) 또는 1686년에 강화동종 조성 작업이 기획되었다. 윤지완 유수 때인 1688년에 종이 만들어졌다. 이 종의 주종장은 사인이 맞다. 그런데 이 종은 틈이 생겨서 소리가 고르지 않았고 종의 크기도 너무 작았다. 넓은 성 안을 "진압하고 경계하는 일을 제대로 하지 못할까" 염려됐다. 그래서 민진원 유수 때인 1711년(숙종 37) 4월에 사인이 만든 종을 녹이고 여기에 동(銅)을 더해서 새로운 종을 만들었다. 약 한 달이 걸렸다. 이렇게 새로 만든 종이 지금의 강화동종이고 이 종을 만든 이가 바로 조신 스님이다. "구종(舊鐘)은 도화원(都畵員) 가선총섭(嘉善總攝) 사인(思印), 다시 제작[次造]한 이는 도화원 가선 조신(祖信)"이라는 명문이 이를 입증한다.

　그렇다면, 강화동종은 다른 '사인비구 제작 동종'과 구분되는 것이 맞다. 보물 번호 제11-8호도 원래의 번호인 제11호로 바로 잡고, 사인 스님이 제작한 다른 일곱 개의 동종은 새로운 번호를 부여하는 것이 순리다.

　왜 강화동종의 주종장을 사인 스님으로 보는 오류가 생겼을까? 비슷한 시기에 비슷한 모양의 종들이 탄생했기 때문이다. 의왕 청계사동종은 강화동종을 그대로 축소해 놓은 듯 모양이 흡사하다. 거기다가 종들의 명문에 사인이라는 이름이 등장한다. 그러다 보니 강화동종도 사인이 제작한 것으로 본 것이다. 있을 만한 일이다. 그래도 명문을 좀 더 꼼꼼히 읽었더라면 피할 수 있는 실수였다.

　스님의 이름 앞에 줄줄이 붙은 호칭이 궁금하다. 도화원은 원래 도화서에 소속되어 그림을 그리는 화원을 말한다. 이들이 종 제작에 참여하여 각종 문양을 그렸다. 그런데 조선후기에 들어 종을 만드는 스님 신분의 장인들에게 통상적으로 도화원이라는 호칭을 붙였던 것으로 보인다.[124] 가선총섭의 가선은 가선대부라는 명예벼슬이다. 총섭은 본디 원나라 세조(쿠빌라이)가 불교에 대한 사무를 관장하는 사람에게 내린 직책이었다. 우리나라에서는 고려 말, 조선 초에 최고위층 승려에게 내려준 존칭으로 쓰였다. 그러다가 임진왜란기에 승병을 통솔하는 승병 대장을 지칭하는 존칭이 되었다.[125] 이후 무장한 승려 그룹의 책임자 정도로 쓰이게 됐다. 정족산사고를 전등사 스님들이 지키게 되면서 전등사 주지를 총섭이라고 불렀던 것처럼, 나중에는 그냥 사찰의 주지 스님에 대한 호칭으로 일반화되었다. 결국, 사인 스님에게 붙여진 총섭이라는 호칭 역시 일종의 명예직으로 보면 될 것 같다.

　강화동종 명문은 음각과 양각으로 되어 있다. 조성 당시에는 양각 명문뿐이었으나 나중에 음각 명문을 추가했다. 양각 명문이 이지러져 제대로 읽을 수 없는 부분이 있어서, 알아보기 쉽게 음각으로 다시 새긴 것 같다. 양각과 음각 글씨의 내용은 거의 같으나 다른 부분도 있다. 음각하면서 일부 내용을 추가하거나 수정한 것이다. 양각에는 빠져 있는 사람 이름이 음각에는 들어가 있다. 종의 무게도 양각과 음각의 내용에 차이가 있다.

　"옛종 무게 2,200근을 운반해 와 넣고, 여기에 6,800근을 더하니 합이 9,000근이다"라는 양각 명문과 달리 음각에서는 옛종 2,200근에 새로 4,320근을 더해 6,520근이 되는 종을 만들었다고 밝혔다. 강화동종의 무게는 음각에서 밝힌 6,520근이 맞는 것 같다. 지금 강화동종의 무게가

3,912kg으로 말해진다. 1근을 600g으로 보고 6,520근×0.6kg=3,912kg 으로 단순 계산한 것이다. 그러나 돼지고기 1근과 채소 1근의 무게가 다르고 시대에 따라 도량형도 차이가 크기 때문에 쉽게 단정할 일이 아니다. 2010년 5월, 갑곶돈대 강화역사관에서 하점면 강화역사박물관으로 강화동종을 옮길 때 종의 대략적인 무게를 달아봤다고 한다. 그 무게가 2,980kg이었다고 한다.

강화동종은 크다. 그런데 전문가들로부터 모양이 아름답다는 소리를 듣지는 못한다. 우리는 가끔 본질을 벗어난 것에 오히려 신경을 집중하는 경향이 있다. 종의 존재 이유는 모양이 아니라 소리에 있다. 조신 스님은, 어떻게 하면 아름다운 모양의 종을 만들까, 고민하지 않았을 것이다. 어떻게 하면 아름다운 종소리를 낼 수 있을까를 고민했을 것이다.

조신 스님의 초조한 얼굴이 그려진다. 스승으로부터 독립해서 자신이 책임지고 만드는 강화동종. 지금까지 스승과 함께 만들었던 종들은 대개 작았다. 이번에는 두세 배 큰 종이다. 부담스러웠을 것이다. 기존의 강화동종이 시원치 않아 새로 만드는 만큼, 소리에 승부를 걸어야 한다. 이렇게 만들어진 강화동종의 완성은 조신의 스승인 사인 스님에게도 기쁨이었을 게다.

4

거울 앞에 서다

참공부란 무엇인가

명나라에 왕양명(王陽明)(1472~1528)이라는 사상가가 있었다. 양명은 그의 호이고, 이름은 수인(守仁)이다. 성리학에 비판적이었던 왕양명은 새로운 유교, 양명학을 창시했다. 주자가 공자와 맹자의 얼굴에 화장했다면, 양명은 화장을 지워내며 민얼굴의 공자와 맹자를 찾고자 했다.

어릴 적 양명은 할아버지가 책을 읽어주면 한 번 듣고 그대로 외웠다고 한다. 잘 외우는 비결을 물어보니, "책을 읽는 할아버지의 목소리가 그대로 마음속으로 들어와 자연스럽게 외우게 됐어요"라고 대답했다고 한다.[1] 사실 여부는 따질 필요가 없을 것 같다. 이 이야기 속에 양명학의 길이 이미 제시되고 있으니 말이다. 꼬마 양명은 책 읽는 소리가 머릿속으로 들어와 외우게 됐다고 말하지 않았다. 마음속으로 들어와 외우게 됐다고 했다.

성리학이 머리를 강조한다면 양명학은 마음을 더 중시한다. 그래서 심학(心學)으로 불리기도 한다. 성리학은 지(知)를 잘해야 행(行)도 할 수 있다고 하지만, 양명학은 지(知)가 행(行)이고 행이 곧 지라고 말한다. 지행합일(知行合一)은 마음에서 우러나오는 실천을 귀히 여기는 것이다. 많이 공부하고 많이 배워야만 효도하는 것이 아니다. 일자무식이라도 타고난 천성으로 효를 행한다. 타고난 천성을 아름답게 가꿔가는 것이 양명학이다.

왕양명이 남긴 문장에는 쉽게 받아들여지면서 가슴을 울리는 글이 많다. 제자들에게 한 이 말도 참 좋다. "대저 가르침과 배움은 서로 커가는 것이다. 내가 여러분에게 선한 일을 하도록 권하기 위해서는 마땅히 나부터 시작해야 한다."[2]

조선에도 양명학이 스며들었다. 임진왜란을 겪은 이후에 들어왔으려나 싶었는데 의외로 빠르다. 왕양명이 살아 활동하던 1521년(중종 16)에 이미 그의 책, 『전습록傳習錄』이 조선의 식자층에게 읽히고 있었다.[3] 여러 학자가 관심을 두게 되면서 양명학은 꽤 널리 퍼져 나갔다. 그런데 1566년(명종 21) 퇴계 이황에 의해서 '이단'으로 규정지어지면서 겉으로 드러내기 어려운 학문이 되어 갔다.

선생(이황)께서 또한 중국과의 학술적 차이점으로 인하여 백사와 양명의 여러 학설들이 헛되이 세상에 행해져 정자와 주자가 서로 전한 학문적 전통이 날로 사라질까 걱정하여 일찍이 깊이 근심하고 남몰래 탄식하지 않음이 없었다. 이에 백사의 시교詩敎와 양명의 전습록에 대해 모두 논변을 하여 그 잘못을 바로잡았다.

이황 「연보」에 실려 있는 글이다. 양명학 때문에 성리학이 사라지게 될까봐 깊이 근심하고 남몰래 탄식했다는 내용을 통해 당시 사회에 양명학이 폭넓게 퍼져있었음을 짐작하게 된다. 성리학의 나라에서 조심스럽게 번져가던 양명학은 이황 이후 더욱 조심스러워질 수밖에 없었다. 임진왜란과 병자호란을 겪으면서 상황은 더 나빠졌다.

심장은 따뜻하고 말랑해야 건강한 것이다. 굳게 되면 병이 된다. 학문도 마찬가지다. 그런데 성리학은 딱딱하게 굳어갔다. 독선으로 흘렀다. 양명학이 용납되기 어려운 분위기였다. 성리학 그 자체가 권력이던 이때, 하곡霞谷

정제두鄭齊斗(1649~1736)라는 이가 있었다. 성리학에 회의를 느낀 그는 양명학에 몰두하게 됐고, 당당하게 자신이 양명학자임을 밝혔다. 그렇다고 왕양명을 무조건 따른 것은 아니다. 독창적으로 해석하고, 탐구하고, 체계화해서 자신의 혼이 담긴 조선양명학을 탄생시켰다.

정제두는 영일 정씨로 정몽주의 11대손이다. 아버지는 정상징, 어머니는 호조판서 이기조의 딸 한산 이씨다. 1649년(인조 27)에 태어났다. 현종 때 우의정을 지낸 정유성이 정제두의 할아버지다. 당파를 나눠 따져보면 서인 쪽이고 서인에서도 소론 쪽이다. 한양 출생이지만 젊은 시기 오래도록 경기 안산에서 살았다. 노년에는 강화도로 이주했다. 이곳에서 '유명무실有名無實'이 아닌 '명실상부名實相符'한 선비의 삶을 살면서 학문을 완성했다.

그래서 조선양명학을 강화학江華學이라고 부른다. 강화에서 제자들을 키우고 제자가 제자를 키우면서 양명학이 계승되어 갔다. 이를 강화학파라고 한다. 최근 '강화학'과 함께 '하곡학霞谷學'이라는 명칭도 쓰인다. 퇴계학이나 율곡학과 느낌이 비슷하다. 그러나 나는 조선양명학의 역사성을 고스란히 간직한 '강화학'이 좋다.

주자의 뜻은 본디 아니었으나 성리학은 점차 출세를 위한 학문이 되어갔다. 경전이 경전으로서의 가치를 잃고 과거 수험서가 되었다. 인간을 고민하고 탐구하는 것이 아니라 공자와 맹자의 말씀, 아니 주자의 말씀을 달달 외우는 예상문제 암기집으로 전락했다. 그래서 가슴이 따뜻한 사람들보다는 머리만 똑똑한 사람들이 조정을 움직였다. 공자가 그렇게도 인을 강조했건만, 조정에서 인을 행하는 사람은 많지 않았다.

똑똑한 사람들의 정치 싸움은 더욱 무서웠다. 걸핏하면 피바람이 일었다. 그들의 혀는 칼보다 더 날카로웠다. 성리학이 위세를 떨쳤으나 사실은 껍데기에 불과했는지도 모른다. 성리학을 위한 성리학이 아니었다. 권력욕 앞에서 성리학은 수단으로 전락했다. 자신과 당파의 이익을 정당화하기 위해 끌어대는 명분일 뿐이었다. 그들은 공자를 팔았고, 맹자를 팔았고, 주자를 팔았다.

정제두는 출세를 위한 학문이 아닌, 진정한 학문, 참학문의 길로 들어섰다. 수신의 길이었다. 그렇다고 세상과 연을 끊고 신선 같은 삶을 산 것은 아니다. 벼슬에 거의 나아가지 않았지만, 나라를 염려했고 백성들을 생각했다. 백성을 단순히 교화하고 베풀며 다스려야 할 대상으로만 보지 않았다. 함께 더불어 살아가는 대상으로 파악했다. 백성의 더 나은 삶을 위해 고민했다.

그가 처음 시작한 공부는 성리학이었다. 어릴 때부터 스승을 놀라게 할 만큼 총기가 있었다. 그러나 학문에 집중하기 어려웠다. 5세에 아버지를 잃는 등 집안에 우환이 거듭됐다. 16세에 조부상을 당했다. 이후 의지하던 친족들이 연이어 세상을 떠나게 된다. 17세 때 부인 파평 윤씨를 맞아 23세에 아들 정후일을 얻었으나 몇 개월 뒤 부인 윤씨도 세상을 떠났다. 초시에 합격했지만, 급제하지는 못했다. 그러다 24세 그 젊은 나이에 과거를 접었다. 1672년(현종 13)의 일이다.

처음에 선생은 모 부인의 분부로 외삼촌 이서윤李庶尹 성령星齡을 따라서 과거 공부를 하여 여러 번 초시에 합격했는데 이때 와서는 아우인 광주군廣州君(이름은 제태)이 과장科場에서 명성이 높았으므로 선생은 어머님께 아뢰기를, "이제 제태는 반드시 과거에 합격할 것인데 형제가 모두 함께 이록利祿만을 일삼는다는 것은 불가하옵니다. 청컨대, 지금부터는 과거 공부를 폐하게 하여 주시옵소서" 하였더니, 허락하셨다.[4]

정제두는 애당초 과거에 애착이 없었던 것 같다. 어머니의 권유를 차마 어쩌지 못하여 응시하기는 했으나 정형화된 시험공부에 흥이 나지 않았던 모양이다. 더구나 과거를 통해 벼슬에 나아가는 것을 '이록利祿'으로 여겼다. 다행히 동생이 공부를 잘해 과거에 합격할 수 있으니, 자신은 하지 않았으면 좋겠다고 어머니에게 청해서 허락을 받았다.

과거를 접고 정제두는 학문에 전념했다. '해야 할' 공부를 버리고 '하고 싶었던' 공부를 시작했다. 머릿속에 제자백가의 글이 꽉 차있다는 경탄을 들을 만큼 폭넓은 공부를 하다가 30세 전후에 양명학에 깊이 들어가게 됐다.[5]

32세 때인 1680년(숙종 6) 영의정 김수항이 천거하면서 정제두에게 벼슬이 내려졌다. 경신환국(1680)으로 서인 정권이 들어서면서 학덕 높은 정제두를 조정으로 부르는 소리가 커진 것이다. 숙종이 정제두를 사포서 별제에 임명했지만, 사양하고 나아가지 않았다. 1682년(숙종 8), 34세 때 목숨이 위태로울 만큼 심하게 앓았다. 그래서 종부시 주부에 임명되었어도 나아가지 못했다. 36세에 공조 좌랑이 되었으나 며칠 만에 그만두었다.

1688년 12월, 숙종은 다시 정제두를 평택현감에 임명했다. 다음 해인 1689년 2월에 드디어 정제두는 평택현감으로 부임했다. 어머니의 분부를 따른 것이라고 한다. 그러나 불과 두 달 만에 현감을 일방적으로 그만두고 안산 추곡으로 가버렸다. 41세 때의 일이다. 이때 직무이탈의 죄로 문초問招를 겪기도 했다.

정제두가 평택현감직을 버린 해는 1689년 기사년, 서인이 실각하고 남인이 정권을 잡은 기사환국이 일어난 해다. 서인은 고통을 겪었다. 산 목숨뿐 아니라 고인들까지도 굴욕을 겪었다. 이이와 성혼이 문묘에서 내팽개쳐졌다. 서인 정제두는 조정의 격변에 화가 났던 것 같다. 그래서 정치적 저항의 의미로 안산에 간 것으로 보인다. 그러나 중앙에서 벼슬했다면 모를까, 임금의 명을 받아 지방 수령으로 부임한 관리가 두 달 만에 백성을 버려두고 임지를 떠난 것은 무책임한 행동이었다고 생각한다.

숙종은 안산의 정제두에게 거듭 벼슬을 내렸다. 서연관(48세), 경기도사(49세), 세자익위사 익찬(50세), 삭령군수(52세), 사도시 주부(54세), 종부시 주부(57세), 사헌부 장령(58세), 사복시정(59세), 장령(60세), 사헌부 집의(60세), 세자익위사 익위(61세). 도무지 어떤 일을 하는 관직인지도 모르겠다.

강화로 옮긴 뒤에도 마찬가지였다. 호조참의(61세), 강원도 관찰사(62세), 회양도호부사(63세), 동지중추부사(71세), 한성부 좌윤(71세) 등에 임명됐다. 숙종을 이은 경종도 정제두를 사헌부 대사헌(74세), 세제 시강원 찬선(74세), 이조참판(74세), 성균관 좨주(76세)에 임명했다. 영조도 사헌부 대사헌(79세), 의정부 우찬성(86세) 등의 자리를 내리며 그를 쓰고자 했다.

하지만 정제두는 사양했다. 드물게 부임한 자리도 바로 그만두고 나왔다.[6] 그나마 그가 애착을 보였던 자리는 세자를 가르치는 서연관이었다. "서연관직만은 직무 때문에 분주할 것도 없고 또한 당론으로 다투며 싸울 처지도 아니니"[7] 나라에 보답하기 위해서라도 해 볼 의향이 있다고 했다. 그런데 대신大臣 신임이 정제두에게 벼슬 주는 것에 대해 문제를 제기했다. 숙종은 신임을 벌주어 좌천시키면서까지 정제두를 잡으려고 애썼다. 그럼에도 정제두는 나아가지 않았다. 한참 뒤, 영조 대에 가서야 서연관직을 수행했다.

그러면, 그가 강화로 오게 된 까닭은 무엇일까? 1709년(숙종 35) 8월 성제두는 20년간의 안산 생활을 정리하고 강화로 이주했다. 그의 나이 61세였다. 강화학이 시작되는 역사적인 해가 바로 1709년이다. 당시 양명학을 공부하는 것이 목숨을 걸어야 할 만큼 위험했다고 말하는 것은 좀 과장이라는 생각이 든다. 배척의 대상이기는 했으나 양명학 공부 자체만으로 사형에 처해질 일은 없었다고 보는 것이 옳다. 강화유수 민진원은 정제두가 살 집을 지어주기까지 했다.[8] 평소 정제두의 인물됨을 존경했기 때문이다.

박세당과 윤휴가 사문난적斯文亂賊으로 지목되어 죽임을 당한 사실은 어떻게 이해해야 할까. 윤휴는 『중용』에 대한 주자의 해석이 틀릴 수도 있음을 말했다가 사문난적을 넘어 사문반적斯文叛賊[9]으로까지 몰렸다. 박세당 역시 주자의 학설을 비판적으로 인식했다. 하지만 이들의 죽음은 정쟁政爭에서의 '패배'가 더 큰 원인이다. '사문난적'이라는 낙인은 반대쪽 사람들이 그들을 옭아매기 위한 명분이었다.

성리학자의 눈으로 볼 때 정제두는 박세당이나 윤휴보다 더 심각한 사문난적일 수 있다. 그럼에도 정제두는 천수를 누렸다. 치열한 정치판에 발을 들이지 않았기 때문이다. 그가 양명학 때문에 직접적인 시비를 당한 일도 거의 없다. 78세 때인 1726년(영조 2)에 사헌부 지평 이정박이 문제를 제기한 적이 있다. 이정박은 정제두를 비판하면서도 사문난적이니 죽음을 내려야 한다는 주장은 하지 않았다. 개정改正을 명해달라는 요청일 뿐이었다.[10] 그럼에도 영조는 이정박을 나무랐고 결국 벼슬에서 물러나야 했다. 따라서 정제두가 양명학 하는 것에 대한 처벌이 두려워 강화로 '피신'해 온 것처럼 말한다면 이치에 맞지 않는다.

철저한 은둔자로 살기 위해 강화도를 택한 것도 아니다. 그러려면 강원도 깊은 두메나 외딴 바닷가, 전라도·경상도 깊은 산 속, 그런 곳이 외려 어울린다. 서른 즈음에 정제두는 영동 지방에 가서 수개월씩 머무르곤 했다. 연보에 의하면 강릉부 우계역의 그윽하고 조용한 분위기가 좋아 그곳에서 살려고 했던 적이 있다. 은둔처를 찾고자 했다면 젊은 날의 추억이

정제두 선생 묘

서린, 저 푸른 바다 강릉으로 가는 것이 자연스러웠을 것이다.

그에게 강화는 도피처도, 은둔지도 아니었다. 강화도 이주 이후에도 자주 서울에 다녀왔다. 때로 관직을 맡고 궁궐 출입도 했다. 뭍과의 인연을 끊지 않았다. 그렇다면 정제두가 하필 강화를 말년의 삶터로 택한 것은 왜일까? 그의 뿌리가 강화도라서 그랬던 것이다.

정제두의 증조부 정근이 강화의 유력가문인 강화 최씨 최계선의 딸과 혼인하고 상처喪妻한 후 역시 강화 유력가문인 창원 황씨 황치경의 딸과 결혼하면서 강화와의 인연이 견고해졌다. 정근은 강화 선원면 옹정촌에서 정유성을 낳았다. 황치경은 사위 정근이 일찍 죽자 세 살 된 외손자 정유성을 자신의 집으로 데려와 키웠다. 정제두의 증조부 정근, 조부 정유성 모두 강화에 묻혔다.[11]

하곡 정제두 선생 숭모비

정제두는 안산에 모셨던 아버지 정상징의 묘도 1691년(숙종 17)에 강화로 옮겼다. 자신도 강화의 선산에 묻힐 것이다. 61세라는 적지 않은 나이의 정제두에게 강화도는, 이제는 돌아가 안겨야 할 '마음의 고향'이었을 것이다. 자신을 돌아볼 거울이자, 학문의 끝을 향해 정진할 수행의 땅, 정제두에게 강화도는 그런 곳이었다.

정제두 덕분에 조선의 사상계가 풍요로워졌고 강화의 역사와 문화가 생동했다. 그러나 정치적으로는 특별히 말할 게 없다. 욕 들은 바가 없지만, 손가락으로 꼽을 만한 성과도 없다. 도시 조정에 나아가지 않았기 때문이다. 숙종 때 첫 벼슬이 내려진 이후 수없이 벼슬을 받았지만, 대부분 사양했다. '지저분한' 조정에 몸담기 싫었을 것이다. 그곳이 자신의 이상을 펼치기 적합하지 못하다고 생각했을 것이다. 양명학을 창시한 왕양명은 그 '지저분한' 조정에서 굴곡을 겪어가며 적극적으로 활동했다. 칼을 들고 병사를 지휘하기도 했다. 물론 명 조정은 조선과 달리 양명학자가 활동할 여건이 갖춰져 있기는 했다.

대개 사상思想은 정치 지향적이다. 무위자연無爲自然을 말하는 노장사상조차도 정치 참여적인 요소를 내포하고 있다. 성리학·양명학은 말할 것도 없다. 왕들이 정제두를 그리도 간절히 조정으로 불렀는데, 한 번쯤 제대로 나아가 큰 뜻을 현실 정치 속에 펼쳐볼 수는 없었을까? 비록 꺾일지라도 …. 그렇다고 해서 정제두의 '정치 기피증'을 단점으로 규정할 수는 없다. 평생을 공부하며 수행하는 삶을 살고자 했던, 천생 학자가 정제두였다.

강화에 몇 달씩 묵으며 선생에게 배우던 원교 이광사가 가족들을 데리고 강화로 출발했다. 강화에 살면서 정제두의 가르침을 지속해서 받을 생각이었다. 그런데 이광사와 가족이 갑곶나루에 도착했을 때, 정제두의 사망 소식을 전해 듣는다. 1736년(영조 12), 88세의 정제두 선생이 세상을 떠난 것이다.

영조는 선생에게 문강공文康公이라는 시호를 내렸다. 강화군 양도면 하일리에 정제두 선생의 묘가 있다. 사진작가 이시우는 봉분에 곱게 핀 할미꽃에 대한 감상을 이렇게 썼다. "꽃은 한 걸음도 움직일 수 없지만 대신 아름다움과 향기를 만들었습니다. 그 향에 취해 날아든 벌과 나비를 통해 꽃의 아름다움은 세상을 뒤덮습니다."[12] 그 꽃 향기는 다채롭게 세상에 퍼졌다. 정제두의 학맥을 이은 강화학파는 다양한 학문 분야에서 두드러진 업적을 남겼다. 우리에게 친숙한 인물이 『연려실기술』을 쓴 이긍익(1736~1806)이다. 그런데 그의 아버지 이광사李匡師(1705~1777)도 주목해 보아야 한다.

단유선사가 절을 중수할 무렵, 샘가에 큰 구렁이가 자주 나타나 사람들이 무서움에 떨었다. 이에 한 스님이 용기를 내어 구렁이를 잡아 죽였는데 그 이후로 샘에서 물이 솟지 않았다. 그래서 '샘이 숨었다'는 뜻으로 천은사라는 이름을 붙였다고 한다. 그런데 절 이름을 바꾸고 가람을 크게 중창했지만, 여러 차례 화재가 발생하는 등 불상사가 끊이지 않았다. 마을 사람들은 질의 수기水氣를 지켜주던 이무기를 죽인 탓이라고 말했다.

얼마 뒤 조선의 4대 명필가의 한 사람인 원교 이광사가 질에 들렀다가 이런 이야기를 들었다. 그러자 이광사는 마치 물이 흘러 떨어질 듯한 필체로 '智異山 泉隱寺'라는 글씨를 써 주면서 현판으로 만들어 일주문에 걸면 다시는 화재가 생기지 않을 것이라고 했다. 사람들이 의아해하면서도 그대로 따랐더니 신기하게도 이후로는 화재가 일어나지 않았다고 한다.[13]

지리산 천은사에 전해지는 이야기다. 이광사는 특히 글씨에 능했다. 그의 글씨를 호를 따서 원교체圓嶠體라고 한다. 글씨 하면 우리는 당연히 추사 김정희(1786~1856)를 떠올린다. 김정희는 이광사가 죽은 후에 태어난 인물이다. 그는 '선배' 이광사의 글씨를 하찮게 여겼다. 이광사가 쓴 지리산 천은사 일주문 현판을 떼어내고 자신이 쓴 새 현판을 걸게 했단다. 하지만 몇 년 뒤 김정희는 천은사를 다시 방문해서 "이광사의 글씨가 더 훌륭하다"며 지금의 현판을 달게 했다고 한다.

해남 대흥사의 '大雄寶殿' 편액도 비슷한 사연이 전한다. 김정희가 제주도로 유배 가는 길에 대흥사에 갔다. 벗인 초의선사를 만나보고 가려고 들른 것이다. 거기서 이광사가 쓴 대웅보전大雄寶殿과 침계루枕溪樓 편액이 걸려 있는 것을 보았다. 김정희는 "글씨 좀 안다는 사람이 어찌 저런 걸 걸었는가"라며 초의선사를 면박하면서, '大雄寶殿'을 써주며 편액을 바꿔 달라고 했다. 또한 '無量壽閣(무량수각)' 편액도 써주었다. 제주 유배에서 벗어나 돌아오는 길에 김정희는 대흥사에 들렀다. 자신이 써준 '大雄寶殿' 현판을 떼어내고 다시 이광사 글씨를 달게 했다.[14] 지금 대흥사의 '大雄寶殿'과 '枕溪樓'는 원교 이광사의 글씨이고, 백설당白雪堂에 걸린 '無量壽閣'은 추사 김정희의 글씨라고 한다.

원교 이광사와 추사 김정희의 이야기를 소개한 것은 김정희를 깎아내리려는 것이 아니다. 나는 글씨를 모른다. 설사 안다고 해도 두 사람 글씨 가운데 누구 작품이 더 뛰어나다고 어찌 판별할 수 있겠는가. 지극히 주관적인 문제다. 다만, 김정희만큼이나 값진 인물이 이광사였음을, 그의 글씨를 원교체라고 부른다는 사실을 함께 기억했으면 하는 마음이다.

한편 이광사와 한 집안인 이광명의 가계도 관심 있게 볼 필요가 있다. 이광명 – 이충익 – 이면백 – 이시원 – 이상학 – 이건창·이건승으로 이어지는 가계도다. 이건창의 아우 이건승은 을사늑약(1905)이 체결된 뒤 강화도 화도면 사기리에 계명의숙啓明義塾을 세워 교육구국운동을 전개하다가 경술국치(1910)를 당하자 독립운동에 투신한다.

"1910년 나라를 빼앗기자 가장 먼저 만주로 망명해 독립운동에 나선 인물들이 강화학파라고 불리는 양명학자들이었다. 하곡 정제두의 6대 종손인 정원하(1855~1925), 이계 홍양호의 5대 종손인 홍승헌(1854~1914), 영재 이건창의 아우인 이건승(1858~1924) 등이 만주 유하현 횡도촌으로 망명했다. 이들은 국난에 함께 하는 것이 선비의 길이란 스승의 유훈을 실천하다가 이역만리에서 쓸쓸하게 생애를 마감했다."[15]

조선왕조실록을 지키다

1157년(의종 11) 고려 의종은 국청사를 거쳐 경천사敬天寺에 갔다. 유사有司가 의종에게 행재소行在所가 좁으니 사관史官을 내보내는 게 좋겠다고 했다. 그러자 의종은 "사관은 나의 말과 행동을 기록하니 잠시도 떨어질 수 없다"[16]라며 거절했다. 사관을 어떻게 대해야 하는지, 모범을 보여준 왕이 의종이다. 고려에서도 왕조실록이 편찬되었다. 그러나 아쉽게도 전해지지 않는다. 조선의 왕조실록은 무사하게 지금에 이르러 그 시대를 알게 하고, 이 시대를 어찌 살아가야 하는지 알려주는 귀한 거울이 되고 있다. 강화도는 조선왕조실록이 오늘날까지 전해지는 데 아주 중요한 역할을 한 곳이다.

통상 조선왕조실록은 『태조실록』부터 『철종실록』까지를 말한다. 마지막 두 임금 고종과 순종의 실록도 있지만, 『고종실록』과 『순종실록』은 조선왕조실록에 포함하지 않는 편이다. 고종과 순종은 조선의 왕이면서 대한제국의 황제이기도 해서 선대의 왕들과 다른 면이 있다. 보통 실록 표지에 '○○대왕실록'이라고 적혀있는데, 고종과 순종의 실록은 '○○황제실록'으로 되어 있다. 또 고종과 순종은 일제강점기에 세상을 떠났기 때문에 그들의 실록은 일본제국주의자들의 주도로 편찬됐다. 일정 부분 역사로서의 순수성을 상실했다. 그래서 온전한 조선왕조실록과 다른, 차별을 받는 경향이 있다.

그렇다고 철종까지의 조선왕조실록이 완벽하다고 말할 수는 없다. 완벽한 역사서란 애당초 불가능한 것인지도 모른다. 이런 흠결 저런 상처, 이런 때 저런 얼룩, 살짝 스미고 묻는 것이 자연스럽다. 인간 욕심의 결과물이다. 역사학자들은 오늘도 실록에 스민 얼룩을 찾아서 씻어내며 조선시대 사람들의 삶을 연구하고 있을 것이다. 그럼에도 조선왕조실록은 경이로운 역사서다. 드문드문 읽다가 그 명징함에 깜짝 놀라게 된다. 기록의 치열함에 경외를 품게 된다. '아! 실록에 이런 기록도 실릴 수가 있구나' 하고 놀랐던 첫 경험은 그 무서운 임금, 태종 이방원이었다.

조선시대 어느 왕이 신하들과 더불어 사냥을 나갔습니다. 도망가는 노루를 향해 활시위를 당기다가 타고 있던 말 위에서 떨어지고 말았습니다. 다행스럽게 많이 다치지는 않았지만 그래도 통증이 심했을 겁니다. 그 왕이 땅바닥에서 일어서면서 신하들에게 한 첫마디가 무엇일까요? "어의 어디 있느냐?" 아닙니다. 의사를 부르는 것보다 더 급한 일이 있었답니다.
임금이 한 말은 "사관이 알게 하지 말라"였습니다. … 말에서 굴러떨어진 임금은 사관이 그 일을 모르게 하라고 했습니다. 주위에 사관이 보이지 않아서 안심했을 겁니다. 왜 그랬을까요? 많은 사람이 보고 있을 때 말에서 떨어진 것도 창피한 일인데 역사에 기록까지 남는다면 영원한 망신이 될 것이라고 염려했던 것이겠죠.
한데, 왕에게는 안 된 일이지만, 그 자리에 사관이 있었습니다. 그는 사냥터의 해프닝을 모두 보고 있었지요. 왕이 말에서 떨어진 사실, 사관이 알게 하지 말라는 명령까지 모두 기록하고 있던 것입니다. 그래서 실록에 실리게 되었고 지금의 우리가 알게 된 것이랍니다.[17]

'조선시대 어느 왕'은 바로 태종이다. "친히 활과 화살을 가지고 말을 달려 노루를 쏘다가 말이 거꾸러짐으로 인하여 말에서 떨어졌으나 상하지는 않았다. 좌우를 돌아보며 말하기를, '사관이 알게 하지 말라'고 하였다"[18]라는 실록의 짧지만 놀라운 기록을 누구나 읽기 좋게 풀어서 썼던 글이다. 태종 정도면 사관에게 "쓰지 마라, 쓰면 죽는다"라고 위협했다고 해도 그러려니 했을 것이다. 그런데 사관이 알까봐 걱정하는 태종의 모습에서 뜻밖의 모습을 발견한다.

사관의 기록은 그냥 기록이 아니었다. 왕을 왕답게 하고 신하를 신하답게 하는 부드러우면서 강한 회초리였다. 조선의 왕과 신하들은 회초리가 아프다는 걸, 역사가 무섭다는 걸 잘 알고 있었다. 조정이 다투기만 하며 날을 지새우는 싸움터 같아도, 썩어 문드러진 탐욕의 저잣거리 같아도, 그래도 그들은 나라를 이끌어간다는 사명감을 잃지 않았다. 해야 할 일은 해냈다. 때로는 연꽃을 피어 올렸다. 양반 관료제가 나름의 자정 능력을 갖추고 유지될 수 있었던 힘이 실록에서 나왔다.[19]

그날그날 사관에 의해 쓰인 사초가 실록에 실릴 때까지 누구도 볼 수 없는 원칙이 지켜진 것도 멋진 전통이다. 무릇 공개해야 할 것은 공개하고 공개하지 말아야 할 것은 공개하지 않는 것이 신뢰의 시작이다. 사람 대 사람이건, 나라 대 나라건. 그게 바른 역사를 쌓아가는 길이다. 일간지에 조선왕조실록의 역사적 의미를 풀어낸 글이 실렸다. 공감했던 터라 일부를 여기에 옮긴다.

'조선왕조실록'은 세계에서도 드문 역사책이다. 500년 왕조 동안 임금과 신하가 아침부터 조정에 모여 무슨 이야기를 했는지, 어떤 안건을 가지고 누가 어떤 내용의 발언을 했는지, 그 외에도 시시콜콜한 이야기까지 상세하게 기록되어 있다.

조선조는 '역사의 나라'였다. 그 내용도 아마추어가 재미로 쓴 것이 아니라, 선발된 엘리트인 사관史官이 사명감을 가지고 기록한 것이다. 왜 이렇게 우리 조상들은 역사서 집필(?)에 정력을 쏟았단 말인가? 그만큼 후세에 내려질 판결을 의식했기 때문이다. 역사의 판결을 의식하면 함부로 행동하기 어렵다. 또한 이 기록들은 후손들이 어떤 상황에 직면하였을 때 '판례집'으로 활용할 수 있도록 배려한 것이다. 대법원 재판에서도 판례연구가 대단한 비중을 차지한다. 판례집은 시행착오를 줄여주고, 애매한 상황에서 판단의 근거를 준다.[20]

조선왕조실록의 존재 자체만으로 우리는 자부심을 느낀다. 하지만 그 치열한 기록 정신을 얼마나 제대로 계승하고 있는지 자문해 볼 필요가 있다. 이 나라를 이끌어가는 이들 가운데 부끄러움을 느껴야 할 사람들은 분명히 있다.

TV 사극에서 사관은 대사 한마디 없이 고개를 푹 숙이고 뭔가를 쓰는 척하는 엑스트라에 불과하지만, 사실 그 어떤 벼슬아치보다 존귀한 역할을 수행했다. 그들의 소신과 소명감으로 지금의 실록이 있다. 강화유수를 지낸 조사석이 사관으로 있을 때다. 현종 임금이 양사의 관원 몇 명을 귀양 보낸 것에 대해 신하들이 강하게 재고를 촉구했다. 왕과 신료들 간에 뜨거운 논쟁이 벌어졌다. 현종은 그 날의 논쟁이 역사에 남는 게 부담스러웠다. 그래서 "사관으로 하여금 지금 한 말들을 기록하지 말게 하라"고 명했다. 다른 사관은 붓을 놓았으나 조사식은 "비록 기록하지 말라는 분부를 받았으나 감히 명을 받들지 못하겠습니다" 하며 모두 적어 내려갔다. 사관이란 이런 것이다.

조선왕조 오백 년 그 긴 세월, 한결같이 역사가 기록되고 있었다는 것도 대단하지만, 지금까지 실록이 보관되고 있다는 것도 대단하다. 조선왕조실록이 험한 세월을 견뎌내고 살아남아 조선의 자존심이 된 과정을 살펴보자.

실록을 쓰고 보관하던 관청이 춘추관春秋館이다. 조선 초, 서울에 있는 춘추관 한 곳에만 실록을 보관하기가 불안해서 외사고를 하나 더 두었다. 충주사고다. 1439년(세종 21) 성주와 전주에도 사고를 마련하고 실록을 보관하게 했다. 이렇게 해서 춘추관·충주사고·성주사고·전주사고, 4대사고 체제가 성립됐다.

임진왜란(1592~1598)이 일어났다. 왜군에 의해 춘추관·충주사고·성주사고가 불탔다. 사고 안의 실록들도 재가 됐다.[21] 전주사고만이 무사했다. 전주사고가 위험에 처하자 안의와 손홍록 그리고 오희길 등이 전주사고에 모셔졌던 실록을 내장산으로 옮겨서 지켜냈다.

이후 전주사고본 실록은 황해도 해주를 거쳐 1595년(선조 28) 11월에 강화부에 왔다가 1597년 9월에 평안도 영변 묘향산 보현사 별전으로,[22] 다시 영변부 객사로 옮겨지다가 1603년 5월쯤에 강화부로 되돌아왔다. 강화부의 새로운 사고는 1605년에 완성된 것 같다. 『선조실록』 39년(1606) 4월 28일의 기록에 "강화의 사각史閣은 작년에 이미 세웠고[修建], 태백산·오대산·묘향산 등지의 사각도 거의 공사가 끝나가고 있다고 들은 듯합니다"라는 내용을 따른 것이다.

이제 한 질 남은 실록을 여러 부 만들어 지방 사고에 나눠 보관하는 작업이 시작된다. 종종 강화에서 실록을 다시 인쇄했다고 말해 지곤 하는데 사실은 그렇지 않다. 강화의 실록을 조금씩 옮겨다가 서울에서 인쇄하고 다시 강화로 내려보내는 형태로 작업이 진행됐다. 원래는 전주사고본이 보관된 강화에서 실록을 인쇄할 계획이었다. 그런데 작업 참여 인력이 오래도록 강화에 머물러야 하고 관리들이 서울에서 오가기도 번거롭고, 경비도 많이 들고 하는 여러 가지 불편함이 있었다.

이에 춘추관에서 임금에게 청하길, "만일 전 질을 서울에다 옮겨 놓는 것이 뜻밖에 군색하거나 위태로울 염려가 있다고 여겨진다면, … 우선 강화에다 봉안해 놓고, 권수를 헤아려서 점차 가져다가 앞부분부터 인출한 다음 도로 강화에다 보관하는 것이 무방할 듯합니다. 삼가 아뢰니 상께서 재량하소서"[23]라고 했고 임금이 그리하도록 허락했던 것이다.

서울에서의 인쇄 작업이 모두 끝난 것은 1606년이었다. 이 무렵 실록은 춘추관사고·마리산사고(이후 정족산사고로 옮김)·태백산사고·묘향산사고(이후 적상산사고로 옮김)·오대산사고에 모셔졌다고 한다. 전거를 『명종실록』 부록에서 찾을 수 있다.

> 상上(선조)이 춘추관에 명하여 이 본(전주사고본)에 의거하여 3질을 인출하고, 구인본[舊件](전주사고본)은 강화의 마니산에 보관하고 신인본[新件]은 춘추관과 안동의 태백산, 영변의 묘향산에 분장케 하였으며, 초본草本 1질은 강릉의 오대산에 보관하게 하였다. … 이 역사役事는 계묘(1603) 7월에 시작하여 병오(1606) 4월에 완성하였다.

조선전기에는 지방 도시 중심으로 4대사고를 운영했지만, 조선후기에는 5대사고 체제로 확대된 것이다. 지방 사고들은 외적의 침략에서 상대적으로 안전한 깊은 산중에 두어졌다. 여기서 강화 마리산사고에 실록을 보관하게 된 것이 1606년부터라는 실록 기록을 한 번 더 봐 두자.

마리산사고 이전에는 '강화부사고江華府史庫'에 실록을 모셨다. 임진왜란 때 실록을 보관했던 강화의 사고가 강화부사고다. 강화부의 관아 건물 가운데 한 곳이 사고로 개조되어 쓰였다.[24] 1603년(선조 36)에 강화로 되돌아온 실록을 보관한 사고도 강화부사고다. 새 사고를 지은 것은 1605년이었다. 병자호란 이후에는 부내府內 '폐영전廢影殿'에 실록을 모셨다. 다른 건물들이 다 불탔는데 다행히 이 영전만은 무사했기 때문이다.[25] 폐영전은 폐해진 영전影殿(임금의 영정을 모신 전각)이라는 뜻이다.

잠깐, 강화부사고에서 마리산사고로 실록이 옮겨진 것이 언제라고 했었나. 『명종실록』 부록에 의지해서 1606년이라고 말했다. 근데 뭐? 꼼꼼한 독자는 지금 내가 헤매고 있음을 알아챘을 것이다. 병자호란 이후 그러니까 1637년(인조 15) 이후에 부내 폐영전에 실록을 모셨다고 했으니 말이다. 1606년부터 마리산사고에 있어야 할 실록이 왜 또 읍내에 있다는 소리인가.

사실 그렇다. 마리산사고에 대해 학계에서 논란이 있다. 『명종실록』에서 딱 한 번 마리산사고를 언급했을 뿐, 더 이상의 기록은 없다. 다른 사고들의 기록은 아주 많은데 말이다. 마리산사고의 존재 자체를 부정하는 학자도 있다. 이 문제를 좀 더 들여다보자.

"도적이 강화의 사고에 불을 질렀는데, 부사府使 권반이 불을 껐다."[26] 1617년(광해군 9)에 나쁜 마음을 먹은 누군가가 강화사고에 불을 냈지만 강화도호부사가 바로 꺼서 피해는 없었나 보다. 1617년 당시 실록이 강화부사고에 있었다는 얘기다. 마리산사고라면 부사가 어찌 신속하게 불을 끌 수가 있나.

병자호란 때 마리산사고가 청군에게 해코지를 당했다고 널리 알려져 있다. 마리산사고가 병자호란 때 피해를 당했다고 말해지는 근거는 무엇인가. 다음 실록의 기사를 따른 것이다.

춘추관이 아뢰기를, "강도(江都)의 변으로 본관이 옮겨 놓은 실록과 시정기가 모두 흩어져 없어졌는데, 그때 서리 한 사람이 약간 권을 수습하여 도로 서고[庫]에 넣어 두었습니다. 그런데 지금 듣건대 공유덕과 경중명이 지나간다는 말 때문에 부내(府內)가 또다시 텅 비었다고 하니, 필시 재차 잃어버리게 될 근심을 면하지 못할 것입니다. 급히 본관의 관원을 파견하여 수습할 기반을 마련하게 하소서" 하니, 상(인조)이 따랐다.[27]

이 사료에서 우선 주목할 부분은 해코지 당한 실록이 강화의 사고에서 보관해온 실록이 아니라 서울 춘추관에서 '피난' 온 실록이라는 것이다. 다음 주목할 것은 마리산사고가 옳은가 하는 점이다. 병자호란 때 청군이 마리산 지역까지 들어가 살육과 약탈을 벌인 것은 사실이다. 그런데 마리산사고로 보기에 꺼림칙한 부분이 적지 않다. 우선 '사고(史庫)'라는 표현 대신 그냥 '고(庫)'로 쓴 것이 이상하다. 흩어진 실록 일부를 수습한 사람이 '서리(書吏)'라고 했다. 서리는 저 멀리 마리산이 아니라 강화부 관청 주변에 있어야 자연스럽다. '부내(府內)'가 텅 비어 실록을 다시 잃게 될까 봐 근심이라고 했다. '부내'라면 마리산보다 치소(治所)가 있는 지금의 읍내로 보는 것이 적절하지 않은가.

따라서 병자호란 때 피해를 본 사고는 마리산사고가 아니라 폐영전에 모시기 전의 읍내 강화부사고로 보아야 옳다. 좀더 분명한 근거도 있다. 1606년에 제정된 「경외사고수직절목(京外史庫守直節目)」에 "강화사고는 본부의 읍내에 있다", "외방 사고는 강화를 제외하면 모두 깊은 산 중에 있다"는 내용이다.[28] 마리산사고의 일로 말해지던 것들이 사실은 강화부사고를 가리키는 것이다.

그렇다면 마리산사고는 존재하지 않았던 것인가. 그건 아닐 것이다.

정족산사고

여기서 나름의 추정을 해본다. 실록이 강화부사고에서 언젠가 마리산사고로 옮겨지고 마리산사고에서 정족산사고로 옮겨졌다는 정설은 사실이 아닐 것이다. 혹시 강화부사고와 마리산사고가 일정 기간 모두 존재하지 않았을까? 두 사고에 실록을 나눠 보관하다가 정족산사고로 합해진 것은 아닐까 하는 가능성에 무게를 두고 싶다.

실제로 사고의 실록을 두 곳으로 나눠 보관한 사례가 있다. 1618년(광해군 10)에 광해군은 묘향산사고의 실록 일부를 적상산사고로 옮기게 했다. 하나의 사고를 둘로 나눈 것이다. 묘향산사고에 남아있던 나머지 실록들은 1633년(인조 11)에 모두 적상산사고로 옮겨갔다.[29] 후금의 침략에 대비해 상대적으로 안전한 남쪽 사고를 택한 것이다.

강화의 사각에 불이 나서 실록 두 권과 의궤 여러 책이 다 불탔다. 지춘추 이후원과 사관 안후열 등에게 명하여 달려가 점검하게 하였다.[30]

1653년(효종 4) 강화의 사고에 불이 나서 실록 두 권과 모든 의궤가 타 버렸다. 사관이 내려와 이를 점검했다. 이 사고도 마리산사고로 말해지지만, 여전히 명확하지 않다. 하여간, 실록이 두 권밖에 타지 않았는데 의궤는 몽땅 다 탔다. 이제 의궤는 없는 거다. 그러면 다음 실록 기사를 어떻게 보아야 할까.

> 예조가 아뢰기를, " … 도감의 의궤가 난리 뒤에 흩어졌거나 유실되어 춘추관과 여러 관아에 나누어 갈무리한 것들이 모두 남아난 것이 없습니다. 오직 강화의 사각에만 남아 있다 하니 가져다가 상고해 보아야겠습니다. 대신들에게 물어보았더니 속히 사관을 보내 거행하는 것이 마땅할 것이라 하였습니다" 하니, 상(현종)이 그렇게 하라고 하였다.[31]

꼭 보아야 할 의궤가 병자호란 때 모두 없어지고 강화의 사고에만 남아 있다는 얘기다. 이때는 현종 대이고 '강화의 사각'은 정족산사고를 말한다. 불에 강화사고의 의궤가 모두 탔는데, 1669년(현종 10) 현재 강화의 사고에만 의궤가 있다고 한다. 이는 강화의 사고가 두 개였을 가능성을 보여준다. 강화부사고와 마리산사고 가운데 한 곳의 의궤만 불타고 한 곳의 의궤는 무사했다고 해석할 수 있는 것이다. 무사한 의궤가 정족산사고로 옮겨져 보관되고 있던 것으로 봐도 무리는 없을 것 같다.

아무튼 읍내의 강화부사고는 정족산사고가 세워질 때까지 그대로 존재했던 것으로 보는 것이 옳다. 1658년(효종 9) 강화유수 서원리가 "본부(강화부)의 사고는 여염집과 너무 가까운 곳에 있어서 화재의 위험이 있다"[32]고 한 내용을 보아 알 수 있다. 유수 서원리는 현 사고의 문제점을 지적하며 전등사가 있는 정족산으로 사고를 옮기는 것이 좋겠다고 건의했고,

효종은 그렇게 하라고 했다.

정족산사고로 실록이 옮겨진 것은 1660년(현종 1)이다. "강도유수 유심이 정족산성의 공사가 완료[33]되었음을 치계하자, 실록을 성내의 사고로 옮겨 봉안하여 별장을 시켜 지키게 하도록 명"[34]했다고 『현종실록』에 나온다. 현종의 명이 있었던 것은 1660년 11월 8일, 그 명에 따라 정족산사고에 실록이 모셔진 것은 그해 12월이었다.[35]

마리산사고와 강화부사고의 관계를 제대로 풀지 못한 궁금증을 남겨둔 채 정족산성으로 간다. 삼랑성(정족산성) 안에 전등사가 있다. 전등사 명부전 서쪽 언덕에 정족산사고가 있다. 묘하게 가려져 있어 절에서는 보이지 않는다. 일제강점기인 1931년 이후 언젠가 허물어져 주춧돌 정도만 남은 빈터였다. 그냥 무너진 것이 아니라 건물이 다른 곳으로 옮겨 세워졌을 가능성도 있다. 적상산사고 선원각 건물을 옮겨다 안국사 천불전을 세웠다는 논문[36]을 읽으며 정족산사고 건물도 그렇게 어딘가로 이건되지 않았을까 하는 생각이 들었다.

1999년에 옛 모습과 거의 같게 복원됐다. 1931년에 조선총독부에서 발간한 『조선고적도보朝鮮古跡圖譜』 11집에 정족산사고 사진이 실려 있다. 이 사진과 발굴조사 결과를 토대로 사고를 복원한 것이다. 사고 별관인 취향당은 2006년에 새로 지었다. 정족산사고 담장 안에 건물이 두 채 있다. 왼쪽 본 건물이 실록을 보관하던 사각으로 '藏史閣(장사각)'이라는 현판이 걸렸다. 오른쪽 작은 건물은 선원보각璿源寶閣으로 왕실 족보를 보관하던 곳이다.

오대산사고 · 태백산사고 · 적상산사고 모두 2층 구조다. 그런데 정족산사고는 왜 단층건물일까. 그 이유를 명쾌하게 알려주는 사료는 찾아지지 않는다. 다만 그럴듯한 추론이 하나 있어 소개한다. 결론부터 말하면, 자료

장사각과 선원보각

열람의 편의를 고려해 단층으로 지었으리라는 것이다.

오대산사고·태백산사고·적상산사고는 서울에서 아주 멀다. 하지만 정족산사고는 가깝다. 나라의 크고 작은 일을 추진할 때 과거에 어떻게 했는지 확인할 필요가 있고, 그러자니 실록을 확인하는 일이 자주 벌어진다. "홍계희가 강화사고에 가서 열성列聖의 『실록』을 고출考出(참고로 살펴보기 위해 내어 봄)하여 왔는데 …"(『영조실록』), "동춘추 정상우, 기사관 홍석주를 강화의 사고로 내려보내 수렴하는 의절儀絶 때문에 실록을 조사하여 가지고 오게 하였다"(『순조실록』) 같은 경우다.

실록은 사고 안 책꽂이에 한 권 한 권 꽂혀 있는 게 아니라 책궤冊櫃(책을 넣어두는 나무 상자)에 들어있다. 2층 구조로 된 사고는 사다리를 통해 책궤를 내리고 올리는 번거로운 과정을 거쳐야 한다. 단층이면 바로 꺼낼 수 있다. 그래서 정족산사고를 단층 건물로 지었다는 추정이다. 열람의 편의성 때문 만은 아닐 것이다. 정족산사고가 단층으로 지어진 데는 다른 이유가 또 있었을 것이지만, 더는 알기 어렵다.

서울에 내사고인 춘추관사고가 있는데 왜 강화까지 가서 실록을 열어봐야 했을까? 춘추관사고의 실록이 너무 부실했기 때문이다. 빠진 것이 많았다. 이괄의 난, 병자호란 등으로 인해 그리되었다. 그나마 1811년(순조 11)에는 화재로 실록이 모두 불탔다. 결국, 정족산사고는 외사고이면서 내사고 역할도 겸했던 셈이다.[37]

정족산사고가 세워진 것은 1660년(현종 1)이라고 했다. 이때는 실록을 보관하는 사각만 있었다. 1682년(숙종 8)에 선원각을 짓고 왕실족보인 선원록을 봉안했다. 1697년(숙종 23)에는 '璿源寶閣(선원보각)'이라는 현판을 달았다. 그런데 이때의 정족산사고는 지금 복원된 사고와 위치가 달랐다. 애초에 정족산사고는 지금의 사고와 가까운 다른 곳에 있었는데 1707년(숙종 33)에 현 위치로 옮겨 지은 것이다.[38]

1706년 강화유수 민진원은 사고를 짓는 데 필요한 나무를 강원도 이천 등에서 사들이기로 결정하는 등, 사고 지을 준비를 했다. 황흠이 강화유수가 된 1707년에 새 사고를 지었다. 계획은 사각 5칸, 선원각 5칸의 규모였으나 공간이 부족해서 사각만 5칸으로 짓고, 선원각은 3칸으로 줄여 지었다. 1707년 11월, 사관이 내려와 새로 지은 사각에 실록을 모셨다. 9월에 사고를 짓기 시작했으니 약 두 달 만에 완공을 본 것이다. 이때 취향당도 함께 지은 것으로 말해지지만, 사실이 아니다. 1699년(숙종 25) 이전에 이미 취향당이 있었다.

그러면 사고 위치를 바꿔 다시 지은 이유는 무엇인가. "정족산사고의 터는 북쪽이 그늘지고 좁을 뿐만 아니라 해무가 길게 막혀 있으며 남풍을 받아 지세가 매우 불편"해서 1704년부터 새 사고터를 찾게 됐다. 새 사고

정족산사고의 별관격인 취향당

터는 기존 사고 아래 십 수 보 거리에 있는 곳으로 볕이 잘 드는 땅으로 결정됐다.[39] 이에 의하면 현종 때 처음 지은 사고는 지금 사고의 바로 뒤에 있었다. 실제로 현 사고 뒤편 '십 수 보' 떨어진 곳에 건물이 있었을 법한 평평한 공터가 남아 있다. 정갈하게 정비해서 '옛사고터舊史庫址' 정도로 이름 붙여 관리하면 어떨까 싶다.

한옥은 수명이 길지 못한 것이 아쉽다. 사람이 살지 않는 건물은 수명이 더 짧다. 정족산사고도 예외가 아니다. 그래서 수시로 보수 공사가 이루어졌고 개건改建도 있었다. 1813년(순조 13)에도 장사각을 개건했다. 하지만 위치가 바뀌지는 않았다. 그 자리에 다시 건물을 올린 것이다. 현재 정족산사고는 옆으로 골짜기를 끼고 있다. 골짜기는 혹시 모를 산불의 확산을 막아 사고를 보호하고 바람길을 확보하여 습기를 제거하는 역할도 한다.[40]

정족산사고의 관리는 강화부 별장이 맡았다. 전등사의 승려들도 이 일을 함께했다. 그러다가 1726년(영조 2)에 사고 참봉을 두어 관리하게 했다. 1713년(숙종 39)에 연잉군延礽君이 정족산사고에 왔다. 연잉군이 곧 영조다. 당시 스무 살 청년 연잉군은 종부시 도제조 자격으로 봉안사가 되어 선원각에 어첩(왕실 계보의 대강을 뽑아서 적은 책)과 선원록을 봉안하러 온 것이다. 연잉군은 취향당에서 선원각에 있던 기존의 선원록을 포쇄曝曬(책을 꺼내놓고 바람에 말리는 작업)하기도 했다. 습기를 제거하고 부식을 막기 위함이었다. 연잉군은 영조로 즉위한 뒤, 자신이 직접 다녀간 정족산사고의 관리에 정성을 다하게 된다.

실록을 안전하게 보관하는 데 불만큼 무서운 것이 습기다. 포쇄는 2년 1회가 원칙이었다. 그런데 정조 대에 가서 4년 1회로 규정이 바뀌었다. 해마다 장마가 있으니 1년에 한 번은 책을 펼쳐 말려주면 좋으련만, 포쇄를 시행할 사관이 부족하고, 흉년 등의 어려움도 겹치면서 그렇게 하지는 못했다. 그래도 4년에 한 번꼴로 포쇄했다. 그런데 임금별로 뜻밖에 차이가 크다. 실제 포쇄한 횟수를 '정족산사고 포쇄 현황'의 내용으로 확인해 보자.[41]

정족산사고의 책들을 자주 포쇄한 임금은 2년마다 시행한 경종이다. 그런데 그의 재위 기간이 짧아서 유의미한 통계로 보기에는 좀 부족하다. 다른 임금들 가운데 가장 부지런히 포쇄를 시행한 임금은 영조로 52년 재위 기간 동안 17회, 평균 3.1년에 한 번씩 포쇄를 하도록 했다. 강화도령 철종도 성적이 좋다. 3.5년마다 하게 했으니까. 꼴찌는 정조다. 24년 재위 기간 동안 단 2회, 12년에 한 번 꼴로 포쇄한 셈이다. 의외다.

포쇄 말고 습기제거 방법이 또 있었다. 실록을 책궤冊櫃에 넣어 보관할 때 그 안에 천궁 뿌리나 창포 뿌리를 함께 넣는 것이다. 약재로 쓰이는 천

● 정족산사고 포쇄 현황

	현종	숙종	경종	영조	정조	순조	헌종	철종	고종	계
포쇄 횟수	4회	10회	2회	17회	2회	7회	4회	4회	9회	59회
재위 기간	15년	46년	4년	52년	24년	34년	15년	14년	43년	247년
평균 주기	3.8년	4.6년	2년	3.1년	12년	4.9년	3.8년	3.5년	4.8년	4.2년

궁과 창포는 습기 제거에 탁월한 효과가 있었다. "습기를 막는 것으로는 창포말菖蒲末 만한 것이 없으니 실록이 지금까지 무탈한 것은 전적으로 창포말 때문이다"[42]라는 순조 대의 기록을 보면, 창포나 천궁이 지금의 제습제 이상으로 좋았던 모양이다.

지금 서울대 규장각에 정족산사고 실록이 보관되어 있다. 1909년, "강화의 전등사에 있는 사초史草와 열성조列聖朝의 어진을 경복궁으로 옮겼다"(『매천야록』). 여기서 사초는 실록을 포함한 의미일 것이다. 일본인들은 지방 외사고가 안전하지 못하니 모든 실록을 서울로 옮겨 보관해야 한다고 했다. 정족산사고본이 먼저 서울로 옮겨졌고 이후 나머지 사고의 실록들도 서울로 보내졌다. 서울로 간 실록들은 이왕직 도서과를 거쳐 1911년에 조선총독부로 이관되었다. 1923년 경성제국대학이 설립되면서 총독부가 소장하고 있던 규장각 도서와 실록이 경성제국대학 도서관으로 이관되었다. 1945년 당시 정족산사고본과 태백산사고본이 경성제국대학에 있었고, 적상산사고본은 이왕직 장서각에 있었다.[43]

오대산사고본은 1912년에 일본 도쿄제국대학으로 옮겨졌다. 그러다가 1923년 관동대지진으로 소실되고 말았다. 이때 불타지 않은 일부의 실록이 최근에 국내로 돌아왔다. 해방 당시 국내에 있던 실록은 정족산사고본·태백산사고본·적상산사고본이다. 정족산사고본은 지금 서울대 규장각에 있다고 했다. 태백산사고본은 부산에 있는 국가기록원 역사기록관에서 관리하고 있다. 적상산사고본은 평양에 있는 조선중앙역사박물관에 보관되어 있다고 한다. 6·25전쟁 때 북한군이 가져간 것이다.

용흥궁에서 철종을 그리며

강화읍내 심도직물이 있던 자리, 공장 건물 헐어내고 4,000여 평의 공원을 만들었다. 2008년에 완공하면서 강화주민을 대상으로 공원 이름을 설문한 결과 용흥궁공원이라는 이름이 붙었다.

남쪽으로 용흥궁과 김상용 순의비각, 동쪽으로 성공회 강화읍성당이 붙어있고 북쪽으로 몇 걸음이면 고려궁지, 그 뒤로 강화부성(강화산성) 북문이 이어진다. 읍내 답사 집결지로 딱 좋은 곳이다. 아쉬운 것은 공원이라기보다는 주차장에 더 가깝다는 점이다.

용흥궁龍興宮은 철종哲宗(1849~1863)이 즉위하기 전에 살던 작은 집터에 강화유수 정기세鄭基世가 1853년(철종 4)에 새로 지은 것이다. 철종은 조선의 25대 임금이다. 1831년(순조 31)에 태어나 19세에 즉위했다. 14년간 왕위에 있다가 33세의 이른 나이에 사망했다. 예릉睿陵(경기도 고양시 원당읍)에 모셔졌다.

기유년 6월 임신일에 헌종대왕께서 승하하시고 후사가 없자 순원왕후께서 이르기를, "영종대왕英宗大王44의 혈맥은 오직 헌종과 임금뿐이다" 하시고, 드디어 대책大策을 정하고 강화의 잠저潛邸에서 봉영하여 왔습니다. 처음에 덕완군德完君에 봉하였다가 그달 초 9일에 관례를 행하고 빈전殯殿에서 대보大寶를

용흥궁

전수받은 다음 인정문에서 즉위하였으며 ….

『철종실록』에 실려 있는 묘지문의 일부다. 기유년(1849)에 헌종이 뒤를 이을 아들 없이 죽자, 순조의 비이자 헌종의 할머니인 순원왕후가 원범을 택해 왕위를 잇게 했다는 것이다. 덕완군에 봉해 왕자의 지위를 부여했다. 아울러 순원왕후는 원범을 자신과 순조의 양아들로 입적入籍했다.[45] 형식상 원범의 즉위에 문제가 없었다. 그럼에도 철종의 정통성은 취약했다.

부왕父王을 계승한 왕자 출신의 임금이 아니라는 점, 집안이 억울한 죄를 쓰기는 했지만 국법에 따라 처벌받은 죄인의 집안이라는 점, 항렬로 볼 때 헌종은 조카이고 철종이 숙부인데 숙부가 조카의 뒤를 이어 즉위했다는 점이 철종의 정통성을 약화시킨 요인이다.

순원왕후가 원범을 선택한 이유는 영조의 혈맥은 오직 헌종과 원범뿐

용흥궁 출입문

이라고 했다. 그런데 원범이 영조의 유일한 핏줄은 아니었다. 원범은 삼형제의 막내인데 이때 큰형 회평군懷平君은 사망했지만, 둘째 영평군永平君은 살아있었다. 사촌 형인 익평군益平君(풍계군의 아들)도 있었다. 영평군과 익평군이 제외된 데는 이런저런 이유가 말해지지만, 중요한 것이 그들의 나이였던 것 같다.

당시 철종의 나이는 19세, 영평군과 익평군은 스물이 넘었다. 순원왕후는 수렴청정하며 정권을 장악하려는 의지가 강했다. 철종 나이 열아홉도 적은 나이가 아니나 그나마 수렴청정할 수 있는 상한선은 된다.[46] 스물이 되지는 않았으니까. 왕으로서의 준비가 전혀 안 된 원범이기에 수렴청정이 어색하지 않다. 그러나 26세 익평군, 22세 영평군은 수렴청정을 밀어붙이기가 곤란한 나이였다. 원범이 선택된 이유일 것이다.

나이 드신 독자들은 지금도 1970년대 드라마 '임금님의 첫사랑'을 기억한다. 강화도에 사는 원범이와 양순이의 사랑 이야기, 원범이가 왕이 되면서 둘의 만남이 끝난다. 한양과 강화로 몸은 떨어졌지만, 둘의 사랑은 계속됐을 것이다. 나는 드라마 줄거리를 잘 기억하지 못하는데, 드라마 주제가와 탤런트 사미자의 천연덕스러운 강화도 사투리는 떠오른다. 임금님보다는 '원범이'로 '강화도령'으로 더 사랑받던 철종, 이제부터 그를 만나보자.

4장 거울 앞에 서다   331

"철종의 휘諱는 변昪이다." 휘諱는 '꺼리다'라는 뜻을 가진 한자로 임금이나 고위직을 지낸 고인의 이름을 뜻한다. 철종의 이름이 외자, 변昪. 이 변李昪이라는 것이다. 조선 임금의 이름은 대개가 외자다. 사람들이 흔히 쓰는 글자는 피해서 짓는다. 누구든 임금의 이름자가 들어간 글을 쓸 수 없기에 일부러 낯선 글자로 이름을 짓는 것이다. 그럼 원범은 본명이 아닌가? 본명이다. 원래 이름이 이원범李元範인데 임금이 된 후, 왕실 전통에 따라 개명하여 변昪이 된 것이다. 그러나 첫사랑 양순이는 실제 인물이 아니다. '임금님의 첫사랑' 작가가 지어낸 원범의 연인 이름일 것이다. 요즘은 양순이 대신 봉이라는 이름도 들려온다.

철종은 아버지 전계대원군全溪大院君(1785~1841)과 어머니 용성부대부인龍城府大夫人47 염씨廉氏의 아들로 경행방慶幸坊(현재 서울 종로)에서 태어났다. 강화에서 태어난 것이 아니다. 원범이 어릴 때 아이들과 어울려 놀다가 혼자 길을 잃고 헤매다 흥인문에 이르렀다. 어느 눈 밝은 이가 원범의 용모와 행동거지가 평범한 아이보다 월등히 뛰어난 것을 알아보았다. 집이 어딘지 물어보고 데려다주었다. 원범의 아버지는 원범을 꾸짖고 문밖에 함부로 나가지 못하게 했다.48 언제 무슨 죄를 뒤집어쓰고 벌 받게 될지 모를 왕족의 처지인지라 스스로 근신하는 삶을 살았던 것 같다.

강화는 원범의 귀양지였다. 그럼 서울에서 강화로 오게 된 것은 언제인가?

14세 갑진년(1844)에 온 집안이 교동으로 옮겼고 10여 일 후 다시 강화로 옮겼는데, 배가 큰 바다에 이르자 갑자기 큰 바람을 만나 배가 경복傾覆될 지경에 이르렀으므로 사람들이 모두 놀라고 당황하여 얼굴빛이 변하였다. 그러나 임금께서는 가권家眷(가족)을 위로하고 보호하면서 조금도 놀라거나 두려워하는 기색이 없었다. 조금 뒤에 바람이 자고 물결이 잔잔해지자 사람들이 서로 축하하기를, "이곳은 본래 위험한 나루이고 또 사나운 바람을 만났는데도 결국 잘 건너게 되었으니, 배 안에는 반드시 하늘이 돕는 사람이 타고 있을 것이다" 하였다.[49]

철종이 가족과 함께 강화로 귀양 온 해는 1844년(헌종 10) 열네 살 때인데 처음부터 강화도로 온 것은 아니었다. 교동도에 유배됐다가 십여 일 만에 강화도로 옮겨졌다. 위 실록의 기록은 철종이 사망한 후에 작성된 일종의 회고 글이다. 그래서 임금은 곧 철종을 말한다. 배가 뒤집힐 위기, 모두가 죽을지도 모르는 위험천만한 그 순간에 홀로 태연자약한 우리의 원범. 이렇게 강화로 들어와 '강화도령'이 되었다.

서울 살던 원범이 왜 강화도로 유배를 와야 했는가. 원범의 형이 역모에 연루되어 죽고 원범은 연좌에 걸려 강화로 오게 된 것이다. 조금 더 자세히 알아보기 위해 원범의 할아버지 은언군까지 이야기를 거슬러 올라가 보자.

어린 나이에 아버지 사도세자의 죽음을 경험한 정조는 끊임없이 생존의 위협을 느껴야 했다. 세손으로 있다가 즉위한 후에도 마찬가지였다. 왕세손 시절 정조는 홍국영을 '선생님'으로 처음 만났다. 어려운 시절 늘 옆에서 그를 변호하고 지켜주던 충신이 홍국영이었다. 사도세자를 죽게 한 세력들의 반대를 극복하고 정조가 즉위했다. 자연스럽게 홍국영은 막강한 권력을 누리게 되었다. 그런데 권력은 마약과도 같아서 이성적인 판단을 흐리게 하고, 콜라와도 같아서 마실수록 갈증이 더 심해지는 모양이다. 정조밖에 몰랐던 홍국영이 자신밖에 모르는 탐욕가가 되어갔다.

중전 효의왕후 김씨가 아이를 낳지 못하자 자신의 여동생 원빈 홍씨

● 철종 전후의 왕계

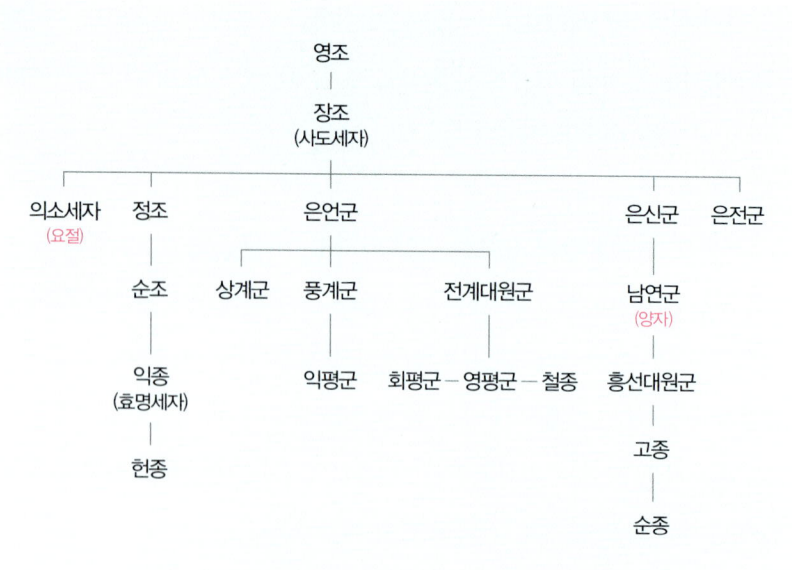

를 정조의 후궁으로 들였다. 원빈 홍씨로 하여금 정조의 아들을 낳게 하고 그 아들이 정조를 이어 왕위를 계승하게 하려는 무리수였다. 그런데 원빈 홍씨는 자식을 낳지 못하고 1년 만에 사망하고 말았다. 여기서 그쳤으면 좋았을 것을 홍국영은 더 심한 무리수를 둔다. 정조의 이복동생인 은언군의 아들 상계군常溪君 이담李湛을 죽은 누이 원빈 홍씨의 양자로 삼아 완풍군完豊君에 봉해지게 했다. 그리고 완풍군이 세자로 책봉받게 하려고 했다.

정조는 더는 안 되겠다 싶었을 것이다. 결국 홍국영을 내쳤으나 죽이지는 않았다. 정조는 홍국영의 탐욕에 화가 났겠지만, 또 한편으로는 쓸쓸함과 고독감에 빠졌으리라. 은언군 집안에 닥칠지 모를 풍파도 걱정스러웠을 것이다. 철종의 할아버지 은언군이 정조의 이복동생이었다. 사도세자와 혜빈 홍씨 사이에서 정조가 태어났고 사도세자와 숙빈 임씨 사이에서 은언군 이인李䄄(1755~1801)이 태어났다. 영조 - 사도세자 - 은언군 - 전계대원군 - 철종으로 이어지는 가계도다.

앞에서 홍국영이 은언군의 아들 상계군 이담으로 하여금 왕위를 잇게 하려고 했음을 이야기했다. 홍국영이 죽은 후 그 일당이 역모를 도모하다가 일이 탄로 날 것을 우려하여 이담을 독살했다고 한다.[50] 이담의 아버지 은언군이 이 역모 사건에 연루되어 1786년(정조 10)에 가족과 함께 강화도로 유배당했다.

그러나 정조는 은언군의 유배 생활이 고달프지 않도록 도우며 동생에 대한 애틋함을 드러냈다. "임금이 은밀히 사람을 강화도에 보내 편리하고 좋은 백성의 집 몇 채를 사서 한 채의 집으로 만든 다음 또 중사中使로 하여금 인과 그의 처자들을 데리고 새벽에 도성을 빠져나가 그 집에 있게 하였는데, 조정에서는 이를 몰랐다."[51] 말이 귀양이지 사실은 이사나 다름없었던 셈이다. 신하들이 강력히 반발했으나 정조는 슬기롭게 신하들을 무마했다. 어찌 됐건 역모에 휩쓸리면 죽음을 면하기 어려운 것이 왕족의 현실인데 은언군은 형님인 정조 덕분에 목숨을 구하고 편안한 귀양살이를 하게 된 것이다.

그런데 정조가 죽고 순조가 즉위하면서 은언군 집안은 풍비박산 난다. 은언군의 강화 거처가 '법대로' 가시나무 울타리가 쳐진 작은 집으로 바뀌었다. 은언군의 처와 며느리는 청나라 신부 주문모에게 세례를 받았다는 이유로 정순왕후 세력에게 죽임을 당했다.[52] 1801년(순조 1) 신유년, 이 천주교 탄압 사건을 신유박해 또는 신유사옥이라고 한다. 얼마 후 은언군도 강화에서 사약을 받고 죽었다.[53] 벽파에 의한 정치적 탄압이었다. 은언군이 사도세자의 아들이라는 것이 피바람의 씨앗이 된 셈이다. 하지만 은언군의 잘못도 있었다. 영조 임금 때 빚을 지고 갚지 않은 게 문제가 되서 제주도 유배형을 받기도 했었다. 아들을 홍국영 누이의 양자로 허락한 것도 결과적으로 잘못된 선택이었다.

원범의 아버지 이광李㼅은 스스로 목이라도 매고 싶었을 것이다. 아버지 은언군, 어머니, 형 상계군, 형수가 모두 죽임을 당했다. 자신도 연좌에 걸려 강화에서 계속 귀양 살고 있다. 희망이 보이지 않았을 것이다. 결혼을 안 한 것이, 딸린 식구가 없는 것이 차라리 다행이라고 여겼을지도 모른다. 세월만 가고 나이만 먹었다. 나이를 먹다 보니 정순왕후가 죽었다는 소식이 들려온다. 그렇다고 나아지는 것도 없었다. 그런데 뜻밖의 소식을 듣게 된다.

1822년(순조 22), 이 해는 사도세자가 죽임을 당한 지 60년이 되는 해다. 순조가 작심하고 다음과 같이 명을 내렸다.

… 밤낮으로 잊지 못하는 것은 바로 이인李䄄(은언군)의 자녀에 대한 일이었다. 그들에게 무슨 죄가 있기에 한쪽 해도海島에서 밝은 세상을 보지 못한단 말인가? … 살래야 살 수 없고 죽으려야 죽지도 못하니, 차마 말할 수 있겠는가?

… 돌이켜 보건대, 덕 없는 내가 어린 나이에 대통을 이어받아 그들이 마침내 죄에 걸리게 하고 말았다. 더구나 사교邪敎의 옥사에 싸잡아 넣어 죽게 한 것은 천부당만부당한 일이 아니겠는가? 설사 관계된 바가 있다고 하더라도 그 일신만 벌을 받아도 충분했다. 그런데 아무 상관도 없는 자녀들까지 아울러 가두고 박해하여 그들로 하여금 죽는 것만 못하게 하는 것은 너무나도 가혹하지 않겠는가? 통틀어 말하자면 모두가 나의 부덕으로 인하여 잘 계술繼述(조상의 뜻을 대대로 이어나감)하지 못한 탓이니, … 나의 마음을 지금 분명히 밝히지 않는다면, 다시 어느 때를 기다리겠는가?

의금부로 하여금 이인의 자녀가 살고 있는 곳의 가시 울타리와 방비를 즉시 철거하여 그들이 일반 백성처럼 편리한 대로 살게끔 하라. 그리고 남녀 혼사의 비용은 대내大內에서 챙겨 주고 종친부로 하여금 주관하여 혼사를 빨리 거행하게 하라. 아! 이번의 일은 실로 우리 선대왕의 돈독한 우애의 마음을 본받아 우리 만세 자손에게 보인 것이다.[54]

1786년(정조 10) 2살 때 부모 따라 강화도에 유배된 이광, 15살인 1801년에 위리안치 되면서 부모가 사사되고, 이제 나이 38세가 되어서야 비로소 바깥 공기를 마실 수 있게 되었다. 왕실에서는 그의 혼사까지 주선하고 나섰다. 이광은 때늦은 결혼을 하게 됐고, 세 번째 부인 염씨에게서 아들 이원범을 얻었다. 서울에서 살다가 1841년(헌종 7)에 사망했다. 아들 원범이 철종으로 즉위하면서 전계대원군으로 추존되었다.

서울에서 조심스럽게 살아가던 어린 원범이 1844년에 강화로 귀양 오게 된 것은 또다시 역모사건에 연루됐기 때문이다. 민진용이라는 이가 역모를 꾀하다 적발됐는데, 원범의 이복형인 회평군 이원경을 왕으로 추대하려고 했다는 것이다. 이원경은 죽임을 당했고 가족들은 이 사건에 연좌되어 강화로 오게 된 것이다. 은언군부터 철종까지 대를 이어 강화도 귀양살이를 하게 됨에 이들을 일컬어 강화종실江華宗室이라는 말까지 생겨났다.

철종의 강화도 생활, 아버지 전계대원군 그리고 할아버지 은언군에 관해 궁금한 것이 많지만, 제대로 알려진 내용이 별로 없다. 이는 철종이 즉위하자마자 대왕대비가 "은언군의 집안에 소속된 전후의 문적은 모조리 세초하라고 명"[55]하였기 때문이다. 역모사건에 관련됐던 집안 내력이 소상히 알려질수록 철종의 통치에 부담이 될 것을 염려하여 순원왕후가 자료를 없애도록 한 것 같다.

철종이 글 한 줄 모르면서 어떻게 왕 노릇을 했을까 하는 분들이 있다. 그런데 글을 몰랐던 것은 아니다. 학문이 높지는 않지만 최소한의 학식은 갖추고 있었다. 열네 살에 강화로 왔으니 그때까지 한양에서 학문을 닦았던 것이다. 4세 때 『천자문』을 읽었는데 한 대목을 들으면 나머지 열 대목을 깨달아 알았다고 한다.[56] 그러나 공부를 좋아했던 것 같지는 않고 강화로 유배 오면서 책을 손에서 놓게 된 것 같다.

즉위 초, 신하들이 왕의 학문 수준을 궁금해하자 "일찍이 『통감』 두 권과 『소학』 1, 2권을 읽었으나, 근년에는 읽은 것이 없소"라고 철종은 대답한다. 그러면서 "어렸을 때 '대충' 읽어 넘겨서, 지금은 깜깜하여 기억할 수가 없소"라며 자신 없어 한다. 그러자 정원용이 아뢰기를, "시작은 『사략』으로부터 하여 조금 문리文理를 이해케 된 뒤에 계속하여 경서를 배우는 것이 좋겠습니다"라고 건의한다.[57]

그는 왕위에 있으면서 뒤늦은 공부에 열중했던 것 같다. "공부는 실로 나 자신의 입지立志에 달려 있는 것이다"라며 자신을 경계하는 열 가지 조항을 병풍에 써놓기도 했다. 경연에 나아가 신하들에게 말하길, "쓰는 것이 어려운 것이 아니라 이를 실행하는 것이 어려운 것이다"라고도 했다. 양명학에서 말하는 지행합일知行合一의 도가 연상된다.

아무튼, 여느 왕들의 어린 시절에 비해 철종의 학문이 뒤처졌음은 사실이다. 하지만 책을 통해 배우는 것만 공부가 아니다. 진정한 공부는 삶 속에서 나온다. 원범이 강화에서 유배 생활한 기간이 몇 년이던가. 14세에 귀양 와서 19세에 즉위했으니 5년이다. 5년간 원범은 백성 속에 섞여 살았고 그들보다 더 곤궁했다. 한마디로 백성의 고단한 현실을 보고, 느끼고, 체험했다. 왕으로서 값진 공부였던 셈이다.

왕으로서 품성과 그릇도 넉넉했다. 강화에 있을 때 강화유수가 심하게 원범을 구박했다. 유배인에 대한 관리에 충실하려는 행동이었다고 해도 아무튼 원범은 유수 때문에 사는 게 더 고통스러웠다. 원범이 즉위한 후 그 강화유수가 승지 후보에 올랐다. 내가 왕이라면 그를 뽑지 않았을 것이고 벼슬도 잘라버렸을 것이다. 그러나 철종은 그를 승지로 뽑았다. "그가 고의로 나를 욕보이려고 그런 것이 아니라 국법이 그런 것이었다" 하였다. 이후에도 '뒤끝' 없이 다른 신하들과 똑같이 대우했다.

왕의 밥상에 낙죽酪粥(우유죽)이 오르자 이를 금하며 "소가 새끼에게 젖을 먹이지 못하면 가축이 번성하지 못하게 될 것이다" 하였으며, 심지어 미물인 새와 짐승과 벌레까지도 함부로 상해하지 못하게 경계했다. 고기반찬이 올라와도 "내가 만일 고기를 많이 먹는다면 사서인士庶人에 이르기까지 이를 다투어 본받게 될 것이므로 육축六畜이 반드시 많이 손상될 것이다" 하며 먹으려 하지 않았다.[58]

철종은 성군聖君이 될 가능성이 없지 않았다. 그러나 그럴 수 있는 시대가 아니었다. 때는 세도정치의 절정기였고 이 한계를 극복해 내기에는 철종의 힘이 아무래도 부족했다. 때로 권모술수도 필요한 군주라는 자리가 맑고 여린 원범에게는 잘 맞지 않는 옷과 같았다.

정조와 고종 사이 세 명의 임금, 순조(1800~1834), 헌종(1834~1849), 철종(1849~1863) 대를 세도정치勢道政治기라고 한다. 세도정치란 외척들이 중심이 되어 왕권을 사실상 무력화시키면서 권력을 집중한 정치 형태를 일컫는다. 순조는 11세, 헌종은 8세에 즉위했다. 수렴청정이라는 방법으로 외척이 실권을 잡을 수밖에 없는 나이였다. 철종은 19세에 즉위했으나 준비되지 않은 왕이었기에 순조와 헌종의 전철을 밟아야 했다. 안동 김씨가 그 중심에 있었고 이들과 때로 반목하고 때로는 협력하던 풍양 조씨도

한 축을 이루었다.

　외척이 정권을 장악하고 왕을 반半 허수아비로 만든 것도 잘못이지만, 부국강병과 민생안정을 위한 노력 없이 자신들의 부와 권력을 유지하고 확대하는 데 몰두한 것이 더 큰 잘못이다. 병자호란 때 순절한 안동 김씨 김상용 선생은 후손들 하는 짓을 보며 하늘에서 통곡했을지도 모른다. 입만 열면 민생을 말하고 애민을 말한 것도 밉다. 원범을 왕으로 만든 순원왕후純元王后도 철종에게 안민安民을 강조했지만, 정작 자신은 백성들의 삶보다 자기 집안 안동 김씨의 세도와 이익 증대에 몰두했다.

　외척을 견제하고 비판할 세력은 당시 거의 없었다. 소수 가문과 그들의 인척이 실권을 장악하고 있었기 때문이다. 여기서 우리는 당쟁의 긍정적 의미를 생각해보아야 한다. 당쟁을 붕당정치朋黨政治라고 부르는 이유이기도 하다. "조선은 당파싸움만 하다가 망한 나라다"라는 인식은 지나치게 자학적이다. 이 말은 일제강점기 일본인들이 강조했던 말이기도 하다. 붕당정치는 당파와 당파가 서로 견제하며 싸우고 협력하는 정치 구조였다. 겉으로 시끄러워 보여도 절대 권력과 절대 부패를 예방하는 효과가 있었다. 싸움에도 대개 격이 있었다. 유능한 왕은 이들을 적절히 조정하며 균형감 있는 정치를 펼쳤다. 영조·정조 대의 탕평정치도 붕당정치의 다른 모습으로 볼 수 있다.

　현대의 정당제도 역시 붕당정치와 비슷한 속성이 있다. 야당이 여당을 견제하여 여당과 정부의 전횡과 독재를 막는다. 그러니 국회가 늘 시끄럽다며 욕할 필요는 없다. 시끄러움 속에서 민주주의는 더 발전한다. 다만, 대개의 싸움이 나라와 국민의 행복을 위한 싸움이라기보다는 개인이나 당 차원의 이익을 위한 싸움이라는 점, 싸움의 격이 낮다는 점, 그 싸움의 목적을 늘 "국민을 위해서"라고 말한다는 점이 나쁘다.

세도정치는 붕당정치의 틀을 깨버리고 등장한 일당독재체제라고 할 수 있다. 나라의 기강과 공정성이 무너져 세상에 부정부패가 만연했다. 이 시기 관직을 사고파는 매관매직賣官賣職이 성행했다. 자질 없는 자가 큰 돈 들여 수령 자리 하나 꿰차면 본전 그 이상을 뽑으려고 해당 지역 백성들을 쥐어짜는 만행을 저지른다. 중앙 고위 관료들과 연결되어 있었으니 암행어사가 뜬다 해도 처벌이 쉽지 않았다.

　　정약용은 『목민심서』에서 수령의 중요성을 이렇게 말했다. "수령 노릇의 어려움은 공후公侯보다도 백배나 더하니, 이 어찌 구할 수 있는 것이겠는가. 비록 덕망을 갖추었다 하더라도 위엄이 없으면 하기 어렵고, 비록 하고 싶은 뜻이 있다 하더라도 밝지 못하면 하지 못한다. 무릇 그런 능력이 없는 자가 수령이 되면 백성들은 그 해를 입어 곤궁하고 고통스러우며, 사람이 비난하고 귀신이 책망하여 재앙이 자손들에게까지 미칠 것이니, 이 어찌 구할 수 있는 것이겠는가." 정약용의 경고는 지금도 여전히 유효하다.

　　세도정치기에는 지방관 자리를 돈으로 산, '능력이 없는 자'가 많았다. 덩달아 몹쓸 세금에 무너지는 백성들도 너무 많았다. 삼정의 문란으로 민란이 거듭된 것이 당연했다. 삼정은 전정·군정·환곡을 말하는데, 정약용은 '애절양哀絶陽'을 지어 군정의 참혹함을 이렇게 고발했다.

노전마을 젊은 아낙 그칠 줄 모르는 통곡소리
현문縣門 향해 가며 하늘에 울부짖길
싸움터에 간 지아비가 못 돌아오는 수는 있어도
남자가 그걸 자른 건 들어본 일이 없다네.
시아버지 삼년상 이미 지났고 아이는 배냇물도 안 말랐는데
조자손 삼대가 다 군보에 실리다니

가서 아무리 호소해도 문지기는 호랑이오.
이정은 으르렁대며 마굿간 소 몰아가고
칼을 갈아 방에 들자 자리에는 피가 가득
자식 낳아 군액 당한 것 한스러워 그랬다네.
…

군정이 문란해지면서 생겨난 황구첨정黃口簽丁(어린 아이에게 군포를 물리는 것)과 백골징포白骨徵布(죽은 노인에게 군포를 물리는 것)의 실상을 그린 것이다. "아들 낳은 죄로구나!", 스스로 남근을 잘라내는 끔찍한 자학, 아니 자학이 아니다. 처절한 저항이다.

철종은 강화도 유배생활을 통해 문란한 삼정으로 겪는 백성의 고통을 잘 알고 있었다. "군정軍政·적정糴政(환곡)·전정田政의 삼정은 국가에 있어서의 대정大政인데, 현재 삼정이 모두 병들어서 민생이 고달프고 초췌해졌다. 그 중에서도 적정은 가장 백성의 뼈에 사무치는 폐단이 되었다"[59]고 진단했다. 지방 수령 가운데 백성을 탈취하는 탐욕스러운 자들의 이름을 궁궐 자신의 침실 벽에 써놓았다고 경고하면서 백성 살릴 길을 강구하도록 독려했다.[60]

그렇지만 철종은 백성들의 부담을 덜어주기 위한 적극적인 행동을 보여주지 못했다. 오히려 자신의 정통성 확보를 위해 왕실 전례典禮를 자주 시행하는 등 재정을 낭비하기도 했다. 그러다가 민란이 일어났다. 1862년(철종 13)에는 삼정의 문란을 바로 잡고자 삼정이정청三政釐整廳을 설치했으나 성과는 미미했다.

허수아비 왕이었으니까, 그런 측면도 일부분 있다고 해야 할 것이다. 그러나 너무 단정적으로 말하는 것은 적절하지 않다. 재위 3년간은 대왕

대비 순원왕후가 수렴청정했지만, 친정을 시작한 이후 나름의 왕권강화 정책을 펼쳤다. 조정에서 축출됐던 풍양 조씨 세력을 살려내 안동 김씨의 견제세력으로 키우려고 했다. 사도세자를 의도적으로 숭상하면서 자신의 정통성을 강조했다. 안동 김씨에게 비판적인 인물들을 삼사에 배치하기도 했다.[61]

왕권을 바로 세우고 싶어 했다. 그래야 백성을 살리려는 자신의 뜻도 펼칠 수 있기 때문이다. 허나 세도정치의 벽은 너무도 견고했다. 철종의 고군분투는 열매를 맺지 못했다. 시대의 한계를 극복할 정도의 능력까지는 갖추지 못했다. 외로울 수밖에 없었던 군주, 뜻을 펼쳐보려 몸부림치던 군주, 주먹에도 가슴에도 피멍이 들어 쇠잔해지던 군주, 1863년(철종 14) 12월에 서른셋의 나이로 숨을 거두고 말았다.

철종에게 강화는 지긋지긋한 유배지로 기억됐을까, 아니면 고향 같은 곳으로 기억됐을까? 처음에는 강화가 벗어나고 싶은 땅이었을 것이다. 그런데 살다 보니 정도 들었을 것이고, 한양 궁궐로 들어간 후에는 그리운 섬이 됐을 것 같다. 즉위한 후에도 강화에 대한 각별한 관심을 보이는 것으로 보아 철종이 강화를 어떻게 생각하고 있었는지 짐작할 수 있다.

즉위 4년 되던 해에 "내가 심도沁都에 대해 늘 한 번 뜻을 보이려고 하였으나, 실천하지 못하였다"[62] 하면서 강화에서 응제應製라고 하는 특별 과거를 실시한다. 응제 합격자에게는 선물을 하사하는 게 보통인데 철종은 수석 합격자 남궁갑南宮鉀에게 초시와 복시를 건너뛰고 바로 전시殿試에 응시할 기회를 준다.[63] 사실상 급제를 보장한 것이다.

강화 사람 남궁갑은 다음 해인 1854년(철종 5) 과거에서 병과로 합격하여 관직에 나아가 경기도사京畿都事 등을 거쳤다. 고종 때에도 장령掌令(사헌부의 정4품 관직), 돈녕부 도정敦寧府都正(정3품) 등을 맡아 조정에서 활동한 사실이 실록에 보인다.⁶⁴ 한편 이 응제에 이건창의 아버지 이상학도 참가해 우수한 성적으로 뽑혔다. 이상학은 초시를 면제받고 바로 복시에 응시할 자격을 얻었다.⁶⁵

철종은 "내가 강화부에 어찌 특혜를 주는 조치가 없겠는가? 전곡의 구채舊債(오래된 빚) 가운데 지목하여 징수할 데가 없는 것은 모두 탕감"⁶⁶ 해주라는 지시도 내린다. 또 "장녕전長寧殿의 전우殿宇를 오랜 세월 동안 수리하지 못하였다는 것을 내가 잠저 때부터 익히 들었는데, 지금 이를 개수하여 일을 끝마치고 (영정을) 곧 도로 모시게 되었으니, 매우 다행스럽다"⁶⁷라고 한 것처럼 장녕전을 정비했다. 이밖에 만녕전萬寧殿도 중건重建⁶⁸했다. 장녕전은 숙종의 영정을 모시던 전각이고, 만녕전은 영조의 영정을 모시던 전각인데 이후 영조의 영정이 장녕전으로 옮겨져 숙종과 함께 모셔졌으니, 철종 당시의 만녕전은 비어 있거나 다른 용도로 쓰였을 것이다.

철종은 자식이 11명이었다. 아들도 5명이나 됐다. 왕비(철인왕후)가 낳은 아들 하나, 후궁들이 낳은 아들 넷. 그러나 모두 어려서 죽고 말았다.⁶⁹ 딸 여섯 중 다섯도 어려서 죽었다. 유일하게 살아남은 영혜옹주(1858~1872)는 15세에 박영효와 결혼했지만, 결혼생활 3개월이 채 안 되어서 사망했다. 이후 박영효는 갑신정변을 주도한다. 철종이 세상을 떠났을 때, 뒤를 이어야 할 아들들은 모두 하늘에 있었다. 그래서 흥선대원군의 아들 고종이 즉위할 수 있었다. 은언군의 동생이 은신군이고 은신군의 양자가 남연군이다(남연군은 인조의 아들이자 효종의 동생인 인평대군의 후손임). 남연군의 아들이 흥선대원군이다.

용흥궁은 아담하고 격조있는 한옥이다. 입구에 비가 두 기 서 있는데 하나는 아버지의 것이고, 다른 하나는 아들의 것이다. 아버지 정원용 생묘비生廟碑와 아들 정기세 생묘비다. 두 비 모두 1864년(고종 1) 3월에 세웠다.

용흥궁 철종 잠저비각

정원용 생묘비가 여기 용흥궁 앞에 서게 된 것은 그가 원범을 왕으로 모셔 가려고 왔던 인물이기 때문인 것 같다. 정기세 생묘비는 그가 강화유수 때 용흥궁을 지었기에 서게 된 것이다. 용흥궁 안 서쪽에 조그만 비각이 있는데 그 안에 '哲宗朝潛邸舊基(철종조잠저구기)'라고 새긴 비가 있다. 철종의 잠저가 있던 옛터라는 뜻이다. 잠저潛邸는 임금이 왕위에 오르기 전에 살던 집을 의미한다.

가짜에는 두 가지 종류가 있다. 진짜처럼 꾸며 놓은 가짜와 진짜처럼 행세하는 가짜다. 꾸며 놓은 가짜에게 속았을 경우보다 행세하는 가짜에게 속았을 경우가 한결 비애감을 짙게 만든다. 전자는 물건에 대한 절망을 가져다 주지만 후자는 인간에 대한 절망을 가져다 주기 때문이다.[70]

철종의 외가

　염종수라는 간 큰 사기꾼이 있었다. 피해자는 다름 아닌 철종. 파주 염씨인 염종수는 철종의 외가가 용담 염씨인 것을 알고 족보를 위조하여 철종의 외삼촌 행세를 했다. 철종은 그를 반기고 전라우도 수군절도사로 삼았다.[71] 1858년(철종 9)의 일이다. 이후 충청도 병마절도사, 황해병사 등을 지냈다. 아무리 친척이 귀했다지만, 염종수에게 큰 관직을 내린 철종의 처사는 바람직한 일이 아니었다.

　몇 년 후 염보길이라는 이가 강화유수부에 격고명원擊鼓鳴冤(북과 징을 울려 억울함을 호소함)하였다.[72] 아마도 임금을 속인 염종수의 사기 행각을 고발한 것 같다. 유수는 조사를 벌였고 염종수의 드러난 잘못을 임금에게 보고했다. 철종은 "윤상倫常의 변變이 예부터 어찌 한정이 있으랴마는, 어찌 이와 같은 지극히 흉악하고 지극히 패려한 자가 있었겠는가?"[73]라며 분노했다. 자신의 심정을 이렇게 말하기도 했다. "놀랍고 송구함을 추후

해 생각하니, 정情을 붙일 데가 없다. 이제 강화부에서 조사한 것을 보니, 더욱더 마음 아프고 부끄럽다."[74] 염종수는 친국을 거쳐 1861년에 참수되었다. "임금을 기만하고 부도不道한 짓을 한"[75] 죄였다.

    염종수를 고발했던 염보길은 철종의 외가 쪽 친척이다. 염보길이 살던 집이 선원면에 있는데 '철종외가'라고 부른다. 용흥궁 세워진 1853년(철종 4)에 새로 지었다고 한다. 대문을 들어서면 바로 사랑채 누마루다. 공부가 절로 될 것 같은 마루 위에 '梅軒書堂(매헌서당)'이라는 현판이 걸렸다. 한때 글방으로 쓰였는지도 모르겠다. 누마루 앞마당이 예전에는 연못이었다고 하는데 지금은 흙으로 메워 연못의 흔적을 찾을 수 없다. 안채 마루 기둥 일부에 붉은 단청이 보이는데 흔한 일이 아니다. 조선시대 민가는 단청을 입힐 수 없었다고 한다.[76] 마당이 넓어 허전해 보이고 안채가 훤히 보이는 것도 자연스럽지 않았는데, 최근에 마당을 가로질러 담을 쌓았다. 원형에 어울리게 복원한 모양이다. 한결 아늑하고 짜임새 있어 보인다.

프랑스, 조선을 침략하다

정족산성 동문으로 들어서면 바로 오른쪽으로 자그마한 비각이 있다. 어느 스님의 행적을 기록한 비석일 것 같지만, 사실은 양헌수 승전비다. 비 앞면에 새겨진 정식명칭은 '巡撫千摠梁公憲洙勝戰碑(순무천총양공헌수승전비)'로 1873년(고종 10) 강화 주민들이 세운 것이다. 왜 여기에 비가 섰는가. 병인양요(1866) 당시 이곳 정족산성에서 양헌수가 지휘한 조선군이 프랑스군을 격퇴했는데 이를 기리기 위해 세운 것이다. 원래 좀 더 안쪽 전등사 대조루 가까이에 있었는데 언젠가 동문 곁으로 옮겼다.

강화도조약으로 개항한 조선 정부가 개화정책을 펼쳐나가던 1882년, 신식 군대인 별기군에 비해 열악한 대우를 받고 있던 구식군인들이 봉기했다. 구식군인들은 일본 공사관을 공격하고 일본인 교관을 살해했으며 조정 고관들의 집까지 불태웠다. 이 사건을 임오군란이라고 한다. 이때, 양헌수의 집은 무사했다. 누군가가, '여기는 양 장군 댁이다' 하니 군인들 모두가 그냥 지나쳐갔다고 한다. 양헌수의 인품을 엿보게 한다. 정족산성 전투 당시 양헌수는 부상 입은 병사의 상처를 입으로 빨아 치료할 만큼 부하에 대한 사랑이 지극했던 장수다.

양헌수梁憲洙(1816~1888)는 경기도 양평군 지평(지금 양평군 용문면)에서 태어났다. 어릴 때부터 유학을 공부하여 이항로의 제자가 되었으나 도

양헌수 승전비와 정족산성 동문

중에 진로를 바꿔 무인의 길로 들어섰다. 1848년(헌종 14) 무과에 급제하고 1849년부터 관직생활을 시작했다. 학문과 무예를 겸비한 그는 무인으로 드물게 문집 『하거집荷居集』을 남겼다.[77]

이제 병인양요는 왜 일어났고 어떻게 전개되었는지, 알아보고자 한다. 손이나 간단한 도구로 물건을 만들던 사람들이 정교한 기계를 발명하여 이전과 비교할 수 없는 엄청난 양의 물건을 만들어내게 되었다. 사람과 가축의 힘에 의존해야 했던 생산 활동이 증기기관으로 대체되면서 생산 활동은 물론 교통수단에서도 혁명적인 변화를 가져왔다. 우리는 이를 산업혁명이라고 한다. 18세기에 영국에서 시작된 산업혁명은 19세기에 유럽 대륙과 미국 등으로 확산되었다.

산업혁명은 인류의 발전에 이바지한 사건이지만, 결과적으로 볼 때 조선이 병인양요와 신미양요를 겪게 되는 원인이기도 했다. 산업혁명을 이루어낸 나라들은 더 많은 이익 창출을 위해 아시아·아프리카 지역을 식민지로 삼으려 했고, 실제로 그렇게 했다. 제국주의 국가들은 자기들 나라의 상품 판매 시장이자 원료의 공급지로서 그리고 잉여 자본의 투자처로서 식민지 확보에 열을 올렸다. 병인양요와 신미양요는 프랑스와 미국의 '제국주의적' 침략이었다.

잔뜩 욕심부리던 인도를 영국에 빼앗긴 프랑스는 꿩 대신 닭을 찾아 동쪽으로 향했고, 베트남 지역이 프랑스의 닭이 되고 말았다. 와중에 조선에까지 이르게 되었는데 그럴듯한 명분이 있었다. 그 무렵 조선에서 프랑스인 신부들이 처형됐던 것이다. 자국민 처형에 대한 보복과 조선 천주교도들에게 신앙의 자유를 얻게 해주겠다는 명분으로 조선을 침략한다. 물론 조선을 개항시키는 것이 현실적 목표였다.

1866년 병인년에 처음으로 프랑스 신부들이 처형된 것이 아니다. 1839년(헌종 5) 기해박해 때 이미 프랑스 신부 3명이 죽임을 당했다. 이에 1846년과 1847년에 프랑스 군함이 조선 연안까지 와서 조선 조정과의 대화를 시도했었다.

헌종을 이어 즉위한 철종은 천주교에 대해 별다른 억압을 하지 않았다. 1861년(철종 12) 말 조선의 천주교 신도는 대략 1만 8,000여 명 정도였다.[78] 대원군이 처음부터 천주교 박해에 열을 올렸던 것은 아니다. 유교 윤리에 충실한 지배층의 시각으로 볼 때 위험한 종교이긴 했지만, 다소 방관적인 자세를 취했다. 심지어 프랑스의 천주교 세력과 손잡고 러시아[79]를 막아 볼 생각마저 했었다. 대원군의 뜻과 달리 프랑스는 움직이지 않았다. 여기에 더해 조정대신들과 조대비는 천주교도에 대한 처벌을 강력하게 주장하고 있었다.

1866년(고종 3) 병인년, 천주교도 8,000여 명이 죽임을 당했고 조선에 들어와 있던 프랑스 신부 12명 가운데 9명이 처형됐다. 세 명의 신부는 정부의 체포를 피해 충청도 산골로 숨었다. 이 무지막지한 천주교 탄압 사건을 병인박해 또는 병인사옥이라고 한다. 한편 겨우 목숨을 건진 세 명의 신부 중에 리델이라는 신부는 조선인 신자 몇 명과 함께 중국으로 탈출했다. 그리고 청나라 주재 극동함대사령관 로즈 제독에게 박해 사실을 알리며 동료 2명(페롱, 칼레)의 구출을 요청했다. 이에 로즈 제독은 그렇게 하겠다며, 주청駐淸 프랑스 대리공사 벨로네와 본국 해군성장관에게 이 사실을 알렸다.[80]

　　1866년 7월 30일(양력 9월 8일) 프랑스 정부는 해군성을 통해 로즈에게 조선 원정을 지시했다. 단, 조선은 미지의 나라이니 신중하게 행동할 것, 승리할 수 있다는 확신이 설 때만 행동할 것, 조선 원정은 본국 해군성이나 정부의 뜻과 관계없이 주청 극동함대사령부 단독으로 결정한 것으로 할 것, 따라서 극동함대 사령관인 로즈 제독 휘하의 병력만으로 원정을 수행할 것을 덧붙여 지시했다. "우리는 모르는 척 할 테니, 로즈 네가 혼자 벌인 일로 해라." 이런 의도인 것 같은데 만약에 실패할 경우 프랑스 정부에 끼칠 부정적인 영향을 걱정한 것으로 보인다.

　　이는 10여 년 전 프랑스 해군성의 태도와 다소 다른 모습이다. 1855년(철종 6) 프랑스 해군성장관은 인도차이나 기지 사령관 게렝 제독에게 조선을 식민지로 삼는 데 필요한 모든 정보를 수집해서 보고하라고 명령했다. 1856년 게렝 제독은, 2개월간 조선 서해안 일대를 정찰하고 돌아가, 조선은 허약한 나라로 어느 나라에든 점령될 것이라고 보고했다. 1857년에는 조선에서 활동하던 메스트르 신부가 중국 주재 프랑스 공사를 통해 파리 외무성에 조선 정벌을 건의하기도 했다. 1개 대대 병력만 있으면 서울을 쉽게 점령할 수 있고, 서울이 함락되면 조선 백성의 저항도 없을 것이라는 내용이었다.[81] 메스트르 신부라는 이, 맹랑하다.

로즈 제독은 본격적인 조선 침공에 앞서 정찰 원정을 시작한다. 해군성의 명령대로 신중을 기하는 것이다. 1866년(고종 3) 8월 10일에 로즈는 기함 프리모게 호, 포함 타르디프 호, 통보함 데룰레드 호를 이끌고 중국 즈푸[芝罘]항을 떠나 조선으로 향한다. 리델 신부를 통역관으로 조선인 신자 3명을 물길 안내인으로 데려왔다. 입파도 정박(8월 12일), 강화해협 통과(8월 15일), 한강을 거슬러 올라 양천현 정박(8월 17일). 중간에 그 지역 관리가 왜 왔는가 묻자, 리델 신부는 조선의 아름다운 산천을 구경하러 왔노라고 거짓말을 한다.

8월 18일에 조선 조정은 많은 배를 동원해 한강을 막았다. 프랑스군에게 더 이상의 진입은 허용하지 않겠다는 의지를 보여준 것이다. 그러나 프랑스 함대의 대포 몇 발에 조선의 방어선이 무너졌다. 프랑스 함대는 양화진을 거쳐 서강[西江]까지 올라와 정박했다. 오는 동안 수로를 측량하면서 정확한 지도를 작성한 것은 당연했다. 그게 중요한 정찰 목적 중 하나였으니까. 다음날 8월 19일 서울 서강을 떠나 8월 22일 작약도에 도착해서 거기 정박 중이던 프리모게 호와 합류했다. 그리고 8월 23일 작약도를 출발해서 8월 25일 중국 즈푸에 도착했다. 로즈는 해군성장관에게 조선 정찰 원정 결과를 보고했다. 자신의 병력만으로는 서울까지 공격할 수 없다, 다만 서울의 관문인 강화도를 점령하고 한강을 봉쇄함으로써 천주교 박해를 방지할 수 있다는 내용이었다.

1866년 9월 3일(양력 10월 11일), 로즈는 본격적인 조선 원정길에 오른다. 정찰 원정에 동원됐던 3척의 군함에 자신 휘하의 4척을 더해 군함 7척을 지휘하여 즈푸항을 출발한 것이다. 총병력은 1,000명 정도였다. 입파도에 도착해서 하룻밤 자고 9월 5일엔 작약도로 옮겨 정박했다. 9월 6일 아침, 강화해협(염하) 통과가 어려운 큰 군함 3척을 작약도에 남겨 두고 나머지 군함 4척을 이끌고 북상했다(이후 2척은 갑곶, 2척은 월곶에 정박).

그들은 갑곶진에 상륙하고 곧 강화외성을 점령한다. 강화도 상륙은 올리비에 해군대령이 지휘를 맡았다. 다음 날 정찰병이 강화부성(강화산성) 동문을 공격하여 조선 수비군을 무너트린 후 갑곶 숙영지로 돌아간다. 그리고 9월 8일 프랑스군은 강화부성 남문을 공격하여 저항하는 조선 수비군을 제압하고 강화부를 완전히 장악했다. 이제 지금의 강화읍내는 프랑스 군대의 세상이 되어 버렸다. 9월 9일에는 정찰병 100명이 김포 통진부까지 가서 가축을 약탈하고 민가에 불을 지른 후 갑곶으로 돌아왔다.

프랑스군은 선교사 학살에 대한 관련자 처벌과 통상조약을 맺기 위한 전권사절全權使節 파견을 조선 조정에 요구했다. 그러나 조선 조정이 결정한 것은 무력 대응이었다. 눈에는 눈, 이에는 이. 강화부가 함락되던 9월 8일, 대원군은 프랑스군을 치기 위해 순무영巡撫營을 설치하고 훈련대장 이경하를 순무사, 이용희를 순무 중군, 양헌수를 순무 천총千摠(정3품)에 임명했다. 9월 9일 밤에 중군 이용희와 천총 양헌수가 약 2,000명의 병사를 이끌고 강화로 향했다.

9월 11일 낮에 김포에 도착해서 프랑스군이 통진부를 유린했다는 소식을 듣고 일부 군사를 먼저 보내 상황을 알아보게 했다. 같은 날 밤, 이용희·양헌수 부대는 통진부에 도착해 주둔했다. 이후 곳곳에 매복조를 배치하고 깅회도 주변 현황을 살폈다. 적의 전력을 알아보고자 산 위에 횃불을 피워 적의 포격을 유도하여 그들 무기의 성능을 알아보는 등 사전 준비를 철저히 했다. 프랑스의 함포는 사정거리가 15~20리 정도였다.

양헌수 일행이 도해할 배가 준비되어 있었다. 경강선 16척이 한강 수

양헌수(강화역사박물관)

로 입구인 조강리(경기 개풍군 대성면)에 도착한 것이다.[82] 그러나 프랑스 함대 때문에 발이 묶여 움직일 수 없었다. 양헌수는 따로 배를 구하게 해서 어렵게 5척을 마련했는데 그중 2척은 상태가 안 좋아 급히 수리를 해야 했다. 조선후기 조선의 전선戰船은 150~200명 정도가 탈 수 있었다고 한다. 그런데 양헌수가 확보한 선박은 큰 배라야 70명, 작은 배는 30명 정도 태울 수 있는 크기에 불과했다.

한편 대원군은 9월 13일에 양헌수 부대와 별도로 봉상시奉常寺 봉사奉事 한성근을 순무영 초관哨官으로 임명하고 문수산성을 수비하게 한다. 닷새 뒤인 9월 18일 로즈는 통진 지역 정찰이 다시 필요하다고 판단해서 뚜아르 해군 대위를 보낸다. 조선군이 오고 있다는 정보를 입수했기 때문이다. 뚜아르 대위가 70여 명을 이끌고 문수산성 남문 밖에 이르렀을 때 한성근이 지휘하는 조선군이 선제공격을 가해 프랑스 병사 3명이 사망했다. 프랑스군의 반격이 시작됐고 그들의 우세한 화력에 밀린 조선군은 문수산 속으로 후퇴했다. 추격전을 펼치던 프랑스군은 너무 짙은 안개에 추적을 포기하고 강화도로 돌아간다. 그러나 그들은 그냥 돌아가지 않았다. 문수산성 남문루와 관청건물 그리고 민가에 불을 지르고 갔다.

양헌수는 두 가지 어려운 문제로 고민했다. 프랑스 군함들이 지키고 있는, 물길 사나운 염하를 어떻게 건널 것이며 강화 상륙 후 어느 곳에 주둔해 반격을 준비할 것인가. 덕포진 근처 손돌묘[83]에 절을 올리고 나서 강화 땅을 보며 고민하던 양헌수는 정족산성을 발견하고 이곳을 주둔지로 결정하게 된다(양헌수는 당시 망원경을 갖고 있었음). 가파른 절벽에 성을 쌓아 방어에 유리한 곳이 정족산성이다. 양헌수는 정족산성을 보고 마치 평생 친구를 만난 것 같다고 반가워했다. 주변 사람으로부터 그 안에 전등사라는 절이 있고 조선왕조실록을 보관한 사고도 있다는 소리를 들었다. 산성 안에는 물도 풍부했다. 13개의 우물이 있다고 『강도지』는 기록했다.

9월 20일 관동과 경기 지방의 산포수 370명이 통진부에 도착했다. 순무 중군 이용희는 양헌수에게 향포수 367명, 경초군 121명, 표하군 38명을 선발하여 주었다. 이들을 양헌수를 비롯한 지휘부 23명이 인솔했으니 총병력은 549명이다. 우여곡절 끝에 드디어 배에 오른다.

그동안 대원군도 우왕좌왕했다. 이용희를 통해 양헌수 군대의 강화도 진입을 명령하고 덕포진으로 가게 했다가, 개성과 교동 군대와 합동 작전을 펴라며 다시 통진부로 불렀다가, 통진에 도착하기도 전에 다시 덕포진으로 가서 계획대로 추진하라고 하는 등, 오락가락했다. 프랑스 배들이 수시로 염하를 오르내렸다. 광성보에 상륙해 문루를 불태우고 용진진 화약고에 불을 지르기도 했다.[84] 대원군은 양헌수 부대가 도하 중에 적의 공격을 받게 될까봐 걱정했을 것이다.

아무튼, 승선이다. 때는 10월 1일(양력 11월 7일) 밤, 배가 작아 한 번에 건너갈 수 없기에 양헌수는 군대를 3진으로 나눠 강화로 들어가게 했다. 캄캄해도 불을 제대로 밝히지 못하는 조마조마한 밤. 프랑스군에게 발각될까 하는 두려움에 병사들마저 배에 오르려 하지 않았고, 물을 건너서는 또 내리려고 하지 않았다. 심지어 도망친 병사도 있었다.

정족산성 남문

정족산성 서문

그러나 병사의 나약함만을 탓할 수가 없다. 병자호란(1636) 이후 230년, 조선은 평화의 땅이었다. 전쟁을 경험하지 못했다. 적절한 긴장감이 평화로운 시대에 더 절실한 법인데 조선은 긴장감을 유지하지 못했다. 더구나 양헌수 부대는 정규군 중심이 아니라 산짐승을 사냥하는 포수들이 주류였다. 엄격한 군기와 사기를 기대하기 어려웠다. "겁먹은 병사는 10만이라도 쓸모없는 법, 배 오르기 싫으면 그만둬라. 나 홀로 오르리라." 양헌수의 비장함에 병사들은 비로소 배에 올랐다. 강화 덕진진에 닿아 양헌수가 먼저 뛰어내려 숲을 헤집어 프랑스군이 없음을 확인시킨 후에야 병사들이 따라 내렸다.

10월 2일 동틀 무렵 모든 병사가 정족산성에 집결했다. 전투보다 더 힘든 도해작전渡海作戰이었다.[85] 그런데 이게 웬일인가. 바로 어제 그러니까 10월 1일 낮에 프랑스군 수십 명이 전등사를 정찰하며 여기저기 파괴하고 갔다고 스님들이 알려줬다. 통진부에 도착하기 직전 프랑스군이 왔다 갔고 전등사에 들어오기 직전에도 역시 프랑스군이 왔다 간 것이다. 어차피 부딪힐 운명, 날짜는 하늘이 정해놓고 있었다. 그 날짜는 하루 뒤에 불과했다.

10월 3일(양력 11월 9일), 드디어 결전의 날이 왔다. 프랑스군 150~160명이 올리비에 대령 지휘로 정족산성 입구까지 왔다. 갑곶에서 7시쯤 출발해서 11시쯤에 도착한 것이다. 전날 어느 조선인 신자가 리델 신부에게 양헌수 부대의 입성 소식을 전했고 리델이 로즈에게 알렸기에 프랑스군이 출동하게 된 것이다. 리델도 프랑스 군대와 함께 왔다. 프랑스군이 갑곶을 떠난 직후 양헌수 역시 프랑스군이 오고 있음을 알았다.

양헌수는 포수 부대를 남문에 161명, 동문에 150명을 배치했다. 침입 가능성이 적은 서문과 북문에도 병력을 배치하고 만약의 사태에 대비했다.

올리비에는 병력을 둘로 나눠 동문과 남문으로 접근해왔다. 그는 정말 성안에 조선군이 들어가 있는지 반신반의했다. 불편한 적막이 흘렀고, 12시쯤, 프랑스군이 성문 가까이 이르렀을 때, 조선군의 총격이 시작됐다. 맹렬한 총격전이 한동안 계속되더니 서서히 총소리가 잦아들었다.

프랑스군이 조선군의 공격을 이겨내지 못하고 퇴각하는 것이다. 조선 화승총의 사정거리는 100보 정도에 불과했다. 프랑스군의 총은 사정거리가 500보 정도였다. 그렇지만 지형적으로 조선군이 유리했다. 높은 성곽 뒤에 숨어 적을 내려다보며 공격할 수 있었으니 말이다. 퇴각한 프랑스군은 저녁 6시쯤 갑곶에 도착했다.

패배한 프랑스군이 갑곶에 도착하기 전에 로즈 제독은 이미 자기들 군대가 패전했음을 짐작하고 있었다. 사람이 아니라 노새가 소식을 전했다. 프랑스군은 노새 몇 마리에 짐을 실어 정족산성으로 향했었다. 총소리에 놀란 노새들이 이리저리 뛰었다. 프랑스군은 노새들이 조선군 진영으로 가지 못하게 하려고 사살을 시도했다. 그러나 프랑스군의 총격을 피한 노새가 왔던 길로 되돌아 달려 갑곶에 먼저 이른 것이다.[86]

전투를 끝낸 양헌수는 안도의 한숨을 내쉬었다. 아마 두 번은 내쉬었을 것이다. 승리해서 안도했고, 탄약이 거의 다 떨어져 더는 공격할 수 없을 때 프랑스군이 도망갔기 때문에 안도했다. 배 타기도, 내리기도 두려워했던 오합지졸 같던 조선군이었다. 어떻게 이들이 침착하고 용감하게 싸울 수 있었을까. 10월 2일 새벽부터 10월 3일 낮까지 그 짧은 시간에 병사들을 병사답게 바꿔 놓은 것이 양헌수의 진정한 능력이다.

양헌수는 김포에서 강화로 향할 때 이미 죽을 각오를 했다. 배에 오르기 직전 어느 친척이 보낸 겨울옷과 편지를 받았다. 연락 없는 무심함을 섭섭해 하는 내용이었다. 양헌수는 급하게 답장을 썼다. "말 위에 오르면

병인양요 당시의 강화읍내

집을 잊고, 전투에 나서면 내 몸을 잊는 법, 이제 도해^{渡海}함에 살아 돌아오지 않기로 맹세"한다는 일종의 유서였다. 옷 보따리는 버리고 배에 올랐다. 지휘관의 이런 기운이 병사들에게 스며들었을 것이다.

    생각지도 않은 강화주민들의 성원도 병사들의 사기를 북돋우는 계기가 되었을 것이다. 10월 2일 주민들이 성으로 다양한 먹을거리를 준비해 왔고 소를 보낸 이들도 여럿이었다.[87] 양헌수는 백성들이 보낸 소 가운데 검은 황소를 잡아 희생으로 올리고 제문을 지어 산신제를 지냈다. 단군의 세 아들이 쌓았다는 신성성이 깃든 정족산성, 그 정족산 산신령께 승리를 염원하는 제사를 올린 것이다. 전등사 스님들도 부처님께 밤새워 기도했을 것이다. 그리고 이러한 과정에서 양헌수 부대원들이 심리적 안정과 용기를 회복하게 되었을 것이다.

승리한 조선군의 피해는 전사 1명, 부상 4명이다. 프랑스군의 피해는 정확하지 않다. 우리 쪽 기록과 프랑스 쪽 기록에 차이가 크다. 성 밖 주민들은 60~70명의 프랑스군이 죽었다고 말했지만, 이는 과장된 소문이다. 양헌수는 동문에서 2명, 남문에서 4명, 모두 6명의 프랑스 병사가 죽었다고 기록했다. 정족산성 동문 안에 있는 양헌수 승전비에는 "적의 우두머리가 먼저 죽으니, 모든 오랑캐가 엎어져 죽어서 수레에 시체를 싣고 달아났다"라고 새겨져 있다.

하지만 프랑스군을 지휘해 전투를 치른 올리비에는 전사자는 없고 부상자만 29명이라고 했고 리델 신부는 전사자 없이 36명이 부상을 입었다고 썼다. 양헌수 등이 6명의 프랑스 병사 시신을 직접 확인한 것인지, 올리비에와 리델이 전사자를 고의로 숨긴 것인지, 어느 쪽 기록이 맞는지는 명확히 구분하기 어렵다.

정족산성 전투가 있던 10월 3일, 그날 늦게 관서關西 지방 포수 88명이 덕포진을 통해 정족산성에 도착했다. 전투가 끝난 후에 충원된 것이다. 나라 군인들은 뭐하고, 관동 포수·관서 포수 등 민간인이 징발되는가. 원래 조선의 주력군은 훈련도감의 군대가 되어야 했다. 훈련도감은 사수·살수·포수로 구성됐지만, 그동안 포수의 조총 사격 훈련을 제대로 시키지 않아서 쓸 만한 포수군이 별로 없었다.[88] 사격할 줄 모르는 현역군 대신 총 다룰 줄 아는 예비군이 동원된 꼴이다. 군 기강 해이의 한 단면이다.

화약도 새로 들어왔다. 이에 양헌수는 원군을 더 요청하고, 북진해서 강화부를 수복할 계획을 세운다. 그런데 그럴 필요도, 그럴 시간도 없었다. 정족산성 패전 다음 날인 10월 4일, 로즈는 강화도 철수를 결정하고 10월 5일 새벽 모든 군함을 이끌고 갑곶을 떠났다. 덕포진에 매복한 조선 군사들이 철수하는 프랑스군에게 포격을 가했지만, 별다른 피해를 주지는 못했다. 그래도 마지막 경고의 의미는 됐을 것이다. 10월 6일 정박지 작약도에 머문 프랑스군은 조선군을 놀리듯 작은 배를 다시 염하로 올려보내기도 하고 작약도 주변을 측량하기도 하면서 머물다 10월 13일쯤에 완전히 철수했다.

9월 8일부터 약 한 달간 강화도를 점령했지만, 얻은 것 하나 없는 허망한 귀환이었다. "조선이 선교사 9명을 학살하였으니, 조선인 9,000명을 죽이러 왔다"던 호기는 찾아볼 수 없었다.

대원군은 천주교도가 외세와 연결되어 있다는 사실에 분노하여 천주교를 더욱 탄압했다. "프랑스군이 서강까지 침입하고 우리의 강물이 서양의 선박에 의해 더럽혀진 것은 천주교도들 때문이었으니 그들의 피로써 이 더럽혀진 것을 깨끗이 씻어야 한다"고 했다. 서울 양화진 근처(현재 절두산)에 새로운 형장을 만들어 천주교도를 학살했다.

프랑스군이 정족산성 전투에서 패하자 계획에도 없는 철수를 단행한 것 같지는 않다. 이 무렵 로즈 제독은 겨울나기 어려움과 심상치 않은 조선군의 움직임 등을 고려하여 철수를 생각하고 있었다. 그러다가 정족산성 전투에서 패하자 서둘러 강화를 떠난 것이다. 그냥 떠났으면 좋았을 것을 프랑스군은 자신들도 부끄러워할 만행을 저지르고 갔다.

프랑스군, 하면 방화가 연상될 만큼 불을 많이 질렀다. 강화부를 점령한 초기에 주변 지역을 정찰하면서 무기고와 화약고 등을 파괴하고 방화했다. 다량의 화약·대포·칼·화살·소총·각종 서적·은덩이 상자 등을 훔쳐 갑곶 야영지로 옮겨놓았다. 은덩이는 19개 상자에 들어 있었는데 모두 887kg 550g이었다.

로즈는 철수를 생각하고 있던 10월 2일에도 조선 선박들을 침몰시키고 여러 창고를 소각했다. 10월 4일에는 전투 패배의 앙갚음인지 자신들의 거처용으로 남겨두었던 관청 건물, 여기에 더해서 백성들의 집까지 불 지르고 갑곶 야영지로 갔다. 강화 주민들을 징발해 운반하던 강화부 동종은 중간에 두고 갈 수밖에 없었다. 그렇게 분풀이 하고 나서 10월 5일 강화를 떠난 것이다. 1866년 10월 4일! 그날, 지금의 강화읍내는 그야말로 불바다였다. 순무영에서 강화도의 피해 상황을 임금에게 보고했는데, 어느 정도였는지 보자.

내성에서는 장녕전長寧殿과 만녕전萬寧殿, 객사客舍와 공해公廨가 다 불에 타 없어지고 아정당衙政堂은 단지 세 칸만 남았으며 아전들이 일보는 건물은 온전하였다고 합니다. 그리고 향교·충렬사·열무당·중영中營과 포청捕廳은 온전하였으며 민가는 일일이 헤아릴 수 없었는데 불에 타서 없어진 호수가 절반 이상이었다고 합니다. 동문과 서문은 온전하였고 남문은 문짝과 현판·여성女城이 모두 파괴되었으며 … 외성은 진해루鎭海樓 안의 민가 한 집이 불에 타고 진해사鎭海寺와 전 금위영 창고는 온전하였으며 훈련원과 어영청의 두 창고는 불에 타 없어졌고 인정종人定鍾은 외성 안 길 위에 운반하였습니다.[89]

거실 창가에 서서 읍내를 내려다본다. 느낌이 남다르다. 고려궁지를 올려다본다. 그때 불타지 않았다면, 얼마나 좋았을까. 덧없는 아쉬움. 한 프랑스 병사는 자신들이 불 지르기 전 고려궁지의 모습을 이렇게 묘사했다. "땅의 경사가 매우 가파른 성내의 북쪽에 지방관아와 정부의 건물들이 자리 잡고 있는데, 우뚝 솟아 있는 지방관아는 가히 압도적이었다. 관아는 여러 채의 건물로 구성되어 있는데 … 건물들의 건축 양식은 매우 우아하고 아름답다. … 내부는 그림과 조각품들로 장식되어 있고 마루에는 아주 섬세하게 짠 세련된 돗자리를 깔았다."[90] '세련된 돗자리'도 재가 됐겠지. 그건 아마도 강화의 특산품인 화문석이었을 게다.

한편, 프랑스의 실패가 전해지면서, 서양인들은 조선인들을 만만히 볼 수 없는 '독특한 동양인'[91]으로 인식하게 되었다. 로즈와 프랑스 정부는 선교사 학살에 대한 응징 보복을 성공적으로 수행했기에 병인양요를 성공한 원정이라고 했다. 하지만 벨로네를 비롯한 베이징의 모든 외교관은 로즈의 조선 원정을 실패로 간주했다. 조선을 개항시키기는커녕 개항을 위한 협상조차 하지 못한 점, 정족산성 패전 후 바로 함대를 철수시켰다는 점, 선교사 학살에 대한 응징보복을 제대로 하지 못하고 오히려 대원군의 쇄국정책을 강화시키는 결과를 초래했다는 점[92] 등이다. 이로 보아 프랑스의 조선 원정은 완전 실패라는 것이다.

병인양요는 조선의 승리였다고 할 수 있다. 병인양요 승리는 대원군이 지지기반을 강화하는 계기로 작용하기도 했다. 그런데 대원군이 승리에 도취해 서양세력을 과소평가하고 자만심에 빠져 다음을 준비하지 않다가 신미양요를 겪게 됐다는 비판이 있다. 하지만 대원군은 서양세력을 과소평가하지 않았다. 자만심에 빠져 개혁을 등한시한 것도 아니다. 병인양요 후 국방력 강화를 위해 무진장 애썼다. 삼군부를 중심으로 군사조직을 정비하고 주요 거점에 성을 쌓고 포군을 중심으로 군사를 늘렸다.

특히 강화도 방비구축에 각별하게 임했다. 프랑스군이 불 지른 관청 건물과 무기고 등을 새로 세우고, 진무영의 권한을 강화했다. 문신 강화유수가 진무사를 겸하던 체제를 무신 진무사가 강화유수를 겸하는 체제로 바꾸고 진무사를 종2품에서 정2품으로 올렸다. 실제 지휘관인 진무 중군도 정3품에서 종2품으로 올렸다.[93]

하지만 병사의 수와 산성山城으로 전쟁하는 시대가 이제는 아니었다.

관건은 근대식 무기였다. 조선은 당시 서양세력에 맞설 수 있는 위력적인 총포를 만들어내지 못했다. 서양과의 교역을 막고 있는 상태에서 서양의 무기를 도입할 수도 없었다. 중국을 통해 간접적으로 들어오는 정보는 이론에 불과한 것이라 별 도움이 되지 않았다. 전쟁에서 조선은 서양의 무기를 이겨낼 수 없었다.

외침을 대비한 준비도 중요하지만, 바깥세상이 도대체 어떻게 돌아가고 있는지, 서양 사람들이 왜 자꾸 들어오는지, 언제까지 나라 문을 닫고 있어야 하는지, 국제정세를 정확히 파악하는 것도 중요했다. 대원군은 그에 대한 깊은 고민이 부족했던 것 같다.

어느 프랑스 병사가 강화에서의 경험을 기록한 글 가운데 "우리의 자존심을 상하게 하는 한 가지 사실을 발견할 수 있는데, 그것은 바로 아무리 가난한 집이라도 집 안에 책이 있다는 사실이다"라는 내용이었다. 조선인의 문화적 우수성을 말하는 것으로 인용되곤 하지만, 사실 이 문장의 주어는 '극동의 모든 국가들'이지 조선이 아니다. 원래의 글을 옮기면 다음과 같다.

극동의 모든 국가들에서 우리가 경탄하지 않을 수 없고 동시에 우리의 자존심을 상하게 하는 한 가지 사실을 발견할 수 있는데, 그것은 바로 아무리 가난한 집이라도 집 안에 책이 있다는 사실이다. 극동의 나라들에서는 글을 읽을 줄 모르는 사람이 거의 없으며 또 글을 읽지 못하면 주위 사람들로부터 멸시를 받는다. 만일 문맹자들에 대한 그토록 신랄한 비난을 프랑스에 적용시킨다면 프랑스에서는 멸시받아야 할 사람들이 부지기수일 것이다.[94]

메르스MERS(중동호흡기증후군) 공포가 날로 확산되던 2015년 6월 어느 날, 한 기자는 이런 글을 썼다. "평상시엔 이 정도면 우리나라도 선진국 아닌가 생각하고 살다가, 막상 큰일 닥쳤을 때 정부도 전문가도 다들 허둥 지둥하는 걸 보면 '아직 멀었구나' 싶습니다. 사람도 급하고 힘든 일이 있을 때 본래 성격이 드러나듯 국가나 사회도 마찬가지인가 봅니다. 위기가 닥쳐 엄청난 압력에 짓눌릴 때 비로소 실력이 드러나는 모양입니다."[95] 더해서, 위기가 왔을 때, 그에 제대로 대처하지 못한 책임을 누군가 져야 할 때, 책임지는 사람이 없다는 것도 지금 우리 사회의 현실이다. 프랑스군이 너무도 쉽게 강화부를 점령하고 눌러 앉았을 때도 그랬다. 이에 부끄러움과 책임감에 잠 못 이루던 강화의 지식인 한 분이 있어, 임금에게 상소를 올렸다.

신은 대대로 이 땅에서 살면서 국은을 두텁게 입었습니다. 이제 요기가 어둡게 드리우고 외국의 무리가 제멋대로 침입하여 설치는 때이니, 마땅히 머리가 부서지고 살이 찢어져 선혈이 물들도록 칼날과 화살 속에서 적들과 싸워야 합니다.
그러나 신은 나이 78살인 데다 사는 곳이 궁벽하고 병도 점점 심해져 여러 달 동안 고통스러운 적리赤痢(이질)를 앓아 병석에 누워서 조금도 움직이지 못하고 있습니다. … 신은 전 군수로 66살 된 둘째 아우와 함께 약을 마시고 자진할 계획을 세웠습니다. 이렇게 나라의 은혜에 보답하려 하는 것이 무슨 분의分義가 되겠습니까?
다만 바라는 것은 이 몸이 사나운 귀신이 되어 이 밝고 밝은 세상에서 저 추악한 무리들로 하여금 스스로 섬멸되게 하려는 깃뿐입니다. 신이 이제 죽으려 하니, 만 가지 상념이 모두 끊어집니다. 그러나 태양을 향하는 해바라기의 마음을 어떤 것으로도 빼앗을 수 없으며, 죽음을 앞둔 새는 울음소리가 절로 슬프기 마련입니다.

…『노론魯論』에, "비용을 절약해서 백성들을 사랑해야 한다" 하였습니다. 나라를 다스리는 도는 말을 많이 하는 데 달려있는 것이 아니라 어떻게 힘써 행하는가에 달려 있을 뿐입니다. … 엎드려 바라건대, 전하께서는 … 비용을 절약하고 백성들을 사랑하는 것을 정사의 근본으로 삼으소서. 선왕의 법을 거울로 삼고, 성학聖學에 비추어 인정仁政을 행하소서.

그렇게 되면 온 나라 수많은 백성들이 마음으로 기뻐하여 성심으로 복종하며 사람마다 적개심을 품고 충성스러운 마음을 가질 것입니다. 곧은 절개와 바른 기풍으로 우주를 지탱한다면, 외부에서 들어온 사악하고 더러운 무리들이 어찌 감히 맑은 하늘에 무지개 일어나듯이 할 수 있겠습니까? 밝으신 전하께서는 깊이 살펴보소서.[96]

지금의 정치인들에게도 "나라를 다스리는 도는 말을 많이 하는 데 달려있는 것이 아니라 어떻게 힘써 행하는가에 달려 있을 뿐입니다"라는 말은 여전히 유효하다. '힘써 행함'을 강조하는 부분에서 양명학의 기운이 느껴진다. 그렇다. 유서와도 같은 상소를 올린 이는 이시원李是遠(1790~1866)이다. 정제두의 학문을 이은 강화학파에 속한다. 이시원은 동생 이지원李止遠과 함께 자결했다. 프랑스군이 강화를 점령하고 있던 1866년 9월 어느 날이었다. 죽어서 "사나운 귀신이 되어 이 밝고 밝은 세상에서 저 추악한 무리들(프랑스군)로 하여금 스스로 섬멸되게 하려는 것"이라는 그의 기운이 양헌수에게 스며들었던 것인지도 모르겠다.

이시원의 아버지는 이면백李勉伯이다. 그는 벼슬에 나아가지 않고 학문에만 열중한 대학자였다. 반면 이시원은 소론 계열임에도 형조판서·이조판서 등 고위 관직을 두루 거치며 자신의 공부를 현실 정치로 풀어내 백성의 삶을 개선하고자 애썼던 인물이다. 45세 때인 1833년(순조 33)에는 경기도 암행어사로 나가 부정에 찌든 수령 여럿을 적발해서 처벌받게 했다. 강화도에 비축한 군량을 빼돌리는 등, 부정부패를 일삼아 주민들의 원성을 듣던 못된 관리들을 혼내주기도 했다. 이시원의 손자가 이건창이다.

병인양요를 말하면서 외규장각 의궤를 빼놓을 수 없다. 외규장각에는 당시 조선에서 으뜸으로 여기는 책과 문서들이 보관되어 있었다. 프랑스군이 이 건물에 불을 질러 5,000여 점의 도서가 불탔다. 그런데 강화부 점령 초 프랑스군은 외규장각에서 어람용 의궤 340권을 미리 빼돌려 갑곶으로 옮겨 놓은 상태였고, 강화도 철수 때 그 의궤를 갖고 갔다. 그들은 의궤를 우연히 발견하고, 불 지르기 아까워서 가져간 게 아닐 것이다. 의도적으로, 훔쳐갈 문화재를 찾는 과정에서, 의궤를 찾아냈을 터이다. 임진왜란 때 일본이 그러했듯이 말이다. 나폴레옹도 이집트 원정 때 문화재 판별팀을 별도로 운영했다.[97]

'의궤儀軌'란 조선시대에 국가나 왕실에서 거행한 주요 행사를 기록과 그림으로 남긴 보고서 형식의 책이다. 의궤는 의식儀式과 궤범軌範(어떤 일을 판단하거나 행동하는 데에 본보기가 되는 규범이나 법도)을 합한 말로 '의식의 모범이 되는 책'이라는 뜻이다. 전통시대에는 국가에 주요한 행사가 있으면 선왕 때의 사례를 참고하여 거행하는 것이 관례였으므로, 국가 행사에 관계되는 기록을 의궤로 정리해둠으로써 후대에 시행착오를 최소화하려고 했던 것이다.

의궤는 국가 행사를 자세한 기록으로 남겨 시행착오를 최소회하려는 목적에서 편찬되었으므로, 국가나 왕실에서 거행한 규모 있는 국정 행사에 관한 일체의 사항이 기록되었다. 가례나 장례와 같은 왕실 행사에 관한 기록에

강화 고려궁지에 복원한 외규장각

는 동원된 인원의 명단과 신상 자료, 행사에 사용된 각종 물품의 크기와 재료, 색채 등이 상세히 기록되어 있으며, 궁궐이나 성곽 건축에 관한 기록에는 건물의 위치, 구조, 사용된 재료와 구입처에 관한 자료가 그림과 기록으로 정리되어 있다.[98]

각각의 의궤는 5~9부 정도가 제작됐다. 국왕이 직접 보는 어람용(御覽用) 의궤와 해당 관청 등 여러 곳에 나눠 보관하는 분상용(分上用) 의궤로 구분하여 만들었다. 분상용 의궤는 의정부·예조 등 관련 기관과 춘추관 그리고 지방 사고에 분산하여 보관되었다. 그래서 강화의 사고에도 의궤가 있었다. 어람용 의궤는 보통 1부가 만들어졌는데, 표지·제본·장정이 워낙 돋보였고 내용을 기록하고 그린 종이의 재질도 분상용 의궤보다 우수했다. 어람용 의궤의 표지는 비단이고, 분상용 의궤의 표지는 대개 삼베를 썼다.[99] 들춰볼 필요도 없이 책 표지만 봐도 어람용 의궤의 고급스러움을 단박에 알 수 있다.

1975년 박병선 선생이 프랑스국립도서관에서 이 의궤를 찾아냈다. 모두 297권이었다. 한국 정부에 이 사실을 알렸고, 정부는 1991년에 프랑스 정부에 외규장각 의궤 반환을 공식 요청했다. 1992년부터 프랑스와 한국 정부의 공식 협상이 시작됐고 길고 긴 협상 끝에 드디어 프랑스는 의궤 전부를 되돌려 주었다. 반납이 필요 없는 '영구 대여' 형식으로 2011년에 의궤는 한국으로 돌아왔다.

'영구 대여'라는 명칭이 한국인에게 기분 좋을 리 없다. 반환이면 반환이지 영원히 대여해 준다는 건 무슨 말장난인가. 원래 우리 것을 프랑스가 훔쳐간 것 아닌가? 하지만 '영구 대여' 방식의 반환은 우리가 프랑스의 입장도 배려해 준 결정이었다. 프랑스 국내법상 '문화재 반환'이 금지되어 있다고 한다. 협상과정 중 프랑스 관계자는 솔직하게 자기네 처지를 밝히기도 했다. "루브르박물관에도 나폴레옹이 이탈리아에서 가져온 수많은 문화재들이 있고 프랑스 전역에 외국에서 가져온 문화재들이 산재해 있는 상황에서 문화재 반환의 선례 구성 문제는 프랑스로서 거의 '생존'의 문제입니다."[100]

외규장각은 정조가 1782년(정조 6)에 강화도에 세운 것이다. 규장각 도서 가운데 중요 서적 수천 권을 옮겨 보관하였다. 어람용 의궤도 외규장각으로 옮겼다. 정조는 한양 규장각보다 강화의 외규장각이 더 안전하다고 생각했다. 그런데 결과는 반대였다. 규장각 도서는 살아남았고 외규장각 의궤는 거의 다 프랑스군에 의해 불탔다. 역사의 아이러니를 생각하게 된다. 강화 고려궁지 안에 외규장각 건물이 복원됐다.

잘못하면 이건창을 보내리라!

이건창 가문은 이광명(1701~1778)이 정제두를 따라 강화로 이사와 살게 되면서 조선 양명학, 강화학파의 초석이 되었다. 이광명의 양자 이충익(1744~1816)이 이건창의 고조부다. 증조부는 이면백, 조부가 이시원이다. 이건창李建昌(1852~1898)의 당호堂號는 명미당이다. 명미당으로 당호를 삼은 이유를 그는 이렇게 말했다. "충정공(조부 이시원)께서 장차 운명하시면서 유서를 남길 적에 정자程子의 '바탕이 아름다우나 명철함을 극진히 하다(質美明盡)'라는 말을 인용해 (나를) 격려했던 까닭에 명미당明美堂으로 당호를 내걸었다."101

전등사를 지나 정수사 방면으로 가다 보면, 아담하게 복원된 이건창 생가를 만난다. "우리 집은 강화의 해변"102에 있다는 이건창의 글로 보아 당시 이건창 생가 앞 들판이 바다였음을 짐작할 수 있다. 집 뒤로는 이건창의 조부 이시원의 묘가 있다. 초가 안으로 들어가면 '明美堂'이라고 쓴 편액을 보게 된다. 매천 황현의 글씨다. 이건창은 강위·김택영·황현 등과 가깝게 지냈다.

이건창 생가生家는 정말 그가 태어난 집일까? 여기에는 두 가지 주장, 강화 출생설과 개성 출생설이 있다. 조부 이시원이 개성유수로 부임하자, 이건창의 어머니가 시아버지 이시원을 따라갔다. 돌아가신 시어머니를 대

이건창 생가 마루에 걸려있는 명미당 편액

신해 곁에서 봉양하기 위함이었다.[103] 그때 이건창을 낳았다는 것이 개성 출생설의 핵심이다. 황현은 『매천야록』에서 이렇게 말했다. "그는(이시원) 개성에서 3년 동안 있으면서 자신이 머물고 있는 관아에서 건창을 낳았으므로 그의 아명을 송열松悅이라"[104]고 했다. 이건창의 어릴 때 이름이 '송도에서 얻은 기쁨' 정도로 해석되는 '송열'이라면 개성 출생설이 설득력 있어 보인다. 하지만 송도에서 '태어난' 것이 아니라 '잉태'된 기쁨으로, 송열이라는 아명을 지었을 수도 있다.

강화 출생설도 설득력이 있다. 『비변사등록』에 의하면, 이시원이 개성유수에 임명된 것이 1850년(철종 1) 4월 26일이다. 총관摠管에 임명되어 개성유수를 그만두게 된 것은 1852년 2월 3일이다. 같은 날 철종은 새 개성유수로 김시연을 임명했다.[105] 그러니까 이시원이 개성유수로 근무한 기간은 임면일 기준으로 1850년 4월~1852년 2월이다. 이건창은 1852년(철종 3) 5월 26일에 태어났다.[106] 이시원이 개성유수직을 마치고 거의 4개월 뒤다. 이로 보아 이건창이 강화에서 태어났다는 주장도 가능하다.

사실 이건창이 강화에서 태어났는지, 개성에서 태어났는지가 그렇게 중요한 문제는 아니라고 본다. '이건창 생가'에서 그가 출생했을 수도 있고 아닐 수도 있다. 분명한 사실은 이곳이 그가 성장하고 살아온 집이라는 점이다.

영재 이건창은 이상학李象學(1829~1888)의 아들이다. 그러나 '이상학

이건창 생가

의 아들'보다는 '이시원의 손자'로 흔히 소개된다. 이상학이 평생 높은 벼슬 하나 하지 못해서일까? 그렇지는 않겠지만, 아무튼, 이상학을 소개하고 싶다. 이상학은 어릴 때부터 일찍 학문에 눈을 떠 상당한 경지에 이르렀다. 1855년에 진사가 되었지만 과거 급제에는 인연이 닿지 않았다. 1865년에 음직으로 동부도사東部都事가 되었다.

　병인양요 때 아버지가 자결한 아픔 속에서도 외적 격퇴를 위해 동분서주했다. 마을 사람들에게 정족산성 양헌수 부대에 군량미를 지원하자고 독려했다. 양헌수가 이상학에게 사람을 보내 "백성으로 하여금 함께 원수에 대항하는 의義를 알게 한 것은 공의 힘이다"[107]라며 고마움을 전했다.

　51세에 석성현감으로 임명됐고, 이후 안의현감·증산현감·양산군수 등을 지냈다. 오래도록 애독해온 『흠흠신서』 등 정약용의 저술을 통해 수령이 갖춰야 할 소양도 넉넉하게 쌓았다. 특히 재판을 잘했다. 소를 훔친

이들이 거짓말하다가 이상학의 논리적인 추궁 끝에 실토하고 자기들끼리 이렇게 말했다. "내 본래 말했지? 안의 원님은 속일 수가 없다고." 이런 일도 있었다.

일찍이 어떤 백성이 문 밖에 있다가 혼잣말로 "송사는 이기지 못했으나 내 가슴은 후련하다" 하였다. 다른 이가 묻기를, "송사는 이기지 못했는데 어째서 후련하다 하였는가?" 하자, "원님(이상학)의 판결을 들으니 두어 마디에 지나지 않건만, 내 잘못이 훤하니 어찌 후련치 않겠소?"[108]

지방관을 지내는 동안 지인이나 권세가 그 누구의 청탁이든 모두 거절하고 공정하게 일을 처리했다. 이상학이 안의현감에서 증산현감으로 자리를 옮길 때의 일을 이건창은 이렇게 기록했다.

일년 남짓 계시다가 아버님께서 서쪽의 고을[甑山](충청도 서해안에 있는 고을)로 옮기셨는데, 장차 떠나려고 하자 안의 사람들 남녀노소가 길을 가로막고 가마를 대신 메면서 머물기를 애걸하였다. 어떤 사람은, "원님만이 어지실 뿐만 아니라 부인께서도 또한 어지시다"라고 하면서 부인의 가마도 대신 메기를 원했었다. 아버님께서 여러 차례 설득하자 그때서야 모두 울면서 헤어졌다. 어머님께서 아버님에게 "이번 행차는 헛되지 않으셨습니다"라고 하셨다.[109]

안의 고을에 큰 개천이 있는데 장마 내마디 다리가 무너져 주민들이 큰 불편을 겪었다. 이상학이 자기 돈을 털어 다리를 튼튼히 세우게 하면서 주민들의 불편이 사라졌다. 어떤 마음과 자세로 안의 사람들을 보살폈는지 짐작이 간다. 원님 떠나는 길에 눈물로 가로막는 백성들의 모습이 아름답다.

그 이상학의 아들인 이건창! 그는 조선 말기의 문신이자, 학자이며 특히 대문장가로 유명하다. 당시 "이건창의 문장이 조정 신하들 중에 으뜸"[110]이라는 평가를 받았다. 주로 조부 이시원에게 글을 배웠는데, 열 살 때 사서삼경을 통독했다.

1866년(고종 3) 12월, 15세의 어린 나이로 별시문과에 병과로 급제했다. 조선 최연소 과거 합격자가 바로 이건창이다. 조선시대 문과 합격자의 평균 연령은 36.4세다.[111] 급제한 이건창은 나이가 너무 어려 당장 벼슬에 나아가지는 못했다. 당시 별시문과는 병인양요로 고통을 겪은 강화부민을 위로하려는 목적으로 강화도에서 실시한 특별 과거다. 이건창은 자결한 할아버지 이시원의 후광으로 급제가 예견됐을 것이다. 하지만 할아버지의 후광이 없었다 해도 능히 합격할 능력을 갖추고 있었다. 어릴 때부터 글을 배워 글자를 아는 것이 말하는 것보다 앞섰던 이건창이다.[112] 나이 열 살에 사서삼경을 읽어 낸 천재성이 어디 가겠는가.

강화 별시문과에서는 몇 명이나 뽑았을까. 모두 6명의 합격자를 냈다. 그 중 이건창은 5위였다. 예조에서 임금에게 강화 별시에서 몇 명이나 뽑을지 물었다. 고종은 강화도 외에 교동·통진·풍덕 사람들도 함께 응시하게 해서 6명을 뽑으라고 했다.[113] 그래서 갑과 1인, 을과 1인, 병과 4인을 선발했다. 갑과(1등)는 이연수(강화도, 당시 58세), 을과(2등)는 권채규(풍덕, 당시 75세), 병과(3등)는 윤시영(강화도, 당시 49세), 4등은 이만규(통진, 당시 34세), 5등은 이건창, 6등은 유원식(교동도, 당시 20세)이다. 지역별 합격자 안배가 있었던 것으로 보인다. 젊은 나이에 합격한 교동 사람 유원식은 조정에서 병조정랑 등을 역임했다.

이건창은 1868년(고종 5) 임시 주서[假注書]로 임명됐다가 바로 취소되었고, 1869년(고종 6) 6월에 주서注書가 되었다.114 주서는 승정원 소속의 정7품 관직으로 국왕과 신하들이 주고 받는 말과 행동을 기록하는 일을 한다. 주서의 기록은 『승정원일기』를 편찬하는 자료가 된다. 주서는 또 승정원 문서를 관리하고, 임금과 승지의 명을 해당 관청에 전달하는 일도 맡았다.115 또한 실록 편찬에 참여하기도 했다.

신미양요(1871) 당시 이건창은 강화 화도면 사기리 집에 있었다. 광성보 전투에서 어재연이 전사했다는 소식을 듣고 그를 기리는 애사哀辭를 썼다. 그리고 손수 어재연을 위한 제사상을 마련하여 술을 올리고 곡했다.116 아마도 병인양요 때 순절한 할아버지 이시원을 떠올리며 더 애달파했을 것이다.

1874년(고종 11) 10월에 동지사冬至使에 임명되어 청나라에 갔다가 1875년 4월에 돌아왔다. 당시 이건창의 직책은 서장관書狀官으로 정사 이회정과 부사 심이택을 보좌하는 위치였다. 이건창은 사신으로 청에 머무는 동안 탁월한 문장력으로 청의 학자들을 놀라게 했다. 서장관 이건창은 한가하게 청 학자들과 글재주만 다투다 온 것이 아니다. 당시 중국의 사정, 서양 세력의 현황 그리고 일본의 동정까지 다양한 정보를 수집하고 있었다. 이를 위해 수십 명의 중국 관료, 학자들과 글로 대화를 나누며 조선이 나아갈 길을 궁구했다. 청의 개방정책을 찬성하는 인사와 반대하는 인사를 모두 만나 이야기를 들은 것도 조선의 대외정책 수립에 도움을 받기 위해서였다.

이건창은 외국과의 통상·조약 체결에 부정적인 인식을 굳히게 되었다. '조약'은 침략의 첫발이라고 여겼다. 통상으로 조선의 재화가 고갈되면 외국은 조선의 토지와 인민에게도 욕심을 낼 것으로 생각했다. 그렇다고 지금의 조선 군사력으로 외국에 대적하기에는 역부족임을 알았다. 그래도 믿을 수 있는 것은 오랜 세월 외세에 저항해온 백성의 힘이었다.

백성이 힘을 다해 외적의 침략에 맞서려면, 그런 자발성을 끌어내리면, 일종의 '애국심'이 있어야 하는데 백성의 나라 사랑하는 마음을 드높이는 데는 왕의 역할보다 그들을 직접 지배하는 지방 수령의 역할이 더 중요하다고 여겼다. 수령과 백성의 관계는 부모와 자식의 관계와 같으니 수령은 백성에게 봉양 받을 생각하지 말고 오직 백성을 먹여 살릴 생각만 해야 한다는 것이 이건창의 지론이었다.[117]

이건창의 생각은 옳다. 앞 시기 인조 때의 조정도 "백성의 고락은 수령에게 달려 있는 것으로서 수령이 잘 다스리면 국가가 우리를 어루만져 준다 하고, 수령이 다스리지 못하면 국가가 우리를 침학한다고 할 것"[118]이라고 인식했다. 다만, 당시의 급변하는 국제 정세에 대처하는 방법치고는 어딘지 빈약한 느낌이다. 임진왜란·병자호란 때와는 완전히 다른 세상이니 말이다.

아무튼, 이건창이 암행어사로 나아가 지방 수령의 탐학을 철저하게 파헤친 것도 나름의 국방력 강화 대책의 실천이라고 할 수 있다. 그는 1877년(고종 14)에 충청우도[119] 암행어사가 되어 다음 해 여름까지 활동했다. 이건창은 자신의 암행어사 활동을 이렇게 적었다. "내가 충청우도 암행어사가 되었을 때 조부 충정공이 처음 암행어사가 되어 큰 명성을 세운 것을 염두에 두고 그것의 만분의 일이라도 이을 수 있기를 바랐다. … 내가 아는 바를 다하여서 백성들에게 이익 되는 것을 궁구하여 베풀어 주었다."[120]

이때 이건창 어사는 충청도 관찰사로 근무했던 조병식趙秉式의 탐학을 찾아내 임금에게 알렸다. 그런데 충청좌도 암행어사는 조병식이 별문제

없다고 보고했던 모양이다. 이에 고종은 "충청우도 암행어사 이건창의 서계를 보니, 전 감사 조병식이 열거한 탐오의 죄상이 매우 많은데 좌도 암행어사의 보고와는 모두 상반된다. 한 도 안에서 정사를 잘하고 잘못한 것이 어떻게 이처럼 판이한가? 이것을 따로 조사하지 않을 수 없으니, 홍주목사 김선근을 사핵관査覈官으로 차하差下(임명)하여 그로 하여금 자세히 조사해서 계문啓聞(보고)하게 하라"[121]고 명했다. 약 두 달 뒤에 김선근의 재조사 결과가 나왔다.

사핵관 김선근이, "조병식의 탐오는 어사의 장계에서 밝힌 각 항을 합친 돈 11만 5,017냥 남짓에서 1만 8,655냥 남짓 차이 나는 조목을 제외하면 실지 탐오한 액수는 9만 6,361냥 남짓입니다"라고 아뢰었다.[122]

젊은 어사 이건창이 '겁도 없이' 거물 실세 조병식의 부정을 드러내 밝힌 것이다. 재조사 결과 조병식이 '해먹은' 돈이 약간 줄기는 했으나, 용서할 수 없는 죄를 지은 것이 분명해졌다. 이에 고종은 "방금 사핵관의 장계를 보니 어사가 논열論列한 것과 차이 있기는 하지만, 허다하게 탐오한 것이 이처럼 낭자하였다. 그 사람은 2품의 반열에 있는 사람이고 직책은 한 지방을 책임진 감사인데 만약 조금이라도 은혜에 보답할 생각이 있었다면 불법을 자행하는 것이 이 지경까지 이르렀겠는가?"[123] 한탄하면서 조병식을 나주목의 지도로 유배 보냈다.

그러나 조병식은 오래지 않아 유배에서 풀려 조정으로 돌아왔고, 또 지저분한 죄가 드러나면 다시 유배 갔다가 금방 풀려 돌아오면서 벼슬은 계속 올라갔다.[124] 특이한 인물이다. 보통 사람 같으면 말하기 어려운 주청도 다음과 같이 거뜬히 해낸다.

내부대신 조병식이 아뢰기를, "방금 전라남도 순찰사 안종덕 서주書奏의 계하啓下를 보니, '전라남도 관찰사 김세기는 염치가 전혀 없고 약탈을 끝없이 하더니 부임한 지 몇 달도 지나지 않아 추한 소문이 이미 온 도에 쫙 퍼졌습니다. 만약 하루라도 그냥 내버려 두게 되면 여러 고을의 수령守令이 없어지고 온 도안의 백성들이 없어질 것이니 한 시각이 급하다고 할 만합니다'라고 하였습니다. 해당 관찰사의 탐오와 학정이 이렇게 낭자하여 부지불식간에 천만 번 통탄하게 됩니다. 우선 본관本官을 파면시키고 법부法部로 하여금 잡아다 신문하여 형률에 따라 감처勘處하되 그가 탐오한 돈은 일일이 해당 고을에 추급하여서 여러 사람들의 원한을 풀고 법과 기강을 엄하게 세우도록 하는 것이 어떻겠습니까?"[125]

"염치가 전혀 없고 약탈을 끝없이" 하시던 분이 그 자신 아니었던가. 조병식은 1874년(고종 11) 7월부터 강화유수를 했다. 갑곶돈대 안에 조병식 선정비와 불망비가 있다. 유수 시절, 강화에서 만큼은 정말 선정을 베풀었기를 바란다. 그런데 조병식과 맞선 것 때문인지 이건창도 벌을 받아 유배를 가게 된다.

김영진이라는 이가 말하길 "저의 아비 김학현은 아무 죄가 없는데 암행어사 이건창이 가혹하게 형벌을 가해 원통하게 죽었습니다. … 별의별 형장을 가하며 낱낱이 조사하였습니다. 그리하여 힘줄이 끊어지고 뼈가 부서져 바로 기운이 통하지 않자 며칠을 넘기지 못하고 마침내 보수소保囚所에서 죽었습니다. 그러니 천하에 어찌 이와 같이 원통한 일이 있을 수 있습니까. … 그런데 지금 암행어사의 권위를 빙자하여 자신의 사적인 감정을 풀고자 하였습니다" 하였다.

이에 임금은 "알았다. 암행어사로서 사적인 감정을 가지고 사람을 죽였으니, 이미 놀랍고도 통탄할 일이다. 더구나 아무 죄도 없는 사자(士子)임에 있어서랴. 이 일은 심상하게 처리해서는 안 되니, 이건창을 멀리 변경 지방으로 귀양 보내도록 하라" 하였다.[126]

1878년(고종 15) 6월 21일, 이건창은 평안도 벽동군 유배형을 받았다. 이 사건을 이건창은 이렇게 말했다. "공주의 인사 중 나에게 장형을 맞은 자가 출옥해 분을 참지 못하고 굶어죽었다. 이에 그의 아들이 내가 드디어 사람을 죽였다고 아뢰었기에 나는 극변極邊(변경)에 귀양 보내졌다." 아들 김영진의 말과 달리 아비 김학현은 뭔가 죄가 있었을 것이다. 그래서 이건창이 장형을 내렸을 것이다. 힘줄이 끊어지고 뼈가 부서져 보수소에서 사망했다는 것도 과장된 것 같다. 아무래도 조병식을 건드린 죄로 그들 세력으로부터 무고당한 것이지 싶다. 고종이 확인 과정도 없이 즉시 이건창을 유배 보낸 것으로 보아 무고 가능성이 더 커 보인다.

약 7개월 뒤인 1879년 2월 9일에 고종은 이건창 방송放送을 명한다. 유배에서 풀려난 것이다. 이건창이 풀려나는 데 힘을 쓴 이는 민영익이다. 이후 이건창은 민영익·김옥균·박영효 등과도 어울렸으나, 그들의 개화 활동을 따르지는 않았다. 이맘때쯤 이건창은 개화의 필요성에 어느 정도 공감했던 것 같다. 하지만 민영익 등의 개혁 방법에는 공감하지 못했던 것 같다. 이건창은 "날이 갈수록 마음이 걷잡을 수 없이 괴로웠다"[127]라고도 했다. 개화가 참인가, 참이 아닌가, 갈등하던 이건창의 번뇌가 느껴진다. 우리가 당시 시대에 살았다면 어떤 결정을 내렸을까. 결정하기가 너무도 어려웠을 것이다.

이후 다시 관직 생활을 하던 이건창이 또 한 번 암행어사로 나간다.

이번엔 경기도였다. 기근에 굶주리는 지역 백성들에게 곡식을 내어주고, 세금을 줄여주었다. 그리고 당연히 죄 지은이에 대한 처벌도 했다.

> 경기 암행어사 이건창을 소견召見(윗사람이 아랫사람을 불러 만나 봄)하고, 서계로 인하여 전 남양부사 윤웅렬, 음죽현감 이민성, 전 삭녕군수 이장혁, 전 지평현감 신석완 등에게 벌을 주고, 전 덕포 첨사 최봉선, 덕진만호 이학준은 표창하여 승급시켰다.[128]

죄지은 이에게 암행어사는 저승사자다. 고종은 탐욕을 부리는 지방관에게 "만약 악행을 개선하지 않으면 내가 장차 이건창 같은 암행어사를 보낼 것이니, 너는 후회가 없도록 하라"[129]고 경고하기도 했다. 그런데 암행어사는 천사의 역할도 함께 하는 자리다. 제대로 드러나지 않은 선행 인물을 찾아내 상을 받게 하는 역할도 한다. 이건창이 보고한 덕포 전 첨사 최봉선과 덕진만호 이학준이 이에 해당한다.

    1884년(고종 21) 이건창은 사간원 대사간에 오른다. 1891년에는 한성부 소윤漢城府少尹이 되었다. 소윤은 조선 초 한성부에 속한 정4품 관직이었는데 1469년(예종 1)에 폐지됐다. 그러다가 개항 후인 1887년(고종 24)에 다시 설치됐다. 사실상 새로 만들어진 관직인 셈이다. 소윤은 한성부의 외국 관련 사무를 전담했다.

    이건창이 한성부 소윤일 때 이런 일이 있었다. 청나라와 일본 사람들이 조선 백성의 집과 토지를 마구 사들이고 있었다. 그 규모가 점점 확대되었다. 그냥 두면 서울 땅이 외국인 땅이 되어 버릴 판이었다. 이건창은 백성들이 외국인에게 부동산을 팔지 못하게 하는 법을 제정해야 한다는 상소를 올렸다.

이홍장의 부하인 청나라 공사 당소의(唐紹儀)가 이건창의 상소내용을 알고, "청국 사람과의 가옥이나 토지매도를 금한다는 조항이 조약상에 없는데 왜 금지조치를 하려는가"라고 항의했다. 그러자 이건창은 "우리가 우리 국민에게 금지하는 것인데 조약이 무슨 상관인가"라며 당당하게 대응했다. 그러자 당소의는 이홍장의 항의를 빙자해 우리 정부에 압력을 가해 금지령을 내리지 못하게 했다. 이에 이건창은 외국인에게 부동산을 판 사람을 다른 죄목으로 다스려 처벌했다. 백성들은 외국인에게 땅이나 집을 팔지 못하게 되었고, 청나라 사람들 또한 더 이상 따지지 못했다.[130]

1892년 태조 이성계의 고향 근처인 함흥 지방에서 백성들의 소요사태가 발생했다. 조정에 비상이 걸렸다. 해결사로 지명된 이가 이건창이다. 안핵사(按覈使)로 임명된 이건창은 함흥으로 가서 사건의 진상을 파헤쳤다. 역시 원인은 지방관의 탐학이었다. 2개월 뒤 이건창에 의해 사건 전말이 드러났다. 이건창의 보고를 바탕으로 조정은 다음과 같은 조치를 임금에게 올렸다.

전 감사 이원일은 부임한 지 얼마 되지도 않았는데, 탐오한 사실이 많았으므로 백성들이 살기 어려워 이런 소요를 일으킨 것입니다. 나열한 많은 내용이 설사 모두 그 자신이 범한 죄가 아니라 하더라도 백성들을 보살피는 책임을 다하였다면 어찌 이 지경에 이르렀겠습니까. 참으로 매우 개탄스러운 일이니 해부로 하여금 잡아들이도록 해야 하겠습니다. 중군 유정은 직분을 망각하고 불법을 자행하여 백성들에게 해독을 끼치고 허다하게 탐오하여 소요를 야기하였으니, 너무나 놀랍고 고약한 일입니다. 또한 의금부로 하여금 법에 따라 죄를 바로잡도록 해야 하겠습니다.[131]

조정에 복귀한 이건창은 동부승지·우부승지로 고종을 보필했다. 그러다가 고종의 뜻을 거슬러 다시 귀양하여, 1893년 8월에 전라도 보성군으로 유배 갔다가 1894년 2월에 풀려났다. 얼마 뒤 고종은 이건창을 공조참판에 임명했으나 병을 칭하고 나아가지 않았다. 1896년 4월 고종은 이건창을 해주부 관찰사로 임명했으나 그는 사양하고 또 사양했다. 결국, 임금의 노여움을 사 전라도 지도군 고군산도로 유배 갔으나 두 달 만에 풀려나 강화 사기리 집으로 돌아왔다. 몸은 편했을지 몰라도 마음은 그 어느 때보다 심란했을 것이다. 나라가 어디로 가는지 걱정만 했을 것이다. 그러다 두 해 만인 1898년 6월 18일, 47세 나이로 별세했다. 풍병風病을 앓고 있었다.

천성이 강직하고 부정·불의를 보면 누구든 추호도 용납하지 않았던 이건창이다. 대인관계가 원만한 성격도 아니었던 것 같다. 다양한 부류의 사람들과 어울렸지만, 소신 또렷한 언행으로 점점 사방에 적이 생겨났다. 소론 계열임에도 노론 실세 조성하(1845~1881)와는 친밀한 관계를 유지했다. 이건창이 처음 조정에 나아갔을 때 조성하가 악수를 건네며 "자네의 재주는 국사國士라 할 만 하네. 자네는 나를 거부하지 말게. 나는 자네와 사귀고 싶네"[132] 하고 마음을 열며 다가왔다. 이건창은 거절하지 않았다. 하긴, 소론이나 노론이나 그런 걸 따지던 이건창이 아니었다.

이건창은 격변의 시대를 살았다. 병인양요(1866, 15세)·신미양요(1871, 20세)·강화도조약(1876, 25세)·갑신정변(1884, 33세)·을미사변(1895, 44세)·아관파천(1896, 45세)·대한제국 선포(1897, 46세), 그리고 47세 된 1898년(광무 2)에 사망. 을사늑약(1905)과 경술국치(1910)는 보지 못했다. 차라리 다행일지도 모른다. 을미사변 등을 겪으며 할아버지처럼 죽음으로 적의 만행에 저항하지 못한 것을 오래도록 한스러워했던 이건창

이건창의 묘

이었으니까. 그는 조선시대 당쟁사를 공정한 시각에서 정리한 『당의통략黨議通略』과 문집 『명미당집明美堂集』을 남겼다.

양도면 건평리에 이건창묘가 있다. 바다가 살짝 보이는 야트막한 언덕이다. 너무한다 싶게 허술하고 어수선했는데, 최근에 진입로부터 정갈하게 정비됐다. 강화에서 '인천문화재보존사업단' 활동이 활성화되면서 어딜 가든 문화재 주변이 깔끔해서 보기 좋다. 그 많은 문화재를 다 어떻게 돌보는지 모르겠다.

이건창묘에는 석물은커녕 그 흔한 비석 하나 없다. 하지만 '차라리 이게 좋다'라고 이건창은 생각할지 모른다. 어릴 적 하루 콩죽 한 끼로 연명하기도 했던 이건창이다. 할아버지 이시원은 화문석을 손수 짜서 생계를 도울 만큼 검박했던 인물이다. 이런 집안에 화려한 묘 치장은 어울리지 않을 것 같다.

언제 누가 심었는가, 묘소 안쪽으로 제법 큰 탱자나무가 자랐다. 10월의 탱자 열매 빛깔이 곱구나. 그러고 보니 이건창 생가 앞에도 아주 오래된 '강화 사기리 탱자나무'가 있다. 천연기념물(제79호)로 지정된 귀한 나무다. 겉모습은 탱자나무 가시처럼 날카롭던 사람이지만 속은 저 탱자 열매처럼 둥글고 향기로웠을, 외로움을 오히려 즐겼을 것 같은 그가 여기에 묻혔다.

하늘나라에서 이건창은 그리웠던 이들을 만났을 것이다. 그곳에는 이건면李建冕(1863~1894)도 있었을 것이다. 이건면은 건창의 막내동생이다. 이건창보다 열 살 넘게 어린 건면은 관직 생활로 바쁜 장남 대신 부모님을 봉양하고 가족들을 돌보다 32세에 세상을 떠났다. 동생의 죽음에 건창이 얼마나 고통스럽고 또 미안했을지 짐작이 간다. 동생이 죽었을 때, 이건창은 눈물로 글을 썼다. "함께 전등사에 가지 않았던가? 전등사에서 함께 집으로 돌아오지 않았던가? 나는 지금 집에 있는데, 너는 홀로 어디에 갔는가?"

정족산성의 꽃, 전등사

경술국치(1910)를 당하기 몇 해 전, 서양의 한 언론인이 우리 의병들을 만나 이것저것 물었다. 의병들은 의연하게 대답했다. 한 의병은 이렇게 말했다. "우리는 어차피 죽게 되겠지요. 그러나 좋습니다. 일본의 노예가 되어 사느니보다는 자유민으로 죽는 것이 훨씬 낫습니다."[133]

일본에 나라를 빼앗기기 직전까지도 의병들의 활동은 계속됐다. 1907년 고종 황제가 퇴위당하고 군대가 강제 해산되면서 의병의 대일 투쟁은 전국적으로 확산됐다. 강화에서도 의병이 일어났다. 1908년 정족산성 안에 주둔하던 의병 수백 명은 이곳으로 일본군이 오고 있음을 미리 알고 잠복했다가 일제히 사격을 가했다. 많은 일본군이 죽었다.[134] 마치 프랑스군을 물리친 양헌수 부대의 활약을 재현한 것처럼 느껴진다.

전등산傳燈山

일명一名은 삼랑성三郞城이니, 참성塹城 동쪽에 있다. 세상에 전하기를, "조선 단군이 세 아들을 시켜서 쌓았다"고 한다.

『세종실록지리지』 강화 도호부

전등산이 곧 정족산이요, 삼랑성이 곧 정족산성이다. 프랑스군과 맞서는 조선군도, 일본군과 맞서는 의병들도 단군의 아들 셋이 쌓았다는 삼랑성에 안겨 적들을 막았다. 정족산성 안은 가히 '작은 강화도'라고 할 만하다. 고조선 단군 대부터 근대에 이르기까지 역사의 숨결이 성 안 곳곳에 배어 있다. 병인양요 정족산성 전투 직후 수성장守城將 양헌수가 조정에 올린 보고문이다.

> 어제 패배한 적들이 오늘 틀림없이 기승을 부리며 발광할 수 있기 때문에 더욱더 엄하게 경계를 세우고서 기다리고 있습니다. 어제 전투에서 전사한 자는 포수인 양근 사람 윤흥길입니다. 부상당한 사람은 선두보 별장 김성표와 포수인 홍천 사람 이방원, 춘천 사람 이장성인데 모두 사생死生의 갈림길에 처해 있습니다.[135]

부상자 중에 선두보 별장 김성표가 있다. 강화도 해안 경계부대 12진보 가운데 하나인 선두보 수장이 왜 정족산성 안에 있던 것일까. 정족산성과 가까운 곳에 선두보가 있었기에 양헌수를 도우러 와서 싸우다가 부상을 입은 것으로 보인다.

그런데 선두보에 변혁의 바람이 불어 닥친다. 1866년(고종 3) 11월, 진무사 이장렴이 "정족산성은 형세가 험하므로 굳게 지킬 지역이라 할 수 있지만, 선두진은 너무나 궁벽하여 요충지가 아니니 폐지하고, 이 진을 정족산성 가운데로 옮겨서 관사를 세우고 늠료를 더 늘려 성첩을 수리하고 병기를 비축해야 할 것"[136]이라고 건의했다. 임금은 그리하도록 허락했다. 정족산성 가까이 있는 선두보를 폐지하고 그 병력을 정족산성 안으로 옮기게 된 것이다.

그러면 정족산성 안으로 옮겨온 이 부대의 명칭은 무엇인가. 아마도 정족진으로 불렸을 것이다. 글로 된 사료에서는 거의 찾아지지 않는다.

『두암집』의 「유강도록遊江都錄」에 '정족진강鼎足鎭江'이 보이는 정도다. 그런데 조선후기에 제작된 옛 강화도 지도들에는 정족진이 등장한다. 2009년 9월, 정족산성 안에 있던 정족진터가 발굴되어 세상에 알려졌다. 정족진의 실체가 드러난 것이다.

정족진은 정족산성 방어를 목적으로 하는 군부대였을 것이다. 아울러 정족산사고의 왕조실록과 정족창鼎足倉·애창艾倉(쑥 보관 창고) 등을 지키는 역할도 함께 했을 것이다. 정족산사고는 1660년(현종 1)에 세워졌고, 1707년(숙종 33)에 지금의 자리로 옮겨 세워졌다. 몇 번의 위험한 고비를 넘기면서 실록은 무사하게 보관됐다.

발굴된 정족진터는 고려 가궐터로 알려진 곳과 일정 부분 겹친다. 지금 가궐터로 알려진 곳이 정확한 것인지는 모르겠다. 정족산성 동쪽[三郎城東]에 가궐이 있었다는 『전등본말사지』의 기록을 봐도 지금의 자리는 아니지 싶다. 고종과 원종이 정족산성 안에 가궐을 짓게 한 것은 몽골과의 항쟁을 지속하려는 의도로 해석된다. 고려 대몽항쟁사에서 가궐이 갖는 의미는 크다. 정확한 가궐터를 밝히는 작업이 그래서 필요하다.

고조선 단군 전설·고려시대 가궐·조선시대의 정족창·사고·병인양요 격전지·정족진 창설·구한말 의병의 활약까지 정족산성은 참 다양한 역사를 품고 있다. 그래도 정족산성 안에서 으뜸으로 빛나는 존재는 전등사다.

웬만한 사찰은 입구에 일주문을 세운다. 산성사찰 전등사는 일주문이 없다. 정족산성 동문과 남문이 일주문 구실을 하기에 굳이 세울 필요가 없었을 것이다. 고구려 소수림왕 11년(381)에 아도화상이 창건하고 사찰 이름을 진종사眞宗寺라고 정했다고 전한다. 고려 말에 전등사傳燈寺로 이름을 바꿨다. 381년(소수림왕 11)에 세웠다는 기록은 『전등본말사지』에 나온다. 우리나라에서 맨 처음 창건한 절이라고 했다(而海東鼻創佛宇也). 시기상

강화도의 역사를 고스란히 간직한 전등사

381년에 강화도에 사찰이 세워지는 것은 이상한 일이 아니다. 그 이전에 세워지는 것도 가능했을 것이다. 불교가 바닷길을 통해 들어온다면 제일 먼저 강화도에 닿을 가능성이 크다. 문제는 고구려 소수림왕 때 세웠다는 기록이다. 당시 강화도는 백제 영역이었지 고구려 땅이 아니었던 것 같다.

『전등본말사지』는 전등사 창건 시기를 고구려 소수림왕 11년이라고만 쓰지 않고 당시 신라와 백제의 왕도 적었다. 그래서 꼭 고구려 소수림왕 때 지은 것으로 읽을 필요가 없다는 주장도 있다. 하지만 『전등본말사지』는 '고구려 소수림왕 11년'을 큰 글씨로 쓰고 그 아래 주를 달듯 작은 글씨로 '신라 내물왕 26년, 백제 침류왕 7년, 일본 인덕천황 69년, 지나支那(중국) 동진 효무제 태원 6년, 불기 1408년'을 나열하였다. 고구려 소수림왕 때 세웠음을 분명히 한 것이다. 더구나 '백제 침류왕 7년'은 오류다. 소수림왕 11년(381)에 백제왕은 침류왕이 아니고 근구수왕이다. '백제 근구수왕 7년'이라고 해야 옳다.

사실이 무엇인지 알 수가 없다. 혹시 백제 근구수왕 7년(381)에 진종사(전등사)를 세웠는데, 나중에 강화도가 고구려 영역이 된 후 고구려가 주체가 되어 역사를 기록하면서 근구수왕 7년을 소수림왕 11년으로 바꿔 기록했고, 그것이 그대로 전해진 것은 아닐까. 삼국시대 강화의 옛 지명이 고구려와 신라 때 것은 꽤 남아 있는데, 백제 당시 지명은 거의 전해지지 않는다. 그래서 해 본 억측이다.

진종사는 고려 충렬왕 원비 정화궁주가 진옥眞玉 등잔을 불전에 시주로 바쳤기 때문에 전등사傳燈寺라 고쳐 부르게 되었다고 한다. 그런데 다른 해석도 가능하다. "원나라 지원至元 19년(1282)에 충렬왕의 원비元妃 정화궁주貞和宮主 왕씨가 중 인기印奇에게 부탁하여 바다를 건너 송나라에 들어가 대장경을 인쇄해와 이 절에 보관"(『신증동국여지승람』)했기에 전등사로 부

4장 거울 앞에 서다   389

르게 되었다고 해도 괜찮을 것이다. 등燈이라는 글자에는 등잔·등불이라는 뜻 외에 부처의 가르침이라는 뜻도 있다. '전등傳燈'의 의미가 등을 전하는 것인데, 밤의 어둠을 밝히는 옥등과 세속의 무명을 밝히는 대장경인 법등法燈이 모두 등이기는 마찬가지다.[137] 전등사傳燈寺의 '등燈'이 옥등일 수도 있고 대장경(법등)일 수도 있다.

정화궁주, 궁주! 생각보다 궁주宮主라는 말이 이해하기 어렵다. 시대마다 큰 원칙 없이 쓰여서 그렇다. 신라에서 왕의 후궁을 가리키기도 하고, 귀족 부인에게 내리는 명예직 벼슬로도 쓰였다. 고려시대에는 왕의 후궁이나 왕의 딸을 궁주로 부르기도 했다. 조선시대에도 쓰임이 어정쩡했다.

> 대왕대비가 하교하기를, "… 국초의 고사에는 비록 왕비의 소생이라 하더라도 반드시 모두 공주라 호칭하지를 않고 혹은 군주郡主라 칭하기도 하고, 혹은 옹주라 칭하기도 하며, 혹은 궁주라 칭하기도 하였다. 이러한 칭호들은 바로 관명官名이기 때문에 혹은 자손에게 사용하기도 하고, 혹은 후궁에게 사용하기도 하여 원래 일정한 제도가 없었다."[138]

조선후기인 1802년(순조 2)에 대왕대비가 이렇게 말하는 것을 봐도, 궁주를 명쾌하게 설명하기 어려움을 알 수 있다. 전등사에 옥등과 대장경을 전한 '충렬왕의 원비 정화궁주'의 '궁주宮主'는 후궁의 개념으로 쓰인 것이다. "그럼, 임금의 정식 부인인 원비라는 호칭과 앞뒤가 맞지 않는데?" 그래서 '충렬왕의 원비였던 정화궁주'로 풀어 읽어야 자연스럽다.

정화궁주(?~1319)는 충렬왕이 즉위하기 전에 그와 결혼했다. 1남 2녀를 두었다. 원종이 죽고 충렬왕이 즉위하면서 자연스럽게 왕비가 되는 게 맞다. 그런데 그렇게 되지 못했다. 『동사강목』에 따르면, 즉위 전 충렬왕이 1274년(원종 15) 5월에 원나라에서 또 장가들었다. 색시는 원 세조 쿠빌라이의 딸인데 성은 기악 온씨奇渥溫氏고, 이름은 홀도로게리미실忽都魯揭里迷失이란다. 이 여인이 바로 제국대장공주齊國大長公主(1259~1297)다.

즉위한 충렬왕은 원비를 정화궁주로 책봉했다. 제국대장공주가 정비正妃가 되었으니 조강지처를 궁주, 즉 후궁의 지위로 내릴 수밖에 없었다. 정화궁주는 별궁에 홀로 살게 되면서 충렬왕을 모실 수도 없게 되었다. 제국대장공주를 대할 때마다 아랫자리에서 무릎을 꿇고 앉아야 했다. 딱한 여인이다. 충렬왕도 딱하기는 마찬가지다.

1276년(충렬왕 2), 정화궁주는 무녀를 시켜 제국대장공주를 저주했다는 모함을 받아 갇히는 신세가 됐다. 다행히 신하 유경이 적극적으로 변호하여 풀려났다. 유경은 익명의 투고를 어찌 믿을 수 있겠느냐면서 다음과 같이 제국대장공주를 설득했다.

"공주께서 하가하여 오신 후로 온 국민이 안도하여 모두 황제의 은덕에 감격하였는데, 그가 만일 사사 감정으로 공주를 저주했다면 저주를 듣는 귀신은 영험이 있어서 은덕을 배반한 화가 반드시 그에게로 돌아갈 것입니다" 하였다. 유경이 눈물을 흘리며 매우 간절하게 말을 하니, 좌우의 사람 중에 눈물을 흘리지 않는 이가 없었다. 공주도 감동하고 깨달아 모두 놓아 주었다.[139]

마음 붙일 곳을 찾아 강화도 전등사까지 온 것일까. 정화궁주가 1282년(충렬왕 8)에 전등사에 옥등을 전했고 인기에게 부탁하여 송나라에 가서 대장경을 인쇄해 와 전등사에 보관하게 했다고 했다. 그런데 좀 깐깐하게 말하면 송[南宋]이란 국명이 어색하다. 이때는 송이라는 나라가 없었다.

1279년(충렬왕 5)에 이미 원에 멸망당했다. 굳이 적절하게 풀자면, '인기를 옛 남송 지역에 보내 대장경을 구해오게 했다' 정도가 될 것이다. 만약 송나라에서 대장경을 갖고 온 것이 맞다면,『신증동국여지승람』에서 말한 1282년에 가져온 것이 아니라, 1279년 이전에 대장경을 가져온 것으로 봐야 한다.

여전히 안 풀리는 문제가 또 있다. 당시 고려는 세상에서 가장 우수한 팔만대장경을 갖고 있는 나라다. 더구나 1282년에 팔만대장경은 강화도에 보관되고 있었다. 그런데 정화궁주가 먼 남송 지역까지 사람을 보내 대장경을 구해 와야 할 이유는 무엇이었을까. 그럴만한 사연이 있었을 텐데, 짐작할 수도 없다.

이제 조선시대의 전등사로 가자. 전등사는 1605년(선조 38)에 불이 나서 절반가량이 탔다. 또 1614년(광해군 6)에 불이 나서 모든 건물이 재가 되고 말았다. 1615년에 다시 짓기 시작해서 1621년에 공사를 마쳤다고 한다(『전등본말사지』).

광해군 무렵일 것이다. 대웅보전을 다시 지을 때 이런 일이 있었다고 한다. 물론 전해지는 이야기다. 열심히 일하던 도편수(목수의 우두머리)가 대웅보전이 제 모습을 갖춰 갈 무렵에 낭패를 보게 된다. 가끔 일 끝난 밤이면 주막을 찾곤 했다. 그러다가 아리따운 주막 여인과 정분이 나고 말았다. 절을 다 짓고 나면 둘이 살림 차리기로 약속했다. 도편수는 버는 돈을 모두 여인에게 맡겼다.

그런데 여인은 사랑이 아니었다. 도편수가 맡겨놓은 돈을 모두 챙겨서 달아났다. 여인은 남자의 순진함을 비웃었을까. 미안해하기는 했겠지. 주막집 여인이 도망간 사실을 안 도편수는 분노했다. 속았구나, 후회해도 때는 늦었다. 잃어버린 돈도 아까웠겠고 거짓 사랑에 속은 자신도 한심했

전등사 대웅보전 나녀상

을 것이다.

분한 마음을 다스리지 못하던 어느 날, 도편수는 껄껄 웃으며 대웅보전 추녀 밑으로 올라가 뭔가 작업을 시작했다. 벌거벗은 몸으로 비바람을 견디며 무거운 추녀를 짊어지고 있으라는, 영원한 고통을 주려고 여인의 벗은 몸을 조각해 넣은 것이다. 지금도 대웅보전 기둥 위에 앉아 있는 조각상을 흔히 나녀상裸女像·나녀목裸女木이라고 한다.[140]

그럴듯한 이야기다. 재미도 있다. 살을 좀 붙이면 소설 한 권쯤 거뜬히 나올 것 같다. 실제로 TV 단막극으로 만들어져 방영된 적이 있다. 그런데 도편수가 매일 일당 받고 일했을까(공사 대금을 선불로 받았을 수는 있겠다), 부처님 모시는 법당 짓는 사람이 술 먹고 여자를 품을 수 있었을까. 자기 마음대로 여인의 벗은 몸을 조각해 넣을 수가 있었을까. 스님들이 그걸 용납할 리 없을 텐데 말이다.

　좋다, 다 가능했다고 치자. 그래도, 아무리 봐도, 여자의 모습이 아니라 남자 같다. 내 마음대로 이야기를 만들어본다. 저 나신상은 주막집 여인의 모습이 아니라 도편수 자신의 형상을 새긴 것이다. 대웅보전 올리는 신성한 일을 하면서 여인 품었던 잘못을 참회하며 자신에게 벌을 내린 것이다. 물론 책임질 수 없는 상상이다.

　이제 좀 차가운 눈으로 나신상을 다시 보자. 사람의 모습이긴 한데 원숭이 같기도 하다. 혹시 원숭이 상을 조각한 것이 아닐까. 원숭이와 불교는 별 관련이 없을 것 같기도 하지만 다음 이야기는 어떠한가.

　『미후왕본생』에서는 5백 마리 원숭이를 거느린 원숭이 왕이 굶고 있는 무리를 위하여 인간의 왕에게 스스로를 아침 반찬으로 바칠 테니 무리를 살려달라는 청을 한다. 이에 인간의 왕이 탄복하여 눈물을 뿌리며 "짐승의 어른도 제 몸을 죽여 무리를 건지니 옛 어진 이의 풍도가 있는지라. 내가 임금이 되어서 어찌 짐승만 못하리오"라고 말하고 원숭이들이 먹고 살 수 있게끔 명을 내렸다고 한다. 이 원숭이 왕은 부처님의 전신이며 5백 마리 원숭이는 부처님의 5백 제자라고 전해진다.[141]

　원숭이는 여기 대웅보전 기둥 위에 익살스러운 표정으로 앉아 사방의 사악한 기운으로부터 대웅보전을 보호하고 있는 것인지도 모른다. 삼장법사를 보호하던 손오공처럼.

　대웅大雄이란, 『법화경』에서 석가불을 큰 영웅이라고 부른 데서 유래된 것으로 도력道力과 법력法力으로 이 세상을 밝힌 위대한 영웅을 말한다. 대웅을 모신 법당이 대웅전大雄殿이다. 석가불 좌우에 문수보살과 보현보

대웅보전

살을 모시는 것이 일반적이다. 대웅전의 격을 높인 것이 대웅보전 大雄寶殿 이다. 대웅보전에는 석가불을 중심으로 좌우에 아미타불과 약사불을 모시는 것이 보통이다.[142] 전등사 대웅보전도 석가불과 함께 아미타불과 약사불을 모셨다. 세 불상을 '강화 전등사 목조석가여래삼불좌상'(보물 제1785호)이라고 부른다.

   전등사 대웅보전은 낡음의 미학을 보여준다. 편안하고 고풍스러운 겉모습만 볼 일이 아니다. 안으로 들어가 보아야 한다. 불교의 이상향이 거기에 있다. 천장을 올려다보라. 이런저런 장식물들의 이름을 모르면 어떠랴, 또 그 의미를 모르면 어떠랴. 그냥 가슴으로 아름다움을 느끼면 족하다. 물 빠진 빛깔의 희미함이, 선명한 화려함보다 아름다울 수 있음을 맛보면 된다. 절에 오니 절로 절하고 싶은 사람은 부처님 앞에 잠시 엎드려 인사 올리면 된다. 나오면서 대웅보전 기둥 하나 쓰다듬어 보자. 건물 기

둥으로 은행나무를 쓰는 일은 극히 드물다는데 정면 동쪽 끝기둥, 그게 은행나무란다.[143]

옛날에 나이 열여덟 꽃다운 소녀가 있었다. 소녀의 아버지는 신심 깊은 사람이었다. 그러나 어머니가 문제였다. 너무 방탕했고, 더해서 부처님을 욕하고 다녔다. 그러다가 급사했다. 소녀는 평소 행실이 나빴던 어머니가 좋은 세상에 이르지 못할 것이 걱정됐다. 그래서 어머니를 위한 재齋를 올리기로 마음먹었다. 갖가지 옷과 음식 그리고 탕약과 꽃 등을 마련해서 절로 향했다.

절로 가는 길, 길거리는 걸인들로 넘쳐났다. 바탕 고운 소녀는 그들을 외면하지 못했다. 배고픈 이에게 음식을, 추위에 떠는 이에게 옷을, 아픈 이에게 약을 나눠주었다. 돌아가신 어머니를 위해 준비했던 모든 것을 불쌍한 중생들에게 베풀어 준 것이다. 이제 더는 줄 것이 없었다. 그러나 걸인이 계속 눈에 띄었다. 소녀는 자신의 옷을 벗어 그들에게 주었다. 벗은 몸으로는 더 걸을 수 없었다.

소녀는 흙구덩이 속으로 들어가 몸을 가린 채 간절히 기도했다. 어머니 혼령에 자비를 베풀어주실 것을 부처님께 빌었다. 그 순간 부처님이 소녀 앞에 나타나 말씀하셨다. "착하다, 성녀여. 18세 소녀의 몸으로 옷까지 벗어주고 벗은 몸을 흙으로 가렸으니 누가 너를 보살이라 하지 않겠느냐! 내 너의 공양을 달게 받고 너의 소망을 성취시켜 주리라." 이때부터 소녀는 지장보살地藏菩薩(땅속에 몸을 숨긴 보살)로 불리게 되었다고 한다.[144]

절에서 지장보살을 모신 곳을 명부전冥府殿이라고 한다. '명부'는 사람이 죽은 뒤에 심판을 받는 곳이며 지장보살은 지옥에서 고통 받는 중생을 구제해 주는 보살이다. 명부전에는 지장보살 외에 무독귀왕無毒鬼王과 도명존자道明尊者를 모신다. 그 주위에 10명의 시왕十王도 모신다. 십왕十王이라

지장보살을 모신 전등사 명부전

고 쓰고 시왕이라고 읽는다.

시왕은 명부계의 심판을 맡는 열 명의 왕을 말하는데, 그 가운데 우리에게 제일 익숙한 왕이 염라대왕이다. 염라대왕은 죽은 이의 생전의 죄업에 따라 벌을 주는 역할을 맡는다. 인도의 옛 이야기에 따르면 염라(염마)는 최초의 인간이다. 성경의 아담과 같은 셈이다. 세상에 제일 먼저 나온 인간이기에 제일 먼저 죽게 되었고, 죽은 후 자신만 있는 사후세계에서 왕을 칭하면서 심판관의 역할을 하게 되었다고 한다.[145] 업경대業鏡臺에 죽은 이 생전의 모습을 비춰보며 선악을 판별한다고 한다. 명부전에 있어야 어울릴 것 같은데, 전등사 대웅전에서 업경대를 볼 수 있다.

염라대왕은 다른 시왕들과 금방 구분되는 모습이다. 얼핏 보면 임금의 면류관 같은 것을 쓰고 있는 것 같다. 염라대왕이 머리에 이고 있는 것

업경대

은 면류관이 아니고 『금강반야바라밀경』이다. 흔히 『금강경』이라고 부른다. 『금강경』을 외워 공덕을 쌓으면 현세의 수복과 내세의 선처를 얻을 수 있다는 믿음을 상징하는 것이다.[146] 전등사 명부전에 모셔진 지장보살상 등이 보물로 지정됐다. '강화 전등사 목조지장보살삼존상 및 시왕상 일괄'(보물 제1786호)이다.

대웅보전과 마주한 대조루對潮樓가 참 오래도록 기념품 판매점으로 쓰였다. 이러면 안 되는 건데, 늘 안타까웠다. 최근에야 기념품 판매점을 다른 곳으로 옮겼다. 고마운 일이다. 대조루는 구조가 기발한 건축물이다. 몸과 마음 낮춰서 부처님 뵐 준비를 하게 한다. 목은 이색李穡(1328~1396)의 글에도 등장하는 것으로 보아, 고려 말에 이미 있었음을 알 수 있다. 그런데 그때의 모습은 지금과 달랐다. 지금의 모습은 1839년(헌종 5)~1841년 사이에 갖춰진 것 같다. 이때 강화유수였던 서기순(1791~1854)과 이시원 등의 시주로 대조루가 다시 섰다.

이와 관련하여 이시원은 이렇게 썼다. 서기순 유수가 "부임한 2년 동안 선정이 이루어져 백성들이 크게 기뻐하였다. 전등사 스님 탄인 등이 절의 남쪽에 있는 대조루가 오래되어 기울고 무너져서 모연募緣(재물을 기부하게 하여 공덕이 쌓이는 좋은 인연을 맺게 함)하여 중수할 것을 요청하니, 공公(서기순)이 재산을 덜어 권장하자 시주하는 신도들이 구름처럼 모여들었다. 이에 새로 짓기 시작하여 얼마 되지 않아 완성되었다. 누각이 예

대조루

전에는 층층으로 지어져 쉽게 움직이고 흔들렸는데, 공(公)이 기둥을 곧게 하여 축대까지 닿게 하도록 하니 기초가 더욱 견고해져 오래갈 수 있게 되었다."147

다른 이도 아니고 이시원 선생이, 선정을 베풀어 백성이 기뻐했다고 평가했으니, 서기순은 강화에서 유수직을 훌륭하게 수행한 것 같다. 서기순 유수의 불망비에는 "얼음처럼 맑고 옥처럼 깨끗하게 군사와 백성을 어루만지고 구휼했다"고 새겨져 있다.

전등사에 대웅보전·명부전·대조루만 있는 것이 아니다. 중생의 아픔을 치유해주는 약사불을 모신 약사전(藥師殿)(보물 제179호)도 귀한 건축물이다. 중국에서 제작되어 전등사에 자리 잡은 중국 철종(鐵鍾)('전등사 철종', 보물 제393호), 대웅전 옆에 있는 청동 수조 등 볼거리·공부거리가 다양하다. 의미로 보나 규모로 보나 강화를 대표하는 사찰임이 틀림없다.

4장 거울 앞에 서다 399

전등사 야경

이제 전등사 측에 꼭 하나 요청하고 싶은 것이 있어 적어본다. 우선 다음 글을 보자.

동문 쪽에 주차장을 확장하여 방문객들이 대부분 이쪽으로 출입하도록 하고 있으나 생기가 빠져나가는 형세를 보이고 있으므로 남문을 사용하도록 하는 것이 비보풍수 측면에서 바람직하다.[148]

나는 풍수를 알지 못한다. 남문만 출입로로 써야 한다는 권유가 옳은지 그른지 판단할 능력이 없다. 걸어서 출입하는 사람들까지 막을 필요야 있겠는가. 다만, 동문으로 차량 출입하는 것은 절대로 허용하지 않기를 요청한다. 단군의 세 아들이 쌓았다는 삼랑성이다. 삼랑성을 오롯이 드러내는 문이 고풍스러운 동문이다.[149] 전국 어느 산성의 출입문보다 귀하디귀한 문이다.

여길 무시로 차량이 드나든다. 그걸 볼 때마다 가슴이 철렁한다. 원칙적으로 동문으로는 차량 출입이 통제되는 것으로 알고 있다. 언젠가 차를 몰고 들어가는 척하다가 혼난 적도 있다. 그런데 어떤 사람들이 탔는지 모르나 분명 동문으로 드나드는 승용차가 있다. 소형 화물차들도 다닌다. 스님들이 타는 차도 있을지 모른다. 이대로라면 동문은 무너지고 말 것이다. 만약 그리되면 얼마나 참담한 일인가. 그 누가 탔든, 동문으로 차량 드나드는 걸 막아주시기 바란다. 남문으로 다니면 되지 않는가.

신미양요 최후의 전투지, 광성보

강화도에는 조선 숙종 대 이후 12개의 진과 보가 설치됐다. 진과 보는 일종의 해안경계 부대로 각각 몇 개의 돈대를 관할했다. 시기적으로 약간의 변화가 있기는 했지만, 12진보는 월곶진·제물진·용진진·덕진진·초지진·인화보·철곶보·승천보·광성보·선두보·장곶보·정포보를 말한다. 그래서 보통 5진·7보라고 한다.

이 가운데 지금 볼 수 있는 곳은 월곶진·초지진·덕진진·용진진·광성보 정도다. 취향에 따라 다르지만, 이 중 가장 볼만한 곳이 광성보다. 초지진·덕진진·광성보는 신미양요 당시 미군에게 차례차례 점령당한 곳이다. 초지진과 덕진진에서는 전투다운 전투가 벌어지지 않았다. 격전은 광성보에서 있었다. 광성보 안 손돌목돈대(손석항돈대)는 신미양요 때 어재연이 순국한 격전지로 알려졌다. 그래서 언제나 사람들이 붐비는 곳이기도 하다.

그런데 엄밀하게 말하면 온전한 진이나 보가 강화도에 하나도 없다. 지금 초지진은 초지돈대 하나뿐이고, 덕진진에는 문루와 덕진돈대가 있을 뿐이며, 광성보에도 문루와 광성돈대·용두돈대만 있다. 진사와 무기고 등 부대 건물이 보존된 곳이 없다. 교육적인 면에서라도 한 곳 정도 복원된 진이나 보가 필요하다고 생각한다.

덕진돈대(위)와 덕진진 공조루(아래)

월곶진 지도

여건이 아주 좋은 곳은 월곶진이다. 월곶진은 12진보 가운데 급이 제일 높은 부대였다. 지금 월곶돈대와 문루가 있고, 돈대 안에 연미정까지 있어서 복원 가치가 있다. 특히 조선후기에 제작된 강화도 지도에 월곶진사 건물이 사진만큼 세밀하게 그려져 있어서 옛 모습과 큰 차이 없이 복원이 가능할 것이다. '복원復元'이란 이름으로 '신설新設'되는 문화재가 전국적으로 적지 않다. 그러지 않았으면 좋겠다. 크고 화려하기보다는 당시의 모습대로 아담하고 소박하게 월곶진의 참모습을 찾아주었으면 좋겠다.

제너럴셔먼호사건과 병인양요를 겪은 대원군은 서양세력에 대한 적개심을 갖게 되었다. 여기에 생부生父 남연군묘 도굴사건으로 적개심은 더욱 강렬해졌다. 독일인 오페르트는 남연군묘를 도굴해서 시신과 부장품을 담보로 대원군과 협상할 계략을 세웠다. 오페르트는 유럽인 10명 정도, 필리핀 선원 20여 명, 중국인 선원 약 100명, 모두 140명 정도의 인력을 동원했다. 일본 나가사키에서 도굴에 필요한 장비와 무기를 사들인 후 충청도 홍주 행담도에 도착했다. 1868년(고종 5) 4월이었다.

덕산의 남연군묘로 갔다. 묘가 워낙 견고했기 때문에 도굴은 실패했다. 그런데 이 짓을 오페르트 혼자 한 게 아니었다. 도굴에 관한 아이디어는 프랑스 신부 페롱이 냈다. 성직자가 이런 생각을 할 수 있다는 게 신기할 정도다. 많은 돈이 들었을 텐데, 그 돈을 댄 사람은 누구일까. 미국인 젠킨스였다. 젠킨스가 바로 도굴사건의 주범인 셈이다. 그는 상하이 미국 총영사관의 통역관이기도 했다.[150]

소위 문명인들의 저열하고 야만적인 행위에 대원군이 분노한 것은 당연하다. 조선의 여론도 대원군 쪽이었을 것이다. 미국도 서양세력이다. 조선의 대응은 이미 예견되어 있었다. 타협은 없다. 오로지 싸울 뿐!

1871년 4월 14일(양력 6월 1일) 오후 광성보에서 한 발의 포성이 울렸다. 거의 동시에 맹렬한 포격전이 벌어졌다. 땅에서 바다로 바다에서 땅으로 포탄이 수없이 날았다. 손돌목 주변 강화해협은 이렇게 조선과 미국의 첫 전투지가 되었다. 그날 미군은 포함 모노카시호와 팔로스호를 타고 강화해협을 멋대로 거슬러 오르며 '탐측 활동'을 하고 있었다.

그들은 평화적 탐측 활동이었다고 하지만, 조선이 볼 때는 명백한 침략 행위이자 주권 침해였다. 병인양요 직후 대원군은 외국 선박의 강화해협 출입을 금지하며 해문방수비(경고비)를 세웠다. 지금 덕진진 덕진돈대 뒤편에 서 있는 이 비에는 '海門防守他國船慎勿過(해문방수타국선신물과)'라고 새겨져있다. '바다 문을 막아 지키니 다른 나라 배는 삼가 지나가지 말라'는 정도의 뜻이다.[151]

해문방수비(경고비)

또 미국 배를 그대로 두면 병인양요 때 프랑스 함대처럼 갑곶 앞바다를 지나 한강으로 들어갈 수도 있다. 강화 수비군은 미 군함을 향해 선제 포격을 가했다. 물 건너 김포 땅 덕포진에서도 적선에 포를 쏘아댔다. 이에 미군이

신미양요 격전지인 손돌목돈대 내부

광성보와 덕포진에 함포 사격을 했던 것이다. 이를 '선돌목 포격사건'이라고 한다. 미 군함이 조선군의 포격에 크게 상하지는 않았던 것 같다. 그런데도 그들은 남쪽으로 후퇴했다. 조선군의 기세에 눌린 면이 없지 않았고, 또 와중에 모노카시호가 암초에 부딪혀 파손됐기 때문이었다.

왜 미국 함대가 강화도에 나타난 걸까? 미국은 조선과의 통상을 요구하며 조선으로 군대를 보냈다. 자기 나라 조난 선원의 구조를 약속받겠다는 목적도 있었다. 그러나 조선은 통상 협상에 응하지 않았다. 미국과 교역하게 되면 조선 경제가 무너질 것을 우려했다. 거의 무한정 생산되는 미국 공산품과 생산이 제한적인 조선 농산물의 교역은 조선에 하나도 이득이 될 것이 없다고 여겼다.

조난 선원 구조 문제도 굳이 논의하고 조약을 맺고 말고 할 필요가 없다고 했다. 이미 조선은 조난 외국인들을 인도적으로 대우하여 돌려보내고 있었기 때문이다. 1855년(철종 6)·1865년·1866년, 이렇게 세 차례에 걸쳐 조선에 표류한 미국 배를 청나라까지 직접 호송해주는 호의를 베풀었던 조선이다.[152] 먼 데서 온 사람들에게 관용을 베푼다는 유원지의柔遠之義 원칙을 따른 것이다. 병인양요(1866) 당시 순무영에서 로즈에게 보낸 편지에 '유원지의'를 행하는 조선의 모습이 잘 드러난다.

> 순무영에서 서양선박 도주都主에게 보낸 격문은 다음과 같다. … 이웃 나라와 사이좋게 지내며 멀리 떨어져 있는 나라에 너그럽게 대해주는 것은 예로부터 있었던 도이다. 우리나라에서는 더욱 너그럽게 대하여 이름도 알 수 없고, 도리道里(일정한 구간의 거리)도 알 수 없는 나라 사람들이 매번 우리나라 경내에 표류해오면, 수토지신守土之臣에게 명하여 영접하고 사정을 물어보면서 마치 오랜 우호관계를 수행하듯이 하였다. 굶주렸다고 하면 먹을 것을 주고, 춥다고 하면 옷을 주었고, 병들었다고 말하면 약을 지어서 치료해 주기도 하였으며, 돌아가겠다고 하면 식량까지 싸서 보내주었다.[153]

미군이 조난 선원 구조를 공식적으로 요구한 것은 제너럴셔먼호사건(1866) 때문으로 보이는데, 신미양요 당시까지도 미군은 이 사건에 대해 정확히 알고 있지 못했다. 조선인 천주교 신자들이 작약도에 정박 중인 콜로라도호에 가서 이런 얘기를 했다. 셔먼호 선원들이 정중한 대우와 교역을 약속받고 상륙했으나, 조선인들이 술을 먹여 취하게 한 후 모두 잡아 묶어 학살했다고. 한마디로 조선 측이 비열하고 치사한 방법으로 셔먼호 선원들을 죽였다는 것이다. 로우 공사는 이 황당한 얘기를 신빙성 있다고 믿었다.[154]

제너럴셔먼호에 탔던 사람 모두 죽게 된 데는 그들의 잘못이 컸다. 제너럴셔먼호사건은 대략 이러하다. 1866년 7월 초 병인양요가 일어나기 직전, 그 어수선한 시기에 정체불명의 이양선 한 척이 대동강을 거슬러 올라왔다. 제너럴셔먼호였다. 상선商船같기는 하지만, 대포 2문이 설치됐고, 선원들도 무장하고 있었다. 20명 정도가 배에 타고 있었다는데 '다국적군'이라 어느 나라 배인지 짐작하기도 어려웠다.

배의 주인인 프레스턴은 미국인이다. 주인이 미국인이라 제너럴셔먼호는 미국 선적船籍으로 등록되어 있었다. 선장 페이지는 덴마크 사람이고, 물품관리인 호개드와 통역 담당 토머스 목사는 영국인이었다. 그 외 중국인과 태국인 20여 명이 선원으로 탑승했던 것 같다. 이들은 교역하러 왔다고 했지만, 사실은 평양 근처의 왕릉 도굴이 최종 목표였다는 견해도 있다.[155]

셔먼호 사람들은 프랑스 신부 학살에 대한 보복으로 프랑스 함대가 쳐들어올 것이라고 위협하면서 교역을 강요하였다. 그러나 조선 관리는 대동강으로 진입한 것은 영토 침략이라며 그들을 막으려 했다. 그럼에도 셔먼호는 막무가내로 평양까지 올라왔다. 상륙하여 약탈도 자행했다. 조선 관리는 이러한 무법 행위에도 불구하고, 인도적인 차원에서 음식물을 제공해주었다.

그럼에도 셔먼호 사람들이 인근 배에서 그들을 감시하던 중군 이현익을 납치했다. 함부로 총을 쏘아대서 조선 백성 12명이 죽거나 다쳤다. 평양 주민들이 돌을 던지며 항의했다. 며칠 후 이현익은 구출됐지만 그를 구하러 갔던 몇 사람이 살해됐다. 이러한 사건으로 셔먼호에 대한 반감은 점점 더해졌다. 1866년 7월 24일 물 빠진 강에 멈춰선 셔먼호에서 다시 대포와 총을 쏘아 조선 병사 1명이 전사했다. 이에 땔감 실은 화선들로 하여금 일제히 셔먼호에 방화하게 하였다. 그러자 셔먼호 안에 있던 화약이 터지면서 배가 모두 불탔다. 겨우 배에서 뛰쳐나온 사람들도 평양 주민과 병사들에게 죽임을 당했다.

1871년(고종 8) 3월 27일(양력 5월 16일) 일본 나가사키항을 출발해 조선으로 향하는 미군 함대는 다섯 척 군함[156]에 병사 1,230명 규모였다. 사진사와 통역관도 함께 타고 있었다. 미국 대통령으로부터 전권을 위임받은 주청 공사 로우가 대표였고, 군대를 지휘하는 총책임자는 로저스 제독이었다. 4월 5일(양력 5월 23일) 그들은 지금의 경기도 화성시 입파도에 정박했다. 이 무렵 조선 조정은 미군 함대의 등장 사실을 알았다.

이후 미군은 북쪽으로 더 올라와 지금 인천북항과 영종도 사이에 있는 작약도를 최종 정박지로 삼았다. 4월 12일(양력 5월 30일) 인천부 소속 관원 김진성이 의주에서 온 통역관을 데리고 콜로라도호에 오르면서 두 나라의 공식적인 대화가 시작됐다. 4월 13일에도 조정에서 파견한 3명의 조선관리가 콜로라도호를 방문했으나 깊이 있는 대화는 이루어지지 않았다. 로우 공사는 조선 관리의 품계를 문제 삼아 대화에 나서지 않았다. 대신 드루 서기관이 조선 관리들을 상대했다. 그리고 다음 날, 4월 14일 미군은 강화해협까지 올라와 측량 작업을 하다가 손돌목에서 조선군의 공격을 받았던 것이다.

미군은 '손돌목 포격사건'의 책임이 전적으로 조선에 있다고 주장하며 열흘 이내에 공식적인 사과를 하라고 요구했다. 그렇지 않으면 보복하겠다고 경고했다. 며칠간 양국은 작약도 근처 해변에 장대를 꽂고 거기에 편지를 매다는 방법으로 의견을 주고받았다. 그러나 서로의 입장만을 전달했을 뿐, 합의는 이루어지지 않았다.

4월 22일 로저스 제독은 블레이크 중령에게, 우리 함정에 포격을 가했던 조선 요새지를 파괴하고 점령해서 미군의 능력을 보여주라고 명령한다. 이때 광성보에는 어재연 장군이 수비 책임자로 내려와 결전을 준비하고 있었다. 어재연은 손돌목 포격사건이 있던 4월 14일(양력 6월 1일) 진무중군 鎭撫中軍으로 임명받고, 4월 16일에 병력을 이끌고 광성보에 도착했다.

어재연 魚在淵(1823~1871)은 1841년(헌종 7) 무과에 급제했다. 1864년(고종 1)에는 장단 부사가 되어 백성의 고달픔을 덜어주는 선정을 베풀었다. 그는 1866년 공충도(충청도) 병마절도사가 되었는데 병인양요 당시 광성보에도 주둔했었던 것 같다. 그래서 광성보의 지형지물을 파악하고 있었을 것이다. 미군의 거친 포격에도 그나마 병사들의 사망을 최소화할 수 있었던 것은 이런 경험 덕분일 것이다. 1866년 11월부터는 회령 부사로 근무했다. 임기를 모두 마쳤으나 회령 백성들이 간절하게 유임을 청하고 임금이 허락하여 부사직을 더 수행했다. 보기 드문 일이다. 1871년 2월 도총관이 되고 이어서 금위영 중군에 임명되었는데 병으로 물러났다가 진무중군이 된 것이다.

1871년(고종 8) 4월 23일(양력 6월 10일) 미군의 초지진 침략전이 시작된다. 다섯 척의 군함 가운데 모노카시호와 팔로스호만 동원됐다. 나머지 군함은 전투 수행이 어려워 그대로 정박지에 머물렀다. 동원된 병력은 1,230명 중 약 650명이었다. 포함 모노카시호가 선두에 섰고 작은 함정

어재연(강화역사박물관)

4척이 그 뒤를 따랐다. 소형 함정 4척에는 상륙 후 지상에서 쓸 곡사포 4문이 실려 있었다. 포함 팔로스호는 상륙용 소형 보트를 이끌고 맨 뒤에서 항진했다.

오전 10시 30분쯤에 작약도를 떠난 미군은 12시쯤에 초지진 앞 황산도에 도착했다. 초지진 상륙을 기도하는 미군과 이를 막으려는 조선군 간에 포격전이 벌어졌다. 조선군은 적의 공격을 당해내지 못하고 후퇴했다. 갯벌 수렁 통과에 곤욕을 치른 미군은 오후 4시쯤에야 초지진 상륙을 완료하고 근방에서 야영했다. 깊은 밤 초지진 첨사 이염이 수십 명 병력으로 미군을 기습했으나 별 성과 없이 물러났다. 이염은 병인양요 때 정족산성 전투에 참여했던 인물이다. 그는 신미양요 직전 초지진 첨사로 임명되었다.

4월 24일 아침 덕진진 역시 미 함포 사격으로 쑥대밭이 됐다. 조선 수비군은 대책 없이 물러났고 미군은 덕진진을 손쉽게 점령했다. 후퇴했던 조선 병사들이 반격을 시도했으나 소용없었다. 미군은 바로 광성보로 향했다. 광성보 후방에서 곡사포를 쏘아댔다. 바다에서 광성보를 향해 함포 사격을 시작하자 이에 호응한 것이다.

양쪽에서 쏘아대는 포탄에 광성보 어재연 부대는 큰 타격을 입었다. 몸이 새카맣게 타버렸거나 포탄에 맞아 산산조각이 난 동료의 시신을 보면서도 도망가지 않고 버텼다. 포격으로부터 무사했던 병사들은 깊은 참호 속에 몸을 피한 덕분이었을 것이다. 포격이 끝나자 미군이 공격해왔다. 조선군은 맹렬하게 싸웠다. 살벌한 백병전, 쓰러진 조선군은 그래도 포기하지 않았다. 흙을 집어 미군의 얼굴에 뿌리며 목숨이 다할 때까지 싸우고 또 싸웠다. 많은 전투를 치러 온 미군이지만, 이렇게까지 나라를 위해 온몸으로 맞서는 적은 처음 보았다고 했다. 남북전쟁(1861~1865) 등을 통해 실전 경험을 쌓은, 절대적으로 우세한 무기를 갖춘 미군을, 조선군은 이겨

광성보 전투 직후의 손돌목돈대

낼 수 없었다. 목면으로 두툼하게 만든 방탄조끼도 소용없었다.

진무 중군 어재연과 그의 동생 어재순을 비롯해 350여 명의 조선 수비군 대개가 전사했다.[157] 살아남은 병사들은 목을 찔러 자결하거나 바다로 투신해 목숨을 끊었다. 일부의 병사만이 포로로 잡혔다. 이에 비해 미군은 전사자 3명, 부상자 10여 명에 불과했다. 오후 1시쯤 광성보 손돌목돈대의 수자기帥字旗[158]가 내려지고 성조기가 올랐다. 그날 밤 미군은 광성보 주변에서 야영했다.

중군 형제의 시체는 장리將吏를 보내어 염습해서 영구를 본고장으로 가져가는 예식을 각별히 돌보도록 하였으며, 전사한 장수와 병졸들의 이름은 그가 말한 데 따라 성책成冊해서 올려보냅니다. 중군 어재연의 겸종 김덕원이

신미양요 당시 미국군이 탈취한
어재연 장군의 수자기(帥字旗)

칼날을 무릅쓰고 도장을 주어가지고 와서 바쳤습니다'라고 아뢰었다[죽은 사람이 53명, 부상당한 사람이 24명이다].[159]

어재연·어재순 형제의 시신을 고향으로 옮겨 장례 지내게 했다는 실록의 기록이다. 형제의 묘는 지금 충북 음성에 있다. 그런데 이 전투의 전사자를 53명이라고 했다. 이는 실제보다 적게 기록된 것으로 보인다. 의노석으로 사망 인원을 축소해서 기록한 것은 아닐 것이다. 이름이 파악된 사망자의 수만 기록한 것은 아닌지, 모르겠다.

4월 25일(양력 6월 12일) 아침 미군은 광성보에서 배를 타고 철수하여 작약도로 이동했다. 초지진에 상륙하여 육로로 덕진진을 점령하고 광성보를 점령하는 동안 미군은 군사 시설을 철저히 파괴하고 불을 질렀다. 그러나 병인양요 때 프랑스군들과 달리 민가에는 방화하지 않았다. 백성들을 해코지하지도 않았다.

5월 17일(양력 7월 4일) 미군 함대는 작약도에서 철수한다. 광성보 전투 이후 미군과 조선 사이에 서신 왕래가 있었지만, 미군은 아무것도 얻을 수가 없었다. 다음날인 5월 18일 로저스 제독이 이끄는 미국 함대가 즈푸항에 도착했다. 조선에 더 있어 봤자 얻을 것도 없었고 다시 전투를 벌일 수 있는 상황이 되지도 못했다. 의외로 무기 상태가 안 좋았던 것이다. 전투 중에 탄약이 불발되는 일이 잦아서 자체 점검을 해봤더니 탄약통 25%가 정비 불량으로 쓸 수 없었다. 함정에 비치된 무기 상태는 더 엉망이었다.[160] 돌아갈 수밖에 없었다.

신미양요가 끝났다. 초지진·덕진진·광성보·개별 전투에서 조선군은 완패했다. 그들의 상대가 되지 않았다. 그러나 미국은 아무 것도 얻은 것이 없이 철수했다. 애당초의 목적을 하나도 달성하지 못했다. 따라서 굳이 따지자면 조선이 승리한 전쟁이라고 해도 틀리지 않을 것이다. 어재연과 그 부대원들의 치열한 애국심과 희생 앞에 고개를 숙이지 않을 수 없다. 그래서 광성보에 갈 때마다 그때 그 무명용사들의 시신을 모신 신미순의총을 그냥 지나칠 수 없다.

신미순의총 위쪽에는 쌍충비각雙忠碑閣이 있다. 비각 안에 어재연·어재순 형제를 기리는 순절비(쌍충비)와 천총 김현경 등 전사한 병사들을 기리는 광성파수순절비廣城把守殉節碑가 있다. 두 비 모두 1873년(고종 10)에 세웠다. 어재연은 전투 직전에 멀리서 형을 찾아온 어재순을 돌려보내려 했다. 아마도 "너라도 살아서 집안을 이끌어라" 이렇게 말하고 싶었을지 모

광성보 신미순의총

른다. 어재순도 형의 속마음을 헤아렸을 것이다. 그러나 돌아가지 않았다. 공부밖에 몰랐던 선비 어재순은 마치 빼어난 병사처럼 형과 함께 싸우다 전사했다. 어재연·어재순 순절비에 이렇게 쓰여 있다. "형은 나라 위해 죽고, 아우는 형을 위해 죽으니…."

그런데 강화에서 철수하던 미군의 심정은 어떠했을까. "승리는 승리였으나 누구 한 사람 그다지 자랑할 것도 못되며, 누구 한 사람 기억하고 싶지 않은 전승이었다. 한마디로 말해 그것은 무의미한 승리다" 미군은 신미양요를 이렇게 평가했다. 전투에 참여했던 한 미군 장교는 "우리의 조선 원정 임무는 완전한 실패였소"라는 편지를 부인에게 보냈다. 반면 미국 정부의 공식적 표현은 달랐다. 그랜트 미국 대통령은 1871년 12월, 의회에 제출한 연두교서에서 "우리의 난파된 선원들을 야만적으로 다루었기 때문에" 조선 침공을 자신이 명령했다며 로저스 제독이 "용감하게 공격"하여 "범죄인들을 응징" 했다고 자랑했다.[161]

십여 년 후 1882년(고종 19)에 조선은 미국과 조미수호조규를 체결한다. 이 조약은 물론 양국 간 불평등조약이었다. 하지만 당시까지 동양 여러 나라가 서양과 맺은 조약 가운데 불평등한 요소가 가장 적은 조약이다. 이는 신미양요 때 미국군에 뜨겁게 맞섰던 조선 병사들의 희생 덕분이었다는 평가가 있다.[162]

여기서 한 가지 주목할 사실이 있다. 신미양요 당시 미군 속에 일본인 정보원이 포함되어 있었다는 사실이다. 미 함대 출발지가 일본 나가사키 항이었음을 기억하자. 로저스는 일본이 조선에 대한 정확한 정보를 제공해주면, 일본 정보원을 자신의 함대에 태우겠다고 제의했다. 일본은 대원군이 집권하는 동안은 조선을 개항하도록 하는 것이 어려울 것으로 여기고 있었지만, 그 사실은 숨기고 말해주지 않았다.

대신 나가사키를 미국 아시아 함대의 군사기지로 쓸 수 있게 하고 개항 당시 미국과 맺은 조약문 사본을 제공했다.[163] 그래서 일본 정보원이 미군을 따라 조선에 와서 신미양요 전 과정을 지켜볼 수 있었다. 조선의 군사력, 외침에 대한 대응 방법 등 생생한 고급 정보를 확보해 돌아갔다. 프랑스나 미국과는 다른 치밀함이다. 결국 일본은 강화도조약을 통해 조선 개항에 성공한다. 신미양요 당시 확보한 조선 정보가 큰 힘이 됐고 여기에 더해 대원군 실각이라는, 시의적절한 사건이 발생한 덕분이었다.

신미양요 당시 강화도의 국방 시설과 관련하여 혼란이 있다. 그때 남장포대 등, 포대가 있었는가 하는 문제다. 결론부터 말하면 없었을 것 같다. 이제부터 강화도의 포대 문제를 짚어보자.

강화의 포대 명칭이 기록으로 처음 보이는 것은 『속수증보강도지』

(1932)다. 이에 의하면, 황산포대(대포 6문)·진남포대(대포 12문)·남장포대(대포 10문)·오두정포대(대포 6문)·사강금포대(대포 6문)·용진포대(대포 8문)·갑곶포대(대포 8문)·인화성포대(대포 6문)·덕포포대(대포 10문), 이렇게 9개의 포대가 있었다. 덕포포대는 지금

『속수증보강도지』(강화역사박물관)

김포 땅이니, 강화도에 설치됐던 포대는 8개였던 셈이다. 대포 12문이 설치됐던 최대 규모의 진남포대鎭南砲臺는 초지진 남쪽에 설치된 포대였다.

그런데 조선후기에 제작된 강화도 지도 가운데 하나인 강도부지도 (1875~1884년쯤 제작)에는 포대의 수·위치·규모가 다르게 표기됐다. 갑곶포대는 보이지 않고 광성보와 초지진 사이에 크고 작은 포대가 밀집되어 있다. 포대의 명칭도 '황산포대'·'진남포대' 식이 아니라 '포대육혈砲臺六穴'·'포대사혈砲臺四穴' 식으로 표기됐다. 남장포대는 '포대십오혈砲臺十五穴'로 나온다. 남장포대 등의 이름은 설치된 이후에 붙여진 이름으로 보인다.

『속수증보강도지』는 또 포대의 위치와 규모를 간략하게 설명한 후, 고종이 1871년에 포대 설치를 명했다고 기록했다. 아무래도 강화도의 포대 설치 시기를 신미양요 이후로 보는 것이 옳을 것 같다. 신미양요 때 미군 배들을 향해 포대들에서 포를 쏘아댔다는 식의 설명은 그래서 옳지 않다고 본다.

당시 진무영 진무사이자 강화유수였던 신헌이 1874년(고종 11)에 포대를 세운 것임을 다음의 기록으로 알 수 있다.

덕진진 남장포대

삼군부에서 아뢰기를, "지금 진무사 신헌의 장계를 보니, '용진龍津 이하 세 진을 지키기 위하여 포대를 새로 세웠고'…." 『고종실록』 11년(1874) 3월 20일

용진 이하 세 진은 광성보·덕진진·초지진을 말한다. 신헌이 진무사에 임명된 것은 1874년 정월이었다. 그런데 3월에 포대를 세웠다고 보고한 것을 보면 매우 빠르게 포대 설치 작업이 진행된 것으로 보인다. 이후에도 포대 증설이 계속됐을 것이다. 그런데 모든 포혈마다 바로 대포를 갖춘 것은 아니었다.

신헌이 1874년부터 강화에 건설한 포혈은 대략 170~180혈에 달했다. 하지만 포혈에 설치한 대포는 50여 위位에 불과했다. 신헌은 부족한 150위의 대포 제조를 건의하고 있다. 이후 강화도 포대에 설치된 대포가 늘어났겠지만, 어느 정도까지 갖추게 됐는지는 정확히 파악하기 어렵다.

신미양요를 경험한 신헌이 손돌목을 중심으로 강화 해안과 김포 해안에 포대를 집중적으로 배치한 것은 이곳이 뚫리면 서울로 향하는 적선을 막을 수 없다고 판단했기 때문이다. 그렇다면 낮은 해안가에 바짝 붙여 포대를 설치한 이유는 무엇인가. 당시 조선 대포의 약점을 보완하기 위함이다. 짧은 사정거리 때문으로 짐작하게 되지만, 대포의 발사 각도가 더 중요하고 현실적인 문제였다. 높은 지대에서 포를 쏘면 병자호란 때처럼 노를 저어 상륙해 들어오는 적을 막는데 이롭다. 하지만 미 군함 같은 빠른 배가 한강 쪽으로 올라가는 걸 맞추기엔 역부족이다.

높은 지형에 설치된 돈대에서 포를 쏘면 포탄이 '∩' 자 형태로 떨어진다. 적의 배를 침몰시킬 수 없다. 잘해야 갑판에 떨어질 뿐이다. 적의 배 옆구리를 맞춰 침몰시키려면 포신을 낮추어 아래쪽을 향해 쏘아야 하는데 그게 어렵다. 당시의 대포는 포신에 직접 화약과 포환을 장전하는 방식이었기에 아래로 향해 쏠 경우 포환이 흘러내리는 문제점이 있던 것이다.[164] 따라서 최대한 낮은 지형에 포를 설치하고 '↗' 모습이 아닌, '↘'도 아닌 '→'식의 사격을 하기 위함이었다.

운요호사건과 강화도조약

1844년(헌종 10), 미국이 청나라와 통상조약을 체결했다. 이제 태평양을 건너 중국까지 가려면 중간 기착지가 필요하다. 미국이 일본에 관심을 갖게 된 이유다. 1854년(철종 5), 미국은 포함외교의 방법으로 일본과 미일화친조약을 체결하여 일본을 개항시켰다. 이때까지도 일본은 에도 막부 시대였다.

문호 개방에 비판적인 반反 막부 세력은 1867년(고종 4)에 존왕양이론尊王攘夷論을 명분으로 쿠데타를 일으키고 왕정복고를 선언했다. 이에 막부 세력과 내전이 벌어졌다. 쿠데타 세력은 힘주어 외치던 '양이攘夷'를 바로 포기하고 서양 세력과의 화친을 선언했다. 1869년 쿠데타 세력(천황파)은 막부체제를 무너트리고 왕정복고를 이루었다. 메이지 정부의 탄생이다. 메이지 정부는 폐번치현을 단행하면서 중앙집권체제를 강화하고 개혁을 밀어붙였다. 불만 세력이 점점 더 늘어나고 있었다.

한편 일본은 오랜 기간의 막부체제를 끝내고 '천황' 중심의 새로운 나라가 됐음을 알리는 외교문서를 조선에 보냈다. 조선 측은 일본의 외교문서 접수를 거부했고 이후에도 조선의 반복된 거절로 인해 서로의 반감이 깊어졌다. 조선이 일본의 외교문서 접수를 거부한 것은 몇 백 년 동안 지속되던 외교문서의 틀이 기겁할 정도로 바뀌었기 때문이다.

일본의 외교문서에 '황상皇上'·'봉칙奉勅' 등의 용어가 들어 있었던 것이다. 당시 조선의 상식으로는, '황상'이나 '봉칙' 같은, 청나라 황제나 쓸 수 있는 용어가 들어간 일본의 외교문서를 받을 수 없었다. 일본은 조선과의 외교를 거의 전담하던 대마도주 대신 중앙정부가 직접 나서 교섭을 시도했다. 그러나 소용없었다. 오랜 세월 조선은 일본을 한 수 아래의 나라로 여겨왔다. 그런 일본이 자기네 왕과 청나라 황제를 동격으로 설정하고 작성한 외교문서에 조선은 몹시 불편해했다.

이런 와중에 일본에서 조선을 정벌하자는 정한론征韓論이 일어났다. 메이지유신에 불만을 품은 세력의 관심을 나라 밖 조선으로 돌리려는 술책이었다. 생각해보니 임진왜란도 그랬다. 일본이 조선을 침략한 이유 가운데 하나도 국내 불만 세력을 조선으로 돌리려는 것이었다. 도요토미 히데요시는, 전국시대 통일로 지위가 하락한 사무라이 계층의 정권에 대한 불만을 조선으로 돌리려고, 정권 안정을 위해서 임진왜란을 일으켰었다.

정한론을 놓고 일본 정계는 찬성파와 반대파로 분열·대립했다. 그리고 반대파가 승리하여 정권을 장악했다. 반대파의 논리는 "조선을 쳐서는 안 된다"가 아니라 "아직은 시기상조다"였다. 조선을 얕보고 함부로 군사를 일으켰다가 실패하면 세상 사람들에게 망신만 당할 것이다. 조선은 최근 여러 차례 외국과 접전했고 군사개혁도 이루었다. 그러니 우선 내정을 정비하고 국력을 더 키우자라는 논리를 폈다. 핵심인물들 안에 이토 히로부미가 있었다.

대원군은 강경했다. 신미양요를 겪고 나서 일본도 서양 오랑캐와 다를 바 없다는 왜양일체倭洋一體라는 주장을 펼쳤다. 그런데 최익현의 탄핵 상소가 계기가 되어 1873년(고종 10) 말에 권좌에서 밀려났다. 이제 고종의 친정이 시작됐다. 대원군 하야 직전, 일본 관료 사이고 다카모리는 조선에 사절을 파견하여 교섭하되, 교섭이 결렬될 경우 곧바로 개전할 것을 주장했다. 그는 만약 파견된 사절이 조선에서 '폭살'이라도 당한다면 천하의 인심이 이에 집중하여 유신정부에 대한 국내 사족과 농민의 반감을 밖으로 돌릴 호기가 될 것이라고 했다.[165] 자기네 사절을 조선에서 죽여주기를 바라는 속내가 읽힌다.

1875년(고종 12) 당시 조선 조정에는 일본과의 관계 개선을 모색하는 사람들이 꽤 있었다. 고종도 그러했다. 하지만 여전히 대세는 일본의 외교문서를 받을 수 없다는 쪽이었다. 조선과의 협상이 실패로 끝나자 일본 대표 모리야마 시게루와 히로츠 노부히로는 본국에 다음과 같은 내용의 보고서를 제출했다.

지금 조선 조정은 재기를 꿈꾸는 대원군 세력과 이를 막으려는 세력이 서로 다투고 있다. 만약에 대원군이 득세하여 쇄국을 강화하게 되면 우리 일본도 힘들어진다. 아직 쇄국파가 힘을 되찾지 못하고 있는 이때, 우리가 약간의 힘만 과시한다면 목적을 이루기 쉬울 것이다. 그러니 군함 한두 척을 급파하여 쓰시마와 조선 사이를 드나들게 하며 해로를 측량하고, 사신을 보내 적당히 위협하면 우리의 권리를 얻을 수 있는 방향으로 국교를 체결할 수 있을 것이다. 사전에 조선의 바다를 측량해 두는 것은 나중에 일이 있건 없건 우리에게 꼭 필요한 일이다. 우리의 힘을 저들에게 행사할 수 있는 절호의 시기는 바로 지금이다.

이에 일본 정부는 군함 파견을 결정했다. 1875년 4월 20일 운요호[雲揚號]가 부산에 왔고, 며칠 뒤 제2테이묘호[第二丁卯號]가 합류했다. 부산 동래부의 관리가 항의했으나, 오히려 군사훈련을 핑계로 함포 사격을 해서 지역

주민들을 불안하게 만들었다. 조선 조정이 대책회의를 열었지만, 갑론을박 결론이 나오지 않았다. "신중하게 결정할 일인데, 나는 부족한 사람인지라 어떤 결정을 해야 할지 모르겠으니, 임금께서 결단하는 대로 따르겠다"는 식으로 말하는 신하들도 있었다. 무책임한 발언이지만, 어찌 보면 솔직한 의견이기도 하다. 이런 와중에 운요호사건이 터진다.

운요호 함장 이노우에 요시카가가 작성한 보고서에 의하면 운요호사건은 이렇게 전개되었다. "1875년 8월 22일(양력 9월 21일), 중국 랴오둥 뉴좡변[牛莊邊]으로 가던 운요호가 식수를 구하기 위해 강화도 초지진 앞(현재 황산도)에 닻을 내리고 보트[端艇]에 15명을 승선시켜 국기를 달고 초지진 쪽으로 접안했을 때 공격을 받았다. 이에 국기를 여럿 단 본함이 나서서 반격을 가하고, 오후에는 영종도로 상륙하여 수십 명을 죽이고 노획물도 30여 점 거두어 본함으로 돌아와 귀환길에 올랐다."

운요호는 황산도까지 올라왔고, 작은 배를 초지진으로 보내 포격을 유도했다. 이노우에 함장은 강화도로 향하기 전에 절친한 이들에게 이렇게 은밀히 말했다고 한다. "그들이(조선) 만일 발포를 한다면 다행이다."[166] 초지진의 포격에 일본군은 피해를 보지 않았다. 그럼에도 운요호는 초지진을 포격한 후 그대로 내려가 영종도에 상륙해 몹쓸 짓을 하고 갔다. 이 모든 일이 8월 22일 하루에 벌어졌다. 물론 중국으로 가는 도중 마실 물을 구하려고 강화도에 오게 됐다는 말은 거짓말이다. 그런데 좀 이상한 부분이 있다. 왜 일본군은 초지진에 포격만 하고 상륙 시도조차 하지 않았을까. 영종도가 아닌 강화도에 상륙했어야 하는 게 아닌가.

이 운요호사건 공식 보고서의 내용은 사실이 아니다. 원래의 보고서를 숨기고 허위로 새로운 보고서를 만들어 세상에 알린 것이다. 진실이 담겨 있는 첫 보고서 내용은 이러했다.

초지진

보트를 탄 무장병 14명은 정찰 목적으로 초지진과 주위 2개 포대 진영을 오가던 중, 초지진 앞에서 공격을 받았다. 이에 즉각 응사했지만, 포대 측의 공격이 맹렬하여 소총 14~15정으로는 싸우기가 어렵고 빠른 조류로 상륙도 불가능하여 30분간의 교전 뒤에 사격을 멈추고 본함으로 돌아왔다.
이튿날(9월 21일) 새벽 4시에 전원 기상하여 증기관을 점화하고 8시에 출동하였다. 어제 겪은 곤욕을 그대로 두는 것은 국욕이므로 전의를 다지고 10시 28분부터 포대에 접근한 다음 10시 42분부터 포격을 개시하여 12시 40분까지 1시간 58분간 싸웠다. 이 전투에서 조류가 빠르고 갯벌이 깔려 있었으며 또 포대로부터의 포격이 맹렬하여 육전은 도저히 불가능했다. 점심을 먹고 오후 2시 40분에 인적이 없어 보이는 제2포대로 상륙하여 불을 지르고 6시 5분에 철수한 다음 7시 33분 응도 앞 원양으로 나와 정박했다.
셋째 날(9월 22일) 새벽 5시에 기상하여 55분에 닻을 올리고 영종성으로 향하여 7시 18분부터 제1포대를 공격하였다. 7시 39분 성곽 정면에 닻을 내리고 무장병 22명이 상륙을 시도하였는데, 갯벌이 얕아 상륙에 성공하였다. 기습전으로 성문을 돌파하여 35명을 사살하였다. 군민 500여 명이 토성 쪽으로 도주하여 대포 36문 등 노획물을 거둔 다음 10시 30분 본선으로 돌아왔다.[167]

운요호사건은 8월 22일(양력 9월 21일) 하루 동안의 사건이 아니다. 8월 21일부터 23일까지 사흘간 지속된 사건이었다. 8월 21일, 작은 보트로 초지진 상륙을 시도했으나 초지진 수비군의 공격에 눌려 포기하고 운요호로 도망했다. 다음 날(8월 22일) 아침 운요호가 직접 올라와 초지진을 포격하며 상륙을 시도했으나, 거의 두 시간이나 덤벼들었으나, 초지진 수비군의 반격이 워낙 강해 실패하고 말았다. 갯벌 드러난 해안 지형도 상륙에 불리했다. 연이틀의 공격이 무위로 끝나자 운요호는 결국 후퇴할 수밖에 없었다. 사흘째 되는 날(8월 23일), 그냥 가기에는 자존심이 상했던지 애꿎은 영종도에 상륙해 분풀이하고 떠났다.

신미양요 당시의 초지진이 아니었다. 신헌은 신미양요 때 초지진이 쉽게 점령되는 바람에 덕진진과 광성보도 무너졌다고 봤다. 그래서 초지진 병력 증강과 함께 방어시설도 강화했다. 토성을 높이 쌓았고, 성 아래 참호를 깊고 넓게 파서 물을 가두어 일종의 해자를 만들었다.[168] 해안에 포대를 새로 세워 방어시설을 갖췄다. 덕분에 일본군의 침략을 막아낼 수 있었다.

운요호 함장의 첫 보고서에는 중국 뉴좡[牛莊](랴오닝성에 있는 항구)으로 가던 길이었다는 내용이 없다. 물이 필요했다는 말도, 국기를 달았다는 기록도 없다. 국기를 달고 와서 정말 물을 구하는 외국 배를 공격했다면 이는 조선의 잘못이 될 수 있다. 국제법 위반이기도 하다. 일본 정부는, 운요호사건이 조선의 잘못임을 강조하려는 흉계로, 운요호 함장 이노우에 요시카가로 하여금 보고서를 재작성하게 했던 것이다. 이것이 운요호사건의 전말이다.

일본 정부는 이렇게 변조한 보고서를 외국에 알렸다. 일본에 속은 영국·프랑스 등 서양 여러 나라는 조선을 국제법도 모르는 야만국으로 인식하고, 야만국을 깨우쳐주려는 일본의 '노력'을 지지하게 되었다.

운요호사건(1875)은 일본이 강화도조약(1876)을 체결하기 위한 예비 도발로 말해진다. 운요호사건 당시에는 조선에 대해 개항을 요구하려는 계획이 없었고, 다만 위협만 하고 철수하는 것이 목적이었다고들 여긴다. 하지만 아닐 것이다. 운요호 출동 자체가 곧 조선 개항을 목적으로 했을 수 있다. 만약 그 당시 초지진이 일본군에게 함락됐다면, 이후 운요호에 일본기를 내걸고, 처음부터 국기를 게양했던 것처럼 꾸몄을 것이다. 그리고 조선 측의 불법 발포에 대한 대가를 요구하는 형식으로 어떤 방법으로든 협상을 요구했을 것이다.[169] 일본 배가 자국 국기를 달고 있지 않았음은 강화도조약 협상 과정 중, 두 나라 대표의 대화에서도 확인된다.

1월 17일(양력 2. 11)
"우리 선박 운요함이 작년에 뉴좡으로 향하던 중에 귀국 경내를 통과하다가 귀국인의 포격을 받았으니 교린의 우의가 어디에 있는가?"
"타국 경내에 들어올 때 금지하는 바를 묻는 것은 예경에 적혀있는 바다. 그런데 지난 가을에 온 선박은 애초에 어느 나라 배가 무슨 일 때문에 왔다는 사유를 먼저 통지하지 않고 곧장 방수(防守)하는 곳으로 진입했으니, 변방 수비병의 발포 또한 부득이한 일이었다."
"운요함이 귀 경내를 지나다가 포격을 받을 당시 세 개의 돛에 모두 국기를 세워서 우리 선박임을 표시했는데 어째서 알지 못했다고 하는가?"

"당시 선박의 깃발은 바로 황기黃旗였으니, 이를 가지고 다른 나라 선박으로 인식했기 때문이다."[170]

일본 대표는 운요호가 뉴좡으로 가던 중이라고 거짓말을 했다. 일본 국기를 달고 있었다는 말도 역시 거짓말이다. 이 대화에서 당시 일본 선박이 국기가 아닌 황색기를 달고 있었음을 확인할 수 있다. 황색기는 경계 상황 발생 시 자기편에게 위험을 알리는 신호라고 한다.[171]

운요호사건은 일본의 완벽한 실패였다. 그러나 일본은 운요호사건을 성공의 발판으로 이용했다. 목말라 물을 구하러 초지진에 갔다가 물 대신 포격 세례를 받은 불쌍한 처지라고 외국에 호소하는 간교를 부렸다. 그래서 서양 열강의 '측은지심'을 끌어낸 후 운요호사건의 책임을 묻겠다며 강화도로 향한다. 페리 제독에 의해 개항했던 자기네 경험에 더해서 미국에서 간행된 『페리의 일본원정소사日本遠征小史』를 구해 읽으며 위협 요령과 담판의 구체적인 방법을 준비하고 오는 길이다.[172]

조선 조정은 회담을 하더라도, 강화도에서는 하지 말 것, "통진·인천·남양의 세 읍 사이에 저들의 선박이 정박한 곳"에서 할 것을 조선 대표에게 지시했다. 일본인들이 강화 땅에 발을 들여놓는 것 자체를 막으라는 의도였다. 하지만 조선 협상단이 조처하기 전에 일본군이 강화도로 무단 진입해버려 강화도 지역에서 회담이 이루어졌다.

강화도조약 체결 일본 측 대표는 구로다 키요타카[黑田淸隆]로 정식 직함이 전권변리대신全權辨理大臣이다. 변리辨理란 '일을 맡아 처리함'이라는 뜻이지만, 여기서는 '옳고 그름을 따져 알아본다'는 정도의 의미로 쓰였다. 도대체 무엇을 따져 보겠다는 소리인가? 조선의 외교문서 접수 거부 문제

강화도조약 당시의 갑곶 외성

와 운요호사건이다. 어떤 조약을 맺겠다는 의미는 전혀 없다. 의도적으로 보인다.

조선의 대표는 신헌申櫶(1810~1884)[173]이다. 공식 직함은 접견대관이다. 접견接見은 '신분이 높은 사람이 공식적으로 찾아온 사람을 만남'이라는 뜻이다. 그냥 일본에서 사람들이 오니 무슨 말을 하는지 만나보겠다는 정도의 의미다. 역시 조약 체결과는 아무런 관련이 없는 직함이다. 조선은 일본이 '근대적' 조약 체결을 요구할 것으로 생각하지 못했다.

1월 18일 2차 회담에서 구로다가 신헌에게 13개 항목의 '수호조규修好條規'를 내밀었다. 물론 일본 정부 차원에서 치밀하게 준비한 것이다. 신헌이 무슨 내용인가 물으니 구로다는 지방에 개관開館해서 함께 통상하는 것이라고 했다. 이에 신헌은 조선과 일본은 300년 동안 통상하는데, 따로 조약을 요청하는 것을 이해할 수 없다고 답했다.

강화도조약 체결과정[174]

날짜				내용
음력		양력		
1875	11. 12	1875	12. 19	일본, 구로다 키요타카를 특명전권변리대신으로 임명함.
1875	12. 20	1876	1. 16	구로다 일행이 총 6척의 배 거느리고 부산항에 들어옴.
1876	1. 5		1. 30	조선, 판중추부사 신헌을 접견대관으로 임명함.
	1. 7		2. 1	조선 접견단이 강화부에 들어옴. 이아(貳衙, 판관의 집무처)를 처소로 정함.
	1. 11		2. 5	일본 선발대 24명 갑곶진을 통해 강화부에 들어옴.
	1. 14		2. 8	일본군 120명이 강화부에 들어옴.
	1. 15		2. 9	일본군 100여 명 강화부에 들어옴. 대포 두 대와 포탄·화약 등을 싣고 왔음.
	1. 16		2. 10	구로다 약 400명의 병력을 데리고 강화부에 들어옴. 진무영(鎭撫營) 중영(中營)을 처소로 삼음.
	1. 17		2. 11	서문 안 연무당(鍊武堂)에서 제1차 회담이 열림.
	1. 18		2. 12	진무영 집사청(執事廳)에서 제2차 회담이 열림.
	1. 19		2. 13	진무영 집사청에서 제3차 회담이 열림.
	2. 3		2. 27	연무당에서 강화도조약을 체결함. 구로다 강화부를 떠남.
	2. 4		2. 28	일본 잔류 인원이 강화부를 떠남.
	2. 5		2. 29	조선 접견단이 강화부를 떠남.

 이는 당시 누구라도 이해할 수 없었을 것이다. 개화에 대한 인식이 누구보다 앞섰던 인물로 신헌을 보좌하여 일본과 접촉했던 강위(1820~1884)조차도 "한 가지 괴이한 것은 저 나라에서 우리나라와 통상한 후에 무슨 이득이 있어서 수고와 비용을 아끼지 않고 이렇게 거창한 일을 시행했는가라는 점이다"라며 조약을 강권한 일본을 이상하게 여기고 있었기 때문이다.

일본이 제시한 조약문 초안은 신헌에 의해 조정에 전해졌고, 조정에서는 대책 회의가 이어지고, 그렇게 밀고 당기는 협상이 계속됐다. 일본은 대포를 쏘아대며 위협적인 분위기를 연출하고, 조약이 체결되지 않으면 대병력으로 쳐들어올 것이라는 공갈도 하면서 조선을 겁박했다. 협상이 자신들의 의도대로 풀려나가지 않자 대표 구로다가 강화부를 떠나 정박지인 황산도로 가버리는 생떼를 부리기도 했다.

그렇다고 조선이 '쫄아서' 일본의 요구대로 "예예" 하며 끌려 다닌 것은 아니다. 조선은 일본이 제시한 조약문 가운데 수용할 수 있는 것은 수용하고 수용할 수 없는 것은 거부하며 협상을 진행했다. 다만, 명분·형식·체면을 더 중시하는 태도를 보인 것이 아쉽다. 조선은 숲은 거의 보지 못한 채 이것은 되고, 저것은 안 되고 라는 식의 대응밖에 하지 못했다.

1876년(고종 13) 2월 3일(양력 2월 27일) 강화 연무당에서 조약이 체결됐다. 강화도조약·병자수호조약 등으로 불리게 되는 조약이다. 조선 처음의 근대적 조약이며 불평등조약이었다. 모두 12항으로 구성됐는데, 그 내용은 다음과 같다.

조일수호조규 朝日修好條規

전문 | 대일본국과 대조선국은 평소 우의를 두터이 하여온 지가 여러 해 되었으나 지금 두 나라의 우의가 미흡한 것을 고려하여 다시 옛날의 좋은 관계를 회복하여 친목을 공고히 한다. 그러므로 일본국 정부에서는 특명전권변리대신 육군중장 겸 참의 개척장관 구로다 키요타카와 특명부전권변리대신 의관 이노우에 카오루를 조선국 강화부에 나아가게 하고 조선국 정부에서는 판중추부사 신헌과 부총관 윤자승에게 유지諭旨를 받들어 조관을 의논하여 세우게 한 것이다. 아래에 열거한다.

애초 일본이 작성하여 체결을 요구했던 초안에는 '대일본국 황제 폐하'와 '조선국왕 전하'라는 호칭이 있었다. 그러나 조선의 요구로 삭제되었다. 일본도 이 부분을 조선이 절대 수용하지 않을 것임을 짐작했을 것이다. 폐하와 전하라는 차별적 왕호를 쓴 것은 삭제 조건으로 다른 조항의 협의를 이끌어 내려는 일본의 술책으로 추정된다.

제1관 | 조선국은 자주국[自主之邦]으로서 일본국과 평등한 권리를 보유한다. 이제부터 양국은 화친한 사실을 표시하려면 모름지기 서로 동등한 예의로 대우하여야 하고 조금이라도 상대방의 권리를 침범하거나 의심하지 말아야 한다. 우선 이전부터 사귀어 온 정의를 손상할 우려가 있는 여러 가지 규례들을 일체 없애고 되도록 너그러우며 융통성 있는 규정을 만들어서 영원히 서로 평안할 것을 기약한다.

조선을 자주 국가로 공포한 것은 청의 간섭을 배제하려는 일본의 속뜻이 반영된 것으로 해석된다. 1874년 프랑스는 베트남과 조약을 체결하면서 베트남이 독립국가임을 명시했다. 베트남에 대한 청의 영향력 행사를 막으려는 조치였다. 일본은 프랑스의 사례를 조선에 적용한 것이다.[175]

제2관 | 일본국 정부는 지금부터 15개월 뒤에 수시로 조선국 서울에 사신을 파견하여 예조판서를 직접 만나 교제 사무를 상의할 수 있다. 해당 사신이 주재하는 기간은 다 그때의 형편에 맞게 정한다. 조선국 정부도 또한 수시로 사신을 파견하여 일본국 동경에 가서 직접 외무경外務卿을 만나 교제 사무를 상의할 수 있다. 해당 조선국 사신이 주재하는 기간도 역시 그때의 형편에 맞게 정한다.

초안의 병권대신秉權大臣이 예조판서로, 외무성 귀관이 외무경으로 바뀌었다. 일본 우위의 외교관계를 평등하게 고친 것이다. 초안을 지금식으로 말하면, 일본 관리가 한국에 오면 무조건 국무총리가 만나줘야 하고, 한국 관리가 일본에 가면 총리는커녕 외무성 장관도 만날 수 없고, 그냥 해당 실무자만 만날 수 있다는 얘기다. 이를 양국의 외무부장관(조선은 예조판서, 일본은 외무경)이 만나주는 것으로 격을 맞춘 것이다.

제3관 | 이제부터 두 나라 사이에 오가는 공문은, 일본은 그 국문을 사용하되 지금부터 10년 동안 별도로 한문으로 번역한 것 1본을 첨부하며 조선은 진문眞文을 사용한다.

초안은 "이제부터 두 나라 사이에 오가는 공문은, 일본국은 그 국문을 사용하고 조선국은 진문眞文을 사용한다"였다. 조선의 요구로 한문 번역본 첨부 규정이 삽입되었다. 진문은 한글이 아니고 한문이다. 일본의 국문은 일본어를 말한다. 예민한 문제에 양국이 한문 번역에 이견을 보일 때 일본은 일본어 문서를 중심으로 일을 처리할 것이다. 한문 번역본이 사라지는 10년 후가 되면 더 심각한 문제가 발생할 소지가 있다.

제4관 | 조선국 부산 초량항에는 이미 오래전부터 일본 공관이 세워져 있어 양국 백성의 통상 구역이 되었으나 이제부터는 종전의 관례와 세견선 등의 일은 없애버리고 새로 만든 조약에 따라 무역 사무를 처리한다. 조선국 정부는 제5관에 기재된 2개 항구를 별도로 개항하여 일본국 백성이 오가며 통상하는 것을 허락한다. 해당 토지에 집을 짓거나 그 지역 백성의 집을 임대해서 거주하는 것은 각각 그 편의에 따른다.

초량항 왜관을 '공관'으로 기록했다. 조선은 왜관과 공관의 차이를 정확히 알지 못했던 것 같다. 왜관은 조선의 지원 그리고 규제와 통제 안에 있던 공간이다. 그러나 공관은 치외법권을 가진 외교사절의 거주 지역으로 거주국 즉 조선의 주권이 미치지 않는 지역이다.

제5관 | 경기·충청·전라·경상·함경 5도의 연해에서 통상하기 편리한 항구 두 곳을 골라서 지명을 지정한다. 개항 시기는 일본력으로 명치 9년 2월, 조선력으로 병자년 2월부터 계산하여 모두 20개월 후로 한다.

초안에서 일본은 함경도 영흥부 해구海口를 개항장으로 지목하고 그 외 한 곳을 추가로 개항할 것을 요구했다. 조선의 반대로 특정 지역을 정하지 않고, 5도의 연안 중 두 곳을 정해 나중에 개항하기로 했다. 조선이 영흥부 개항을 거부한 것은 태조 이성계가 영흥 출신이기 때문이다. 영흥에 태조 어진을 모신 원묘原廟가 있고, 인근에는 추존된 태조 조상들의 왕릉이 있다. 제5관에 따라 기존의 부산 외에 원산(1879. 7)과 인천(1883. 8)이 추가로 개항된다. 조약 내용보다 한참 뒤에 개항한 것은 조선의 반발이 그만큼 강했기 때문이다.[176]

제6관 | 이제부터 일본국의 배가 조선국 연해에서 큰 바람을 만나거나 연료와 식량이 떨어져서 목적지까지 갈 수 없을 때는 어느 곳이든 연안 항구에 들어가서 풍파의 위험을 피하고 결손을 보충하며, 배를 수리하고 땔감과 연료 등을 구매할 수 있다. 비용은 선주가 지급하되 그 지방관과 백성도 일본인의 곤경을 헤아려 진심으로 돌봐주고 필요한 물품을 보급함에 인색해서는 안 된다. 혹시 양국의 배가 바다에서 파괴되어 배에 탔던 사람들이 표

류하게 되면 그들이 가닿은 지역 주민들이 즉시 구조하여 생명을 건져주고 해당 지방관에게 보고한다. 해당 지방관은 이들을 본국으로 호송해주거나 그 근방에 체류하는 본국 관리에게 인도한다.

제7관 | 조선국 연해의 섬과 암초를 자세히 조사한 것이 없어 극히 위험하다. 따라서 일본국 항해자의 자유로운 해안 측량을 허락해서 그 위치와 수심을 조사한 후 도지圖誌를 제작해서 양국 선객이 위험한 곳을 피해 편안히 항해할 수 있게 한다.

제6관에서 일본의 배는 공식적인 개항장 외에 조선의 어느 해안이든 상륙할 수 있게 되었다. 제7관의 '일본국 항해자'는 사실상 일본 군함이다. 이 조약에 근거해서 일본 군함은 1877~1879년, 수시로 조선 동해안과 서해안을 측량했다. 측량 결과로 작성된 탐사 지도는 전투에 바로 활용할 수 있는 해도가 되었다.[177]

제8관 | 이제부터 일본국 정부는 조선국의 지정된 각 항구에 시의에 따라 일본 상인을 관리하는 관을 설치하고, 양국에 관계되는 안건이 생기면 소재지의 지방관과 상의하여 처리한다.

제9관 | 양국이 우호관계를 맺은 이상 피차 백성들은 각기 마음대로 무역한다. 양국 관리는 조금도 간섭할 수 없고 또 제한하거나 금지할 수도 없다. 만일 양국 상인들이 거짓으로 물품을 판매하거나 채무를 갚지 않는 등의 일이 발생하면 양국 관리들이 빚진 상인을 엄히 잡아서 빚을 갚게 한다. 단, 양국 정부는 그것을 대리 변상할 수 없다.

제10관 | 일본국 사람이 조선국의 지정 항구에서 조선국 사람과 관계된 죄를 범하면 모두 일본 관리가 심의하여 처단하게 하고, 조선국 사람이 일본국 사람과 관계된 죄를 범하면 똑같이 조선 관리가 조사하여 처리하게 한다. 각자 그 국률國律에 따라 조사하고 판결하되 추호도 은폐나 비호가 없게 함으로써 공평하고 정당하게 처리하도록 노력한다.

치외법권治外法權을 인정한 것이다. 쌍방 의무인 것으로 규정했으나, 당시는 조선인 상인이 일본에 건너가 활발한 무역활동을 벌일 상황이 못 됐다. 이제 조선은 개항지에서 활동하는 일본 상인을 통제할 법적 근거를 잃었고, 더해서 일본 상인들이 조선 땅에서 범죄를 저질러도 처벌은커녕, 체포하여 조사할 수도 없게 됐다.

제11관 | 양국이 이미 통호했으니 반드시 따로 통상장정을 체결하여 양국 상민의 편리를 도모한다. 아울러 지금 상의하여 작성한 각 조관 가운데 다시 보충해야 할 세칙은 조목에 따라 지금부터 6개월 이내에 양국에서 별도로 위원을 임명하여 조선국의 서울이나 강화부에서 만나 상의하여 결정한다.

이에 따라 일본은 1876년 7월, 이사관 미야모토를 파견하여 「조일수호조규부록」과 「조일무역장정」을 체결했다. 「조일수호조규」에 「조일수호조규부록」과 「조일무역장정」까지 합해서 '강화도조약'이라고 보는 것이 일반적이다.

제12관 | 앞에서 의정한 11개 관의 조약은 이날부터 양국이 성실히 준수하고 시행한다. 양국 정부는 다시 이를 변혁할 수 없으며 영원히 성실하게 준

수함으로써 우의를 두텁게 한다. 이를 위하여 조약서 2본을 작성해서 양국의 위임대신이 각자 검인하고 교부해서 증거자료로 삼는다.

일본이 처음 제시한 조약안은 13개 항목이었다. 그런데 최종 발표된 조약은 12개 항목뿐이다. 조선의 거부로 1개 항목이 제외된 것이다. 그 내용은 "… 이후 타국이 조선국과 수호하고 화약和約을 의립할 때 만약 이 조약 내에 기재되지 않았는데 별도로 타국에 허락하는 조건이 있으면 일본국도 그 특전을 받아야 한다(초안 제12관)"는 것이었다.

조선이 일본에 (가), (나) 권리를 주었는데 나중에 다른 나라와 조약을 맺으면서 (가), (나), (다) 권리를 인정한다면 자동으로 일본도 (다) 권리를 갖는다는 의미다. 최혜국대우 조항으로 조선에 독소가 되는 내용이다. 이에 조선은 일본 외에 그 어떤 나라와도 이와 같은 조약을 체결할 일이 없을 것이라며, 필요 없는 조항이니 삭제를 요구하여 관철했다.

강화도조약을 굴욕적이라고 여기는 이들이 적지 않다. 조선이 일본의 위협에 굴복해서 생각 없이 조약을 체결했다고 한다. 그래서 조선이 망하게 됐다고까지 말한다. 과연 그러한가? 대원군의 쇄국정책으로 개항이 늦어지는 바람에 나라가 망했다고 비판하면서, 개항을 결정한 강화도조약도 잘못이라고 손가락질하는 것은 아귀가 맞지 않는다. 쇄국도 잘못이고, 개항도 잘못이라는 말인가.

우리는 일본을 모든 면에서 조선보다 떨어지는 나라로 인식해왔다. 일본의 간청으로 통신사를 파견해서 조선의 고급문화를 가르쳐주었다고만 여긴다. 하지만 1876년 당시의 일본은 조선보다 앞서 있었다. 조선보다 먼저 개항했기 때문이 아니다. 이미 임진왜란 전부터 포르투갈 등 서양 세력과의 접촉을 통해 문화의 다양성을 확보했고, 네덜란드를 통해 서양의 의학기술과 무기 등 근대 문화를 꾸준히 수용하면서 근대국가로 성장할 수 있는 토대를 마련해 왔다. 세상 돌아가는 흐름도 어느 정도 파악하고 있었다. 인정해야 할 사실이다.

강화도조약이 분명 조선에 불리한 조약이었고, 일본의 강요가 작용한 것도 사실이지만, '굴욕적'이라고까지 말할 필요는 없다고 생각한다. 고종을 비롯해 조정대신들 가운데 개항을 주장하는 이들이 이미 존재하고 있었다. 개항 준비가 되어 있지는 않았으나 개항의 필요성을 생각하는 사람들이 있었기에 일본과의 협상에 응했던 것이다. 조선이 망한 것은 강화도조약 때문이 아니라 개항 이후 지배세력의 대처 과정이 슬기롭지 못했기 때문이라고 보는 것이 이치에 맞다. 불평등조약이 될 수밖에 없었던 이유 가운데 조선이 일본 개항장에 적극적으로 진출한 의사가 없었다는 점도 있다. 일본이 조선으로의 진출을 원했듯, 조선도 일본으로 진출할 의사가 있었다면 조약 내용이 상당히 변했을 것이다.

한편 일본의 지배세력은 강화도조약 체결 때부터 조선의 식민지화를 구상하고 있었을지 모른다. 그런데 조약체결 전후만 해도 일본인들의 여론은 그렇지 않았다. 당시 일본인들의 여론이 반영된 신문 보도에 의하면, "이 조약이 훗날 분란의 근본이 되어 조선 재류의 일본인은… 헛되이 혼을 조선 광야의 땅에 머무르게 할지도 모른다"라며 조선에 나가 있는 일본인이 죽임을 당할지 모른다는 우려를 하고 있다. 또한 조선을 자주국으로 인정한 제1관을 분석하며, "조선을 러시아에 줄 수 없다. 또 지나支那(중국)에 줄 수도 없다. 그렇다고 우리 또한 이를 빼앗아 확실히 지킬 수 없다. 다만 이를 독립시키는 일책一策이 있을 뿐이나. … 조선으로 하여금 속히 각국과 교통하여 영국과 프랑스가 러시아와 서로 제어하는 간에 그 독립을 유지케 해야 한다"라고도 말했다.[178]

운요호사건 때도 일본군의 행위를 비판하는 신문 기사가 있었다. "…
또 강화만에 배가 들어간 것은 조선 정부가 금지하는 일인데, 우리 측량선
이 멋대로 만 안으로 들어갔으므로 잘못이 우리에게 있다."[179] 지금 일본
에 이런 신문이 두어 개만 있어도 한일 양국의 관계 개선에 큰 힘이 될 텐
데, 아쉽다.

강화도조약을 맺은 장소인 연무당이 지금 어디인지 혼선을 빚고 있
다. 지금의 서문 안 연무당 옛터 자리가 아니라 강화읍사무소와 김상용순
의비각 사이에 있던 진무영에 연무당이 있었다는 의견이 꽤 있다. 나는, 알
려진 대로, 지금의 서문 안 연무당 옛터가 조약을 체결한 장소라고 믿는다.

혼선의 이유는 연무당鍊武堂·열무당閱武堂·신열무당新閱武堂·열무정閱武亭
처럼 비슷한 명칭들과 동교장東敎場 등 관련 명칭이 사료에 함께 등장하기
때문이다. 연무당과 열무당을 같은 것으로 볼 것인가, 다른 것으로 볼 것
인가도 문제가 된다. 결론부터 말하면, 연무당과 열무당은 다른 것이다.

『강도지』(1696)는 열무당이 곧 진무영鎭撫營이라고 설명했다. 열병식
등을 지휘하는 진무영의 중심 건물이 열무당일텐데, 그 열무당을 진무영
의 다른 이름으로도 불렀던 것이다. 『심도기행』(1906)도 마찬가지다. "진
무영은 종각의 서쪽에 있으니 즉 열무당이다. 숙종 갑자년(1684)에 유수
윤계가 짓고서 '열무閱武'라는 편액을 걸었다. … 진무사가 무과를 시험할
때에 머무는 곳이다"라고 했다.

『속수증보강도지』(1932)는 연무당을 "진무영 열무당의 조련장操練場"
이라고 했다. 진무영 소속 병사들의 훈련장이 바로 연무당이라는 애기다.
그런데 기존의 연무당이 너무 좁아서 고종 경오년(1870)에 서성 안[西城內]
에 새로 세우고 신열무당新閱武堂으로도 불렀다고 한다. 김윤식 유수 때 연
무당을 동소문東小門 밖으로 다시 옮겼는데 속칭 동교장東敎場이라고 했다는

강화도조약이 맺어진 연무당 옛터

내용도 『속수증보강도지』에 나온다.

이 명칭들을 다시 정리해보면 '진무영=열무당'이고 '서문 안 연무당=신열무당=동교장'이 된다. 동교장은 이 논의에서 제외해도 된다. 왜냐하면 동교장이 동소문 밖에 들어서는 게 김윤식 유수 때라고 했는데 김윤식이 강화유수가 되는 것은 강화도조약 이후인 1882년(고종 19)이기 때문이다.

강화도조약 체결 당시 연무당은 지금의 서문 안 그 터에 있었다. 연무당에는 연병장과 부속 건물들이 있었다. 강화도조약 체결과정을 보면, 회담 장소가 1차는 '서문 안 연무당[鍊武堂在西門內]'이고 2·3차는 진무영 집사청이었다. 조약을 체결한 조선 대표 신헌이 강화도에서 회담과정을 직접 기록한 『심행일기』에 나오는 내용이니 신뢰해도 좋을 것이다.

그런데 『심행일기』에 강화도조약을 최종적으로 체결한 장소를 '서문 안 연무당'이라고 쓰지 않고 '연무당'이라고만 썼다. 이 연무당도 서문 안 연무당으로 보는 것이 맞다. 1876년 2월 1일에 일본 측 실무자가 조선 실

초지진의 소나무

무자에게 조약을 맺을 장소를 물었다. 조선의 관리는 "지난번에 접견했던 서문 내 열무정閱武亭"에서 할 것이라고 답했다. 그리고 2월 3일에 강화도조약이 체결된 것이다. 여기서 말하는 열무정은 연무당 내에 있던 건물일 것이다. 연무당과 같은 의미로 쓰이기도 했을 것이다. 중요한 것은 '서문 내'라는 위치를 명확히 밝혔다는 점이다. 이곳이 지금 연무당 옛터다. '연무당 옛터'라고 새긴 돌비가 역사의 현장을 지키고 있다.

    나는 강화대교로 출퇴근을 한다. 그런데 가끔 늦은 퇴근길에 초지대교를 건너 텅 빈 초지진 마당에 앉았다 오곤 한다. 그러면 속이 시원해진다. 밤에는 찰랑거리는 바닷물 소리가 더 크게 들린다. 초지진의 소나무는 언제 보아도 당당하고 아름답다. 밤에는 더 웅장해 보인다. 소나무가 없는 초지진은 상상할 수 없다. 신미양요(1871)와 운요호사건(1875) 때 포 맞은 흔적이 소나무에 남아 있다고들 한다.

그럴 수도 있지만, 아닐 수도 있겠다. 140여 년 전 사건, 저 소나무 나이는 몇 살이나 됐을까? 그때도 저렇게 키가 크지는 않았을 텐데 아무려면 어떠랴. 다만 운요호사건 때 이곳을 지키던 병사들에게 감사할 따름이다. 신미양요 때처럼 포격 무서워 도망가지 않고, 악착같이 싸워 운요호를 쫓아버린 그 뜨거움을 기억하련다.

잘 계시오.

초지진이여, 그리고 소나무여.

에필로그

한 학급 63명. 강화국민학교의 졸업앨범을 꺼내 6학년 때 우리 반 학생 수를 세어봤습니다. 깜짝 놀랐습니다. 그렇게 많은 아이들과 함께 어떻게 한 교실에서 생활했었는지 신기합니다. 그때는 한 학년에 7반까지 있었는데 지금은 한 학년에 3학급, 학생 수도 20명 정도네요. 그동안 폐교된 학교도 한둘이 아닙니다. 10만 명이 훨씬 넘던 강화 인구가 지금은 6만 7,000명 정도로 줄었습니다. 젊은 사람들의 숫자가 너무 적습니다. 일자리가 부족하니 도시로 나갈 수밖에 없지요.

강화가 더 발전하고 인구가 늘어나고 학교도 지금보다 더 커졌으면 좋겠습니다. 멀쩡한 산을 깎아내기에 뭐하는 걸까 지켜보니, 펜션에 식당이 지어지고 있습니다. 이런 방법으로는 한계가 있습니다. 다른 지역이 갖추지 못한 다양한 문화재와 역사를 적극 활용한 문화 산업을 기대해 봅니다. 갯벌 등의 자연환경과 연결고리를 찾으면 더욱 풍성한 사업이 가능할 것입니다. 남북통일을 위한 징검다리로써의 역할도 경쟁력이 충분하다고 생각합니다. 강화만의 색깔이 선명하게 드러나게 될 때, 강화는 생동하게 될 것입니다.

여러 해 키운 '나무' 한 그루를 세상에 내놓습니다. 그리고 찬찬히 들여다봅니다. 열매가 제법 익어 보이는 것도 있고 설익은 것도 있습니다. 벌레 먹은 녀석도 있습니다. 한 해 정도 더 가꾸면 더 잘 익고 벌레 먹은 녀석들도 걸러질 테지만, 그만큼 쓸모없는 잔가지도 많아질 겁니다. 잔가지가 너무 많으면 보기 싫어집니다. 이제 멈추는 게 낫겠다는 생각을 했습니다. 때마침 이 '나무'를 품어줄 단비 같은 출판사를 만났습니다.

역사책은 대개 결점이 있기 마련입니다. 그 시대를 살아본 경험이 없기에 때로는 장님이 코끼리 더듬듯 하다가 오류를 범하기도 합니다. 이 책에서도 적지 않은 오류와 지은이의 억측이 스며있을 겁니다. 이상합니다. 공부를 하면 실력이 늘고 자신감이 붙어야 정상인데, 역사라는 학문은 공부할수록 더 자신이 없어집니다. 그래도 꾸준히 공부하면서 또 독자 여러분의 도움을 받으면서 책의 잘못을 찾아내고 바로 잡아가겠습니다.

저는 강화도의 역사 가운데 중요한 것으로 고려의 대몽항쟁과 조선 숙종 대의 강화도를 우선 꼽습니다. 수십 년간 세계 최강 군대 몽골에 맞서 싸웠던 고려인들의 활약, 그 구심점이던 강화도는 가슴을 뜨겁게 합니다. 우리가 장희빈의 남자 정도로 생각하는 숙종은 강화도를 국방문화재의 보고寶庫로 만든 인물입니다. 돈대뿐만 아니라 강화외성과 강화부성(강화산성)을 쌓게 한 이도 숙종입니다. 그로 인해 강화가 새롭게 태어났다고 해도 지나친 말이 아닙니다.

그런데도 고려의 대몽항쟁 과정과 숙종 전후의 강화도를 이 책에서 자세히 다루지 못했습니다. 다른 주제들과의 분량 안배 문제도 있고, 이미 각각의 책으로 출간하기도 해서입니다. 혹시 이 분야에 관심 있는 독자들께서는 『왜 몽골제국은 강화도를 치지 못했는가』와 『숙종, 강화를 품다』를 찾아 봐 주시면 고맙겠습니다.

제 깐에는 줄인다고 줄였지만, 책이 너무 두툼해졌습니다. 여백의 미를 제대로 살리지 못했습니다. 머리로만 읽는 책이 아니라 가끔은 마음을 살짝 흔드는 책을 쓰고 싶어 욕심을 부리다 보니 산만한 구성이 되기도 했습니다. 그럼에도 이 책을 선택하고 읽어주신 여러분께 감사할 따름입니다. 지금 제 앞에 계시다면 두 손 꼭 잡고 머리 숙여 고마움을 전하고 싶은데 그러지 못해 아쉽습니다. 그래도 마음만큼은 전해드리고 싶습니다. 고맙습니다.

미주

1장 역사 열리다

1 범선규, 「강화도의 해안선과 해안지형」, 『인천학연구』 3, 2004, 370쪽.
2 천화숙·정문상, 『한국사 인식의 기초』, 혜안, 2013, 22쪽.
3 박정근, 『박정근의 고고학 박물관』, 다른세상, 2002, 120쪽.
4 강동석, 「강화 북부지역 지석묘사회의 취락유형 연구」, 성균관대학교대학원 석사학위논문, 2002, 58쪽.
5 김석훈, 「강화도의 선사문화」, 『박물관지』 3, 2000, 96쪽.
6 인하대학교 박물관, 『강화 지역의 선사 유적·유물』, 2000, 47쪽.
7 우장문, 『경기지역의 고인돌 연구』, 학연문화사, 2007, 164~169쪽.
8 하문식, 「강화지역의 고인돌에 대하여」, 『숭실사학』 제19집, 2006, 35쪽.
9 이영문, 『고인돌 이야기』, 다지리, 2001, 40쪽.
10 우장문, 『경기지역의 고인돌 연구』, 학연문화사, 2007, 181~182쪽.
11 고려구조이엔지, 『정밀안전진단보고서-강화지석묘-』, 인천광역시 강화군, 2004, 151쪽.
12 우장문, 『경기지역의 고인돌 연구』, 학연문화사, 2007, 455쪽.
13 하문식, 「고조선 시기 고인돌의 축조 방법 연구(I)」, 『단군학연구』 제22호, 2010, 317쪽.
14 하문식, 「고조선 시기 고인돌의 축조 방법 연구(I)」, 『단군학연구』 제22호, 2010, 331쪽.
15 이승희, 「풍수지리 입장에서 본 고인돌 입지조건에 관한 연구-강화도 지역을 중심으로-」, 한양대학교대학원 석사학위논문, 2006, 76쪽.
16 하문식, 「고조선 시기 고인돌의 축조 방법 연구(I)」, 『단군학연구』 제22호, 2010, 328쪽.
17 우장문·김영창, 『세계유산 강화고인돌』, 고인돌사랑회, 2008, 68쪽.
18 청동은 구리 즉 동에 주석을 합금하여 만든다. 소량의 납이 들어가기도 했다. 그냥 동으로 제품을 만들지 않고 복잡한 합금과정을 거친 이유는 두 가지다. 첫째, 구리만으로는 어떤 물건을 만들어 쓰기가 곤란하다. 물렁해서 그렇다. 주석이 추가되어야 단단해진다. 그렇다고 주석을 너무 많이 넣으면 곤란하다. 쉽게 부서지고 마니까. 구리에 주석이 17~18% 정도 들어갔을 때 최고 강도의 청동이 만들어진다(김동환·배석, 『금속의 세계사』). 둘째, 구리를 쉽게 녹이려고 주석을 넣었다. 구리의 녹는점은 1,084.62℃이다. 주석은 231.93℃에서 녹는다. 동에 주석을 10% 첨가하면 994℃ 정도에서 녹게 되고, 20% 첨가하게 되면 대략 875℃에서 녹는다. 청동기시대 청동제품을 사용한 이는 극히 일부

지배층이었다. 워낙 귀한 것이라 일반인들은 쓸 수 없었다. 그래서 '청동기시대'라는 시대 구분에 이의를 제기하는 학자들도 있다. 그렇다면 철은 몇 도에서 녹을까? 1,538℃이다. 구리보다 500℃ 정도 더 높은 열이 필요하다. 철기시대가 청동기시대 뒤에 오는 이유다.

19 유태용, 『한국 지석묘 연구』, 주류성, 2003, 119~121쪽.
20 이영문, 『고인돌, 역사가 되다』, 학연문화사, 2014, 102쪽.
21 강동석, 「강화 북부지역 지석묘사회의 취락유형 연구」, 성균관대학교대학원 석사학위논문, 2002, 9쪽.
22 이형구, 「강화의 고인돌」, 『신편 강화사(중)』, 2003, 37쪽.
23 최흥렬 기자, 조선일보, 2014. 12. 13.
24 김성환, 「강화도 단군전승의 성격」, 『역사민속학』 제39호, 2012, 11쪽에서 재인용.
25 김윤우, 「摩尼山의 讀音에 관한 고찰」, 『기전문화연구』 20, 1991.
26 『세종실록』, 8년(1426) 2월 23일.
27 서영대, 「최석항의 '참성단 개축기'에 대하여」, 『박물관기요』 1, 1995, 69~70쪽.
28 서영대, 「참성단의 역사와 의의」, 『단군학연구』 19, 1995, 141쪽.
29 강화문화원, 『강화 보호수지』, 2003, 90~91쪽.
30 有摩利山[在府南, 山頂有塹星壇. 世傳, 檀君祭天壇], 傳燈山[一名三郞城, 世傳, 檀君使三子, 築之].
31 『고려사』, 세가, 원종 5년(1264) 6월.
32 『고려사』, 지, 우왕 5년(1379) 3월.
33 『고려사』, 열전, 경복흥.
34 복기대, 「강화도 참성단의 역사적 이해를 위한 시론」, 『고조선연구』 제4호, 2015, 188쪽.
35 강화군·강화문화원, 『강화금석문집』, 2006, 78쪽.
36 서영대, 「최석항의 '참성단 개축기'에 대하여」, 『박물관기요』 1, 1995, 66쪽.
37 서영대, 「참성단의 역사와 의의」, 『단군학연구』 19, 1995, 128쪽.
38 『신증동국여지승람』, 경기 강화도호부.
39 복기대, 「강화도 참성단의 역사적 이해를 위한 시론」, 『고조선연구』 제4호, 2015, 184~185쪽.
40 동아일보, 1934. 5. 6.
41 서영대, 「개천절과 강화도 참성단」, 『동아시아고대학』 제23집, 2010, 171쪽.
42 서영대, 「개천절과 강화도 참성단」, 『동아시아고대학』 제23집, 2010, 182~185쪽.
43 박창범, 「개천절 일자와 단군조선 개국년도 문제 고찰과 제언」, 『천문학논총』 제30권 제1호, 2015, 6쪽
44 박창범, 「개천절 일자와 단군조선 개국년도 문제 고찰과 제언」, 『천문학논총』 제30권 제1호, 2015, 6쪽.
45 정호일, 「한국의 전통사상과 문화에 담긴 소탈함」, 『문화재사랑』 130, 2015. 9, 6쪽.

46 신종원, 『삼국유사 새로 읽기(1)-기이편-』, 일지사, 2004, 19쪽에서 재인용.

47 신종원, 『삼국유사 새로 읽기(1)-기이편-』, 일지사, 2004, 53쪽에서 재인용.

48 고조선 건국년이 요임금 즉위년이라는 견해 말고도 요임금 25년 설과 요임금 50년 설이 여전히 존재한다. 무진년이 맞는가에 대한 의문도 여전할 수밖에 없다. 더구나 전설처럼 취급하기도 하는 중국 요임금이 즉위한 해도 명확하지 않다. 『사기』에는 요임금이 갑진년(기원전 2357년)에 즉위했다고 나온다. 중국 송대의 기록에 의하면 요임금의 즉위년도가 무진년(기원전 2333년)·무인년(기원전 2323년)·신묘년(기원전 2310년) 이렇게 세 가지로 말해진다. 그런데 서거정은 『동국통감』에서 "요가 선 것은 상원 갑자 갑진년이요, 단군이 서기는 그 후 25년째 되는 무진년인즉 요와 동시에 선 것이 아니다"라고 했다(권승안, 「고조선의 건국 연대에 대한 문헌적 고찰」). 서거정은 고조선 건국년을 무진년(기원전 2333년)으로 잡고 요 즉위년은 갑진년(기원전 2357년)으로 잡은 후 간지를 따져 단군왕검 1년을 요임금 25년으로 계산한 것이다. 지금은 대개 고조선 즉위년을 요임금 즉위 25년으로 본다.

49 권승안, 「고조선의 건국 연대에 대한 문헌적 고찰」, 『고조선·고구려·발해 발표논문집』, 고구려연구재단, 2005.

50 『삼국사기』, 고구려본기, 동천왕 21년.

51 『세종실록지리지』, 평안도 평양부.

52 『삼국사기』, 백제본기, 아신왕 2년(393).

53 『삼국사기』, 고구려본기, 광개토왕 1년(391).

54 『삼국사기』, 백제본기에는 고구려가 관미성을 차지한 해가 392년 10월로 나온다.

55 윤명철, 「강화지역의 해양방어체제 연구: 관미성 위치와 관련하여」, 『사학연구』 제58, 59호, 1999, 272~273쪽.

56 강화문화원, 『강도지명고』, 1992, 287쪽.

57 박종서, 「고구려 고국원왕-광개토대왕대 남진로 검토」, 『사학지』 제49집, 2014, 71~72쪽.

58 임홍빈, 「고구려 지명 '혈구군'의 '혈'에 대하여」, 『서울대학교인문논총』 제59집, 2008, 65쪽.

59 『심도기행(沁都紀行)』은 1906년에 고재형이 지은 강화도 기행시문집이다. 김형우와 강신엽이 번역하여 『역주 심도기행』이라는 이름으로 2008년에 출간됐다. 이 책의 출간을 계기로 '강화 나들길'이 열리게 되었다.

60 강화의 옛 모습을 기록한 일종의 읍지가 몇 권 알려져 있다. 이형상의 『강도지』(1696), 김노진의 『강화부지』(1783), 박헌용(또는 전훈)의 『속수증보강도지』(1932)다. 이밖에 1871년(고종 8) 이후에 편찬된 것으로 보이는 저자 미상의 또 다른 『강화부지』가 있다. 이 『강화부지』(1871년경)는 서울대학교 규장각(도서번호 12194)에 있는데, 아직 책으로 간행되지 않았다.

61 육군사관학교 육군박물관, 『강화군 군사유적 지표조사 보고서(성곽·봉수편)』, 2000, 182쪽.

62 조병로·김주홍·최진연, 『한국의 봉수』, 눈빛, 2003, 13쪽.

63 『성종실록』, 6년(1475) 5월 27일.

64 『정조실록』, 21년(1797) 6월 8일.
65 김주홍, 「경기지역의 봉수 연구」, 상명대학교 대학원 석사학위 논문, 2000, 34쪽.
66 조병로·김주홍·최진연, 『한국의 봉수』, 눈빛, 2003, 84쪽.
67 『중종실록』, 27년(1532) 9월 25일.
68 『선조실록』, 27년(1594) 1월 10일.
69 이존희, 「봉수제 운영의 실태와 문제점-조선시대를 중심으로-」, 『문화사학』 제11·12·13호, 1999, 784쪽.
70 『속수증보강도지』(1932)의 내용이다. 오련(五蓮)이 적련·청련·백련·흑련·황련이라고 했다. 그런데 다른 기록이 있다. 이형상은 『강도지』(1696)에 "중들이 전하기를, 고려산에 청(靑)·홍(紅)·벽(碧)·백(白)·자(紫) 다섯 연사(蓮寺)"가 있었다고 적었다. 흑(黑)과 황(黃) 대신 벽(碧)과 자(紫)를 들었다. 그에 의하면, 다섯 색깔 연꽃이 떨어진 곳에 세워졌던 절은 청련사·홍련사·벽련사·백련사·자련사가 되는 셈이다. 홍(紅)은 적(赤)과 같은 것으로 보면 될 것이다. 차이는 흑련·황련인가, 아니면 벽련·자련인가다. 한편 김노진은 『강화부지』(1783)에 한 연못에 핀 다섯 색깔 연꽃이 아니라, 다섯 개 연못에 각각 핀 다섯 색깔 연꽃을 따서 하늘에 날렸다고, 전하는 이야기를 기록했다.
71 김노진, 『강화부지』(1783), 성곽.
72 김상태, '광복 후 한국은 결핵 공화국', 조선일보, 2015. 6. 18.
73 김노진, 『강화부지』(1783), 불우.
74 한국정신문화연구원, 『한국민족문화대백과사전』, 1991.
75 문화재청 홈페이지.
76 『삼국사기』 백제본기 의자왕 2년(642) 8월조에, 백제 장군 윤충이 항복한 품석과 처자를 죽이고 그 머리를 베어 서울로 보냈다고 나오는데, 같은 『삼국사기』 죽죽(竹竹)열전에는 품석이 '먼저 처자를 죽이고 스스로 목을 찔러 죽였다'라고 적혀 있다. 자결인지 윤충에 의해 죽임을 당한 것인지 명확하지 않다. 다만, 그들의 잘린 목이 백제의 서울인 사비성으로 옮겨진 것은 사실이다. 그런데 백제에서는 김춘추 딸의 잘린 머리를 하필이면 감옥 안 땅속에 묻었던 모양이다. 죄수들에게 얼굴이 밟히고 밟히는 끝없는 굴욕을 안긴 것이다. 백제 멸망 무렵, 태종 무열왕 김춘추의 아들 법민(法敏)이 백제 왕자 융을 말 앞에 꿇어앉히고 꾸짖어 말하기를, "예전에 너의 아비가 나의 누이를 억울하게 죽여서 옥중에 묻은 적이 있다. (그 일은) 나로 하여금 20년 동안 마음이 아프고 골치를 앓게 하였는데, 오늘 너의 목숨이 내 손안에 있구나!"(『삼국사기』, 태종 무열왕 7년(660) 7월조)라며 울분을 토하는 모습을 통해 알 수 있다.
77 나카무라 슈야 지음, 박재용 옮김, 『고대 최고의 외교전략가 김춘추』, 역사공간, 2013, 51쪽.
78 고구려연구재단, 『다시 보는 고구려사』, 2005, 68쪽.
79 노태돈, 「연개소문」, 『한국사시민강좌』 제31집, 2002, 13쪽.
80 『삼국사기』, 연개소문 열전.
81 신경섭, 「연개소문 인물 형상 연구: 중국 고사의 유래와 변천을 중심으로」, 『동양정치사상사』 제7권 1호, 2008, 244~245쪽.

82 『삼국사기』, 연개소문 열전 부록 손자 헌성.
83 『연행록(燕行錄)』, 기유록(奇遊錄), 임자년(1792, 정조 16) 3월.
84 『연행일기(燕行日記)』, 계사년(1713, 숙종 39) 3월.
85 『승정원일기』, 인조 7년(1629) 8월 7일.
86 신채호, 『조선상고사』, 일신서적, 1988, 258쪽.
87 강화문화원, 『강도의 민담과 전설』, 1994, 44~50쪽.
88 진철승, 「해양을 통한 불교 유입설 소고」, 『해양과 문화』, 2001, 13쪽.
89 보문사 홈페이지(http://www.bomunsa.me), 도량안내.
90 자현 스님, 『사찰의 상징세계』 上, 불광출판사, 2012, 216~219쪽.
91 김병곤, 「불교문화재」, 『신편 강화사』 중, 강화군군사편찬위원회, 2003, 463쪽.
92 오용섭, 「고려대장경의 판각·봉안과 강화도」, 책의 수도 인천 기념 학술회의 자료집, 2015, 95쪽.
93 정병조, 『인도사』, 대한교과서주식회사, 1993, 39쪽.
94 후한이 위·촉·오로 분열됐다가 진(晉, 서진)으로 통일된다. 진은 5호라고 불리는 이민족(선비·흉노·갈·저·강)의 침략으로 망한다. 화북 지방을 장악한 5호 등이 각각 16개의 나라를 세우는데 이를 5호16국이라고 한다. 5호16국을 통일하는 나라는 북위다. 한편, 강남으로 피난한 한족은 동진을 세운다. 동진(東晉) 이후 강남지방은 송-제-양-진(陳)으로 이어진다. 화북 지방과 강남 지방을 하나로 통일하는 나라가 수나라다. 위·촉·오 분열 시대부터 수의 통일(589)에 이르기까지 수백 년 기간을 위진남북조 시대라고 한다. 그러니까 중국 북쪽 지방에서 전개된 5호16국 시대는 위진남북조 시대 안에 포함되는 것이다. 이 시기 고구려·백제·신라는 중국의 분열을 적절히 활용하며 국력을 키웠다.
95 사찰문화연구원, 『보문사 관음신앙의 성지』, 1996, 145쪽.

2장 끝내 꺾이지 않다

1 김시혁(金始爀, 1676~1750)의 호가 매곡(梅谷)이다. 1741년(영조 17)~1744년(영조 20)까지 강화유수를 지냈다. 유수 재임기간이 상대적으로 긴 것은 그가 강화외성을 개축하는 역할을 맡았기 때문이다. 이때의 외성은 벽돌로 쌓았고, 그래서 강화전성이라고 부른다. 지금 오두돈대 남쪽 아래 해안에 전성 일부가 남아 있다. 김시혁이 연미정을 다시 지은 것은 유수를 지낸 마지막 해인 1744년(영조 20)이다.
2 강화문화원, 『강화지명지』, 2002, 38쪽.
3 임홍빈, 「고구려 지명 '혈구군'의 '혈'에 대하여」, 『서울대학교인문논총』 제59집, 2008; 임홍빈, 「고구리 지명 '혈구군'의 '구'에 대하여」, 『동아문화』 제50집, 서울대학교인문대동아문화연구소, 2012.
4 김갑동, 「고려 전기 강화 지역의 동향과 토착세력」, 『인문과학논문집』 제47집, 2009, 37쪽.
5 김병곤, 「경기 서해연안의 역사문화와 동아시아」, 『동아시아고대학』 제14집, 2006, 65~66쪽.

6 　잘 알려지지는 않았지만, 조선시대 특히 전기에 강화에 대규모의 말 목장이 여럿 있었다. 전국에서 제주도 다음이었다. 그 당시 강화도의 남쪽 지역은 대개가 말을 기르는 목장이었다. 진강목장이 유명했다. 강화에 딸린 작은 섬들에도 목장이 있었다. 태종 임금은 한때 주민들 다 뭍으로 이주시키고 강화도 모든 지역을 목장으로 만들려는 생각까지 했었다. 그러다가 조선시대 후기에 여러 가지 이유로 목장이 축소·폐지되었다. 강화 목장에서 명마가 제법 나왔다. 실록에 이런 내용이 있다. "병조가 아뢰기를, 양마가 나는 곳으로는 제주도 외에 강화의 진강과 … 등이 가장 유명합니다. 요즈음 무사들이 가지고 있는 전마 가운데 유명한 것과 진공하기에 합당한 말은 모두 진강과 가도 등에서 나오는데, 재품(才品)이 제주산과 서로 비등하며 진강에서 나온 것은 강건하기가 제주산보다 낫습니다"(『선조실록』, 31년(1598) 3월 24일).

7 　정민섭, 「강화 傳 혈구진성의 성격에 관한 검토」, 『사림』 제53호, 2015, 135쪽.

8 　해구군의 명칭을 혈구진으로 바꾼 것이 아니라 해구군 안에 혈구진을 추가로 설치한 것으로 볼 수도 있다고 생각한다. "가을 8월에 혈구진을 설치하고, 아찬 계홍을 진두로 삼았다(秋八月置 穴口鎭 以阿湌啓弘爲鎭頭)"는 『삼국사기』 기록을 곰곰이 살펴보면, 해구군 어느 지역엔가 혈구진이 설치된 것으로도 보여 진다. 『삼국사기』 지리지의 "해구군은 본래 고구려 혈구현이었는데 바다 가운데에 있다. 경덕왕이 이름을 고쳤다" 같은 기록은 혈구현이 해구군이 되었음을 쉽게 알 수 있는데, 혈구진 설치 기록은 그렇지가 않다. 혈구진의 우두머리인 진두라는 명칭도 자연스럽지 않다. 『삼국사기』 잡지 직관지에 나오지 않는 관직이다. 정식 관직이 아니었던 것 같다. 관직명이 아니라 그냥 진의 우두머리 정도로 표현한 것인지도 모른다.

9 　정민섭, 「강화 傳 혈구진성의 성격에 관한 검토」, 『사림』 제53호, 2015, 135, 146쪽.

10 　김갑동, 「고려전기 강화지역의 동향과 토착세력」, 『인문과학논문집』 제47집, 2010, 40쪽.

11 　임홍빈, 「고구려 지명 '혈구군'의 '혈'에 대하여」, 『서울대학교인문논총』 제59집, 2008, 60쪽.

12 　『인조실록』, 5년(1627) 3월 3일.

13 　이형상, 『강도지』, 정묘록.

14 　강화문화원, 『강도지명고』, 1992, 143쪽.

15 　『고려사』, 지7 오행1 화행.

16 　강화문화원, 『강화 보호수지』, 2003, 50쪽.

17 　문화재청 홈페이지.

18 　김갑동, 「고려 전기 강화 지역의 동향과 토착세력」, 『인문과학논문집』 제47집, 2009, 22~23쪽.

19 　『고려사』 세가와 『삼국사기』 신라본기에 898년에 궁예가 송악을 도읍으로 삼았다고 나오지만, 『삼국사기』 궁예열전과 『삼국유사』에는 1년 앞선 897년에 송악에 도읍했다고 나온다. 만약 897년이 옳다면 궁예가 송악에 도읍한 후에 강화도를 공격한 것이 된다.

20 　『고려사』, 「고려세계(高麗世系)」.

21 　동아대학교 석당학술원, 『국역 고려사』 21, 251쪽, 주.

22 　『고려사절요』, 인종 8년(1130) 7월.

23 『속수증보강도지』에 나오는 내용이다. 『속수증보강도지』에는 봉씨와 관련된 석상각 이야기도 나온다. 하점면 석조여래입상. 공식 명칭은 '강화 장정리 석조여래입상(江華 長井里 石造如來立像)'으로 보물 제615호다. 전체 높이가 282㎝로 보호각 안에 모셔졌다. 하점면 오층석탑 동쪽 고개 너머에 있다. 국가의 보물로 지정된 문화재이면서 하음 봉씨 가문의 사적(私的)인 '보물'로도 알려져 있다. 그러다 보니 석상각(石像閣)이라는 이름으로 곧잘 불린다. 『속수증보강도지』는 이 불상을 '하음노구석상각(河陰老嫗石像閣)'이라 하여 봉우를 건져 올린 할머니 초상으로 설명했다. 한참 서서 본다. 할머니 모습인가, 부처님 모습인가? 부처님으로 보인다.

24 『고려사』, 세가, 고종 21년(1234) 2월.

25 김형우, 「고려시대 강화의 사원 연구-고려시대 강화연구 소주제3-」, 『국사관논총』 제106집, 2005, 261쪽.

26 이형상, 『강도지』, 고적.

27 『고려사』, 세가, 고종 38년(1251) 8월.

28 최우(崔瑀)는 이름을 최이(崔怡)로 바꿨다. 언제 개명한 것인지 명확하지 않은데, 사료에 처음 보이는 때가 1243년(고종 30) 1월이다. 『고려사절요』에 나오는 "최이는 바로 최우다[怡卽瑀也]"라는 내용이 그것이다. 1242년(고종 29) 10월에 진양후에서 진양공으로 작위(爵位)가 올랐는데, 진양공이 되고 나서 이름을 바꾼 것 같다. 그런데 1243년 이후의 『고려사절요』, 『고려사』 기록에서도 '최이'와 함께 '최우'가 보인다. 조선왕조실록에서도 최우와 최이를 혼용하고 있다. 따라서 이 책에서는 널리 알려진 이름인 최우로 통일하여 쓴다.

29 원대(元代) 말기에 허베이성[河北省] 일대에서 일어난 한족(漢族) 반란군이다. 머리에 붉은 두건을 둘렀다고 해서 홍건적이라고 한다. 1355년(공민왕 4) 국호를 송(宋)이라 정하고 중국 여러 지역으로 세력을 확장했다. 그 일부가 만주로 북진해 랴오둥을 점령했다가 원의 반격에 쫓기게 되자 고려를 침범했다(『민족문화대백과사전』). 크게 보아 1359년(공민왕 8) 12월과 1361년(공민왕 10) 10월, 이렇게 두 차례 쳐들어왔다. 1차 침략 때 홍건적은 4만 병력으로 평양까지 함락했지만, 고려군에게 격퇴당했다. 2차 침략 때는 10만 병력으로 개성을 함락하여 공민왕이 경상도 안동까지 피난을 가야 했다. 그러나 고려군의 반격으로 궤멸되었다. 2차 침략 때에 홍건적 일부가 강화에도 들어왔던 것 같다. 강화부(江華府)가 홍건적에게 거짓 항복한 후 음식을 대접하고 그 빈틈을 이용해, 매복했던 강화의 병사들이 홍건적을 모두 죽였다는 내용이 『동국통감』과 『고려사』 등에 보인다. 그 기세에 눌려 육지의 홍건적이 더는 쳐들어오지 못했다. 이때에도 강화에는 개성에서 온 피난민이 적지 않았을 것이다. 2차 침략을 막아낸 후인 1362년(공민왕 11년) 10월, 홍건적이 또 쳐들어온다는 소문이 돌았다. 그러자 "개성 사람들이 지난번 홍건적의 병란 때 입었던 피해를 떠올려 열 명 중 네댓 사람이 강화도로 피난 갔다"(『고려사』)고 한다. 소문만으로 개성 주민의 40~50%가 강화로 피해왔으니 실제 침략을 당했던 때에 많은 사람이 강화로 피난 왔을 것은 당연하다. 그러고 보니 고려 말 강화는 외지에서 피난 온 사람들로 늘 북적였겠다. 대몽항쟁기 수십 년은 물론이고, 중렬왕 때 조정이 통째로 강화로 들어와야 했던 합단 무리의 침공, 그리고 지금 보고 있는 홍건적 침략의 여파까지. 강화는 포용의 섬이기도 했다. 그런데 홍건적이 어떤 짓을 저질렀기에 소문만으로 피난 보따리를 싼 걸까? "홍건적은 채식주의·근검절약·상호부조라는 종교적 계율을 지켰으며, 특

히 도둑질이나 간음을 엄금하는 규율을 지켜 원정 가는 곳마다 농민들에게 환영을 받아 쉽게 원나라 군대를 이길 수 있었다"(Daum 백과사전)고 하는데, 믿어지지 않는다. 『고려사』에 이런 기록이 있으니 말이다. "이날 적군이 개경을 함락한 후 … 남녀 백성들을 죽여 구워 먹거나 임신부의 유방을 구워 먹는 등 온갖 잔학한 짓을 자행했다"(공민왕 10년 11월 신미일). 하긴, 『고려사』를 읽으면서도 정말 홍건적이 그랬을까, 믿기가 어렵다.

30 『고려사』, 세가, 고종 6년(1219) 2월.
31 이경수, 『왜 몽골제국은 강화도를 치지 못했는가』, 푸른역사, 2014, 105~113쪽.
32 고려 말의 대학자 익재 이제현은 그의 시문집 『익재난고(益齋亂稿)』에서 김취려가 이름을 취려(就礪)에서 취려(就呂)로 바꿨다고 했다. 우리는 지금 金就礪라고 쓰지만, 김취려 스스로 바꾼 '金就呂'라는 이름도 기억해 둘 필요가 있겠다.
33 『고려사』, 김취려 열전.
34 이제현, 『익재난고』 6, 「김공행군기」.
35 『선조실록』, 26년(1593) 6월 17일.
36 김병곤, 「사적 제259호 강화 선원사와 신니동 가궐의 위치 비정」, 『불교학보』 제48집, 2008, 296쪽.
37 원의 반란군 합단(哈丹) 무리의 침공이다. 1287년(충렬왕 13) 원나라(몽골)에서 칭기즈칸 동생의 후손인 내안(乃顔)이 반란을 일으켰다. 세조 쿠빌라이는 직접 군대를 지휘하여 반란을 진압했다. 1288년(충렬왕 14) 내안의 잔당인 합단이 무리를 모아 다시 반란을 일으켰다. 몽골 정부군에게 밀린 합단 반란군 수만 명이 1290년(충렬왕 16) 5월에 고려를 침공했다. 합단군은 몽골과 고려 연합군에 의해 약 1년 만에 진압되었다. 이 과정에서 충렬왕은 1290년 12월에 강화도로 피신해 선원사에 머물렀다. 개경으로 돌아간 것은 1292년(충렬왕 18) 1월이다. 이 1년여의 강화도 피신 기간도 정식 천도로 볼 수 있을 것 같다. 충렬왕은 부녀자와 노약자들을 강화도로 먼저 보냈고(1290. 10), 궁인들을 강화도로 이주시켰으며(1290. 11) 국사(國史)와 보문각(寶文閣) 그리고 비서시(秘書寺)의 전적들과 태조의 소상(塑像)까지 옮겼다(1290. 11). 조정이 옮겨온 것은 물론이다. 1292년 1월 『고려사』 기록은 이러하다. "개경으로 도읍을 다시 옮겼다."
38 황인규, 「고려후기 선원사의 창건과 선승들」, 『경주사학』 제21집, 2002, 71쪽.
39 김형우, 「강화 선원사의 역사와 가람 구성」, 『불교미술』 17, 2003, 6쪽.
40 채상식, 「강화 선원사의 위치에 대한 재검토」, 『한국민족문화』 34, 2009, 144쪽.
41 사적 제132호 강화산성(江華山城)·산성이라는 호칭이 어색하다. 산성은 산 위에 존재한다. 외침 시의 피난·방어시설이라 평시에는 백성이 살지 않는 것이 보통이다. 전등사가 있는 정족산성처럼 말이다. 성곽이 강화읍내 남산·북산·견자산으로 이어졌다고 해서 산성이라는 이름을 붙인 것 같은데 아무래도 자연스럽지 않다. 역사성과 공간 구성 그리고 기능적인 면에서 적합한 명칭은 강화유수부성(江華留守府城)이다. '강화유수부 동헌', '강화유수부 이방청'을 공식적인 명칭으로 쓰면서 '강화유수부성'을 쓰지 못할 이유가 없다. '강화유수부성'을 부르기 좋게 줄이면 '강화부성(江華府城)'이 된다. 강화부성이라는 호칭은 『숙종실록』 등에도 보인다. 그래서 이 책에서는 '강화부성(강화산성)'으로 표기한다.
42 김병곤, 「사적 제259호 강화 선원사와 신니동 가궐의 위치 비정」, 『불교학보』 제48집, 2008, 300쪽.

43 김창현, 「고려 강도의 신앙과 종교의례」, 『인천학연구』 4, 2005, 18쪽.

44 이규보(李奎報, 1168~1241)가 남긴 글들을 한데 모은 시문집이다. 임금 고종의 명에 따라 1251년에 진주 남해 분사대장도감에서 간행했다. '동국(東國)'은 우리나라라는 의미로 고려와 조선에서 쓰였다. 『동국통감』이나 『동국여지승람』도 같은 의미로 붙여진 책 이름이다. '상국(相國)'은 재상을 뜻하는 벼슬 명칭이다. 그래서 '동국이상국집'의 의미는 '고려 이규보 재상의 문집'이 된다. 『동국이상국집』에 수록된 글들 가운데 많이 알려진 것이 「동명왕편」이다. 강화도에서 「상정고금예문」을 금속활자로 인쇄한 일, 지금 이야기하고 있는 팔만대장경 판각 경위 등 역사적으로 진귀한 사실들도 다양하게 담겨 있다. 대몽항쟁기 강화도 조정에서 외교전을 이끌었던 대학자 이규보의 묘가 강화군 길상면에 있다.

45 이경수, 『왜 몽골제국은 강화도를 치지 못했는가』, 푸른역사, 2014, 158~171쪽.

46 『태조실록』, 7년(1398) 5월 10일.

47 『태조실록』, 7년(1398) 5월 12일.

48 유부현, 「동아시아 대장경의 제작과 고려대장경의 가치」, 책의 수도 인천 기념학술회의 자료집, 2015, 51쪽.

49 김철웅, 「상정고금예의 편찬시기와 내용」, 『동양학』 제33집, 2003, 241쪽.

50 손보기, 『금속활자와 인쇄술』, 세종대왕기념사업회, 2000, 141쪽.

51 "고려시대에 세계 최초로 금속활자를 발명한 것이 뭐 그리 대단한 일이냐. 인쇄술이 발달했다는 자체보다 그것이 당시 사회에 끼친 영향이 중요한 것이다. 구텐베르크의 인쇄술은 유럽 사회에 엄청난 파급력이 있었다. 문화의 수준을 크게 끌어올렸다. 그러나 고려는 일부 지식층의 학문 보급에 기여했을 뿐 전 사회에 끼친 영향력은 별 볼 일 없지 않았냐." 이렇게 고려 금속활자의 가치를 낮춰보는 견해가 있다. 그런데 이것은 그 시대의 한계 문제이지 고려와 유럽의 문화 수준 문제가 아니다. 금속활자가 쓰이던 13세기 고려는 신분제 사회였다. 학문 층이 제한적일 수밖에 없었다. 구텐베르크는 15세기 인물이다. 르네상스의 영향으로 대중들에게 문화적 영향력이 확산되던 시대다. 그렇다면 13세기 유럽은 어떠했나. 폐쇄적 봉건제의 틀이 겨우 깨져가던 시기다. 여전히 교황에게 복종하던 시대로 백성 대부분은 자유도 거의 없는 농노 신분으로 장원에서 부림을 당했다. 문화를 누릴 수 있는 이들은 성직자와 귀족 등 일부에 불과했다. 만약 구텐베르크가 13세기에 금속활자로 책을 찍어냈다고 가정해보자. 고려만도 못한 극히 한정된 상류층의 종교적·학문적 호기심을 충족시키는 데 만족해야 했을 것이다.

52 『동국이상국집』 동국이상국후집 제11권, 新序詳定禮文跋尾 代晉陽公行.

53 『고려사』, 지, 예지 서문.

54 김당택, 「상정고금예문의 편찬 시기와 그 의도」, 『호남문화연구』 21, 1992, 6~7쪽.

55 한편, 『상정고금예문』의 편찬 시기를 1161년(의종 15)으로 단정한 연구가 있다(김철웅, 「상정고금예의 편찬 시기와 내용」, 237쪽). 『고려사』, 지의 아악 편 1188년(명종 18) 2월에 사신(史臣)이 논평하기를, "음악이 이지러지고 어지러움이 심하다. … 신사년(辛巳年)에 우리 조정의 유신(儒臣) 가운데 광고(狂瞽, 어리석고 망령되고 무지한 사람)가 멋대로 고쳐 그 차서를 바꾸고 그 상하를 어지럽혀서"라고 했다. 이를 『상정고금예문』에 대한 비판으로 보는 것이다. 광고는 최윤의, 신사년은 1161년(의종 15)이다. 그래서 『상정고금예문』이 1161년에 편찬된 것이라고 말한다.

56 허윤희 기자의 글 중 박상국 한국문화유산연구원장의 주장, 조선일보, 2015. 3. 17.
57 오용섭, 「고려대장경의 판각·봉안과 강화도」, 책의 수도 인천 기념 학술회의 자료집, 2015, 99쪽.
58 김상운 기자, 동아일보, 2015. 10. 27.
59 김상운 기자, 동아일보, 2015. 12. 1.
60 황정하, 「인류 최고의 발명품, 금속활자 '직지'는 금속활자 발명국 코리아의 증거물」, 『기록IN』 제20호, 국가기록원, 2012.
61 황정하, 「인류 최고의 발명품, 금속활자 '직지'는 금속활자 발명국 코리아의 증거물」, 『기록IN』 제20호, 국가기록원, 2012.
62 국립문화재연구소, 『강화석릉』, 2003, 33쪽.
63 이경수, 『왜 몽골제국은 강화도를 치지 못했는가』, 푸른역사, 2014, 262~267쪽.
64 강화문화원, 『강도의 발자취』, 1990, 207쪽.
65 황현, 『매천야록』, 광무 10년 병오.
66 정구홍, 『우리 문화재 수난사』, 학연문화사, 2005, 221쪽.
67 신헌 지음, 김종학 옮김, 『심행일기』, 푸른역사, 2010, 279쪽.
68 정구홍, 『우리 문화재 수난사』, 학연문화사, 2005, 193쪽.
69 고재형 저, 김형우·강신엽 역, 『역주 심도기행』, 인천대학교 인천학연구원, 2008, 219쪽.
70 전국 향교의 기본 구조가 모두 같았던 것은 아니다. "주와 부와 군은 성전(聖殿) 안에 10철을 종향하고 동무와 서무에 동국의 유현을 봉안하며, 현인 경우는 무(廡)가 없는 관계로 성전 안에 송조의 4현과 동국의 9현을 봉안하는 것으로 나라의 제도가 이미 정해져 있으므로, 팔도에서 모두 그렇게 행하고 있습니다"(『현종실록』, 4년(1663) 2월 14일)라는 실록 내용을 따르면, 현에 있는 향교에는 동무와 서무가 없고, 군 지역 이상의 향교에만 동무와 서무가 설치되는 게 원칙이었다. 그러나 원칙일 뿐 고을 사정에 따라 또 달랐던 모양이다. "혹 무(廡)가 없는 군도 있고, 혹 무가 있는 현도 있었으니, 각 해도(該道)로 하여금 일체 정제(定制)에 따라 제때에 바로잡게 해야 하겠습니다"(『현종실록』, 4년(1663) 8월 17일)라는 예조의 건의를 통해 알 수 있다.
71 『고려사』, 선거지 2, 학교.
72 『고려사절요』, 성종 6년(987) 8월.
73 김성일, 「고려시대의 향교교육과 그 기능」, 고려대학교 교육대학원 석사학위논문, 1988, 10쪽.
74 『고려사절요』, 성종 8년(989) 4월.
75 『고려사』, 세가, 성종 11년(992) 12월.
76 김성일, 「고려시대의 향교교육과 그 기능」, 고려대학교 교육대학원 석사학위논문, 1988, 24쪽.
77 『동문선』, 상량문(上梁文) 국자감 상량문(國子監上梁文).
78 박찬수, 「고려시대의 향교」, 고려대학교대학원 석사학위논문, 1982, 25~26쪽.

79 강화군·강화문화원, 『강화금석문집』, 「이안눌 명륜당 창건비」, 2006.
80 원래 향교에 아주 많은 성현의 위패를 모셨지만, 지금은 간소화되었다. 대개 공자·사성(四聖)·아국18현을 모신다. 사성은 안자(顏子)·증자(曾子)·자사(子思)·맹자(孟子)다. 안자는 공자의 수제자로 일컬어지는 안회(顏回)를 높여 부르는 것이고, 증자는 공자의 제자로서 배우는 자세와 효를 비롯한 실천력을 인정받은 증삼(曾參)의 존칭이다. 증자의 가르침은 공자의 손자 자사를 거쳐 맹자에게 전해졌다. 아국18현은 설총·안향·김굉필·조광조·이황·이이·김장생·김집·송준길 그리고 최치원·정몽주·정여창·이언적·김인후·성혼·조헌·송시열·박세채를 말한다.
81 황규열, 『교동사』, 교동문화연구원, 1995, 83쪽.
82 『광해군일기』, 1년(1609) 8월 3일.
83 『현종실록』, 4년(1663) 8월 17일.
84 고혜령, 「회헌 안향의 생애와 업적」, 『유학과 현대』 제10호, 2009, 435쪽.
85 정보훈 기자, 오마이뉴스, 2014. 12. 21.
86 『인조실록』, 7년(1629) 2월 24일.
87 『인조실록』, 10년(1632) 9월 19일.
88 『정조실록』, 12년(1788) 2월 25일.
89 김상운 기자, 동아일보, 2014. 12. 4.
90 코리아인들이 신대륙을 발견했다!(http://cafe.daum.net/zoomsi).
91 함민복 엮음, 『절하고 싶다』, 사문난적, 2011, 31쪽.
92 김한수 기자, '종교인들의 부모님', 조선일보, 2015. 5. 8.
93 강화문화원, 『강도의 민담과 전설』, 1994, 111~113쪽.
94 서왕모, 「함허의 선사상 연구」, 동국대학교대학원 석사학위논문, 2004, 11쪽.
95 서왕모, 「함허의 선사상 연구」, 동국대학교대학원 석사학위논문, 2004, 14쪽.
96 자현, 『사찰의 상징세계(상)』, 불광출판사, 2012, 43쪽.
97 인천광역시 역사자료관, 『인천의 전통사찰과 불교미술(2)』, 2014, 29~30쪽.
98 인천광역시 역사자료관, 『인천의 전통사찰과 불교미술(2)』, 2014, 15~16쪽.
99 인천광역시 역사자료관, 『역주 강도고금시선(후집)』, 2011, 294쪽.
100 김왕직·김석순, 『강화 정수사 법당』, 동녘, 2011, 14~15쪽.
101 허균, 『사찰 장식 그 빛나는 상징의 세계』, 돌베개, 2000, 136~139쪽.

3장 새롭게 태어나다

1 『고려사』, 형법지.
2 전웅, 『유배, 권력의 뒤안길』, 청아출판사, 2012, 50쪽.
3 『태종실록』, 2년(1402) 9월 3일.
4 원칙적으로, 지방관도 해당 지역의 죄인을 유배 보낼 수 있었다. 『경국대전』에 "본조(本曹, 형조)나 개성부나 관찰사는 유형 이하의 죄수를 직접 처결하고 각 관청에서는 태형 이하의 죄수를 직접 처결한다"고 나온다.
5 『세종실록』, 12년(1430) 5월 15일.
6 전웅, 『유배, 권력의 뒤안길』, 청아출판사, 2012, 55쪽.
7 『태조실록』, 2년(1393) 1월 12일.
8 『단종실록』, 1년(1453) 10월 10일.
9 안평대군이 꿈에서 무릉도원을 다녀왔는데, 그 장면이 하도 생생하여 안견에게 그대로 그리게 한 것이다. 그림 자체는 세로 38.7cm, 가로 106.5cm 크기다. 여기에 여러 인물의 '감상평'이 덧붙여져서 전체 작품의 길이가 아주 길다. 일본에서 새로 표구했는데 두 권으로 나뉘어 있다. 상권은 세로 41cm, 가로 849.1cm이고 하권은 세로 41cm, 가로 908.5cm이다(김경임, 『사라진 몽유도원도를 찾아서』, 365쪽). 대단히 길다. '시서화의 결정판'이라는 평가가 어색하지 않다. 지금 일본 덴리대학[天理大學]에 있다. 임진왜란 때 탈취된 것 같다. 비록 일본에 있을망정 불타지 않고 살아남은 것이 다행이다.
10 『홍재전서』 제165권, 일득록.
11 『단종실록』, 1년(1453) 10월 25일.
12 『광해군일기』, 즉위년(1608) 2월 14일.
13 『광해군일기』, 즉위년(1608) 2월 20일.
14 『광해군일기』, 1년(1609) 4월 29일
15 『광해군일기』, 7년(1615) 11월 10일.
16 『광해군일기, 7년(1615) 11월 17일.
17 『인조실록』, 3년(1625) 3월 19일.
18 『광해군일기』, 5년(1613) 8월 2일.
19 『광해군일기』, 6년(1614) 1월 13일.
20 『인조실록』, 3년(1625) 3월 19일.
21 『숙종실록』, 7년(1681) 7월 21일.
22 오항녕, 『조선의 힘』, 역사비평사, 2010, 285쪽.
23 『숙종실록』, 24년(1698) 9월 30일.
24 『중종실록』, 1년(1506) 11월 7일.
25 『경국대전』의 서경 관련 조항을 옮겨보면 이러하다. "대체로 관직을 받은 사람의 임명장은 5품 이하이면 사헌부와 사간원의 승인 서명[署經]을 확인한 다음에야 내준다[의정부·

이조·병조·사헌부·사간원·장예원·홍문관·춘추관·지제교·종부시·세자시강원의 관리 및 각 도의 도사, 고을원은 내외사조(內外四祖)와 본인의 허물[痕咎]이 있고 없는 것을 조사해 보고 나서 승인 서명한다]".

26 『경국대전』에 명시된 사헌부(司憲府)의 역할은 "현행 정사를 토론하고 모든 관리를 규찰하며 풍속을 바로잡고 억울한 사정을 풀어주며 협잡 행위를 단속하는 등의 일을 맡는다." 사간원(司諫院)은 "임금의 결함을 지적하고 관리들의 잘못을 규탄하는 일을 맡는다." 홍문관(弘文館)은 "왕궁 서고에 보관된 도서를 관리하고 문학 관계 일을 전공하며 임금의 물음에 응한다." 한편, 홍문관은 옥당(玉堂)으로도 불렸다.

27 김범, 『연산군 그 인간과 시대의 내면』, 글항아리, 2014, 145쪽.

28 김범, 『연산군 그 인간과 시대의 내면』, 글항아리, 2014, 239~243쪽.

29 『연산군일기』, 12년(1506) 8월 23일.

30 『연산군일기』, 8년(1502) 11월 25일.

31 『중종실록』, 1년(1506) 9월 2일.

32 신동준, 「'역발상'의 통치자 연산군」, 『월간조선』 통권312호, 2006. 3, 556~557쪽.

33 강화군, 『강화나들길 가이드북』, 2011, 270쪽.

34 『광해군일기』, 2년(1610년) 7월 15일.

35 한명기, 「광해군」, 『한국시시민강좌』 제31집, 2002, 64~65쪽.

36 『광해군일기』, 13년(1621) 6월 6일.

37 박영규, 『한권으로 읽는 조선왕실계보』, 웅진지식하우스, 2013, 557~558쪽.

38 전웅, 『유배, 권력의 뒤안길』, 청아출판사, 2012, 137쪽.

39 한명기 명지대 사학과 교수, 한겨레신문, 2011. 12. 10.

40 고려는 100년(1170~1270)간 무신들이 실권을 장악했던 무신집권기를 겪었다. 이의방·정중부·경대승·이의민·최충헌·최우·최항·최의·김준·임연·임유무. 이렇게 11명의 집권자가 등장했다. 최우 정권 때 몽골의 침략이 시작됐고, 이에 따라 강화도 천도가 단행되었다. 김준 집권기에 몽골과 화의를 맺었고, 임유무 때 개경 환도가 이루어진다. 무신집권기 상징적인 존재에 머물렀던 국왕은 명종·신종·희종·강종·고종·원종이었다. 일본도 고려와 비슷한 시기에 무인 정권이 들어섰는데, 그 기간이 아주 길어 근대시대까지 계속됐다. 일본의 무인 정권을 막부라고 하고 그 우두머리를 쇼군(將軍)이라고 했는데 1180년대에 들어선 가마쿠라 막부가 처음이다. 1333년 가마쿠라 막부가 무너지고 얼마 후 남북조시대를 맞는다. 교토 조정(북조)과 요시노 조정(남조)으로 나뉘어 서로 다투는 분열의 시대다. 1392년에 무로마치 막부가 남북조 분열 시대를 끝내고 통일을 이룬다. 막부시대 일본은 일종의 봉건체제였는데 각 지역의 영주를 다이묘[大名]라고 한다. 다이묘들은 각각 사무라이라고 부르는 무사집단을 거느렸다. 다이묘들에 의한 패권 다툼이 멀어시는 전국시대가 전개되다가 1590년에 다시 일본은 통일을 이룬다. 그 주인공이 임진왜란을 일으키는 도요토미 히데요시다. 그가 죽은 후 도쿠가와 이에야스가 1603년에 에도 막부를 열고 쇼군이 된다. 미국에 의해 개항된 이후인 1867년에 에도 막부가 무너지고 왕정복고가 이루어진다. 천황 중심 지배체제인 메이지 정부가 들어선 것이다. 일본의 무인집권기는 거의 700년 동안 지속되었다.

41 한명기 명지대 사학과 교수, 한겨레신문, 2011. 12. 10.

42 『삼국사기』, 신라본기, 실성왕 7년(408) 2월.

43 하우봉, 「일본과의 관계」, 『한국사』 22, 국사편찬위원회, 1995, 378~379쪽.

44 『국조보감』 제18권, 중종 5년(1510).

45 『연산군일기』, 연산 2년(1496년) 11월 22일.

46 『중종실록』, 중종 5년(1510년) 4월 8일.

47 이재범, 「삼포왜란의 역사적 성격에 대한 재검토」, 『한일관계사연구』 제6집, 1996, 30~31쪽.

48 이재범, 「삼포왜란의 역사적 성격에 대한 재검토」, 『한일관계사연구』 제6집, 1996, 34~35쪽.

49 지금 행정구역 명칭상으로는 강화군 강화읍 '월곳리'가 맞다. 하지만 월곳리(月串里)라고 했어야 옳았다. 이제 도로명주소를 쓰게 됐으니 상관없다고 말할 수도 있다. 하지만 문화재의 명칭은 대개 옛 지번주소를 바탕으로 정해졌다. 이제라도 강화군청은 월곳리를 월곶리로 바꿔야 한다. 그래야 '월곶리에 있는 월곶돈대'라는 어색한 표현을 막을 수 있다. 또 있다. '갑곳리'. 갑곳리에 갑곶돈대가 있다고 쓸 때마다 불편하다. 갑곶돈대 안 천연기념물 탱자나무의 공식 이름도 '강화 갑곶리 탱자나무'다. 강화읍 갑곳리에 있는 '강화 갑곶리 탱자나무'라고 써야 한다. 갑곳리 역시 갑곶리(甲串里)로 정정이 필요하다. 월곶리와 갑곶리, 제 이름을 찾아주자.

50 『성종실록』, 15년(1484) 7월 13일.

51 『연려실기술』 제9권, 중종조의 명신(名臣) 황형(黃衡).

52 『연려실기술』 제9권, 중종조의 명신(名臣) 황형(黃衡).

53 조원래, 「왜란의 발발과 경과」, 『한국사』 29, 국사편찬위원회, 1995, 28쪽.

54 『선조실록』, 26년(1593) 1월 11일.

55 배성수, 「조선후기 강화도 吳宗道去思碑의 건립 배경과 의미」, 『인천학연구』 4, 2005, 86~87쪽.

56 정민, 『목릉문단과 석주 권필』, 태학사, 1999, 604쪽.

57 배성수, 「조선후기 강화도 吳宗道去思碑의 건립 배경과 의미」, 『인천학연구』 4, 2005, 90쪽.

58 『선조실록』, 33년(1600) 1월 16일.

59 백성들이 그 지방에 부임했던 지방관의 선정을 고마워하며, 오래도록 기억하고자 세운 비가 선정비, 불망비다. 선정(善政)이란, '백성을 바르고 어질게 잘 다스린 정치'라는 뜻이요, 불망(不忘)이란, 잊지 않겠다는 뜻이니 그 말이 그 말이다. 선정비가 많은 것은 그만큼 선정을 베푼 지방관이 많았다는 것일까? 물론 아니다. 선정 여부와 관계없이 관례로 세워지는 경우가 많았다. 백성을 괴롭혀 원성이 자자했던 수령의 선정비도 꽤 남아있다. 진정한 선정비 자격이 있는지 선별해서 살펴볼 필요가 있다. 악정(惡政)을 펼친 수령의 선정비는 주민의 미움을 받았다. 장난감이 귀하던 우리네 어린 시절, 비석치기(비사치기)라는 놀이가 있었다. 비석치기는 백성을 고통스럽게 하던 수령의 선정비에 돌을 던지

면서 시작된 놀이라는 말이 있다.

60　고재형 저, 김형우·강신엽 역, 『역주 심도기행』, 인천대학교 인천학연구원, 2008, 239쪽.
61　강화군·강화문화원, 『강화금석문집』, 2006, 295쪽.
62　배성수, 「조선후기 강화도 吳宗道去思碑의 건립 배경과 의미」, 『인천학연구』 4, 2005, 97쪽.
63　『연산군일기』, 12년(1506) 2월 17일.
64　강화군·강화문화원, 『강화금석문집』, 2006, 86~87쪽.
65　『경국대전』(1485)에 의하면, 3년마다 시행하는 정식 과거(문과)의 경우 초시(初試)·복시(覆試, 會試)·전시(殿試), 이렇게 3단계를 거쳐 합격자를 뽑았다. 초시는 전국에서 240명을 뽑았는데, 지역별로 인원이 안배되었다. 초시 합격자 240명을 대상으로 치르는 2차 시험인 복시에서는 33명을 선발했다. 이들이 사실상 최종 합격자다. 임금 앞에서 직접 치르는 전시에서는 탈락자 없이 순위만 정하는 것이 원칙이었다. 전시에서 결정된 순위에 따라 갑과 1등(장원)은 종6품을 주고, 나머지 갑과 합격자는 정7품을 주었다. 을과는 정8품, 병과는 정9품을 주었다. 갑과 합격자는 3명, 을과 합격자는 7명, 병과 합격자는 23명이었다.
66　박욱규, 「석주 권필의 한시와 현실 대응 양상」, 『지역발전연구』 제18권, 2012, 25쪽.
67　정민, 『목릉문단과 석주 권필』, 태학사, 1999, 603쪽.
68　『선조실록』, 32년(1599) 6월 23일.
69　『선조실록』, 32년(1599) 9월 7일.
70　『선조실록』, 32년(1599) 10월 4일.
71　『명재유고』 제43권, 동몽교관 증 사헌부 지평 권공(權公) 행장(行狀).
72　정민, 『목릉문단과 석주 권필』, 태학사, 1999, 615~622쪽.
73　광해군의 친국을 받을 때 권필은 우리의 일반적인 예상과는 다른 대답을 한다. 실록 내용을 옮기면 이렇다. "임숙영이 전시(殿試)의 대책(對策)에서 미치광이 같은 말을 많이 했으므로 신이 이 시를 지은 것인데, 대의(大意)는 '좋은 경치가 이와 같고 사람마다 뜻을 얻어 잘 노닐고 있는데 숙영이 포의로서 어찌하여 이런 위험한 말을 한단 말인가'라는 것이었습니다. 옛날의 시인들은 흥(興)의 시체(詩體)를 가탁하여 풍자한 일이 있었기 때문에 신이 이를 모방하여 지으려 한 것입니다. 숙영이 포의로서 이처럼 과감하게 말하는데 조정에서는 바른말을 하는 사람이 없었기 때문에 이 시를 지어 제공(諸公)들을 풍자함으로써 면려되는 것이 있기를 바란 것입니다. '궁류(宮柳)' 두 글자는 애초 왕원지가 전시 때 지은 시인 '대궐 버들이 봄 아지랑이 속에 휘휘 늘어졌네(宮柳低垂三月烟)'라는 한 글귀를 취한 것인데, 시를 보는 사람들은 시에 들어 있는 유(柳) 자를 가지고 고의로 외척을 가리킨 것이라고 합니다만, 신의 본마음은 그렇지 않습니다. 신은 어려서부터 다른 것은 배운 것이 없고 단지 시를 짓는 것만을 터득했기 때문에 어떤 일을 당하면 번번이 시를 지어 왔습니다. 설혹 어리석고 망령되어 잘못 말을 만들었다고 할지라도 어찌 임금을 무시하는 마음이 있있겠으니 부도힌 밀을 멋대로 할 수가 있겠습니까" 하니, 왕이 이르기를, "궁류가 외척에 관계되지 않는다는 내용을 바른대로 고해야 한다" 하자, 권필이 공초하기를, "신은 단지 경치에 대해 말했을 뿐입니다. 다른 사람들은 혹 외척을 가리킨 것이라고도 합니다만 실상은 그렇지 않습니다"(『광해군일기』, 4년(1612) 4월 2일)라고 했다. 진실은 무엇일까?

74 강화문화원, 『강도의 민담과 전설』, 1994, 243~245쪽.
75 권필은 도학에 관한 견해가 학자들 사이에 서로 엇갈리고 있음을 고려하여 그 정통을 확립하고자 중국 송나라와 원나라 때의 성리학자 수십 명을 선정하여 그들의 사상을 정리했다. 이 책 『도학정맥』은 성리학의 발전과정을 체계적으로 살필 수 있게 서술되어 지금도 관련 분야 연구에 도움을 주고 있다(『한국민족문화대백과사전』).
76 『인조실록』, 1년(1623) 4월 11일.
77 고재형 저, 김형우·강신엽 역, 『역주 심도기행』, 인천대학교 인천학연구원, 2008, 169쪽.
78 권순열, 「석주 권필 연구」, 『남도문화연구』 제25집, 2013, 170쪽.
79 최태호, 「송강 만년의 생애와 작품」, 『어문학연구』 7, 1998, 129쪽.
80 최태호, 「송강 만년의 생애와 작품」, 『어문학연구』 7, 1998, 135쪽.
81 『선조수정실록』, 26년(1593) 4월 1일.
82 『선조실록』, 25년(1592) 7월 29일.
83 『인조실록』, 13년(1635) 4월 5일.
84 『인조실록』, 15년(1637) 1월 22일.
85 『선조실록』, 37년(1604) 7월 22일.
86 『인조실록』, 5년(1627) 2월 11일.
87 『인조실록』, 5년(1627) 2월 12일.
88 『인조실록』, 5년(1627) 3월 12일.
89 김노진의 『강화부지』 '사단' 항목에 나온다. 그런데 같은 책 '사실' 편에서는 충렬사의 원래 이름을 현충사(顯忠祠)가 아닌 현렬사(顯烈祠)로 적었다.
90 강화군·강화문화원, 『강화금석문집』, 2006, 49~50쪽.
91 『인조실록』, 14년(1636) 12월 14일.
92 신달도·정양·윤선거 원저, 신해진 편역, 『17세기 호란과 강화도』, 역락, 2012, 125~126쪽.
93 『인조실록』, 15년(1637) 10월 28일.
94 고재형 저, 김형우·강신엽 역, 『역주 심도기행』, 인천대학교 인천학연구원, 2008, 59쪽.
95 인천광역시 역사자료관, 『역주 강도고금시선(전집)』, 2010, 56쪽.
96 강톨가 외 지음, 김장구·이평래 옮김, 『몽골의 역사』, 동북아역사재단, 2009, 200쪽.
97 허태구, 「병자호란 강화도 함락의 원인과 책임자 처벌: 김경징 패전책임론의 재검토를 중심으로」, 『진단학보』 113, 2011, 111쪽.
98 『인조실록』, 14년(1636) 12월 30일.
99 한명기, 『병자호란』 2, 푸른역사, 2013, 51쪽.
100 『숙종실록』, 44년(1718) 4월 1일.
101 『여지도서』, 강도부지, 성지(城池).
102 성벽이나 돈대 벽 위에 추가로 쌓은 낮은 담장을 여장(女墻)이라고 한다. 성가퀴라고도

부른다. 병사가 몸을 숨겨 스스로 보호하면서 동시에 적을 공격하는 시설이다. 여장이 일반 담장과 다른 점은 일정한 구간마다 세로로 약간 트여있다는 것이다. 이렇게 세로로 좁게 트여있는 공간을 타구(垜口)라고 한다. 타구는 몸을 엄폐한 채 활을 쏘기 좋은 공간이다. 타구와 타구 사이의 여장을 타(垜) 또는 첩(堞)이라고 한다. 활과 함께 총을 무기로 쓰게 되면서 타마다 네모난 작은 구멍을 만들었다. 총을 쏘는 이 구멍을 총안(銃眼)이라고 한다. 수평으로 구멍을 낸 것은 멀리 있는 적을 향해 쏘는 원총안이다. 바깥쪽을 낮게, 비스듬하게 구멍을 낸 것은 근접한 적을 향해 총을 쏘는 근총안이다.

103 W.E.그리피스 지음, 신복룡 역주, 『은자의 나라 한국』, 집문당, 1999, 531쪽.

104 옛날에는 '연호(年號)'라는 것으로 연대를 표기했다. 연호는 중국 황제가 정하고 우리나라를 비롯한 주변국들은 중국 것을 그대로 사용하는 것이 관례였다. 법흥왕을 비롯한 신라의 몇몇 왕과 고구려 광개토왕 그리고 고려의 광종 등이 중국 것을 거부하고 우리 고유의 연호를 제정하기도 했다. 그렇지만 대부분의 임금이 중국 연호를 따랐다. 중국에서 연호를 처음 제정한 임금은 한나라 무제. 중국 각 왕조의 황제들은 필요에 따라 수시로 연호를 바꿨다. 그런데 명나라 때부터는 한 임금이 하나의 연호만 사용하게 된다. 이제 연호에 황제를 의미하는 제(帝)를 붙여 그 임금의 호칭으로 사용하게 된다. 명나라 홍무제 때의 연호는 홍무, 청나라 옹정제 때의 연호는 옹정인 것이다. 그러면 강희는 어느 황제의 연호인가? 물론 청나라 강희제의 연호다. 한편, 조선에서는 청에 대한 저항의 의미를 담아 이미 망해버린 명나라의 연호인 숭정(崇禎)을 쓰기도 했다. '숭정 기원 후 ○○년' 식이다. 숭정은 명의 마지막 황제 숭정제(의종)가 1628년(무진년)부터 사용한 연호이다. '숭정 기원후 73년 경진년'(김상용 순의비)은 숭정이란 연호를 쓰기 시작한 1628년 이후 73년이 지난 때인 경진년을 말하는 것이니까 서기 1700년(숙종 26)이 된다. 이밖에 '숭정 두 번째 기미년'(권필유허비), '숭정 갑신 후 58년 신사'(충렬사비), '숭정 무진 기원후 104년 신해'(오정도거사비 음기) 등으로 썼다.

105 『비변사등록』, 숙종 8년(1682) 8월 26일.

106 『비변사등록』, 숙종 9년(1683) 윤6월 5일.

107 54개의 돈대 가운데 원래의 모습에 가깝게 여장까지 복원된 것이 12개, 여장 없이 성벽만 복원된 것이 14개, 일부라도 그 형태가 보존된 곳이 18개, 아예 없어져서 형태를 알 수 없는 것이 10개다.

108 『인조실록』, 27년(1649) 3월 3일.

109 『숙종실록』, 4년(1678) 10월 17일.

110 송양섭, 「17세기 강화도 방어체제의 확립과 진무영의 창설」, 『한국사학보』 13, 2002, 245쪽 표를 재편집함.

111 염정섭, 「18세기 중반 강화부 유수의 목민에 관한 연구」, 『인천학연구』 2-1, 2003, 89~90쪽.

112 이존희, 『조선시대의 한양과 경기』, 혜안, 2001, 181~189쪽.

113 『광해군일기』, 10년(1618) 6월 8일.

114 이재철, 『조선후기 비변사 연구』, 집문당, 2001.

115 최봉수, 「조선시대 지방행정구역의 정비에 관한 연구」, 『정책과학연구』 5, 1993, 9쪽.

116 김종혁, 「조선시대 행정구역의 변동과 복원」, 『문화역사지리』 20, 2003, 103~104쪽.

117 『태종실록』, 13년(1413) 10월 15일.
118 고려와 조선시대 각 고을에 설치했던 관사(館舍)로 객관(客館)이라고도 한다. "대저 객사는 사명(使命)을 띤 사람들이 오갈 적에 지나다가 유숙하기 위해 설치한 것"(『중종실록』, 20년 4월 5일)이라는 말대로 조정에서 출장 온 관리나 사신에게 숙식을 제공하는 곳이다. 이에 더해서 조선시대에는 객사에 전패(殿牌)를 안치했다. 전패는 '궐(闕)'자 또는 '전(殿)'자를 새긴 위패 모양의 목패로 임금을 상징한다. 해당 고을 수령이나 출장 온 관리가 매월 초하루와 보름에 전패에 절을 올리며 임금에 대한 예를 갖췄다. "전패에 변을 일으킨 사람 영휘·몽선을 국문하여 승복받아서 법대로 처형하였다"(『숙종실록』, 20년 4월 26일)는 기록처럼 전패를 신성시하였다. 전패를 훼손하는 것은 임금에 대한 저항으로 받아들여졌다.
119 정호승, 『수선화에게』, 비채, 2015.
120 강화군·강화문화원, 『강화금석문집』, 2006, 466쪽.
121 염영하, 『한국의 종』, 서울대학교출판부, 1994, 496쪽.
122 『승정원일기』, 고종 3년(1866) 10월 6일.
123 염영하, 『한국의 종』, 서울대학교출판부, 1994, 16~17쪽.
124 정문석, 「조선시대 승장계 범종 연구」, 동국대학교대학원 석사학위논문, 2011, 28~29쪽.
125 조명제, 「조선후기 승군의 북한산성 축성과 중흥사의 산성 관리」, 『전법학연구』 2, 2012, 263~264쪽.

4장 거울 앞에 서다

1 종청한, 『50인으로 읽는 중국사상』, 무우수, 2007, 370쪽.
2 『양명전집』 권26, 「敎條示龍場諸生」, 최재목(2012)의 논문에서 재인용.
3 송석준, 「조선조 양명학의 수용과 연구 현황」, 『양명학』 12, 2004, 9쪽.
4 『하곡집』, 「정제두 연보」.
5 이용규, 『강화학파 학인들의 발자취』, 수서원, 2007, 56쪽.
6 1710년(숙종 36) 강원도 관찰사(종2품)를 사양했던 정제두가 다음 해에 내려진 회양도호부사(종3품)직을 받아들여 부임했다. "도지사는 안 해요, 군수는 할게요." 그런 셈이다. 왜 그랬을까? "큰 벼슬은 사양했어도 작은 벼슬은 받아 줄 수 있지 않겠소"라는 숙종의 간곡한 부탁을 차마 뿌리치지 못해서 회양으로 가게 된 것이다. 여기서도 두 달밖에 근무하지 않고 사직했다. 그럼에도 그 짧은 기간에 선정을 펼쳐 기근으로 허덕이는 백성들을 구해냈다. 회양을 떠나올 때 전송 행렬이 수십 리 가도록 끊이지 않았다고 한다. 주민들은 정제두의 은덕을 기려 철비(鐵碑)를 세웠다.
7 『하곡집』, 「정제두 연보」.
8 김노진, 『강화부지』(1783), 유우.
9 『숙종실록』, 3년(1677) 10월 17일.
10 『영조실록』, 2년(1726) 7월 19일.

11 양태부, 「하곡 정제두의 가계와 '강화학파' 묘지발견조사」, 『양명학』 24, 2009, 457쪽.
12 강화역사문화연구소, 「강화역사달력」, 2005.
13 지리산 천은사 홈페이지(http://www.choneunsa.org).
14 한국불교연구원, 『대흥사』, 일지사, 1982, 83~84쪽.
15 이덕일, '스승의 길, 제자의 길', 한국일보, 2015. 5. 20.
16 『고려사절요』, 의종 11년 1월.
17 이경수, 『역사의 섬 강화도』, 신서원, 2002, 329~330쪽.
18 『태종실록』, 4년(1404) 2월 8일.
19 오항녕, 「그런데 왜 실록을 편찬하였을까?」, 『내일을여는역사』 14, 2003, 168쪽.
20 조용헌, '역사의 3가지 공덕', 조선일보, 2011. 2. 21.
21 나는 좀 엉뚱한 생각을 한다. 사고의 책들이 모두 재가 됐을까? 혹시 일본군이 실록과 함께 지금 전해지지 않는 중요한 책들을 골라 훔쳐 가지 않았을까? 문화재 약탈 계획을 미리 세우고 침략했던 그들이다. 실록 등의 가치를 잘 아는 그들이다. 의심이 간다.
22 『선조실록』, 31년(1598) 2월 3일.
23 『선조실록』, 36년(1603) 5월 19일.
24 『선조실록』, 28년(1595) 11월 7일.
25 이형상, 『강도지』, 영전.
26 『광해군일기』, 9년(1617) 2월 1일.
27 『인조실록』, 15년(1637) 2월 27일.
28 강문식, 「조선후기 강화사고의 운영」, 『조선시대사학보』 64, 2013, 166쪽.
29 이성무, 『조선왕조실록 어떤 책인가』, 동방미디어, 1999, 204쪽.
30 『효종실록』, 4년(1653) 11월 6일.
31 『현종실록』, 10년(1669) 9월 15일.
32 『승정원일기』, 효종 9년(1658) 9월 18일.
33 정족산사고의 안전을 위해 무너진 정족산성을 다시 쌓았다. 그만큼 실록 보호에 정성을 다했다. 우리는 외적의 침략으로부터 사고를 보호할 목적으로 산성을 다시 쌓았음을 짐작하게 된다. 그런데 다른 이유가 또 있었다. 1659년(현종 즉위년) 12월 26일 『승정원일기』에 따르면, 산성 수축은 화재 예방을 위해서였다. 아직도 일부에서 그러하듯, 해마다 경작 전에 논둑에 불을 놓는다. 병충해 예방법이다. 그러다 논에 놓은 불이 산으로 옮겨 붙을 때가 있다. 조선시대에도 마찬가지였다. 이것을 걱정하여 산불이 사고(史庫) 근처까지 퍼지지 않게 산성을 다시 쌓은 것이다. 당시의 정족산성은 일종의 방화벽 용도였던 셈이기도 하다. 자세한 내용은 강문식, 「조선후기 강화사고의 운영」을 참고.
34 『현종실록』, 1년(1660) 11월 8일.
35 이형상, 『강도지』, 사각.
36 이우종, 「정족산사고 장사각의 건축적 형태 연구」, 『대한건축학회논문집』 제30권, 2014, 192쪽.

37 이우종,「정족산사고 장사각의 건축적 형태 연구」,『대한건축학회논문집』제30권, 2014, 190~191쪽.
38 조계영,「조선후기 선원각의 왕실 기록물 보존체계: 정족산사고 '선원록형지안'을 중심으로」,『조선시대사학보』55, 2010, 201~204쪽.
39 『丁亥八月日 鼎足山城 御牒璿源錄 移安形止案』(1707년 8월 27일, 규9306), 조계영의 논문에서 재인용.
40 박정해,「정족산 사고의 입지환경」,『민속학연구』제33호, 2013, 143쪽.
41 강문식,「조선후기 강화사고의 운영」,『조선시대사학보』64, 2013, 187쪽.
42 『승정원일기』, 순조 24년 8월 10일.
43 이성무,『조선왕조실록 어떤 책인가』, 동방미디어, 1999, 228~230쪽.
44 영종대왕은 영조를 말한다. 실록은 왜 영조(英祖)를 영종(英宗)으로 적었나. 임금이 죽으면 관련 신하들이 모여 묘호를 짓는다. 묘호는 태조·태종처럼 조(祖)나 종(宗)으로 끝난다. 신하들이 몇 가지 예비 묘호를 만들어 올리면 삼정승이 그 가운데 세 개를 뽑아서 순위를 정해 새 임금에게 보고한다. 새 임금은 셋 가운데 하나를 정한다. 대개 1순위로 적어 올린 것을 정하지만, 2순위나 3순위 것을 택하기도 한다. 셋 다 임금 마음에 안 들면 다른 이름으로 다시 정해서 올리게도 했다(임민혁,『왕의 이름 묘호』). 그럼 어떤 임금에게 조를 붙이고 어떤 임금에게 종을 붙이나. 그 기준은 '조공종덕(祖功宗德)'이다. 왕이 공이 있으면 조요, 덕이 있으면 종이라는 것이다. 그런데 이게 좀 우습다. 어떤 임금이 죽었을 때 그 임금에게 공이 많은지, 덕이 많은지를 어떻게 판별하느냐는 말이다. 공과 덕이 다 있거나 다 없으면 또 어떡하나. 그래서 묘호 결정이 정치적 이해를 둘러싼 왕과 신하의 관계에 따라 쉽게 결정되기도 했고 또 어렵게 정해지기도 했다. 통상 나라를 개국한 임금과 개국에 버금가는 공을 세웠다고 평가한 임금에게 조를 붙였다. 개국에 버금가는 공은 전쟁이나 커다란 반란 등 위기를 극복해서 망할 뻔한 나라를 되살린 것을 말한다. 반정으로 즉위한 임금의 경우 자신이 폐위시킨 왕대를 위기의 시대로 말할 수밖에 없다. 이를 명분으로 조(祖)가 들어간 묘호를 받기도 했다. 조와 종에는 높고 낮음의 차이가 없다고 당시 사람들은 말했다. 그렇지만, 내심 조를 종보다 더 높은 것으로 인식했다. 조선후기로 갈수록 조를 높게 보는 인식이 뚜렷해졌다. 그래서 애초의 묘호 '○종'을 '○조'로 바꾸는 경우가 꽤 있었다. 조선의 임금 가운데 묘호가 조인 왕은 태조·세조·선조·인조·영조·정조·순조다. 태조야 뭐 당연히 태조다. 그런데 그에게 묘호가 내려진 것은 의외로 늦어서 1408년(태종 8) 8월 7일이다. 세조가 죽은 후 신하들이 올린 예비 묘호가 '신종(神宗)·예종(睿宗)·선종(宣宗)'이었다. 이럴 때 신종으로 결정되는 것이 보통이다. 그런데 세조의 아들로 왕위를 물려받은 예종이 세 묘호를 모두 거부하고 아버지 묘호로 세조를 요구했다. 그래서 세조가 되었다. 선조의 묘호는 선종으로 결정됐었다. 그런데 몇 년 후 광해군에 의해서 선조로 고쳐졌다. 임진왜란을 극복한 공을 반영한다는 명분이었다. 인조는 처음부터 묘호가 인조였다. 반정을 통한 즉위, 정묘·병자호란으로 나라를 구한 공(?)을 평가한 것이다. 영조도 원래 영종이었다. 그런데 한참 뒤인 1889년(고종 26)에 가서야 영조가 되었다. 정조도 묘호가 정종이었다. 세월이 많이 지난 뒤에 정조로 묘호가 바뀌었다. 순조도 묘호가 순종이었다. 그런데 철종이 순조로 고쳤다. 순조의 권위를 강화함으로써 철종 자신의 정통성을 강조하려는 조치로 보인다.
45 정조 당시 조정은 노론·소론·남인으로 구성돼 있었다. 이들은 다시 시파와 벽파로 나뉜

다. 시파는 사도세자의 죽음을 동정하면서 정조의 국정 운영에 동조하는 '친(親) 정조 세력' 정도로 볼 수 있다. 벽파는 사도세자가 죽임당한 것이 정당하고 당연한 일이라고 주장하며 정조에 비협조적인 '반(反) 정조 세력'쯤으로 보면 된다. 1800년(정조 24) 정조가 죽자 아들 순조가 11세에 즉위했다. 왕이 어리니 수렴청정이 필요했고 그 권한이 정순왕후(1745~1805)에게 있었다. 그녀는 영조의 계비로 사도세자를 몹시 미워했던 인물이다. 당연히 시파를 밀어내고 벽파 정권을 세우려 했다. 한편으로 경주 김씨인 자신의 친정 쪽 사람들을 조정 요직에 포진시켰다. 시파와 남인 중에 천주교 신자가 많은 것을 이용해 대대적인 천주교 탄압에 나섰다. 그러나 정순왕후는 안동 김씨를 막지 못했다. 1802년(순조 2) 안동 김씨 김조순의 딸이 순조의 왕비로 책봉된 것이다. 그녀가 순원왕후(1789~1857)다. 정조 사망 전에 공식적으로 결정되어 있던 혼인이라고는 하지만, 수렴청정 중인 정순왕후의 힘으로 취소할 수 있었다. 경주 김씨 집안에서 순조의 비를 뽑을 수도 있었다. 김조순이 노론 시파였기에 그럴 가능성이 충분했다. 그런데 김조순은 아주 고단수의 정치인이다. 철저히 몸을 낮추고 정순왕후 세력에 순응했다. 시파 쪽 사람들이 해코지를 당해도 그저 모르는 척, 납작 엎드려 때를 기다렸다. 그 결과 김조순의 딸이 무사히 왕비(순원왕후)가 될 수 있었던 것이다. 순원왕후는 왕자를 낳았다. 그가 효명세자(1809~1830)다. 효명세자는 아버지 순조를 대신한 대리청정 중에 사망하고 만다. 그는 아들 헌종(1834~1849)이 즉위하면서 익종으로 추존되었고 풍양 조씨인 헌종의 어머니는 신정왕후(1808~1890)가 된다. 헌종이 별세했다. 아들이 없었다. 순원왕후 김씨는 신정왕후 집안인 풍양 조씨 쪽에서 손쓰기 전에 사도세자의 증손자인 원범을 후계 왕으로 지목하여 즉위하게 한다. 그리고 안동 김씨 김문근의 딸을 철종의 비로 책봉해 안동 김씨 세도정권을 강화한다. 한편 신정왕후는 1857년(철종 8) 순원왕후 사망 뒤에 대왕대비가 된다. 흔히 '조대비'라고 부른다. 철종이 아들을 남기지 못하고 죽자 안동 김씨의 득세를 막고자 흥선대원군 이하응(李昰應, 1820~1898)의 아들 고종에게 철종을 잇게 한다.

46 임혜련, 「철종대 정국과 권력 집중 양상 - 임술민란 배경과 관련하여 - 」, 『한국사학보』 제49호, 2012, 126~127쪽.

47 조선시대 관리의 아내들은 남편의 관직에 따라 작위를 받았다. 1품 관리의 아내를 정경부인(貞敬夫人)이라고 했다. 정경부인은 가끔 들어봤다. 왕비의 어머니와 대군의 아내는 부부인(府夫人)이라고 했다. 이는 『경국대전』에 규정된 것이다. 부대부인(府大夫人)은 『경국대전』에 규정된 작위가 아니다. 조선전기에 부대부인이 쓰이기는 했지만, 명확한 기준은 없었다. 조선후기쯤부터 임금의 생모에게 올리는 칭호로 굳어졌다. 고향이나 본관 등의 읍호를 붙여 '○○부대부인'으로 불렸다. 정상적으로 아버지로부터 왕위를 물려받은 아들의 생모는 대개 왕비이거나 후궁이다. 따라서 그들에게는 '부대부인'이라는 작위가 필요 없다. 철종·고종의 생모처럼 예외적인 경우에만 붙이는 호칭이다. 철종의 생모는 용성부대부인(龍城府大夫人), 고종의 생모는 여흥부대부인(驪興府大夫人)이다. 이들의 남편이 대원군이다. 대원군(大院君)이란, 왕이 후사 없이 죽어서 종친 중에서 왕위를 계승하는 경우와 반정으로 왕이 바뀐 경우에 새 임금의 생부에게 주던 존호이다. 대원군은 조선시대에 4명 있었다. 선조의 아버지 덕흥대원군·인조의 아버지 정원대원군(이후 원종으로 추존)·철종의 아버지 전계대원군, 고종의 아버지 흥선대원군이다. 덕흥대원군·정원대원군·전계대원군은 사망한 뒤에 추존된 것이고, 흥선대원군만 생전에 대원군으로 봉해졌다. 이쯤에서 중종이 궁금해지는 독자가 있을지도 모르겠다. 광해군을 내쫓고 왕위를 차지한 인조처럼 중종도 반정으로 연산군을 내몰고 왕이 됐으니, 중종의 아버지도

대원군이 아닐까? 아니다. 중종은 성종의 둘째 아들이다.
48 『철종실록』, 부록 명순 왕비가 써 내린 행록(行錄).
49 『철종실록』, 부록 명순 왕비가 써 내린 행록(行錄).
50 이성무의 『조선시대 당쟁사』 2, 261쪽에서 인용한 것인데 실록에는 좀 다른 얘기가 실려 있기에 덧붙인다. "종실인 담(湛)이 사(死)하였다. 담은 은언군 이인의 장자인데, 홍국영이 일찍이 나의 생질이라고 불렀던 자다. 원빈(元嬪)의 상례 때에 대전관(代奠官)이 되어 완풍군(完豊君)으로 일컬어졌는데, 홍국영이 실패하자, 상계(常溪)로 호칭을 고쳤다가 이때 이르러 갑자기 죽었는데[暴死] 한때 이인이 독살하였다고 떠들썩하였다"(『정조실록』, 10년(1786) 11월 20일) 이담이 독을 먹고 죽은 사연은 끝내 밝혀지지 않은 것 같다. "포도대장 조규진·이한창을 파직하고 서유대·이방일로 대임시키라고 명하였는데, 역적 담이 독약을 먹은 원인을 아직도 캐내지 못하였기 때문이었다"(『정조실록』, 10년(1786) 12월 9일).
51 『정조실록』, 10년(1786) 12월 28일.
52 『순조실록』, 1년(1801) 3월 16일.
53 『순조실록』, 1년(1801) 5월 29일.
54 『순조실록』, 22년(1822) 2월 28일.
55 『철종실록』, 즉위년(1849) 9월 12일.
56 『철종실록』, 부록 명순 왕비가 써 내린 행록(行錄).
57 『철종실록』, 즉위년(1849) 6월 9일.
58 『철종실록』, 철종 대왕 묘지문[誌文].
59 『철종실록』, 3년(1852) 10월 22일.
60 『철종실록』, 10년(1859) 3월 5일.
61 홍인희, 「철종대 정국과 철종의 왕권 확보 노력」, 고려대학교대학원 석사학위논문, 2010, 33~34쪽.
62 『철종실록』, 4년(1853) 5월 16일.
63 『철종실록』, 4년(1853) 5월 23일.
64 『고종실록』, 12년(1875) 12월 10일.
65 『승정원일기』, 철종 4년(1853) 5월 23일.
66 『철종실록』, 4년(1853) 8월 25일.
67 『철종실록』, 8년(1857) 3월 5일.
68 『철종실록』, 9년(1858) 6월 6일.
69 김지영, 「조선시대 왕실 여성의 출산력」, 『정신문화연구』 124, 2011, 292쪽.
70 이외수, 『감성사전』, 동숭동, 2001, 39쪽.
71 『철종실록』, 9년(1858) 6월 4일.
72 『철종실록』, 12년(1861) 10월 25일.
73 『철종실록』, 12년(1861) 11월 6일.

74 『철종실록』, 12년(1861) 11월 6일.
75 『철종실록』, 12년(1861) 11월 7일.
76 한종구, 「몰락한 외가의 권위를 되찾아주고 싶었던 왕의 마음이 담긴 철종외가」, 『한옥문화』 제37호, 2015, 85~86쪽.
77 서인한, 「병인양요의 작전일지, 『丙寅日記』」, 『전쟁과 유물』 제3호, 2011, 50쪽.
78 양교석, 「병인양요에 관한 일연구-정족산성 양헌수 전첩을 중심으로-」, 고려대학교 교육대학원 석사학위논문, 1985, 8쪽.
79 러시아인들이 1864년(고종 1)·1865년(고종 2)에 두만강 연안에 나타나 조선과의 통상과 러시아 상인들의 조선 거주를 허가할 것을 요구했다. 러시아가 두만강가에 나타날 수 있었던 것은 청나라의 몰락과정과 관련이 있다. 아편전쟁으로 난징조약(1842)을 맺고 영국에 꺾인 청나라는 제2차 아편전쟁으로 영국·프랑스와 톈진조약(1858)을 맺고 더 깊은 수렁에 빠졌다. 청나라가 이에 반발하자 영국과 프랑스 연합군이 베이징을 점령했고 러시아의 중재로 베이징조약(1860)을 맺었다. 이때 러시아가 중재의 대가로 청의 연해주 지역을 빼앗았다. 연해주를 차지한 러시아는 조선과 두만강을 경계로 영토가 맞닿게 되었다. 그래서 조선을 위협하는 또 하나의 나라로 등장한 것이다.
80 그런데 벨로네가 너무 나갔다. 일개 대리공사(代理公使)에 불과함에도 독단으로 조선에 대한 선전포고와 조선왕의 폐위를 선언하고 로즈 제독에게 조선 출병을 명령하는 잘못을 저질렀다. 로즈는 벨로네가 자신에게 명령하는 것에 반발하며 벨로네를 비판했다. 경솔하게 전쟁을 선포함으로써 조선이 대응책을 마련해 원정을 더욱 어렵게 만든 점, 조선은 국교가 없는 나라이기에 조선 문제의 관할권은 현지 군사령관인 자신에게 있다는 점, 벨로네는 해군 병력의 동원을 지시할 수 없다는 점이 비판의 요지였다(김용구, 『약탈제국주의와 한반도』, 54쪽).
81 김용구, 『약탈제국주의와 한반도』, 원, 2013, 44쪽.
82 서인한, 「병인양요의 작전일지, 丙寅日記」, 『전쟁과 유물』 제3호, 2011, 59쪽.
83 전설이라고 해야 할 것 같다. 손돌은 뱃사공이다. 어느 임금이 난리를 피해 강화도로 오게 되었을 때, 임금을 모시고 강화도로 건너게 되었다. 임금과 신하들이 보니 손돌이 물살이 세고 위험한 곳으로만 배를 저어 가고 있었다. 잔잔한 곳으로 가도록 명했지만 손돌은 듣지 않았다. 의심이 인 임금은 그 자리에서 손돌의 목을 치게 했다. 손돌은 죽기 직전 바가지 하나를 꺼내 놓으며, "내가 죽거든 이 바가지를 물 위에 띄워 흐르는 대로만 배를 저어가시오"라고 말했다. 그러면 사나운 여울을 피해 무사히 강화 섬에 닿을 것이라고 했다. 그가 죽임을 당하고서 물결이 더욱 거칠어지고 배가 흔들렸지만 손돌의 당부대로 바가지를 띄우고 무사히 건널 수 있었다. 충성스러운 백성을 의심하여 죽인 임금은 곧 후회하여 손돌의 사당을 짓고 그의 원혼을 위로하게 하였다. 그가 죽은 10월 20일에는 영락 없이 추위가 온다 하는데 이를 '손돌추위'라고 하며 이날 부는 세찬 바람을 '손돌바람'이라 한다. 손돌이 처형된 곳을 '손돌목'이라 부르는데 지금의 광성보 끝자락 용두돈대 앞이다. 용두돈대에서 마주 보이는 김포 땅 덕포진에는 손돌의 것으로 전해지는 무덤인 손돌묘가 있다. 손돌 이야기는 염하(강화해협)의 물길이 얼마나 험한지 상징적으로 알려준다. 손돌을 죽게 한 임금으로 고려 고종을 비롯해 여러 왕이 말해지지만, 현실적으로 맞아떨어지는 임금은 없다. 18세기 중엽 영조 임금 때 편찬된 전국읍지인 『여지도서』에도 손돌전설이 실려 있는데, 손돌을 죽인 임금이 고려 공민왕이라고 했다. 공민왕이 주인공일 가능성

도 역시 희박하다. 양헌수는 손돌 이야기를 주변 사람한테 들었을 것이다. 손돌의 충성심과 그 기운으로 바다를 무사히 건너게 해주십사 하는 염원을 담아 그의 묘에 절을 올렸을 것이다.

84 『고종실록』, 3년(1866) 9월 22일.

85 조선군의 도하 작전은 1차로 170여 명, 2차로 160여 명, 3차로 160여 명, 이렇게 세 차례에 걸쳐 이루어졌다. 선박의 규모가 작아 한 번에 염하를 건널 수 없었기 때문이다. 양헌수 부대를 실어 나를 배는 70인용 2척, 30인용 3척이었다. 계산상 230명을 태울 수 있다. 어차피 세 번은 왔다 갔다 해야 병사들을 모두 강화도로 옮길 수 있다. 양헌수는 70인용 2척과 30인용 1척을 광성보 맞은편 부래도(浮來島)에 정박시키고, 나머지 30인용 2척은 초지진 맞은편 적암포(赤巖浦)에 배치했다. 도하 병력이 1차 170여 명, 2차 160여 명, 3차 160여 명이면 510명 정도가 될 것이다. 전체 병력은 549명, 나머지 30여 명은 포구 유지와 중간 연락을 위해 김포 쪽에 남겨두었던 것 같다. 1차 병력은 부래도에서 출발하여 광성보에 내렸고, 2차 병력은 손돌목에서 승선하여 덕진진에 내렸다. 3차 병력은 적암포에서 승선하여 초지진에 내린 것 같다. 이들은 모두 정족산성으로 모였다. 출발지와 도착지가 한 곳이 아니고 점점 남쪽으로 내려온 것은 물때와 물길의 변화 때문이었다(이상훈, 「병인양요시기 조선군의 염하수로 도하작전」, 116쪽).

86 펠릭스 클레르 리델 원저, 한국교회사연구소 번역위원회 역주, 『리델문서Ⅰ』, 한국교회사연구소, 1994, 160쪽.

87 양헌수 부대에 소를 보낸 이 가운데 홍진섭도 있었다. 홍진섭은 그 일을 이렇게 기록했다. "… 아내를 장사 지낸지 열흘도 되지 않았고 아이들마저 어린데/ 적병은 며칠 지나지 않아 올라올 것이니 길목마다 어렵구나/ 서생에게 어찌 적을 평정할 계책이 있으랴만/ 보잘 것 없는 반찬 드렸어도 좋은 얼굴로 맞이하네"(인천광역시 역사자료관, 『역주 강도고금시선(후집)』, 108쪽).

88 연갑수, 「병인양요 이후 수도권 방비의 강화」, 『서울학연구』 8, 1997, 65쪽.

89 『고종실록』, 3년(1866) 10월 6일.

90 H.쥐베르·CH.마르탱 지음, 유소연 옮김, 『프랑스군인 쥐베르가 기록한 병인양요』, 살림, 2010, 60쪽.

91 양교석, 「병인양요에 관한 일연구-정족산성 양헌수 접전을 중심으로-」, 고려대학교교육대학원 석사학위논문, 1985, 59쪽.

92 이주천·김진환, 「병인양요의 재조명-조선과 프랑스의 대격돌-」, 『인문학연구』 제8집, 2007, 140쪽.

93 사실 진무영체제는 프랑스나 미국처럼 신속하게 서해를 통해 침입하는 적을 막는데 취약했다. 숙종 당시 진무영을 설치한 것은 북쪽에서 육로를 통해 내려오는 적의 침입을 대비하는 의도였을 것이다. 대병력을 강화도에 상주시키기 어려운 처지에서 나온 차선책인 것이다. 비상사태 발생 때 인근의 통진·부평·풍덕·연안의 군사들이 강화도의 약속된 지점으로 집결해서 방어전을 펼치는 군사계획이 진무영체제의 특징이다. 적이 북쪽에서 침입해 올 때는 통진·부평 등의 병력이 강화로 집결할 시간이 부족하지 않다. 그러나 병인양요 때처럼 적선이 염하(강화해협)와 조강을 장악해버리면 인근 지역 병사들이 강화도로 들어오기 어렵다. 양헌수가 전투보다 더 힘겹게 염하를 건넜다는 사실이 이를 입증

한다. 그렇다고 진무영을 강화한 대원군의 조치가 무의미하다고 할 수는 없다. 대략 숙종 대까지의 강화도가 비상시 임금이 옮겨올 보장처로 기능했다면, 대원군 시기의 강화도는 한강을 통해 서울로 침입하는 적을 막는 방어선이었다. 어떤 방법으로든 강화도의 군사력을 증강할 필요가 있었다.

94 H.쥐베르·CH.마르탱 지음, 유소연 옮김, 『프랑스군인 쥐베르가 기록한 병인양요』, 살림, 2010, 65쪽.
95 강인선, '위기가 닥치면 드러나는 실력', 조선일보, 2016. 6. 7.
96 『고종실록』, 3년(1866) 9월 21일.
97 허윤희 기자, '프랑스 군대는 왜 책을 가져갔을까', 조선일보, 2011. 4. 15.
98 김문식·신병주, 『조선 왕실 기록문화의 꽃, 의궤』, 돌베개, 2005, 8~9쪽.
99 김문식·신병주, 『조선 왕실 기록문화의 꽃, 의궤』, 돌베개, 2005, 264쪽.
100 박흥신, 『외규장각 의궤의 귀환』, 행복에너지, 2014, 155쪽.
101 명미당 이건창 지음, 송희준 엮어 옮김, 『조선의 마지막 문장』, 글항아리, 2008, 401쪽.
102 『명미당집(明美堂集)』 제10권, 수당기(修堂記).
103 이건창 외 30명 지음, 박석무 편역 해설, 『나의 어머니, 조선의 어머니』, 현대실학사, 1998, 18쪽.
104 황현 저, 김준 번역, 『매천야록』, 교문사, 1994, 38쪽.
105 이시원의 개성유수 재직 기간에서 한 가지 의문이 있다. 1850년(철종 1) 9월 7일『비변사등록』에 의하면, '파직된 이시원의 후임'으로 이원익을 개성유수에 임명했다. 그런데 이후에도 이시원은 정상적으로 개성유수직을 수행하고 있다. 자세한 내막을 알 수 없다.
106 정양완, 『강화학파의 문학과 사상(5)』, 월인, 2012, 152쪽.
107 정양완, 『강화학파의 문학과 사상(5)』, 월인, 2012, 73쪽.
108 정양완, 『강화학파의 문학과 사상(5)』, 월인, 2012, 76쪽.
109 이건창 외 30명 지음, 박석무 편역 해설, 『나의 어머니, 조선의 어머니』, 현대실학사, 1998, 22쪽.
110 『매천집』, 본전(本傳)[화개(花開) 김택영(金澤榮)].
111 최홍렬, '임금 앞에서 논술시험', 조선일보, 2015. 9. 5.
112 명미당 이건창 지음, 송희준 엮어 옮김, 『조선의 마지막 문장』, 글항아리, 2008, 401쪽.
113 『승정원일기』, 고종 3년 병인(1866) 11월 17일.
114 『승정원일기』, 고종 6년(1869) 6월 27일.
115 한국고전번역원 승정원일기번역팀, 『후설』, 한국고전번역원, 2013, 258쪽.
116 명미당 이건창 지음, 송희준 엮어 옮김, 『조선의 마지막 문장』, 글항아리, 2008, 176쪽.
117 백외준, 「개항 전후 이건창의 대외인식과 해방론」, 고려대학교대학원 석사학위논문, 2012, 47쪽.
118 『인조실록』, 2년(1624) 3월 16일.
119 충청우도는 대략 지금의 충청남도 지역, 충청좌도는 충청북도 지역을 가리킨다. 한양에

서 내려다보는 것을 기준으로 좌·우를 정해서 그렇다. 전라좌수영(여수)·전라우수영(해남) 그리고 경상좌수영(부산)·경상우수영(통영)도 같은 이치다.

120 명미당 이건창 지음, 송희준 엮어 옮김, 『조선의 마지막 문장』, 글항아리, 2008, 388쪽.
121 『고종실록』, 15년(1878) 4월 20일.
122 『고종실록』, 15년(1878) 6월 21일.
123 『고종실록』, 15년(1878) 6월 21일.
124 실록에는 명확히 드러나지 않지만, 고종은 조병식을 감싸려고 했던 것 같다. 이건창이 조병식을 탄핵하자 고종은 몹시 화를 내며 큰소리로 "너같이 나이 어리고 어리석은 자가 어찌 조병식의 일을 다 아느냐?"(『매천야록』)라며 이건창을 질책했다. 이 일로 고종은 이건창을 지나치게 과격한 인물로 여기게 되었다고 한다. 고종은 이건창의 능력을 인정하면서도, 마음은 조병식에게 있었던 것 같다. 한편 이건창은 대문벌 집안사람인 조병식이 "벼슬 초기에 뇌물을 바침으로 임금에게 총애"(『조선의 마지막 문장』)를 얻었다고 했다. 조병식은 이건창이 대원군의 지시를 받고 자신을 공격한다는 유언비어를 퍼트렸는데 이 소리가 고종에게도 들어갔던 것 같다.
125 『고종실록』, 42년(1905, 대한 광무(光武) 9년) 2월 10일(양력).
126 『승정원일기』, 고종 15년(1878) 6월 20일.
127 김기승, 「이건창의 생애에 나타난 척사와 개화의 갈등」, 『순천향인문과학논총』 6, 1998, 64쪽.
128 『고종실록』, 20년(1883) 5월 2일.
129 명미당 이건창 지음, 송희준 엮어 옮김, 『조선의 마지막 문장』, 글항아리, 2008, 393쪽.
130 한국학중앙연구원, 한국역대인물 종합정보시스템(http://people.aks.ac.kr).
131 『비변사등록』, 고종 29년(1892) 5월 13일.
132 백외준, 「개항 전후 이건창의 대외인식과 해방론」, 고려대학교대학원 석사학위논문, 2012, 7쪽.
133 F.A.매켄지 지음, 신복룡 역주, 『한국의 독립운동』, 집문당, 1999, 141쪽.
134 『고종시대사』 6집, 융희 2년 11월 6일. 한편 이 무렵 강화에서의 의병활동이 매우 활발했다. 『매천야록』에 의하면, 1908년에 경기 지역 의병이 강화에 집결했는데, 그 인원이 7천여 명이었다. 그들에게 피살된 일본군과 일진회 회원의 수가 헤아릴 수 없이 많았다.
135 『고종실록』, 3년(1866) 10월 5일.
136 『비변사등록』, 고종 3년(1866) 11월 15일.
137 인천광역시, 『인천의 전통사찰과 불교미술-전등사와 선원사지』, 2011, 16~17쪽.
138 『순조실록』, 2년(1802) 11월 17일.
139 『고려사절요』, 충렬왕 2년(1276) 12월.
140 강화문화원, 『강도의 민담과 전설』, 1994, 100~103쪽.
141 서경혜, '불교와 원숭이', 주간불교, 2003. 12. 31.
142 인천광역시, 『인천의 전통사찰과 불교미술-전등사와 선원사지』, 2011, 39쪽.

143 정성호, 「전등사 대웅전 은행나무 기둥과 살아 있는 화석」, 『한옥문화』 제32호, 2013, 121쪽.

144 김현준, 『사찰, 그 속에 깃든 의미』, 교보문고, 1991, 278~279쪽.

145 자현, 『사찰의 비밀』, 담앤북스, 2014, 224쪽.

146 인천광역시, 『인천의 전통사찰과 불교미술-전등사와 선원사지』, 2011, 71쪽.

147 인천광역시 역사자료관, 『역주 강도고금시선(후집)』, 2011, 18쪽.

148 정경자, 「강화지역 사찰에 대한 풍수지리론적 입지연구-4개 사찰을 중심으로-」, 서경대학교대학원 석사학위논문, 2013, 53~54쪽.

149 조선 숙종 임금 당시에는 정족산성 동문에도 남문처럼 문루가 있었던 모양이다. 『강도지』(1696)의 다음 기록이 참고된다. "동문루(東門樓)·남문루(南門樓)와 서문(西門)·북문(北門)이 있다."

150 김용구, 『약탈제국주의와 한반도』, 원, 2013, 89~92쪽.

151 대원군은 전국 각지에 척화비도 세우게 했다. 문구는 병인년에 만들어졌지만, 척화비 자체는 신미양요를 겪은 1871년 4월 이후 세워졌다. 이후 1882년(고종 19) 임오군란으로 대원군이 청나라로 끌려가면서 철거되거나 매장되었다. 그래서 남아 있는 게 별로 없다. 대원군은 심지어 먹 만드는 사람들에게 명하여 먹을 만들 때는 반드시, '洋夷侵犯 非戰則和 主和賣國', 이 열두 자를 집어넣어 만들어 팔게 했다. 척화비 문구를 그대로 먹에도 새기게 한 것이다. "서양 오랑캐가 침범함에 싸우지 아니하면 화의가 되는 것이오, 화의를 주장함은 매국이 되는 것이다"라는 뜻이다(박은식 저, 김태웅 역해, 『한국통사』, 88쪽). 한편 황현은 『매천야록』에서 대원군이 1870년과 1871년 사이에 주·현으로 하여금 척화비를 세우게 했다고 썼다.

152 이주천, 「신미양요의 재조명을 통해 본 초기 한미관계의 교훈」, 『대외관계사연구』 제1집, 2007, 144쪽.

153 『고종실록』, 3년(1866) 9월 11일.

154 김명호, 『초기 한미관계의 재조명』, 역사비평사, 2005, 316쪽.

155 김용구, 『약탈제국주의와 한반도』, 원, 2013, 82쪽.

156 대장 배인 기함 콜로라도호·순양함 알래스카호·베니시아호·포함 모노카시호·팔로스호 이렇게 5척이다. 이들은 미국 아시아함대 소속이다. 미국은 1801년 지중해 함대 창설 이후 세계로 진출하면서 포함 외교를 성공해왔다. 아시아 진출에 관심을 두고 1822년에 아메리카 태평양 함대를 창설했는데 1835년에 동인도 및 중국해 함대로 이름을 바꿨고, 1865년에 다시 아시아 함대로 그 명칭을 바꿨다.

157 어재연이 미군의 총칼에 사망한 것이 아니라, 스스로 목을 찔러 자결했다는 기록이 있다(강선한, 「신미양요 비화」, 162쪽). 미군은 사령관 어재연을 가능하면 생포하고 싶어 했을지도 모른다. 어재연 자결설은 나름이 개연성이 있다. 황현은 『매천야록』에서 다소 극적으로 어재연의 죽음을 묘사했다. "재연은 분연히 칼을 들고 싸우다가 칼이 부러지사 납으로 된 탄환을 쥐고 적들을 향해 던졌다. 그 탄환에 맞기만 하면 적들은 즉사하였다. 그가 가지고 있던 탄환이 다 떨어지자 적들은 그를 창으로 난자하였지만, 그는 반 발자국도 옮기지 않고 죽었다."

158 깃발 중앙에 장수를 뜻하는 '帥'자가 들어있는 수자기는 총지휘관이 있는 본영에 세웠다. 조선시대 그 많던 수자기가 어찌 하나도 안 남아 있는지 모르겠다. 어재연 장군의 수자기가 현존 유일의 장군기라고 한다. 신미양요 때 미군은 이 깃발을 대포·총 등과 함께 가져갔다. 미국 아나폴리스 해군사관학교박물관에 있었는데 2007년에 10년간 장기대여 형식으로 우리나라로 돌아왔다. 강화역사박물관에 보관하다가 2015년에 갑곶돈대 안에 있는 강화전쟁박물관으로 옮겼다. 크기는 좌측 436cm, 우측 438.5cm, 상단 416cm, 하단 391.3cm로 삼베 재질이다(강화역사박물관,『강화역사박물관 전시품도록』, 225쪽). 수자기가 하마터면 북한으로 갈 수도 있었다. 한·미 관계자들의 반환 교섭 당시, 미국의 한 상원의원이 이 수자기를 1968년에 북한에 나포된 미 해군함 푸에블로호와 맞바꾸자고 국무부에 요구한 상태였다고 한다. 미 국무부는 이 문제로 북한과 협상할 의사가 없음을 밝혔고, 그래서 수자기가 강화도로 돌아올 수 있었다(강옥엽,『문화재사랑』134, 2016. 1, 21쪽). 문제는 10년 후다. 교섭 내용을 따르면, 2007년에 왔으니 2017년에는 미국으로 다시 돌아가야 한다. 그러나 우리가 계속 보유할 수 있는 방법이 찾아지리라 믿는다.

159 『고종실록』, 8년(1871) 4월 28일.

160 김원모, 「틸톤의 강화도참전수기」,『동방학지』31, 1982, 209쪽.

161 김용구,『약탈제국주의와 한반도』, 원, 2013, 133쪽.

162 연갑수, 「대원군과 서양-대원군은 쇄국론자였는가-」,『역사비평』50, 2000, 147쪽.

163 김원모, 「미국의 포함외교와 신미양요(1871)」,『Strategy21』제5호, 2000, 258쪽.

164 노영구, 「신헌의 국방론과 해안포대 건설」,『문헌과 해석』통권48호, 2009, 181쪽.

165 최덕수,「강화도조약과 개항」,『한국사』37, 국사편찬위원회, 2000, 227쪽.

166 김흥수, 「운요호사건과 이토 히로부미」,『한일관계사연구』제33집, 경인문화사, 2009, 257쪽.

167 이태진, 「1876년 강화도조약의 명암」,『한국사시민강좌』36, 2005, 127~128쪽.

168 노영구, 「신헌의 국방론과 해안포대 건설」,『문헌과 해석』48, 2009, 182쪽.

169 이태진, 「1876년 강화도조약의 명암」,『한국사시민강좌』36, 2005, 130쪽.

170 신헌 지음, 김종학 옮김,『심행일기』, 푸른역사, 2010, 112쪽.

171 이태진, 「1876년 강화도조약의 명암」,『한국사시민강좌』36, 2005, 129쪽.

172 武井幸一, 「운양호사건 전후 한일양국간의 대외정책과 인식 변화」, 동의대학교대학원 석사학위논문, 2008, 31쪽.

173 신헌은 조선후기 무신이자 외교가다. 무신이지만 어려서부터 정약용·김정희로부터 배워 학문이 높았다. 금석학·서예·지리 등 다방면에 밝았다. 실학자로 불러도 손색이 없을 것 같다. 그래서 무신으로 드물게 유장(儒將)이라고도 불렸다. 강위·박규수 등 개화파 인물들과도 교유하며 식견을 넓혔다. 1874년(고종 11) 진무사(鎭撫使) 겸 강화유수에 임명되었다. 이때 강화도 방비를 강화하려고 연해에 포대를 설치했다. 강화도조약 협상 경과를 기록한『심행일기(沈行日記)』를 남겼다. 1882년(고종 19)에는 조선 대표로 미국과 조미수호조약을 맺었다. 강화읍 갑곶돈대 안에 그의 선정비가 있다. 1880년(고종 17)에 세운 것으로 '진무사 겸 유수 삼도통어사 신헌이 백성을 사랑하고 선정을 베푼 것을 기리는 비'(鎭撫使兼留守三道統禦使申公櫶愛民善政碑)라고 쓰여 있다.

174 김종학이 번역한 『심행일기』에 실린 연표에서 발췌·편집함.
175 최덕수 외 지음, 『조약으로 본 한국근대사』, 열린책들, 2011, 44~45쪽.
176 최덕수, 「강화도조약과 개항」, 『한국사』 37, 국사편찬위원회, 2000, 249쪽.
177 최덕수 외 지음, 『조약으로 본 한국근대사』, 열린책들, 2011, 47쪽.
178 김흥수, 「일본의 강화도조약 인식의 변천과정」, 『공사논문집』 제64집, 2013, 23~26쪽.
179 김흥수, 「운요호사건과 이토 히로부미」, 『한일관계사연구』 제33집, 경인문화사, 2009, 260쪽.

도움 받은 자료

단행본

- 강톨가 외 지음, 김장구·이평래 옮김, 『몽골의 역사』, 동북아역사재단, 2009.
- 강화군, 『강화나들길 가이드북』, 2011.
- 강화군·강화문화원, 『강화금석문집』, 2006.
- 강화군·안양대학교, 『1871년 신미양요 사진집』, 2014.
- 강화군·진단전통예술보존협회, 『고려대장경과 강화도' 학술회의 자료집』, 2011.
- 강화문화원, 『강도의 민담과 전설』, 1994.
- 강화문화원, 『강도의 발자취』, 1990.
- 강화문화원, 『강도지명고』, 1992.
- 강화문화원, 『강화 보호수지』, 2003.
- 강화문화원, 『강화지명지』, 2002.
- 강화양명학연구팀, 『강화양명학연구사 II』, 한국학술정보, 2008.
- 강화역사박물관, 『강화역사박물관 전시품도록』, 2013.
- 강화향교, 『강화향교지』 상, 2010.
- 고구려연구재단, 『다시 보는 고구려사』, 2005.
- 고두현, 『마흔에 읽는 시』, 추수밭, 2013.
- 고려구조이엔지, 『정밀안전진단보고서-강화지석묘-』, 인천광역시 강화군, 2004.
- 고재형 저, 김형우·강신엽 역, 『역주 심도기행』, 인천대학교 인천학연구원, 2008.
- 고지마 쓰요시 지음, 신현승 옮김, 『사대부의 시대』, 동아시아, 2004.
- 국립문화재연구소, 『강화고려왕릉』, 2007.
- 국립문화재연구소, 『강화석릉』, 2003.
- 국사편찬위원회, 『한국사』 8, 1998.
- 궁인창·최용백, 『인천불교문화재 사찰의 역사를 찾아서』, 푸른세상, 2003.
- 김경임, 『사라진 몽유도원도를 찾아서』, 산처럼, 2013.
- 김경준, 『철종이야기』, 아이올리브, 2006.
- 김동환·배석, 『금속의 세계사』, 다산북스, 2015.
- 김명호, 『초기 한미관계의 재조명』, 역사비평사, 2005.
- 김문식·신병주, 『조선 왕실 기록문화의 꽃, 의궤』, 돌베개, 2005.
- 김범, 『연산군 그 인간과 시대의 내면』, 글항아리, 2014.
- 김시덕, 『동아시아, 해양과 대륙이 맞서다』, 메디치, 2015.

- 김양동, 『한국 고대문화 원형의 상징과 해석』, 지식산업사, 2015.
- 김왕직·김석순, 『강화 정수사 법당』, 동녘, 2011.
- 김용구, 『약탈제국주의와 한반도』, 원, 2013.
- 김인호·노혜경·윤훈표·임용한 역주, 『개성부원록』, 혜안, 2015.
- 김현준, 『사찰, 그 속에 깃든 의미』, 교보문고, 1991.
- 김형우·신대현·안병인, 『한국의 사찰』上, 대한불교진흥원, 2006.
- 나카무라 슈야 지음, 박재용 옮김, 『고대 최고의 외교전략가 김춘추』, 역사공간, 2013.
- 노계현, 『여몽외교사』, 갑인출판사, 1993.
- 동아대학교 석당학술원, 『국역 고려사』, 경인문화사·민족문화, 2006.
- 명미당 이건창 지음, 송희준 엮어 옮김, 『조선의 마지막 문장』, 글항아리, 2008.
- 박영규, 『한권으로 읽는 고려왕조실록』, 웅진지식하우스, 2014.
- 박영규, 『한권으로 읽는 조선왕실계보』, 웅진지식하우스, 2013.
- 박은식 저, 김태웅 역해, 『한국통사』, 아카넷, 2012.
- 박정근, 『박정근의 고고학 박물관』, 다른세상, 2002.
- 박제가 지음, 박정주 옮김, 『북학의』, 서해문집, 2003.
- 박한제·김형종·김병준·이근명·이준갑, 『아틀라스 중국사』, 사계절, 2010.
- 박흥신, 『외규장각 의궤의 귀환』, 행복에너지, 2014.
- 사찰문화연구원, 『보문사 관음신앙의 성지』, 1996.
- 서울대학교역사연구소 편, 『역사용어사전』, 서울대학교출판문화원, 2015.
- 성삼제, 『고조선 사라진 역사』, 동아일보사, 2005.
- 손보기, 『금속활자와 인쇄술』, 세종대왕기념사업회, 2000.
- 신달도·정양·윤선거 원저, 신해진 편역, 『17세기 호란과 강화도』, 역락, 2012.
- 신봉승 편저, 최동호 해설, 『시인 연산군』, 선, 2000.
- 신종원, 『삼국유사 새로 읽기(1) - 기이편 - 』, 일지사, 2004.
- 신채호, 『조선상고사』, 일신서적, 1988.
- 신헌 지음, 김종학 옮김, 『심행일기』, 푸른역사, 2010.
- 염영하, 『한국의 종』, 서울대학교출판부, 1994.
- 오항녕, 『조선의 힘』, 역사비평사, 2010.
- 우장문, 『경기지역의 고인돌 연구』, 학연문화사, 2007.
- 우장문·김영창, 『세계유산 강화고인돌』, 고인돌사랑회, 2008.
- 유태용, 『한국 지석묘 연구』, 주류성, 2003.
- 육군사관학교 육군박물관, 『강화군 군사유적 지표조사 보고서(성곽·봉수편)』, 2000.
- 이건창 외 30명 지음, 박석무 편역 해설, 『나의 어머니, 조선의 어머니』, 현대실학사, 1998.
- 이경수, 『숙종, 강화를 품다』, 역사공간, 2014.
- 이경수, 『역사의 섬 강화도』, 신서원, 2002.
- 이경수, 『왜 몽골제국은 강화도를 치지 못했는가』, 푸른역사, 2014.

- 이성무, 『조선왕조실록 어떤 책인가』, 동방미디어, 1999.
- 이영문, 『고인돌, 역사가 되다』, 학연문화사, 2014.
- 이외수, 『감성사전』, 동숭동, 2001.
- 이용규, 『강화학파 학인들의 발자취』, 수서원, 2007.
- 이재철, 『조선후기 비변사연구』, 집문당, 2001.
- 이존희, 『조선시대의 한양과 경기』, 혜안, 2001.
- 이진선, 『강화학파의 서예가 이광사』, 한길사, 2011.
- 인천광역시 역사자료관, 『역주 강도고금시선(전집)』, 2010.
- 인천광역시 역사자료관, 『역주 강도고금시선(후집)』, 2011.
- 인천광역시 역사자료관, 『인천의 전통사찰과 불교미술(2)』, 2014.
- 인천광역시 역사자료관, 『인천의 전통사찰과 불교미술 – 전등사와 선원사지』, 2011.
- 인천광역시, 『역주 강화부지』, 2007.
- 인하대학교박물관, 『강화지역의 선사 유적·유물』, 2000.
- 일본사학회, 『아틀라스 일본사』, 사계절, 2011.
- 임민혁, 『왕의 이름 묘호』, 문학동네, 2011.
- 임승국 번역·주해, 『한단고기』, 정신세계사, 1986.
- 자현 스님, 『사찰의 상징세계』 상, 불광출판사, 2012.
- 자현, 『사찰의 비밀』, 담앤북스, 2014.
- 장국종, 『조선정치제도사』, 한국문화사, 1990.
- 전웅, 『유배, 권력의 뒤안길』, 청아출판사, 2012.
- 정구홍, 『우리 문화재 수난사』, 학연문화사, 2005.
- 정민, 『목릉문단과 석주 권필』, 태학사, 1999.
- 정병조, 『인도사』, 대한교과서주식회사, 1993.
- 정양완, 『강화학파의 문학과 사상(5)』, 월인, 2012.
- 정옥자·금장태·이광표 외, 『시대가 선비를 부른다』, 효형출판, 1998.
- 정호승, 『수선화에게』, 비채, 2015.
- 조병로·김주홍·최진연, 『한국의 봉수』, 눈빛, 2003.
- 종청한, 『50인으로 읽는 중국사상』, 무수, 2007.
- 천화숙·정문상, 『한국사 인식의 기초』, 혜안, 2013.
- 최덕수 외 지음, 『조약으로 본 한국근대사』, 열린책들, 2011.
- 최영준, 『국토와 민족생활사』, 한길사, 1997.
- 펠릭스 클레르 리델 원저, 한국교회사연구소 번역위원회 역주, 『리델문서 I 』, 한국교회사연구소, 1994.
- 한국건축역사학회 편, 『한국건축답사수첩』, 동녘, 2006.
- 한국고전번역원 승정원일기번역팀, 『후설』, 한국고전번역원, 2013.
- 한국불교연구원, 『대흥사』, 일지사, 1982.

- 한국역사연구회, 『역사문화수첩』, 역민사, 2000.
- 한국정신문화연구원, 『한국민족문화대백과사전』, 1991.
- 한명기, 『병자호란』 2, 푸른역사, 2013.
- 함민복 엮음, 『절하고 싶다』, 사문난적, 2011.
- 허균, 『사찰장식 그 빛나는 상징의 세계』, 돌베개, 2000.
- 황규열, 『교동사』, 교동문화연구원, 1995.
- 황현 저, 김준 번역, 『매천야록』, 교문사, 1994.
- F.A.매켄지 지음, 신복룡 역주, 『한국의 독립운동』, 집문당, 1999.
- H.쥐베르·CH.마르탱 지음, 유소연 옮김, 『프랑스군인 쥐베르가 기록한 병인양요』, 살림, 2010.
- W.E.그리피스 지음, 신복룡 역주, 『은자의 나라 한국』, 집문당, 1999.

논문 및 자료

- 강동석, 「강화 북부지역 지석묘사회의 취락유형 연구」, 성균관대학교대학원 석사학위논문, 2002.
- 강문식, 「조선후기 강화사고의 운영」, 『조선시대사학보』 64, 2013.
- 강옥엽, 「136년 만에 우리 품에 온 어재연 장군의 '수자기'」, 『문화재사랑』 134, 2016. 1.
- 강호선, 「13세기 강도 및 개경의 사찰 운영」, 『대구사학』 제110집, 2013.
- 강화고려역사재단, 「강화해양관방유적의 유네스코 세계유산 등재」, 2015.
- 고혜령, 「회헌 안향의 생애와 업적」, 『유학과 현대』 제10호, 2009.
- 권순열, 「석주 권필 연구」, 『남도문화연구』 제25집, 2013.
- 권승안, 「고조선의 건국연대에 대한 문헌적 고찰」, 『고조선·고구려·발해 발표논문집』, 고구려연구재단, 2005.
- 김갑동, 「고려 전기 강화 지역의 동향과 토착세력」, 『인문과학논문집』 제47집, 대전대학교 인문과학연구소, 2009.
- 김기승, 「이건창의 생애에 나타난 척사와 개화의 갈등」, 『순천향인문과학논총』 6, 1998.
- 김당택, 「상정고금예문의 편찬시기와 그 의도」, 『호남문화연구』 21, 전남대학교호남문화연구소, 1992.
- 김병곤, 「경기 서해연안의 역사문화와 동아시아」, 『동아시아고대학』 제14집, 2006.
- 김병곤, 「불교문화재」, 『신편 강화사』 중, 강화군군사편찬위원회, 2003.
- 김병곤, 「사적 제259호 강화 선원사와 신니동 가궐의 위치 비정」, 『불교학보』 제48집, 동국대학교불교문화연구원, 2008.
- 김석훈, 「강화도의 선사문화」, 『박물관지』 3, 인하대학교박물관, 2000.
- 김성일, 「고려시대의 향교교육과 그 기능」, 고려대학교 교육대학원 석사학위논문, 1988.

- 김성환, 「강화도 단군전승의 성격」, 『역사민속학』 제39호, 2012.
- 김용환, 「강화도의 단군신앙 연구」, 『고조선단군학』 제25호, 고조선단군학회, 2011.
- 김원모, 「대원군의 대외정책」, 『한국사』 37, 국사편찬위원회, 2000.
- 김원모, 「미국의 포함외교와 신미양요(1871)」, 『Strategy21』 제5호, 한국해양전략연구소, 2000.
- 김원모, 「틸톤의 강화도참전수기」, 『동방학지』 31, 1982.
- 김윤우, 「마리산의 독음에 관한 고찰」, 『기전문화연구』 20, 1991.
- 김은중, 「교동향교의 건축적 특성과 봉안형식에 관한 연구」, 『건축역사연구』 통권17호, 1998.
- 김종혁, 「조선시대 행정구역의 변동과 복원」, 『문화역사지리』 20, 2003.
- 김주홍, 「경기지역의 봉수 연구」, 상명대학교대학원 석사학위논문, 2000.
- 김지영, 「조선시대 왕실여성의 출산력」, 『정신문화연구』 124, 한국학중앙연구원, 2011.
- 김창현, 「고려 강도의 신앙과 종교의례」, 『인천학연구』 4, 2005.
- 김철웅, 「상정고금예의 편찬 시기와 내용」, 『동양학』 제33집, 단국대학교동양학연구소, 2003.
- 김형우, 「강화 선원사의 역사와 가람 구성」, 『불교미술』 17, 동국대학교박물관, 2003.
- 김형우, 「고려시대 강화의 사원 연구-고려시대 강화연구 소주제3-」, 『국사관논총』 제106집, 2005.
- 김형우, 「고재형의 '심도기행'과 20세기 초의 강화도」, 『지방사와지방문화』 제18권 1호, 2015.
- 김흥수, 「운요호사건과 이토 히로부미」, 『한일관계사연구』 제33집, 경인문화사, 2009.
- 김흥수, 「일본의 강화도조약 인식의 변천과정」, 『공사논문집』 제64집, 2013.
- 노영구, 「신헌의 국방론과 해안포대 건설」, 『문헌과해석』 통권48호, 2009.
- 노태돈, 「연개소문」, 『한국사시민강좌』 제31집, 일조각, 2002.
- 민현구, 「고려대장경」, 『한국시시민강좌』 제23집, 1998.
- 박욱규, 「석주 권필의 한시와 현실대응 양상」, 『지역발전연구』 제18권, 서영대학교지역발전연구소, 2012.
- 박정해, 「정족산사고의 입지환경」, 『민속학연구』 제33호, 2013.
- 박종서, 「고구려 고국원왕-광개토대왕대 남진로 검토」, 『사학지』 제49집, 단국사학회, 2014.
- 박찬수, 「고려시대의 향교」, 고려대학교대학원 석사학위논문, 1982.
- 박창범, 「개천절 일자와 단군조선 개국년도 문제 고찰과 제언」, 『천문학논총』 제30권 제1호, 2015.
- 배성수, 「조선후기 강화도 오종도거사비의 건립배경과 의미」, 『인천학연구』 4, 2005.
- 백외준, 「개항 전후 이건창의 대외인식과 해방론」, 고려대학교대학원 석사학위논문, 2012.
- 범선규, 「강화도의 해안선과 해안지형」, 『인천학연구』 3, 인천대학교인천학연구원, 2004.

- 복기대, 「강화도 참성단의 역사적 이해를 위한 시론」, 『고조선연구』 제4호, 2015.
- 서영대, 「개천절과 강화도 참성단」, 『동아시아고대학』 제23집, 2010.
- 서영대, 「참성단, 국가지정문화재에서 세계문화유산으로」, 『강화역사유적의 세계문화유산으로서의 가치』, 강화고려역사재단, 2013.
- 서영대, 「참성단의 역사와 의의」, 『단군학연구』 19, 단군학회, 1995.
- 서영대, 「최석항의 '참성단 개축기'에 대하여」, 『박물관기요』 1, 인하대학교박물관, 1995.
- 서왕모, 「함허의 선사상 연구」, 동국대학교대학원 석사학위논문, 2004.
- 서인한, 「병인양요의 작전일지, '병인일기'」, 『전쟁과유물』 제3호, 전쟁기념관학예부, 2011.
- 송석준, 「조선조 양명학의 수용과 연구 현황」, 『양명학』 12, 2004.
- 송양섭, 「17세기 강화도 방어체제의 확립과 진무영의 창설」, 『한국사학보』 13, 2002.
- 신경섭, 「연개소문 인물 형상 연구: 중국 고사의 유래와 변천을 중심으로」, 『동양정치사상사』 제7권 1호, 2008.
- 신규수, 「조선시대 유배형벌의 성격」, 『한국문화연구』 제23호, 이화여자대학교한국문화연구원, 2012.
- 신동준, 「'역발상'의 통치자 연산군」, 『월간조선』 통권312호, 2006. 3.
- 신종원, 「불교와 도교」, 『한국사』 8, 국사편찬위원회, 1998.
- 양교석, 「병인양요에 관한 일연구 - 정족산성 양헌수 전첩을 중심으로 - 」, 고려대학교 교육대학원 석사학위논문, 1985.
- 양태부, 「하곡 정제두의 가계와 '강화학파' 묘지발견조사」, 『양명학』 24, 2009.
- 연갑수, 「대원군과 서양 - 대원군은 쇄국론자였는가 - 」, 『역사비평』 50, 2000.
- 연갑수, 「병인양요 이후 수도권 방비의 강화」, 『서울학연구』 8, 서울시립대학교서울학연구소, 1997.
- 염정섭, 「18세기 중반 강화부 유수의 목민에 관한 연구」, 『인천학연구』 2-1, 2003.
- 오용섭, 「고려대장경의 판각·봉안과 강화도」, 책의 수도 인천 기념 학술회의 자료집, 2015.
- 오항녕, 「그런데 왜 실록을 편찬하였을까?」, 『내일을여는역사』 14, 2003.
- 유부현, 「동아시아 대장경의 제작과 고려대장경의 가치」, 책의 수도 인천 기념 학술회의 자료집, 2015.
- 윤명철, 「강화지역의 해양방어체제 연구: 관미성 위치와 관련하여」, 『사학연구』 제58·59호, 1999.
- 윤용혁, 「13세기 대거란전과 김취려: 김취려에 대한 인물사적 평가」, 『한국인물사연구』 제15호, 2011.
- 윤현희, 「강화 하점면 석불입상 연구」, 『인천문화연구』 제2호, 인천광역시립박물관, 2004.
- 이강근, 「조선후기 강화지역 축성역에 대한 연구: 숙종대를 중심으로」, 『서울학연구』 제51호, 서울시립대학교 부설 서울학연구소, 2013.
- 이상훈, 「병인양요시기 조선군의 염하수로 도하작전」, 『한국군사』 제34호, 2013.
- 이승희, 「풍수지리 입장에서 본 고인돌 입지조건에 관한 연구 - 강화도지역을 중심으로 - 」, 한양

대학교대학원 석사학위논문, 2006.
- 이우종, 「정족산사고 장사각의 건축적 형태 연구」, 『대한건축학회논문집』 제30권, 2014.
- 이재범, 「삼포왜란의 역사적 성격에 대한 재검토」, 『한일관계사연구』 제6집, 1996.
- 이존희, 「봉수제 운영의 실태와 문제점-조선시대를 중심으로-」, 『문화사학』 제11·12·13호, 한국문화사학회, 1999.
- 이종철·조경철·김영태, 「강화 선원사의 위치 비정」, 『한국선학』 제3호, 2001.
- 이주천, 「신미양요의 재조명을 통해 본 초기 한미관계의 교훈」, 『대외관계사연구』 제1집, 한민족대외관계사연구소, 2007.
- 이주천·김진환, 「병인양요의 재조명-조선과 프랑스의 대격돌-」, 『인문학연구』 제8집, 원광대학교인문학연구소, 2007.
- 이태진, 「1876년 강화도조약의 명암」, 『한국사시민강좌』 36, 2005.
- 이형구, 「강화의 고인돌」, 『신편 강화사(중)』, 강화군 군사편찬위원회, 2003.
- 임용한, 「14~15세기 교동의 군사적 기능과 그 변화」, 『인천학연구』 3, 인천대학교인천학연구원, 2004.
- 임학성, 「'고려 팔만대장경'의 강화도 조판과 선원사의 위치 비정에 관한 제문제」, 『인천학연구』 창간호, 인천대학교 인천학연구원, 2002.
- 임혜련, 「철종대 정국과 권력 집중 양상-임술민란 배경과 관련하여-」, 『한국사학보』 제49호, 2012.
- 임홍빈, 「고구려 지명 '혈구군'의 '구'에 대하여」, 『동아문화』 제50집, 서울대학교인문대학동아문화연구소, 2012.
- 임홍빈, 「고구려 지명 '혈구군'의 '혈'에 대하여」, 『서울대학교인문논총』 제59집, 2008.
- 정경자, 「강화지역사찰에 대한 풍수지리론적 입지연구-4개 사찰을 중심으로-」, 서경대학교 대학원 석사학위논문, 2013.
- 정두영, 「정조대 도성방어론과 강화유수부」, 『서울학연구』 제51호, 서울시립대학교부설서울학연구소, 2013.
- 정문석, 「조선시대 승장계 범종 연구」, 동국대학교대학원 석사학위논문, 2011.
- 정민섭, 「강화 傳 혈구진성의 성격에 관한 검토」, 『사림』 제53호, 수선사학회, 2015.
- 정민섭, 「傳 혈구진성지의 성격에 대한 고찰-목장적 성격을 중심으로-」, 인하대학교 교육대학원 석사학위논문, 62013.
- 정성배, 「석주 권필의 문학적 소고: '광해군일기' 기사를 중심으로」, 『전농어문연구』 8, 서울시립대학교 문리과대학국어국문학과, 1996.
- 정성호, 「전등사 대웅전 은행나무 기둥과 살아 있는 화석」, 『한옥문화』 제32호, 한옥문화원, 2013.
- 정호일, 「한국의 전통사상과 문화에 담긴 소탈함」, 『문화재사랑』 130, 2015. 9.
- 조계영, 「조선후기 선원각의 왕실기록물 보존체계: 정족산사고 '선원록형지안'을 중심으로」, 『조선시대사학보』 55, 2010.

- 조남호, 「정제두와 송시열의 서신분석: 양명학과 주자학의 공부방법을 중심으로」, 『인천학연구』 제18호, 인천학연구원, 2013.
- 조명제, 「조선후기 승군의 북한산성 축성과 중흥사의 산성 관리」, 『전법학연구』 2, 2012.
- 조원래, 「왜란의 발발과 경과」, 『한국사』 29, 국사편찬위원회, 1995.
- 조인옥, 「고려시대 강화향교 연구」, 성신여자대학교 교육대학원 석사학위논문, 1999.
- 주철환, 「성적을 뒤집어야 적성이 보인다」, 김포 인문학 연수 자료집, 경기도김포교육지원청, 2015.
- 진철승, 「해양을 통한 불교유입설 소고」, 『해양과 문화』, 해양문화재단, 2001.
- 채상식, 「강화 선원사의 위치에 대한 재검토」, 『한국민족문화』 34, 부산대학교한국민족문화연구소, 2009.
- 최덕수, 「강화도조약과 개항」, 『한국사』 37, 국사편찬위원회, 2000.
- 최봉수, 「조선시대 지방행정구역의 정비에 관한 연구」, 『정책과학연구』 5, 1993.
- 최태호, 「송강 만년의 생애와 작품」, 『어문학연구』 7, 목원대학교어문학연구소, 1998.
- 하문식, 「고조선 시기 고인돌의 축조 방법 연구(I)」, 『단군학연구』 제22호, 2010.
- 하우봉, 「일본과의 관계」, 『한국사』 22, 국사편찬위원회, 1995.
- 한명기, 「광해군」, 『한국사시민강좌』 제31집, 2002.
- 한울문화재연구원, 「강화 덕산봉수 유적 발굴조사(지도위원회 회의자료)」, 2011.
- 한종구, 「몰락한 외가의 권위를 되찾아주고 싶었던 왕의 마음이 담긴 철종외가」, 『한옥문화』 제37호, 한옥문화원, 2015.
- 허태구, 「병자호란 강화도 함락의 원인과 책임자 처벌: 김경징 패전책임론의 재검토를 중심으로」, 『진단학보』 113, 2011.
- 홍인희, 「철종대 정국과 철종의 왕권 확보 노력」, 고려대학교대학원 석사학위논문, 2010.
- 황인규, 「고려후기 선원사의 창건과 선승들」, 『경주사학』 제21집, 2002.
- 황정하, 「인류 최고의 발명품, 금속활자 '직지'는 금속활자 발명국 코리아의 증거물」, 『기록IN』 제20호, 국가기록원, 2012.
- 武井幸一, 「운양호사건 전후 한일양국간의 대외정책과 인식 변화」, 동의대학교대학원 석사학위논문, 2008.

인터넷사이트

- 강화군시설관리공단(http://www.ghss.or.kr).
- 강화군청(http://www.ganghwa.go.kr).
- 강화로닷컴(http://www.ghtv.kr).
- 江華 역사를 探하다(http://blog.joins.com/newsman).
- 강화역사문화연구소(http://blog.daum.net/gihac).

- 교동사랑회(http://cafe.daum.net/lovegyodong).
- 국사편찬위원회 한국사데이터베이스(http://db.history.go.kr).
- 국사편찬위원회 한국역사정보통합시스템(http://www.koreanhistory.or.kr).
- 네이버 지식백과(http://terms.naver.com).
- 다음 백과사전(http://100.daum.net).
- 문화재청(http://www.cha.go.kr).
- 보문사(http://www.bomunsa.me).
- 서울대학교 규장각한국학연구원(http://kyujanggak.snu.ac.kr).
- 천문우주지식정보(http://astro.kasi.re.kr).
- 천은사(http://www.choneunsa.org).
- 코리아인들이 신대륙을 발견했다!(http://cafe.daum.net/zoomsi).
- 한국고전번역원 한국고전종합DB(http://db.itkc.or.kr).
- 한국관광공사 대한민국 구석구석(http://korean.visitkorea.or.kr).
- 한국학중앙연구원 한국민족문화대백과사전(http://encykorea.aks.ac.kr).
- 한국학중앙연구원 한국역대인물종합정보시스템(http://people.aks.ac.kr).

초판 1쇄 인쇄 2016년 6월 3일
초판 1쇄 발행 2016년 6월 9일

지 은 이 이경수
펴 낸 이 주혜숙
책임편집 성미애
편   집 민세희, 유가영
디 자 인 오신곤
마 케 팅 안미선

펴 낸 곳 역사공간
등   록 2003년 7월 22일 제6-510호
주   소 04030 서울특별시 마포구 동교로 142-11 플러스빌딩 3층
전   화 02-725-8806, 070-7825-9900
팩   스 02-725-8801
전자우편 jhs8807@hanmail.net

ISBN 979-11-5707-097-8 03900

- 책값은 뒤표지에 있습니다. 잘못된 책은 바꾸어 드립니다.
- 이 도서의 국립중앙도서관 출판예정도서목록(CIP)은 서지정보유통지원시스템 홈페이지(http://seoji.nl.go.kr)와 국가자료공동목록시스템(http://www.nl.go.kr/kolisnet)에서 이용하실 수 있습니다.(CIP제어번호: CIP2016013894)